知行统一路

大学生创业案例与创新创业教育研究

ROAD TO UNITIES OF KNOWLEDGE AND ACTION:
CASE STUDY OF UNDERGRADUATE ENTREPRENEURSHIP AND
ENTREPRENERIAL EDUCATION IN CHINA (2016-2017)

（2016—2017）

陈忠卫 / 主编

李宏贵　夏光兰　肖仁桥 / 副主编

经济管理出版社

图书在版编目（CIP）数据

知行统一路：大学生创业案例与创新创业教育研究（2016—2017）/陈忠卫主编．—北京：经济管理出版社，2018.1

ISBN 978-7-5096-5539-9

Ⅰ.①知… Ⅱ.①陈… Ⅲ.①大学生—创业—研究 Ⅳ.①G647.38

中国版本图书馆CIP数据核字（2017）第312344号

组稿编辑：杜 菲
责任编辑：杜 菲
责任印制：黄章平
责任校对：雨 千

出版发行：经济管理出版社
（北京市海淀区北蜂窝8号中雅大厦A座11层 100038）
网　　址：www.E-mp.com.cn
电　　话：(010) 51915602
印　　刷：三河市延风印装有限公司
经　　销：新华书店
开　　本：787mm×1092mm/16
印　　张：24.25
字　　数：457千字
版　　次：2018年1月第1版 2018年1月第1次印刷
书　　号：ISBN 978-7-5096-5539-9
定　　价：88.00元

·版权所有 翻印必究·

凡购本社图书，如有印装错误，由本社读者服务部负责调换。
联系地址：北京阜外月坛北小街2号
电话：(010) 68022974　　邮编：100836

序言

青年是祖国的未来,青年是祖国的希望。在2015年首届中国"互联网+"大学生创新创业大赛总决赛期间,中共中央政治局常委、国务院总理李克强对大赛作出重要批示,指出大学生是实施创新驱动发展战略和推进大众创业、万众创新的生力军,既要认真扎实学习、掌握更多知识,也要投身创新创业、提高实践能力。密切关注这群充满理想、承载着创新驱动经济发展重任的青年大学生创业的酸甜苦辣,并组织业内专家指导大学生创业实践,一起总结得失成败,一起探究创业真谛,是广大教育工作者的重要责任,是高校人才培养的重大使命所在。由安徽财经大学陈忠卫教授倡议,并发起召开的大学生创业案例暨创新创业教育研讨会,对于助推高校创业教育改革实践很有意义,尤其是在此基础上专门收集整理出如此高质量的研究报告,必定会让会议学术成果在更大范围内产生更持久的影响力。

中国人民大学2017年初发布的《2016中国大学生创业报告》数据显示,89.8%的在校大学生曾考虑过创业,18.2%的学生有强烈的创业意向。这一代在校大学生会如此强烈地选择自主创业,固然与当今国家出台的一系列扶持大学生创业政策有关,但我认为,更重要的原因是这一代富有社会责任感的青年大学生遇上了创业好时机。一是社会经济结构转型,正在促使各国纷纷找寻发展战略性新兴产业、实现传统产业改造升级的新动能;二是以大数据、云计算、机器人、智能技术为代表的新一轮技术快速发展,尤其是"互联网+"的深入推广,直接催生出无数的创业机会;三是"一带一路"倡议充分彰显了中国文化和中国自信。它将有计划地重塑全球经济新秩序,引领全球化2.0的新时代。从近两年的世界经济秩序看,全球化格局正在不断变化,英国脱欧和欧洲两极分化加剧,美国总统特朗普上台后大谈贸易保护,搞所谓的封闭与"反全球化"经济政策,引起了世界各国的高度警觉。国内年轻的在校大学生无不为"一带一路"所带来的共享共赢的合作理念所感染。"一带一路"倡议所引领的全球化2.0新时代,必将极大地激发起他们投身创业的积极性和主动性。

创新创业水平不仅是国与国之间的竞争焦点,也是评价和比较国内不同地区间经济潜力的重要参考标准。尤其是在国家提出"互联网+"、"中国制造2025"两大行动计划的宏观背景下,创新创业精神正在成为经济发展和社会进步的重要推动力。在外部经济下行压力较大的情况下,安徽省2016年的主要经济指标增速能够领先于中部地区,与创新产业能够成为区域经济的重要拉动力有关。据统计,2016年安徽全省获授国家发明专利1.53万件,增幅达36.8%,位居全国前列;2016年新增高新技术企业706家,战略性新兴产业产值突破万亿元大关(增幅率达16%),在规模以上工业产值中的占比提升到23.2%。2017年初,合肥市又获批综合性国家科学中心,这是国家规划建设的全国第二个、中西部首个国家创新体系基础平台,它将聚焦于信息、能源、健康、环境四大国际前沿领域,展开多学科交叉性研究,催生出一大批变革性技术和战略性新兴产业。换言之,在不久的将来,合肥一定会成为中部地区十分耀眼的一大"创新极",也必将会引发安徽省高校诞生更高层次、更高水平的大学生创业现象。

为了探寻大学生创业规律,促进高校创新创业教育、创业实践与创新创业研究"三位一体"的深度结合,2016年12月,第二届大学生创业案例暨创新创业教育研讨会成功举行,参与院校更多,案例研究论文质量更优,社会各界给予的关注度更高。此项工作由安徽财经大学创新创业与企业成长研究中心、共青团安徽财经大学委员会具体承办,得到了中国企业管理研究会、安徽省学生联合会、安徽科技学院的大力支持,中国社会科学院工业经济研究所黄速建研究员、西交利物浦大学席酉民教授、中国科学技术大学刘志迎教授、吉林大学葛宝山教授、南开大学杨俊教授、浙江工商大学项国鹏教授等知名专家学者十分支持此项活动,他们不但应邀出席研讨会并作主题报告,还认真地参与指导和评阅了此书收录的创业案例研究论文,着实令我感动。

安徽财经大学"创新创业与企业成长"学科特区在陈忠卫教授的带领下，近年来紧紧围绕创新创业领域的学术前沿和社会关切问题，创造性地开展了一系列学术活动，承担了一批国家级科学基金项目，形成了一批特色鲜明、在国内外有一定学术影响力的成果。特别值得一提的是，"三位一体"创新创业教育模式是该学科特区矢志不渝的发展方向，它可以十分有效地调动全体研究人员的积极性，并以"创业导师的身份"，与创业实践的本科生、对创业领域感兴趣的研究生共同交流创业话题，这种师生配对联合开展创业研究，对于活跃高校创新创业教育氛围，指导大学生创业实践发挥着十分积极的社会效应。此项关于创新创业教育的研究成果具有可复制性和可推广性，衷心期待能够引起更多高校的关注，引起更多政府部门的支持，也希望本书收录的专家观点和案例解析能给那些正在创业的或者准备创业的大学生提供富有启发性的参考。

丁忠明

2017 年 9 月

目录

第一篇　专家观点

共生与创业模式的颠覆 ·· 席酉民（003）
草根创新的过程、特征及其经济学解释 ···················· 黄速建（009）
众创空间 ·· 刘志迎（015）
双创教育之我见 ··· 葛宝山（021）
商业模式研究：理论与创新 ···································· 杨　俊（029）
创业生态系统的形成、构建与发展 ························· 项国鹏（033）
社会全面参与的创业教育模式研究
　　·························· 卢俊义　王永贵　陈忠卫　王晶晶（039）

第二篇　大学生创业案例研究与评论

大学生创业团队冲突的诱发前提与冲突管理
　　——以蜂鸟行广告设计工作室为例 ················ 常姚姚（053）
【案例点评】找到一群志同道合的好搭档 ·············· 陈忠卫（065）
新创企业如何有效获取创业知识
　　——基于创业学习视角的案例研究 ··················· 丁　娟（067）
【案例点评】创业学习：创业成功的基础 ········· 肖仁桥　夏光兰（084）

001

公司创业一定能提高企业创新绩效吗？
　　——市场导向的调节作用 ………………………………… 邓　晨（085）
　　【案例点评】让公司企业家精神焕发正能量 ……………… 肖仁桥（097）
大学生创业者创业学习动态过程
　　——基于曲直空间广告设计馆的案例研究
　　……………………………………… 张　宇　黄　云　武　丽（099）
　　【案例点评】创业者该向谁学习 ………………… 李宏贵　夏光兰（113）
关于大学生创业项目资源整合的探究
　　——以暖阳爱老社区服务中心为例 ……………………… 蒋贺贺（115）
　　【案例点评】资源整合能力是大学生创业的前提 ………… 肖仁桥（130）
大学生创业迈步何其艰：基于汇品商贸的案例研究 ………… 朱念婷（131）
　　【案例点评】"长一智"何需"吃一堑" ……………… 李宏贵　肖仁桥（147）
创业过程中连续创业机会开发研究
　　——基于安财绿艺创意园的案例 ………………………… 曹迎迎（149）
　　【案例点评】连续创业成功的关键 ………………………… 李宏贵（163）
大学生自主创业的"土壤"研究 …………………………… 闵静静（165）
　　【案例点评】大学生创业的"土壤" …………… 肖仁桥　夏光兰（176）
基于创业拼凑的商业模式形成
　　——以袁家村景区的设计为例 …………………… 陈蜀雯　吴艳杰（177）
　　【案例点评】寻找创业机会的新路径 ……………………… 肖仁桥（188）
在校大学生新创企业组织声誉获取策略研究
　　——以子曰教育为例 ……………………………………… 马玉凤（189）
　　【案例点评】组织声誉与新创企业的品牌资产形成 ……… 陈忠卫（203）
大学生创业者身份建构
　　——一个叙事研究 ………………………………………… 韩远翔（205）
　　【案例点评】大学生创业者身份的复杂性和易变性
　　……………………………………………………… 陈忠卫　肖仁桥（218）
大学生 DIY 创业行为的三重影响因素分析
　　——以 L&Z. DIY 生活馆为例 …………………………… 张　熠（221）
　　【案例点评】校园 DIY 创业行为 ………………………… 肖仁桥（234）

在校大学生创业学习、公益创业机会识别与开发研究
——以"别具一格"公益寄卖租赁平台为例 ………… 朱春花（235）
【案例点评】公益性创业机会的识别 ………… 肖仁桥（249）
创业者社会网络对企业成长的影响
——以微影创意工作室为例 ………… 张月琪　汪丽娟（251）
【案例点评】创业者网络是创业的助推器 ………… 李宏贵（265）
创业机会的识别及其影响因素的研究
——以伊朵海淘为例 ………… 余志香（267）
【案例点评】"互联网+"的创业机会 ………… 肖仁桥（281）
新媒体下大学生创业商业模式创新的探索性研究
——以禹茂信息科技公司为例 ………… 郝红美（283）
【案例点评】创业的盈利模式 ………… 肖仁桥（294）
基于价值网络视角的新创企业商业模式创新的案例研究 ……… 祝亚森（295）
【案例点评】商业模式与价值创造 ………… 肖仁桥（306）
新创企业商业模式构成及影响因素研究
——以 Seer 数据分析工作室为例 ………… 徐　梅（307）
【案例点评】新创企业商业模式的构成 ………… 肖仁桥（319）

第三篇　创新创业教育

创业教育实践机制研究
——基于社会认知的视角 ………… 李宏贵（323）
高校创业教育与我国新兴产业发展研究 ………… 胡登峰　王贺武（335）
基于隐性知识视角的高校创业教育模式研究 ………… 梁　中　潘　丽（341）
大学生创业教育对学生创业意向影响的实证研究 ……… 杜晶晶　王晶晶（349）
中美大学生创业实践能力培养比较及启示 ………… 许广永（359）
知与行　行与思
——高校创新创业教育的关键性活动 ………… 陈忠卫（367）

后　记 ………… （375）

第一篇

专家观点

共生与创业模式的颠覆

席酉民

今天想给大家讲几个故事，再用几句话来探讨一下关于创业创新的问题。题目取名"共生与创业模式的颠覆"，主要考虑到我们现在的生存环境发生了很大改变，我们做事情的方式也发生了很大的改变。

一、人生定位与创业

先讲第一个故事，实际上不管你做什么，我们在座的有学生、企业家，也有老师，一个人一生要做什么，要先想清楚。如果没有想清楚，你可能会走上一条自己不喜欢的道路，也可能是一条错误的道路，所以，我觉得第一个应该给大家讲的故事是人生定位。

有一个人，这个人叫Peter，他原来是硅谷的投资人，其中他投了一个项目叫作paypal。2016年5月，这个投资人在苏州和我们学校（西交利物浦）有个合作，当时有一个报告，他的报告第一张PPT只有一句话"I am an early stage guy"。意思是说，这个投资人只投早期，他对他的投资公司有非常明晰的定位，也就是说他的基金只做早期。实际上我们每一个人都应该有清晰的定位，人在一生中可能会有很多改变，但是，在每一个时段里，都应该清晰地知道自己应该做什么事情。实际上，我想用这个人的故事，来说明人生是需要清晰定位的，而要定位的地方，比如跨界、融合等。但是不管你如何跨界、融合，你必须有清晰的定位，必须聚焦，必须坚守。因为，在这个时代，一个人只有在某个领域有绝招，能够创造价值，才有生存空间，否则，你无法生存。

当这个硅谷投资人明白自己的定位只投早期，那么，他必须研究早期的特点是什么。他发现，早期风险比较大，同时具有极强的不确定性。他在研究早期看得不怎么清楚，但是，后来对于人类贡献很大的人是谁。他发现爱因斯坦便是一个，因为，爱因斯坦是一个愤青，他在年轻的时候不招人待见，找不到工作，文章也发表不出去，但是就是这样的一个人，按照我国目前传统的选择标准和社会习惯，这个人肯定这辈子也没啥出息，但是，恰恰是这个人改变了人类对世界的看法，那么，什么样的环境下，才能让这种在别人眼中、在世俗的眼中看不到希望的人真的能发挥作用？实际上这是一个很重要的问题，这个问题就是一般和不一般的问题。

我们所有的学者研究的问题大多是朴实的规律，比如研究统计的规律。实际上这样没有办法覆盖不一般，而这个世界恰恰是不一般的，突破了常规，创造了不一般的未来，所以，创业和常规有很大的不同。我们做管理研究的时候，研究的都是规律，当我们有规律的时候，都是希望通过别人的经验和总结出来的规律提高效率。但是，当我们创业的时候，一定要突破规律，因为只有突破了规律，你才能有独特的价值，所以，这就是管理理论与创业实践的差异。

如果我们在创业实践时，老去学习别人的经验，包括在战略上、商业模式上的经验，那么，你一定没有未来。未来一定在于突破，突破，再突破，这就是这个投资者的研究成果。

故事讲到这个时候，给我们提出了一个问题，我们要定位。我们在互联网时代怎么活，这是一个很大的问题。互联网时代，你可能要做一个特立独行的疯子，这样你可能就会很有未来；但是，你也可能说我很平庸，想做一个遵从世俗习惯去生活的人，那你就可能堕入平庸的生活，所以，每个人在想清楚人生定位的时候，才可以去想创新和创业。实际上，不同的人从事创新创业活动有不同的目的，有的人是真喜欢创业，有的人没事干，有的人吃不饱饭，等等，所以，我们每一个人要决定人生定位的时候，要先想明白自己要干什么。这就是我想通过第一个人的故事告诉大家的一句话：人生要有一个成功的未来，必须要有清晰的人生定位。

二、共生与创造价值

第二个故事，我想大家都很熟悉了，关于淘宝。现在，马云仿佛成为了这个时代的英雄，几乎所有人都将他说出来的话当做经典。这是一个很大的问题，因为当人们总结他的成功经验的时候，实际上忽视了一个问题，所有成功者的经验都是事后诸葛亮，他在事前走的过程中，未必完全是这样去走的，事后都是修饰过的。不过，在这个时候，我不想去谈个人的经验，只想谈一下他给我们制造的一个平台——虚拟社区，这个虚拟社区形成了一种新的生存关系，这种关系叫做共生互赢关系。

共生互赢关系给我们这个时代的人带来了机会，带来了创业的条件。这是因为，我们有一个共同的信息交换平台，我们有一个共同的生存平台，这个平台可以使得过去的供应者、生产者和消费者，同时在这个平台上共处。最为重要的是，这个平台能够彻底改变我们的共处方式，过去你可能就是一个生产者，或者一个销售者，或者是一个消费者，现在可能会出现一种新的形式，叫 Prosumer，就是你可能是 Producer and Consumer（生产者与消费者的结合体）。你可能既是制造者又是消费者，就是你的身份会混淆。

这个时代给了我们很多这样的机会。利用这样一个平台，你可以在家里做很多生意，很简单。比如，我们年轻人不喜欢自己做饭，那我们能不能一个月吃几十家的饭？完全有可能。我们有些老大娘在家没事干，就喜欢买菜做饭，然后在网上预售，使得我们每一天去不同的家里去吃一顿饭完全变得可能，这就是新的商业模式，这就是剩余资源的重新利用，所以，互联网给了我们很好的机会，就是形成了一个网络平台，基于这样的一个网络平台，最关键的是看你的态度是主动还是不主动。如果你主动，不管你是供应商还是客户，你都可以利用这样的一个平台，去重新创造价值，所以，这个时候就使得我们创业变得非常容易。也就是说，在这样一个网络平台上，你可以去重新整合资源，只要你能创造价值，你就有未来。

所以，这是我想讲的第二句话：每一个人都可以创业，创业就是创造价值。实际上在这个时代里，创业变得非常容易，但是，要真正做好是那么的不容易，因为竞争太激烈。

三、创业风险

第三个故事，我想说一个人，于刚教授。这个教授，是海外学者中很有名的教授之一。他出身名门，是中国科大的毕业生，在很多学校获得了很多的好学位，曾经是戴尔全球的副总裁，也曾经是亚马逊全球供应链的副总裁，还曾经是美国著名的教授，他现在的产品还用于美国联合公司，他自己也曾经在美国成立公司然后把公司卖掉，回国后成立一号店，这样的人要钱有钱，要背景有背景，要知识有知识，要经验有经验，即使是这样的人，创业也可能会失败。

他的第一次创业并不是一号店，他的第一次创业是黄页销售。他和他的老婆拿了些钱回到中国，做起黄页销售生意。所以，很多年前，在上海地铁站里，大家会看到两个身影，就是他和他的老婆在地铁站里发传单，搞黄页销售，最后的结局是亏光了所有的资金，这是他第一次创业，而且是在取得巨大辉煌成就之后的创业。

第二次创业是一号店，但是，一号店的运行也遇到了一些问题，最后被平安地收购了，现在他离开了一号店，加盟了一个新的公司。2015年8月，出任卓尔发展联席董事会主席。

我想用他的故事说明什么呢？即使是这样一个有知识、有能力、有钱、有国际背景和经历的人，创业也可能会失败。所以，我想利用他的故事讲一句话：如果想创业，一定要做好充分的准备，你会过一种非常人的生活，甚至在早期的时候过一种非人般的生活。

四、创业与商业模式

第四个故事是西交利物浦的故事。10年前，我们什么都没有，10年的时间，我们在中国的土地上建立了一所国际大学，我们的老师80%是外国人，我们的学生来自世界50多个国家和地区，我们现在有1万多名学生，在全球的大学发展历史上，没有一所大学在这么短的时间内，能做到这样一个上规模的程度，这不是我说的，是很多国际人士的评论。

究竟是什么因素，保证了我们这样一个创业的成功？创业一定要想清楚商业模式。在很多行业里，特别是新兴行业，战略已经很不清晰，一个公司可以没有战略，但是一个公司绝对不能没有商业模式。那么，商业模式又是什么呢？简言之，商业模式就是你未来能够生存的套路，或者说，能够存在下去的空间和拟生存的方式。

在我们办学的时候，我们要想清楚未来大学是什么样的。中国乃至世界有那么多所大学，而且，一位美国教授还曾说过"15年之内美国大学如果不作出改变，美国大学一半会面临破产"。在我们中国大学把美国大学当做样板在学习的时候，他都觉得美国大学会破产。在这种情况下，建立一所大学应该怎么建，这是我们必须思考的，假如你不做这种思考，选择跟着潮流走，那你可能离破产就不远了，这就是我所要说的。

实际上真正要理解创业，一定要想清楚未来的商业模式是什么，你的生存空间是什么。如果这个你没有想清楚，千万不要创业。有一个好的商业模式，即使你管理不到位，资源不到位，你这个公司也破产不了。然而，如果你的商业模式不对，即使你再强大，再精英，你最多是苟延残喘，因为这个商业模式迟早要灭亡，所以，这是商业模式的重要性。

西交利物浦的商业模式是什么呢？我们看到了未来的全球化，我们看到了互联网时代，我们看到了多元文化的融合，我们看到了社会的挑战——不确定性，模糊性，等等，这些问题决定什么样的人才能够在社会生存，我们研究以后认为应该是世界公民，而世界公民应该具有跨文化的领导力。在这样一个大背景下，西交利物浦大学应该走什么样的路才能活下去？这是一个大学重塑的时代，国外的大学也落后了。国际大学有它的优点，中国大学有它的优点，但是绝不能简单地 Copy（复制），如果你简单地复制，你就没有未来。所以，我们根据未来的趋势和发展，把全球的资源整合起来，建立一种新的教育模式。那怎么样来实现这种模式？可以把网上资源与网下资源相结合，以实现一种超现实的学习环境。在这种环境下，我们提倡研究导向的学习，保持学生的好奇心，训练学生的批判性思维，帮助学生形成创造性行为，训练学生的一种复杂心态，然后，帮助学生整合知识，让他们成为有造诣的人，具有知识的深度、广度和高度。

如果你真的要创业，同时要保持创业的长期成功，第一，要有远见和可持续发展的商业模式；第二，要有共同的使命和愿景；第三，要有合理的治理架构；第四，要拥有强大的跨文化的领导力；第五，要拥有长期的策划和短期的成功，最后一个便是长期的坚持。这就是我想给大家讲的创业成功的五星模式。

五、互联网平台与创业

第五个故事，互联网时代的故事。我们现在经常能听到"互联网+"这个词，是传统行业+互联网、实业+互联网，而互联网只是一个工具而已。所以，在这我给大家讲一个故事，这个故事是关于咨询业的，这个公司现在是中国十大咨询公司之一（AMT）。这个公司利用互联网创造了一个平台，做平台资源、品牌、社区，让所有人进来，形成一种新的东西。

这个公司在 2014 年转型以后，净利润翻了几十倍。是什么让一个公司发生如此翻天覆地的变化？是"互联网+"，传统咨询业+互联网，那它的模式是什么？客户价值是最重要的，最后，形成三个云——客户云、伙伴云、产业云，然后利用这个平台把所有的资源整合起来，这就是 AMT 增长那么快的原因。

六、X+互联网

第六个故事，还是互联网。可以说过去15年，基本是消费互联网，例如淘宝等，但是，现在消费互联网已经到了拐点，下面要看到的肯定是产业互联网，如果大家不在产业互联网上下功夫，你可能也没戏。

产业互联网有很多，我们举一个例子。过去互联网帮我们提升内部价值链，后来是供应链互联网，再后来是产业互联网，最后形成互联网的生态，这是我们中国未来10年到20年的趋势，甚至是全世界的趋势。

我们以手机产业互联网为例，这个互联网形成了一个项目管理员、项目协调员，从一个产业链把所有与产品相关的行业形成一个生态，在这个产业生态下，形成价值释放，然后把价值放大，这就是一个新的产业模式。根据刚才的最后两个故事，只讲一句话："X+互联网"=新的机遇+新的模式。

七、共享经济与创业

最后总结几句话，互联网的共享经济，给予了我们一个新的生存空间，在这里面会出现许多新的商业模式，这些商业模式的特点基本上包括三个：第一个是基于网络的一个平台，第二个是在平台上形成一个共生的生态，第三个是生态的参与者有没有眼界、能不能创造价值。在互联网时代会颠覆传统的商业模式。

在互联网时代，我们对市场的资源要重新定位。传统战略管理理论对资源的定义是有价值的、稀缺的、不可模仿的、难以替代的，但是，我的团队对资源的定义是没有什么价值的、冗余的、过剩的、凌乱的、数量众多，这些资源可以创造新的商业模式，它的技术是互联网时代的技术。在过去没有办法共享的信息、没有办法共享的交换，现在都可以共享交换，所以，战略思维上一定要从竞争上升到合作与共生。同时，组织方式上，从专业化层级结构到立体化网络式结构，从控制与协调上升到可持续发展。所以，最后一句话：对世界的颠覆越大，商业模式的意义与价值也就越大。

（作者是西交利物浦大学执行校长，教授、博士生导师，此文根据专家演讲录音记录）

草根创新的过程、特征及其经济学解释

黄速建

今天会议的主题是创新创业及创新创业教育。大家都知道，当前全球经济正处在深度的调整中，正处在新旧增长的动力机制转换时期，各个国家都在寻找打破经济发展困局的新出路、新思路、新方法，来打造能够引领下一波经济增长的新动力、新引擎、新钥匙。习近平总书记提出建设创新型的世界经济的构想，为全球经济增长走出低迷开出了一剂标本兼治的良方。就中国来说，全面实施创新驱动发展战略，大力推进大众创业，万众创新已经成为中国经济实现动力转换、方式转变、增速换挡、结构转型的迫切要求。

改革开放以来，中国政府充分利用要素性的后发优势、技术性的后发优势和制度性的后发优势，成功地实施了学习模仿驱动型的后发优势战略。在相当程度上，实现了对发达国家的赶超，创造了举世瞩目的"中国奇迹"。但是，当后发国家通过积极追赶在发展上逐渐趋同先发国家时，后发优势所带来的后发力将呈现出边际收益递减效应，并可能最终消失，由此，后发国家的追赶或者压缩性的高速增长不可持续，后发国家和先发国家之间总存在一段最后的最小差距。另外，中国经济长期以来，赖以高速增长的数量型人口红利、第一波的全球化红利以及以增量改革为特征的转型红利，都在加速衰竭，生产要素驱动和投资要素驱动的经济增长动能在减弱，中国经济陷入了中等经济收入陷阱的风险有所增长。因此，无论是消除与先发国家之间最后的最小差距，还是成功地规避中等收入陷阱，都要求我们加快推动中国经济发展动力源的转换，也就是说，要由学习模仿驱动向创新驱动转变，实现由正在消失的后发优势甚至任意呈现的后发劣势，向打造平衡先发优势转型。

促进后发优势向先发优势转型，要求我们提供多个创新动力、多个创新层次、多个创新构面、多种创新方式、多个方面的创新要素。近几年在政府引导和制度激励下，全社会创新创业的潜能、活力得到了前所未有的激发，大众创业，万众创新的氛围正在全社会逐渐形成，创新创业的血液开始在全社会自由流动，大众创业，万众创新正在驱动经济发展由要素与投资支撑向依靠创新为基础转变,后发优势向先发优势转型正在加速推进,大学生的创新创业是我们国家创新创业队伍中的一支生力军。

一、草根创新创业的机会成本

草根创新是来自民间那些没有专业知识基础背景和没有技术积累的非专业人士主导或者参与的创新,它是相对于专业创新和学院创新而言的。我近期所做的案例研究是针对全世界业内最大的企业——王龙集团,它位于浙江余姚,主要生产山梨酸和山梨酸钾。

中国改革开放以后,第一代的创业者基本上都是草根,草根创业的机会成本较低,预期的机会收入远远大于预期的机会成本,创业或者创新的机会成本就是失业的或者是无业的、待业的、打杂的机会成本,而那些有一定社会机会的人,他们的创业机会成本就会较高。之所以第一批的草根创业成功的概率较高,一个重要的原因是当时的短缺经济环境造成的。

王龙集团成立于1992年,生产世界卫生组织和联合国所提倡的一种新型食品防腐剂——山梨酸以及在山梨酸基础上研制的山梨酸钾。目前市场占有率在全球约50%,创办人叫王国军,是一个农民,学历水平较低,在当地被诊断为骨癌,以为要等死,后来,去上海诊治需要花费很多钱,治不起,再后来,听说山西有一家医院可以治他的这个病,他就拿了100元去山西治病,治病过程中,钱用光了,没钱治病也没钱吃饭,这个时候碰到了他的一个恩人,是宁波人,曾在辽宁下乡的一个知青,这个知青给了他钱,无偿伺候了他三个月。

后来,他回到余姚卖榨菜,去各地推销榨菜,在坐火车途中碰到原子能研究院的一个工程师,这个工程师说他的榨菜很好吃,但是,这个榨菜的防腐剂是苯甲酸钠,时间久了容易起泡,不容易保鲜,容易变质,它对人体有一定的危害。工程师跟他说,我们研究院研究出了山梨酸钾——一种新型的食品防腐剂,是联合国和世界卫生组织提倡的一种新型防腐剂。王国军就问工程师,这个技术要购买回来需花费多少钱,工程师说大概三四百万元。

农民比较相信科学家的话,于是,他就花了400万元买了这种制造山梨酸钾的技术,但是没想到一共投资了1850万元,流动资金贷款210万元,在这样一种情况下,还没做出来,做出来的产品是不合格的,最后这个企业破产了。

王国军个人就把这个企业买过来，最后，又做出来了。中间有一个偶然的因素是三星集团要买他的这个技术，要做后段的车间，但是，这个技术三星也没做出来，这给了他很大的信心，三星花了40万美元，还给了他50万元的借款，最后他成功了，核心技术都在草根王国军董事长的手里。

二、草根创业的关键要素

在此，我们分析一下草根创业存在的合理性和要素。它有社会环境的影响，在一个充分竞争的市场经济环境下，大家对市场机会的识别能力和所掌握的产品技术市场机制是正相关的。掌握相关知识越多，越容易捕捉到市场的机会，当时的市场基本特点是，市场被严重分割，市场信息和科研信息彼此又是割裂的。资源在创新各环节中，不能实现有效的流动，创新的偶然性被市场无限地放大，只有那些靠近市场或者掌握机会的人，最有可能把握创新机会，靠近市场的人的创新就属于草根创新。

从王龙集团案例来分析，中国原子能科学研究院的基础知识是功利性的，研究院和王龙集团合作的时候，研究院还不具备产业化经营的资格，研究人员进行产业技术创新的动力机制和体制条件都不具备，或者说不像目前这样具备条件。

创新技术范式可以分为产品导向和流程导向两类。从研究案例来看，草根创新可能更适合流程导向的创新，它比较容易实现草根创新的突破。从组织要素来看，草根创新大多数都采用了外部专家委员会弹性的组织形式，通过"专家+企业家"双层的组织形式，获得知识资源和物质资源的创新过程保障，一方面，企业家提供物质资源；另一方面，专家提供知识资源。专家委员会的形式不一定是草根创新独有的，但确实是草根创新初期都采用的组织形式。因为，创新的发起人存在知识缺口，草根创新必须解决创新基础知识来源的问题，而由于创业初期、创新初期企业的规模较小甚至没有企业，创新的风险较大，专家也更倾向于以兼职的身份融入到创新要素的集合，当然，也可以避免脱离原来体制内单位所带来的机会成本。

从企业家要素来看，企业家既是创业知识的学习者又是实践者，同时，又是知识的组织者。一个创新型的组织不仅要运用内部既有的知识存量，还要不断地向外部开辟知识流入企业的路径，一个优秀的领导者承担着对创业组织边界进行知识重组的责任。王龙集团董事长企业家始终扮演着知识流动组织者和集成者的角色，在整个创新过程中都坚持和原子能研究院的合作，在长期合作基础上建立了信任关系，并保证了知识跨组织的有效流动。

企业家作为组织领袖,要有学习能力、要有坚韧不拔的意志、要有组织知识的能力。从案例来看,董事长无疑具备了这三方面的能力。从草根创新的过程来看,草根创新的知识形成和积累,与学院创新和专家创新这种知识形成的积累基本上是反方向的。学院创新知识流向是先有基础知识、产业技术知识、产品知识,再积累商业知识,而草根创新知识是先有商业知识,接触市场后再去积累产品知识、产业技术知识,再去积累基础知识。在这里,基础知识不一定必要,只是在掌握产业技术知识过程中能覆盖的基础知识才去学习。而从创新的科学与整个商业循环系统和实践过程来看,草根创新的知识积累过程是特殊的,先有商业知识再有产业化的技术知识,再通过"干中学"积累丰富的技术知识。创新的知识来源也是多样化的,包括独特的诀窍、知识在创业创新过程中慢慢积累起来,往往会成为草根创新所拥有的核心技术能力,如王龙集团。

由于草根创新来自传统制造和工艺实践的不确定性更大,草根创新不太可能成为创新的领先者,一般是追随者,所突破的通常是已经得到市场认可的产品,那么,在全球范围内,草根创新和产品市场的跟随战略是相适应的。从产品市场进入战略来看,王龙集团采用的是一种领先战略,从技术创新来看,是真正意义上的自主研发的战略。德鲁克曾提出4种企业家战略,包括孤注一掷、攻其软肋、生态利基以及改变产品市场或者一个产业的市场。孤注一掷战略市场风险最高,获益的水平也高,目标是建立新产业或新市场,战略实施之前需要进行细致的分析,一般投入付出全部的努力,创新成功以后需要持续地创新以保持领先的领导地位。德鲁克认为,在采取孤注一掷战略时,局外人可能会更有优势,也就是草根创新非专业人士更有优势,王龙集团采取的就是孤注一掷战略。

三、草根创业:创新+企业家精神

王龙集团当时进入山梨酸钾的市场不是盲目的,是经过仔细分析的。王国军相信科学家,他对与原子能研究院的合作充满了信心。有了研究院的技术支持,工业化的突破只是时间问题,尽管事后证明,从小试到批量生产,再到工业化生产山梨酸钾的技术突破过程很长也很艰难,事实上违背了工业化生产规律,没有经过实验直接投入生产,所以波折会很多。当他投入2100万元的时候,离成功已经是一步之遥了,但是,在当地政府对其支撑力有限的时候,企业家的潜能却发挥到了极致,坚持和孤注一掷的战略就体现了出来。甚至在科学家都退却的时候,他的坚持和专注的精神终于使他获得了成功。从总体上看，草根创新存在驱动机制，包括市场激励、企业家精神的驱动、制度的激励等。

一个理性的企业家一定是受到市场的驱动来创新。正是王龙集团董事长对市场的判断给了他动力，等到了一定程度还没做成功的时候，如果放弃，前期的投入将全部变成沉没成本无法收回，这种压力使得王国军坚持了当时的创新选择。从市场环境来看，创新不仅要解决技术问题、生产问题，还要解决市场问题，并且这个产品在技术突破以后，还要解决稳定性和经济性的问题。同业竞争者、潜在进入者的威胁，迫使企业不断寻求技术创新、持续创新和降低成本。当时，制度也给了他一定的激励，尤其是企业家精神的驱动。事实上，相较于小企业，大企业采取孤注一掷战略的资源沉没成本更大，由此，带给企业家的压力也更大，不成功便灭亡。对于草根创新而言，企业家的毅力和信心对于成功创新的渴望是必不可少的。偶然因素在草根创新的过程中可能会起作用，但可以把它忽略了，只有在企业能力积累到一定程度的时候，才可能出现偶然因素。

四、草根创业：信心、行动、坚持与专注

草根创新为什么比专业创新更容易成功？企业家的创新主要来自预期经济利润，而预期经济利润取决于预期的收益。突破性的创新意味着最大的风险，创新成功的概率并不大，但对于草根创新者而言，由于缺乏专业的知识，这种对风险的认识往往是不全面的，反而降低了他们感知风险和对失败概率的预期。当非专业人士进入一个创新领域的时候，不了解创新所面临的巨大投入和创新过程的艰难，他们所感知的失败和风险往往比专业人士要低，这客观上使非专业人士成为草根创新的乐观者。在王龙集团的创业案例中，专家的游说、政府的支持增强了企业家的信心，降低了感知风险，草根创新者进入特定创新领域的时候，他对相关的专业知识积累几乎为零。应用这些知识到其他领域获得利润的机会成本也几乎为零，所以，他的机会成本无限趋近于零，即使其他因素相同，草根创新者创新经济利润预期也大大高于专业创新认识的预期。

草根创新给了我们这样的一些启示：

第一，无知者无畏。在一些风险较高的突破性创新领域，草根创新实际上有一些内在的技术优势，在高度不确定性环境中，经常会出现无知者无畏的创新案例，它的内涵在于，对相关领域专业知识的匮乏降低了感知风险和预期成本，提高了预

期的收益，所以容易做出创新承诺，这种现象在市场经济发展的初期尤为明显。原因可能在于碎片市场的创新风险较大，同时机会也大量存在，具有企业家精神和感知风险低的人，容易进入新的领域或者创新成功。

第二，行动起来，不能纸上谈兵。

第三，坚持，再坚持。在这个案例中，即使是在当地政府部门已经撑不下去了，连科学家也撑不下去的时候，他却仍在坚持。王国军有一段有意思的语录，在我们访谈时，他说，"要挺住，成功往往是再坚持一下，没有坚持，就前功尽弃，前期投的就会变成了沉没成本，无法收回"。

第四，专注精神。在坚持基础上的专注，只做一件事情，他没想到把产品给做出来了。

第五，充满自信。这种自信不是盲目自信，自信但不盲目，对要办的事情要了解。草根创新者要坚持、自信、专注，但是，他不是乱来的，而是要遵循一定的规律，这就是我讲的创新过程当中的"色"和"戒"："色"就是你的欲望，你的目标，一定要做成功；"戒"就是要尊重科学，遵循一定的规律。

第六，尊重知识、尊重人才，实行开放式创新。草根创新往往都是开放式创新，而不是封闭式创新。像王龙集团就是早早地对科学家、骨干人员收入采取上不封顶，但下要封底的策略。

最后，我对报告作一下小结：企业成功与衰退是企业内部各个要素之间相互演化、企业与环境之间互动演化的结果，在复杂动态环境中，要求企业持续地进行创新。草根创新既有它的合理性，也有它存在的社会环境技术、办事特征、组织要素、企业家要素等。草根创新知识形成的积累是逆向的，在创新实现的不同阶段，草根知识来源也是多样化的。草根创新要突破的是产品的工业化实验过程，并且在这个过程中，草根企业家需要整合各种资源。草根创新的战略匹配于孤注一掷和自主创新，这类创新者对创新风险的认识往往不全面，反倒会降低他们感知风险的失败概率的预期，勇敢地去做，积极行动，坚持，专注，自信并遵循规律，尊重知识，尊重人才，这就是草根创新成功给我们的启示。

（作者是中国社会科学院工业经济研究所研究员，此文根据专家演讲录音记录）

众创空间

刘志迎

这些年来，很多的企业家有些莫名的忧伤，他们忧伤什么呢？本来一个好端端的企业，却被一个跨界的过程挤兑得找不到北，满怀信心的企业、满怀信心的市场、满怀信心的技术，突然就被一个技术给颠覆了，找不到自己的竞争对手在哪里，也看不到自己潜在的竞争对手是谁。

本来我们想要创造一种商业模式，我们想要提价，我们想要提高技术水平，我们想要通过知识产权保护提高产品价格。可是现在呢，很多人都在玩免费模式，很多莫须有的商业模式，莫须有的技术，却能够在纳斯达克上市。例如，珍爱网、百合网，这种网站，就能够在纳斯达克上市。

过去，我们都在骂年轻的一代是垮掉的一代，其实，我们20世纪80年代读大学时，老年人也骂我们是垮掉的一代，到了90年代，又在骂70后是垮掉的一代，而到了2010年后，又开始骂80后是垮掉的一代。所以，这里可能的原因是老一代的思想保守，不能够真正把握年轻人的创造力。所以，我们不要认为年轻人是垮掉的一代，而恰恰是我们老一代被年轻一代打垮了。

老一代人曾经说过，世界是你们的，也是我们的，但是，归根结底还是你们的。所以，年轻人创业创新的意识远远强于我们，应该相信他们。当然，到了互联网时代，应该把这句话再演绎一下说，世界是我们的，也是儿子们的，归根结底是孙子们的。这句话看上去是骂人的，但是，细想一下就是那个道理。如果这个世界是老爷爷们的，那么，这个世界就无法再前进了。

一、众创空间的内涵

众创空间的概念是在2007年提出来的，作者试图告诉大家一个道理，创新的民主化时代到来了。随着国民的基础教育水平不断提高，很多人就具有这样一种创新能力，所以它给我们一个基本的认识就是，人人都可以参与创新。其实创新并不是科学家、工程师的专利，再加上互联网时代的到来，欧美自由开放的创作文化等因素，使得我们这样一个新的时代，文化发生了巨大的变化。

在国际上，有很多成功的创客空间典范，像 Hackspace、Tech Shop、Fab Lab、Makerspace，它们在全球都产生了巨大的影响。在国内，我们也能见到这样一些企业在模仿国外的模式，在做众创空间。关于一些成功的也是大家比较清楚的，如上海新车间、深圳柴火、北京的创业空间、杭州的洋葱胶囊等，这些都是比较典型的，近两年来也成立了很多新的众创空间模式。那么，怎么来认识众创空间，怎么来定义呢？在我出版的书上，我曾指出，所谓众创，用英文来讲就是 Crowd Innovation，那么，为什么是用 Crowd 而不用 Mass 呢？我们发现，有个别研究人员用 Group，是不够准确的，用 Crowd 应该是最准确的。其他的一些概念，如众筹（Crowd Funding）、众包（Crowd Sourcing），这些都是用 Crowd，是比较贴切的，因为都含有"志趣相投"的意思，所以，我们认为，"众创"的英文，最好应当译为 Crowd Innovation。

我们的定义是，众创空间是指人们在自由组织所参与的虚拟社区或者实体空间里面共同工作，通过线上线下交流互动，共同创业，共同研发制作产品，一起提供筹资和孵化等服务的自组织创新创业活动。它一定是一种自组织创新创业活动。所以，众创空间寓意为 Crowd Innovation Space，这就是形成了我们讲的最基本定义。

二、众创空间的特征

众创空间有以下几个主要特征：第一，众创空间一定是开放性的；第二，众创空间是大众性的；第三，众创空间是自组织性的；第四，众创空间是互动性的。这些在我的书上都有较为详细的阐述，我就不多讲了。

让我们再看一看众创空间的三种模式，根据这种组织的自发的，根据集中的和分散的可以分为这样三种模式：第一种是有组织的、分散的，那么这种模式我们把它叫做众包，事实上是一种平台的模式。一种网络平台，如海尔务实创新平台，又如我们所讲的宝洁公司 CD 模式，就是链接创新平台，市场效率能够大幅提高，能够提高 60% 多。第二种是网络社区模式，如我们现在看到的知乎网、价值中国等，这些都是网络社区模式。甚至我们可以把什么看作众创空间呢？像百度百科、维基百科，我们都可以把它们看作一种众创空间，因为我们大众在里面编词条，没有哪一个是向你收钱，都是免费的义务的在里面创新词汇、创新边界。第三种就是实体空间式的，就是我们在街头巷尾都能看到的那些挂大牌的众创空间。现在全国有多少家呢？有2万多家众创空间。科技部星火计划中心专门认定的第一批和第二批，加起来是498家，第三批刚刚出来，这种众创空间是我们所讲的集中地，但并不是自发的，是一种有组织的，集中化的、有组织的就不叫众创空间，那叫什么呢？更多的人称它为孵化器。

三、众创空间的理论研究

从理论研究的视角来说，我们可以把它区分为三个层面、三个圆圈，即第一个是背景和条件层，第二个是情感和信任层，第三个是方法和路径层。

我们先来仔细看第一个层面，众创空间产生的背景条件。一是民主化创新还是精英创新的问题。我们过去的精英创新，把科学研究当成非常神圣的东西，如中科院研究什么量子通信卫星，给人感觉非常神圣、非常了不起，高不可攀。其实我们讲大多数的真正的可商业化的创新，是没有什么高不可攀的，是大众的，是市场所认可的。所以，这种背景发生了变化。

二是开放式创新还是封闭式创新的问题。开放式创新有内取向开放式创新和外取向开放式创新，所谓内取向开放式创新，就是宝洁公司和海尔所做的创新，就是把外面的新创意、新技术、新概念、新想法引入到企业内部；外取向开放式创新就是企业把自己不需要的专利卖给别人，授权给别人，如朗科把技术授权给别人，让别人去利用，让别人去生产U盘。过去企业都玩封闭式创新，现在是开放式创新。

三是社区平台创新还是点线面的分散式创新。我们过去搞技术联盟，搞产学研合作，这都是点线面的分散式创新，而现在是一种社区平台创新。

四是生态圈的问题。在这里，又存在三个不同层次的概念：第一个层次叫共生，第二个层次叫互生，第三个层次叫再生。它们共同构筑了一个商业生态圈。在这种商业生态圈下，人们去实现创新创业。在浙江，100多个小镇真正地实现了产业升级，真正达到了所谓的"众创"了，而不是停留在模仿，停留在过去那种简单的加工制造，这一点表现得非常明显，而安徽还暂时不具备这个条件。

第二个层面，众创空间的情感和信任因素。一是志趣相投还是个人兴趣。其包括社会兴趣理论和职业兴趣理论，社会兴趣理论主要讲一个社会群体共同的兴趣，引起社会的共鸣、效仿，这样一个模式我们把它叫做志趣相投模式，而不是个人兴趣模式，这就是我们讲的情感因素。

二是知识共享还是知识孤岛。在众创空间里面，就是要搭建一个知识共享的平台，只有在这个平台上，我们才能更好地去实现这种互补，所以叫知识共享。然而，在过去，一个企业、一个单位、一个研究所都只是形成了知识孤岛，这种知识的孤岛不能使大家共享，它就不能够形成新的创新的想法（Idea），更无法去实现商业化。

三是智能互补还是隔行隔山的问题。我们讲人的智商有高低，但是，我认为，人的智能也有差异。心理学家曾经研究过：人有九大智能。有人语言较专长，有人逻辑较严谨，有人计算能力非常强，有人有音乐天赋。例如，有的人善于表达，他可以做销售；有的人善于计算，他可以搞软件；有的人善于设计，他可以去做机械设计。所以我在我的《众创空间》里面有一段话：你有梦想，我有思想；你会创意，我会设计；你会编程，我会工程；你会硬件，我会软件；你会采购，我会销售；你有创新能力，我有投资能力；你能够做出产品，我能够做出市场，这才是形成众创空间创客的精神。

四是信任和互不信任的问题。过去是互不信任的，我防着你，你防着我，害怕你把我的技术、知识偷走了，但是，在众创空间里，必须要形成一种信任关系。

第三个层面，方法和路径。一是自组织还是他组织。我们现在市场上看到的大多数众创空间都是他组织，不是自组织，它类似孵化器，不是真正的众创空间，所以众创空间是一些真正的创业爱好者自组织的小群体，而不是政府出台政策去做的这样的事情。

二是效果逻辑还是因果逻辑问题。创新创业都是一样的，所谓效果逻辑，就是我去干，哪个方面试成功了，那我就创业成功了，走一步看一步，没有固定的目的。中国大部分的创业都是为了赚钱，美国大部分人创业是兴趣，我们去美国访学，一般是男人们带我们去车库看他的作品，他的车库就是实验室，车库就是工具房，车库就是维修车间，所以这叫车库文化。我们讲的Facebook、微软、亚马逊、硅谷都是在车库里玩出来的，当初不是为了创业，就是玩着玩着觉得有商业价值，然后上市了。我们现在是有目的地想去赚钱的创业，他就没有创新。所以我们现在都是因果逻辑，显示出"我要创业，我要达到马云那样的水平，我要实现一个小目标，然后去努力"，这是因果逻辑。而效果逻辑呢？就是我去玩，玩着玩着玩出一个新花样来，我就可以商业化了，这两个是完全不一样的，这是创业领域里所讲的两条路径。

三是创新是从0到1，还是从1到N的问题。我们把从0到1叫做垂直性的创新，是一种颠覆性的创新，过去没有的，突然之间便有了。还有就是路径创造还是路径依赖问题。我们大多数传统企业里面的创新，都是路径依赖，而众创空间里面没有路径依赖，它完全是路径创造。实践中的难题就不多讲了，大家都知道。几乎所有的城市都在支持众创空间，这是好事，政府给补助，很多孵化器都改头换面、更改姓名或者是"生儿育女"，变成了众创空间，各大知名企业也在搞自己的众创空间，许多高校都把自己的图书馆变成众创空间，微信群里面也在搞众创空间。另外，一些房地产公司打着众创空间的旗号来搞房地产开发，很多城市都在搞创客大会，众多的城市高楼挂上了某某众创空间的牌子，你走进去一看，实际上你不知道它在做什么，里面就是座房子而已。

最后，我想送给大家一句话：真正的创客是"Doing by playing, playing by doing"（做中玩，玩中做）。有钱你可以任性，没钱你只有创新。有人会问，没钱怎么能创新呢？举一个简单的例子，陕西的袁家村，一个昔日的穷村，通过吸引游客来游览，每年的游客居然已经超过兵马俑景点的人数。它的秘诀就是把村落变成非常土气的景象，变成可以吃土菜的地方，可以让游客体验到农村田园生活的旅游胜地。进一步说，它也改变了我们原来管理学中所说的资源依赖理论，虽然它没有资源，却把这种贫瘠转化成了有价值的资源。

（作者是中国科学技术大学教授，此文根据专家演讲录音记录）

双创教育之我见

葛宝山

双创教育是指创新创业教育，在这里，我主要谈的是创业教育。如果创业教育只是像我们一般理解的搞搞比赛，像运动式的，实际上是不值得关注的。至少在搞创业研究的人看来，如果这是一种短期的行为，那么，它至少不值得我们投入那么多精力去做。创业教育之所以重要，实际上是要放到一个更大的宏观背景中去看，去审视深化高校创业教育的深远影响和重大意义。

一、创新创业教育的背景

总体来说，搞创业管理类研究的人总会将创业教育放在以下这些大背景中去分析：

第一，全球经济一体化。英国脱欧、特朗普最近在美国大选时的一些言论，大家都能看到全球经济一体化正面临着挑战。我相信，如果没有这些挑战，我们国家的压力就不会这么大，如果这个市场有足够的市场供给、开发，那么，创业形象和就业形象就会较好。但是，从创业教育这个角度来说，就不再是这么简单。

第二，网络化。它为这个时代涌现创业者提供了条件，为涉及跨时代的创业者提供了商业模式创新的机会。

第三，市场化。这个市场化不是过去的市场化，是中国加入市场经济圈，成为世界市场经济的重要组织。有十几亿人大踏步地向市场经济迈进，这是历史上没有过的，所以说这是人类历史上的重大事件一点也不为过。

第四，全球经济衰退。全球的产业发展和大企业成长面临着重大挑战，这在我国东北地区是深有体验的。这个时候，我们国家的经济，因为传统成分大，所以中国面临着经济增长带来的就业难。如果就业是充分的，谈不上创业在今天会那么重要。比如说大家毕业以后，能找份很好的工作，很多企业都抢着要你，就可能没必要去谈创业了。

　　创业实际上是很辛苦的。创业的你要想挣100元钱，你一天的毛收入要达到多少？辛辛苦苦挣100元钱的纯收入，你得折腾成什么样？但是你如果是一个工薪阶层，一天挣200元钱，你不会感觉有太大的压力，所以，如果说就业是充分的，那么，谈不上这么广泛地去提倡创业，并且，从大量的创业行为上分析，资源也有不少浪费，因为有很多创业失败的，如果失败的话，可能是倾家荡产，那就是说，中国的创业难题实际上也是源于我们所说的就业的难题。还有就是因为更深远的产业结构升级以及可持续发展道路选择，如环境污染问题、食品安全问题，都要靠创新创业去解决，促进产业升级去解决。

　　这些就是创新创业的大背景，也是创新创业教育道路选择的大背景，总体上看，创新创业教育是必须的，也是不得不做的。

二、双创教育功效：创业与就业

　　就业源于创业，谈到最新的创业问题，一般包括两类，一是新企业的创建，二是公司创业。像在我国的东北地区，实际上是公司创业所要研究的，即转型升级，创新的选择和商业模式的选择，主要是跨行业的融合。那么，传统行业有没有发展的出路呢？其实是有的，可以把传统产业作为平台，将新兴产业结合进去，这样就会产生一些新型的商业模式，比如说，搞汽车的向金融延伸产生了新的金融产品，不是说传统行业就是传统行业，可以是跨界的发展。房地产行业像万达，基本上你看不出来是纯粹的房地产行业还是娱乐行业，因为现在有前面说到的四大背景，使行业的界限和国界的界限越来越模糊了，对公司转型来说，实际上都是公司创业研究的。

　　从创业教育的深远意义来看，实际上，对大企业来说，也需要我们的毕业生学习创业的机会。创业最核心的内涵实际上是对现状的批判，然后，做出新的选择，这里包括你所做的产品和对产品系列的批判，包括对组织制度和传统战略的批判，创新创业教育实际上在为企业转型提供着思想上的保证。双创教育的短期和直接目标就是充分就业，无论如何，每个国家包括特朗普所谓的制造业的回归，不过就是面向充分就业的，这个涉及千家万户，我们所说的一个家庭，特别是新的大学毕业生有事情做，不管是就业还是创业，一定要为年轻人找到做事的平台，否则，是对社会的不负责任。

无论创业还是就业，希望大家都有事做，这是关键，所以短期的直接目标就是有事做，或者是充分地让大家有事去做。提倡创业就意味着政府和社会，包括家庭投入更多的资源，为大家去寻找做事的机会。实际上，从创业失败的比例来看，成功也是很少的，但是只要有一个成功，比如说 10 个里面有一个是成功的，那么，将来不创业的 9 个人也能就业。因为，只要一个人创业成功，最少有了一个企业并带动 10 个人就业，所以说，创业和就业肯定是连带着，联系在一起而密不可分。

三、双创教育与素质教育

创业教育的一个总体方向，是从我们搞创业教育和创业研究的人来看，是素质教育问题，是在培养学生创造力。它是将来具备竞争力的基础，无论在个体层面还是组织层面都是如此，没有创造力就没有竞争力。

我们发现，现在的模具厂已经与原来不同了，流水线上基本看不到工人，取而代之的是机器人。如果我们作为一个毕业生的个体没有创造力，机器人会全面替代我们。所以说，作为现代大学毕业生，你可以没有别的能力，但是一定要有创新能力，这是创造新价值的能力，这也是需要大学教育去转型的。

就像刚才席校长所讲的西交利浦教学改革的故事，基本上也是面向未来的一个创新样板。这一点和我们传统的知识传授、传统教育模式是一样的，需要创业教育和创新教育去"格式化"，当今的大学教育需要反思和批判，如果不这样去做的话，那么，创新创业教育就不可能"接地气"。

面向这样一种要求的素质教育，特别强调的是博雅教育、品格教育和通识教育。可能我们通识教育做得较多，品格教育也不少，再加上专业教育，是谋生的基本素质教育。美国为什么总体上来说财富上的创造还是可以的，就是因为他们谋生的这些基本知识是强化的。基本上就没人管你，或者管你的也不是特别多，你要想过上好日子，改变你的现状，那么，创业意识加上商业意识就是一种谋生手段，这一点应该是加强的。所以说，双创教育必须和博雅教育、专业教育相互渗透、融合，成为素质教育的重要组成部分，只有达到这个高度，搞创业教育和创业教育研究才有实际意义，否则，如果创业教育只是一个过程的东西，是运动式的行为，不值得我们花费那么多时间。

第一，回到创业教育的话题，在现实中，就像黄速建老师所讲的情形，那个草根创业者就跟创业教育没有什么太大的关系，那只是一种特例，并不能由此否定创业教育的必然性。其实，经常困扰大家的一点也正是如此，草根创业与创业教育有关系吗？或者说对创业教育有用吗？创业教育是否真有助于促进大学生创业？这个问题如果不回答，那我们的创业教育就盲目了。

第二，我们国家创业教育所处的发展阶段，刚才集体合影的时候，有个老师在介绍自己学校创业情况后，询问我吉林大学的创业教育水平高吗？这肯定是无法回答的问题。原因是这是由我们国家所处的创业教育发展阶段所决定的。

第三，我国的创业教育比美国还要得到更高程度的重视。我们一谈创业教育，就离不开分析美国创业教育的主要经验、存在问题和发展背景，其实，现实当中的创业者，很少是通过大学的创业教育培养出来的，但是，不等于创业者没有受到其他方面的教育，或者说，社会大学的教育实际上对我们来说属于另一类的创业教育。

我们通过查阅文献发现，国外也有少部分学者研究证明了创业教育与大学生创业意愿没有多大关系。这里面，从研究的角度来说，创业意愿可能还受其他一些因素影响，比如说一些地方的创业者根本没有受过教育，虽然像江浙一带、东北一带的商业历史文化都比较悠久，但是，如果我们从历史文化角度，还有经济地理角度，可能会有一些新发现。现在的东北是冰天雪地，这可能就是影响创业活跃的因素，相反，如果在比较暖和的地区，商业活动的频率受自然经济地理因素影响，创业也会更加活跃。另外，像很多地方没有一所像样的大学，高科技创业也是非常困难的。不过，多数研究还是支持创业教育必要性和可能起到的积极作用。

还有一个十分有趣的现象是，那些没有选择创业的毕业生日后也会支持创业活动，比如他可以作为投资者、作为消费者、作为供应商，也可能去支持创业者，去理解创业者，这是创业教育的积极作用。

四、双创教育：内容与模式

美国的创新创业教育做得较早。"二战"后，哈佛大学最早为MBA学员讲授创业管理，目前创业教育已经全面开展了，标志就是创业研究专业化，包括做这项专业的人专业化。我刚从美国回来，在俄亥俄州立大学的创业教育开展得很普遍，而且跨学科，各个学院都加入了创业教育。他们也举办大赛，但是，他们的大赛不像我们这么热闹。他们的大赛我也观摩过，最后的颁奖就是个酒会，宣布你的这个项目获奖了，得到多少风投支持，直接就把这个项目给做了，而我们呢，得了金奖、银奖还有什么的，然后就完事了。实际上创业大赛在美国，仅仅在麻省理工创办的企业所创造的价值都是富可敌国的。

我们都知道，一个国家，如果连续的 GDP 超过 1 万亿美元，它在全球排名都能排到第十的水平，但麻省理工学院培养的毕业生创造的价值是多少呢？2 万亿美元，足以富可敌国。所以，看出来一所好的大学，如果学生能创办现代企业和科技企业，对一个国家竞争力的提升和 GDP 的发展是多么重要。

国内创业教育是从近年开始做的，从 2003 年初教育部开始进行学科计划，现在各个地方高校的创业课程也都开起来了，总体看，创业教育在促进了创业活动。但是，国内创业教育处于初级发展阶段。国内各大高校的创业教育发展速度很快，校领导也都很重视，包括对创业教育的系统化设计，很快就能实现我们所说的像专业教育那样得到很好的发展。中国要真的崛起，很多事情要做得比美国更好，美国的创新创业教育值得我们学习，但是，这并不要求我们简单地去追赶或者超越它。我觉得，如果从文化的角度来说，挑战是很大的，是长期的。美国的创新和创业活动已经是一种文化现象，所以，我们要比美国更重视创新创业教育，这个怎么做，实际上是一个战略选择问题。

关于创新创业教育，我们的研究是有很大欠缺的，比如，关于创新创业教育究竟怎么干，少有博士论文在做。虽然这方面课题很多，高水平的创新创业教育研究至少到目前我还没看到。一般院校，有些老师面面俱到地谈创业问题，蜻蜓点水似的，谈不上真正的创业教育研究，也不够深入。比如说，我们开始要回答创业教育是不是有助于创业，这是一个学术问题，还有它受什么影响。再比如，创业教育需要多种企业参加，但是，多种企业也不是胡乱参加，而现在的情况是，一哄而上，谁都干，共青团系统、人社局系统、科技系统全都来搞。多层次的参与有助于实现创业的民众化，但解决不了创业教育模式这一大问题。在吉林大学，基本上是这样做的，主要是校领导高度重视，以研究生参与为主，后来，我们还设计了"五个一"工程。因为吉林大学规模太大，让我去讲这个课程，我都会崩溃的，毕竟有 7 万多名学生。

创业教育并不是小众需求，如果作为素质教育，创业教育是一种普适性教育。普适性教育就不是少部分老师就能做得了的事，要是没有技术是做不了的。如果创业教育不需要技术，我可以随便安排 50 个人练一练，也可以邀请校外 50 个人练一练，这都可以叫做创业教育，但这不是大学的创业教育。大学创业教育应该是有教无类的。

如果从素质教育角度去看，练出几个创办公司的人，这也不是不可能的，但它也不是创业教育。大学的本质还是教育，但创业教育作为一个通识教育内容，怎么去贯彻落实是一个很严峻的问题。

创业教育内容包括六个模块：创业导论和商业计划、创业团队建设、创业融资、市场调查以及创业营销、与创业相关的法律专题和创业实训活动。我在想，模块化在创业教学是适合的，并且，它不适合一个人讲，如果通篇就由一个人讲，做法不妥。因为创业教育是精品教育，每一个模块都是需要专家的。不是说我懂一点创业基础就可以上讲台去讲，它有技术的问题，它有意愿、有激情的问题，这都不是一般的老师能教的。

比方说你从来没创办过一个公司，你就开始给学生讲如何去创业，玩笑就开大了。至少得到企业去做一段时间，才知道做企业是多么艰难，多么复杂呀！创业教育是否促进创业意愿，这一部分实际上在我们教学当中是能感受到的，完全可以。其实，如果经济上不能独立，人格上也就很少能独立，如果经济上依赖别人，那么很多时候你的人格很少能是自己的。

我给大家讲一个具体的例子。不光在学生当中甚至在专业教育当中，很多专业老师习惯于做自己的研究，不习惯于搞创业，这是我们国内大学老师的一个通病，也是创业教育的一个盲区。进一步说，第一个是缺乏高素质的创业类专业教师，这是普遍的问题；第二个是创业教育没有自成体系。比如，在创业合法性方面，很多老师一谈就谈合法性，创业实际上很多时候涉及合法性问题。创业教育也有合法性问题，如果在学校当中，老师的这个付出没得到承认，这个老师就会没动力，他做的课题也会不了了之了。

还有一个就是建立创业教育的专门机构。如果不是专门化地去做，那么，创业教育的质量很难得到保障。这就需要创业管理，比如说在本科、硕士、博士专业的设计上进行管理。我一直在建议，中国这么大，应该有一个类似百森商学院这样以创业和创业教育研究为主的商学院，但现在国内还没有。另外，成立一个专门的学院，去全面提高创业教育的合法性，出台鼓励创业教师从事创业教育的政策，建立新的评价体系，为实践者提供保证。当然，学校首先也要改变相应的做法，如现行的学制就不适合让在校生创业，4年的学制是很难实现创业实践的。

五、双创教育与专业教育融合

实际上，创业教育在大学里应该抓谁呢？教师是重中之重。因为教师要是不做或者做得不好，那么创业教育的质量也就不高，所以教师是重中之重。学生是我们的需求侧，创业教育同样还涉及供给侧改革问题。大家都知道，国家特别强调供给侧改革，结构转型问题，质量的问题全都是供给侧的问题。还有就是需求的问题，也就是第二个重点，就是关注学生怎么去搞好创业教育。第三个就是大学内部的核心机构与其他民间组织的关系。有的是校外的民间组织已经取代我们校内创业教育，搞得乌烟瘴气的，但是，总体来说更主要的还是教师，以教师团队为主，因为没有哪个校领导是让一个人去做创业教育，没有专业的技术支撑，也做不了创业教育，所以要谈创业教育，双创教育融入专业教育重在把教师的积极性调动起来。我们学校的创业教育要怎么搞？我认为，需要教师研制一系列的方案，然后学校去论证，去争取校外的资源。如果不是专门去做，只是初探，兼职去打打擦边球，创业教育搞不搞就没什么大意义了。

（作者是吉林大学教授，此文根据专家演讲录音记录）

商业模式研究：理论与创新

杨 俊

从创业企业或者是大企业来讲，竞争的层次从战略开始变为了商业模式间的价值层面。举个简单的例子，刚刚席校长讲到了商业模式和战略间的区别。什么叫商业模式？商业模式就是房子的户型，战略就是房子的装修，你的居住舒适度在很大程度上取决于你的户型本身，而你的装修是改不了这样基本的架构的。所以说商业模式在很大程度上决定了一个企业或者是一个产业的盈利空间。所以今天就这个题目给大家做一个汇报。

一、商业模式的形成

商业模式是从最近才开始热起来的一个话题。相关研究文献增长的数量非常快，但是有一个特点就是，实践界对商业模式的关注中，实践导向的文章比理论导向的文章多得多，一个是8000多篇，一个是7000多篇。第二个，我们可以看到在里面有很多的关于已有研究总结的文章，已经出现了不少的专刊，这是一个事实。我们带着学生做文献检索，搜索商业模式相关的文章发现，关于商业模式的学术研究在《美国管理学杂志》（AMJ）等主流学术期刊上发表得非常少。那为什么少呢？取决于两个关键问题。第一个，从学理上我们怎么去剖析商业模式，怎么观测和测量。第二个，商业模式本身它可能的理论基础是什么，可能不清楚。

从2010年左右开始，这样一个问题在学术上的探索开始得到了一些共识。在2010年以前，我们对商业模式的探讨各说各话，你说你的，我说我的，各个层次各个领域都在做。但是2010年之后我们看到，商业模式开始取得一些共识。什么是商业模式呢？它不在企业层次上，而是以企业为分析单元，考虑的是跨界活动（Boundary Spanning Activity and System）在理论上，出现了几个大的理论流派。第一个理论流派就来源于组织理论和交易行为理论。第二个理论流派是来自战略的核心能力理论。这两个理论关注组织以企业为单元的组织边界。第三个最重要的视角就来自创业的视角。所以从这个时候开始，我们就觉得商业模式开始真正有可能，未来5~10年，有可能会在学术上取得一个非常大的突破。也许在很多顶级的刊物上会出现商业模式研究的相关文章。

什么是商业模式？它是一个独立的分析单元。它关注的重点是企业怎样去创造和获取价值。创造和获取价值有两个要素：一是谁来创造价值；二是这些参与者之间怎么去联动。商业模式可能是以目标企业为核心和组织边界之间、参与者和联动方之间互动的一个过程。那么在这里面，核心的是谁来设计这个商业模式，可能是高管团队。也许商业模式研究天生就是一个跨层次的研究模型，从高管到企业层面的商业模式设计。怎么去测量它？现在来看，感觉有操作性的是两个：第一个是从交易的角度来看，内容、结构和视角；第二个是从战略领域角度来看，资源、交易和价值。另外，商业模式的创新从商业模式构成要素局部的变化和整体变化可以分成不同的类型。也就是说，如果我们从这样一个思路出发，也有可能不单单能够去描述一个商业模式或者测量它，而且我们能够看到商业模式不同的类型和变化，这是推动研究进步最重要的一个依据。把构念可测量化是所有社会科学研究领域，包括管理学最基础性的工作。基于这样的一个认识，我觉得，未来5~10年，商业模式的研究可能会越来越多。

在南开大学，我们以张玉利教授为首席专家，组织成立了一支科研团队，2009年开始申请获批一个青年项目，当时不敢叫商业模式，把它叫作市场进入方式，觉得商业模式太大。从那个时候开始就做了一些理论的探索，主要是去描述商业的构成以及它的概念化途径。2012年申请获批国家自然科学基金面上的课题，主要是做技术性创业团队的商业模式形成问题。在这个阶段，针对商业模式的不同维度和影响因素与机制形成，去做了一些探索。我们的基本判断是，商业模式的这个现象必须要从理论层面把它解构，才能够去观测和研究它们。

到2017年的时候，我们在南开的创业团队连续拿到了两个与商业模式相关的课题资助。一个就是陈寒松教授拿到的商业模式的创新，另一个是从南开创业管理研究中心毕业的云乐鑫博士所申请获批立项的青年项目。近期我们做的一个事是，从新三板企业的挂牌来研究商业模式，主要关注这三个方面的问题，一是商业模式的设计，二是商业模式的调整，三是商业模式的结果。

二、商业模式的创新与调适

我们主要关注的是互联网和信息产业。因为这两个产业在商业模式出现创新或者是变革的可能性会较大,变动速度会很快。由于符合条件的企业数量太大,我们大致遵循了先培训再编码,然后验证并作统计分析。这件事我们一共干了 70 天,按照每天 7 个人,我们花费了大约 4900 个小时。平均完成一个企业的编码,我们大约需要一个半小时。我们一共整理了 1013 家企业的商业模式资料,然后整理了 700 余家参考企业的资料。我们编码商业模式创新程度,主要是借鉴 Zott 和 Amit(2007)的编码量表。从结果来看,信度系数更好,在一致性系数上,稍微低一点,他们的是 0.81,我们的是 0.767。

依据编码数据做简单的描述统计我们发现,在中国互联网和信息产业行业,商业模式的创新水平趋势是两极强中间弱。中间是什么呢?中间是东北和中部地区,这两个地区在改革开放之前基础相对较好,但是到了这个时候,就相当于高不成低不就。在其他的区域板块内,它们的商业模式的效率和新颖维度并没有差异。什么意思呢?大概讲,北京有多少创业人才,上海有多少创业人才,大家感到深圳有多少创业人才,这是一个很现实的问题。所以说,在学理上可能这样一个问题会很重要。商业模式创新需要基础实施(Infrastructure)配套、需要打造众创空间、需要政策支持,这些环境条件因素到底在多大程度上驱动商业模式的创新?它的边界条件又是什么?

三、商业模式的情景化

商业模式创新水平的差异,并不会直观地反映到绩效层面上。从效率维度来看,我们发现,8.1%的得分高于 0.7,什么意思呢?8.1%的企业在商业模式这个效率维度上创新了,那么剩下的 3.8%低于 0.25,没有创新,然后中间的 88.1%是适度的创新。同样,在新颖的维度我们看到比率会更低。在中国企业中,只有 1.1%的商业模式具有较强的新颖性,而剩下的 93.9%是适度的创新。我们把所有的样本企业分成这样三类之后,它们在营业收入、净利润和毛利率上并没有预期到很显著的差异。在效率的维度上只是在净利润有差异,在创新的维度上只在毛利率上有差异。学术界和业界一般会直观地认为,商业模式创新是推动企业绩效的关键因素。更理性地看，我们需要进一步去探索的一个话题是，商业模式创新与绩效的关系可能比我们理论预期的要复杂得多。比如说在什么条件下，在哪里以及怎么样去提升绩效？

关于顶层设计和商业模式创新之间的关系。比方说一个高管团队和它的治理结构，从创新的维度来看，董事会的人数规模存在着差异，高管人数的规模存在着差异，人越多，创新能力就越强。同时最大股东占股份数量越低，创新能力越强。也就是说，利益越分散，创新能力就越强；利益越集中，越没有创新。从效率维度来看，董事会人数没有影响，而高管人数越多，它的创新性反而会越好，而股份的比例没有影响。那么也许通过这样的一个面上统计的初步分析便可知道，以后在这个方面我们可能会看到一个企业选择创新还是模仿，除了这个环境之外，可能高管团队起到至关重要的作用。那么它的顶层设计，怎样去作用或者是影响到商业模式设计的结果或者创新的结果？更是比较重要的一个话题。

最后做一个简单的总结，就是围绕着商业模式，未来可能会有这几方面的问题更值得一些探讨：第一个，商业模式怎样去形成？第二个，商业模式创新和调整的依据是什么？第三个，不同国家和产业的情境的差异是什么？

（作者是南开大学教授、博士生导师，此文根据专家演讲录音记录）

创业生态系统的形成、构建与发展

项国鹏

今天我要报告的主题是关于创业生态系统的构建。之所以报告这个主题，主要有两个原因：一是我本身目前在关注、从事这个主题的研究，二是我们这次的会议主题是创业教育和创业研究，所以，我就采取二合一的方式选择了这个主题来跟大家做一个交流。

今天上午，席西民校长和吉林大学的葛宝山教授，还有中国科技大学的刘志迎教授，他们讲的主题报告的内容和我的主题都有关系，所以，已经给大家打了一个非常好的基础。众创空间本身就是一个创业生态系统，刘教授上午所讲的浙江特色小镇，是浙江为了推进产业结构转型升级的一项战略举措，现在这种做法已经上升到国家层面，国家发改委已经决定在全国层面推广特色小镇，安徽肯定也会这样去做。包括特色小镇、众创空间、创业园区、产业园区等在内，都可以看作是一种创业生态系统。而且，现在我们在说创业生态系统的时候，在说创新创业的时候，往往把它跟"互联网+"放在一起。在此，我并不想作完全纯学术性的解读，而是带着对现象的观察、国际的经验和政府施政角度的思考。

一、创业生态系统是什么

创业生态系统的概念层出不穷，有很多的理解。全球创业观察（GEM）是由美国百森商学院和英国伦敦商学院为主体，创设的一个国际性的创业观察项目。从1998年开始做到现在，每年都在发布全球的创业报告，而以清华大学经管学院高建教授为首的组织专门负责中国范围的调查。其实，他们主要是在做创业活跃度，是对创业环境的评价。2017年，我自己主持了在浙江第一次启动的浙江创业观察报告，我们参照GEM的操作程序和问卷，结合浙江的实际做了相当的改进，再过一两个月这个专著会出来，到时候请大家多多指正。

在创业环境方面，GEM 本身也在不断地完善。9 个方面的评价是比较传统的，现在有的调研项目已经细化到 12 个之多，包括世界银行（World Bank）、经济合作与发展组织（OECD）。另外，安利创业指数也较受关注，像杨俊教授昨天刚好在北京发布安利创业报告，是安利公司委托德国慕尼黑工业大学做的调整，同样也是全球性的创业指数。从创业的活跃度来看，创业环境是全球共同关注的话题。这些其实都和创业生态系统息息相关，也就是说，创业生态系统（Entrepreneurial Ecosystem）的提出并不是空穴来风，它的一个很重要的参照物就是创业环境，或者说，创业环境的研究至少为我们奠定了基础。

创业生态系统的概念是什么？创业生态系统是由创业的相关主体构成的生态种群和群落间充满交互性作用的复杂性系统。我们讲生态圈、生态链，它有种群、有群落，相互之间共生共衍，具有互补性，共同构成一个有活力的复杂性系统。它的目的在于增强创业的活跃度，提高创业质量，最终促进区域和国家间的可持续发展。

李克强总理经常提到的大众创业，万众创新，即"双创"。它的最终价值在哪里？我认为，不仅仅是说"双创"是中国经济发展的双引擎，经济转型的新动力，不仅仅是说"双创"能够解决多少就业的问题，也不仅仅是说现在经济下行压力大了，就业难了，我们可以通过创业去填补就业的空缺，绝不仅仅如此。它背后深层次的含义还在于促进整个国家经济的可持续发展，这是最重要的。只有这样去理解创业生态系统，才能抓住它的内涵本质。

从系统的视角来思考，创业生态系统主要包括三大构成要素：

第一是创业者，或者说创业企业，可以分成两种，一种是新创企业（New Venture），还有一种是已有的企业（Established Firms）。

第二是创业的服务主体，叫创服主体，包括政府、投融资机构，也包括我们这样的大学，还包括中介机构，基础设施等。

第三是创业环境，因为任何一个创业生态系统都是嵌入在自己的环境当中，它不是真空存在的，是嵌入在创业环境中，所以就构成了一个相互演进、相互协同的共生共衍的系统。

二、创业生态系统的类型

类型的划分有不同的角度，因为我们是在开展学术交流，不是在写论文，所以相对可以把边界放得大一点。诺贝尔经济学奖获得者、纽约大学教授鲍莫尔曾提出企业家精神的三种行为，或者说是企业家精神的三种表现：一是生产性企业家行为，就是能够带来整个社会福利的增加；二是非生产性企业家行为；三是破坏性企业家行为。由此看来，企业家的创新行为并不完全是生产性的，它会有一些破坏性行为，特别是寻租等。

根据上述三种类型划分思路，我们可以把创业生态系统也分为三种类型：第一种是互补共生型，第二种是投机寄生型，第三种是同质相斥型。

三、创业生态系统的运行机制

刘志迎教授讲全国现在众创空间已经达到1.6万家，甚至超过2万家，这个数字令人喜忧参半。其实，浙江也有很多的众创空间，其中的一些众创空间是由原来的孵化器摇身一变转化过来的。所以，我们看到的2万家众创空间，虽然构架可能已经是搭建起来了，但是，这些到底有没有形成一个生生不息的生态系统，还得打个折扣。另外，创业生态系统是有活力的，相互之间是能够产生共生共衍关系的。这里关键是要看它的内部有没有形成一种良性运行机制。

理论上说，创业生态系统机制主要有四种：一是资源汇聚机制。创业生态系统的人财物信息全部集中在这个平台上。二是价值交换机制。创业参与主体之间要分享、交换，然后才能去创造价值。三是平衡调节机制。所谓平衡调节，就是利益的共享治理机制，其实众创空间中，创业生态系统最核心的问题是利益的共享机制。四是动态演化机制。只要是生态系统，它都是要演化的，不是一成不变的。这四个机制有没有形成一种良性的共生共衍，有很多问题值得去研究，值得去探讨，有很多机制和政策要创造性地加以去设计。

如果它的机制运行得好，就有可能出现良性的、生产性的创业生态系统，如果是恶性的，就会出现互相排斥。在现实中，一些众创空间如果仅靠政府补贴来维持运行，而在内部并没有形成一种内生性的增长机制，表明这种生态系统还有很长的路要走。所以，我们要从这些繁荣的表象背后，清醒地看到隐含的深层次问题。

四、互联网背景下的创业生态系统

互联网现在讲得很多，特别是互联网思维、"互联网+"的概念。关于互联网的问题，我建议大家可以多登录阿里研究院的网站。网上流行两句话，互联网很美好，互联网也很残酷；互联网很包容，互联网也很自私。刘教授上午在最后的总结中说，有钱就任性，没钱就创新，他这个话也很有意思。

在整个互联网背景下，创业生态系统体现为赋能共享、跨界融合、民主开放和协同治理。互联网提供的最大好处在于通过提供一个共享的技术平台，实现了尽可能的信息对称，从而很好地解决了我们原来讲的资源配置失效问题。互联网出现以后，让信息尽可能地实现对称，从而降低了整个社会的交易成本，这是它最大的好处。

它对于我们理解创业生态系是有帮助的。比如海尔的"三化"充分体现出包括企业平台化、员工创客化、客户个性化。张瑞敏确实是个很有学习精神与创新精神的创业者。海尔在智能家居上，内部就在搞一个创业生态系统。腾讯的马化腾也是，腾讯的众创空间现在席卷全国，腾讯同样也在利用它自身的资本优势，发挥它的技术优势，积极打造具有自身竞争优势的创业生态系统。

五、构建互联网创业生态系统

在这里，我要向大家推荐两本书，并不是学术类著作，但是，我觉得很有价值。一本是《硅谷百年史》，另一本是《以色列谷》。《硅谷百年史》回答了为什么硅谷只有一个，《以色列谷》解释了以色列何以成为一个创业国度。这两本书对于我们理解创业，特别是理解区域层面的创业很有帮助。

一是向先进的国际经验学习。以色列国土面积狭小，但它却是一个创业强国。

二是在理论研究上，要把创业理论与复杂性理论结合起来思考创业生态系统。

三是要向实践学习（Learning by doing）。只要是创业创新的问题，理论可能永远是滞后于现实的。所以，事后理性和事前理性并不是一回事，有时候甚至是一对矛盾。不过，我觉得它对我们做研究也是有启示的。因为，创业永远是前仆后继的，长江后浪推前浪，而前浪有时会被拍在沙滩上，创业失败是难免的。我们对创业经验的总结，对于指导后来创业者的实践也是有价值的。

最后，我想特别说明的是，在互联网背景下，构建创业生态系统尤其需要的是理念的转型，主要是要从要素拉动转向共生驱动。发挥创业生态系统的主体功能，政府要去思考促进形成创业生态系统中的定位，要怎么办，"无为"在哪里，"有为"在哪里等一系列问题。另外，创业者要走创新型创业道路，不能只去走生存型道路。

席校长说到的创服者（Prosumer）概念非常好，采销者是 Producer（生产者）和 Consumer（消费者）的结合。我们要坚持以消费者需求为核心，但是，不能做传统的生产者和消费者。创业园区具有多重功能，既是运营者，也要提供专业的增值服务。然后，才能走向一个共生共荣的创业生态圈。

（作者是浙江工商大学教授，此文根据专家演讲录音记录，标题为编者所加）

社会全面参与的创业教育模式研究

卢俊义　王永贵　陈忠卫　王晶晶

创业活动在国民经济中的作用越来越明显。美国许多大学认为，从现在起培养创新型人才，20年后这些人才将成为工业界的领袖，能够担当起增强国际竞争力的重担。创业教育对于提升创业者创业精神和创业技能，从而提高创业成功率具有积极意义。也正因为如此，大多数国家越来越重视创业教育，创业教育通过促进创业而推动经济增长。

为了促使更多毕业生走向创业之路，国内外高校不断探索新的创业教育模式。传统的企业管理课程由于未能与动态环境密切关联而遭受批评，表现为企业管理教育变得过于功能化导向——未重视企业问题的多样性和复杂性。国内高校现有的创业教育模式存在一些通病，表现在：第一，更多关注创业课程的课堂教学，与社会实践脱节的现象比较严重。第二，大部分关注产学研合作和官产学合作，但由于一些高校保留着浓重的"象牙塔"色彩，在动员社会力量参与创业教育的广度和深度等方面都有待加强。相比较而言，国外创业教育模式开始越来越关注广泛利益相关者，包括社区、中小企业、服务机构、创业者、毕业校友等。在此将深入探讨如何利用广泛社会力量参与到国内高校的创业教育过程，以提升创业教育质量。

一、国外创业教育的发展历程

美国南加州大学在1971年率先开办了MBA创业课程，1972年率先在本科生中施行。20世纪80年代早期，超过300所大学开办了创业课程；90年代，该数量增加到1050所。此后，提供创业课程的大学数量出现了大幅度增加，2005年达到1600多家。创业教育已经扩展到2200个课程，277个学位授予点，44个相关学术期刊，超过100个常设创业研究中心。此外，对1990~2005年美国创业教育的发展进行研究，结果显示，传统方法仍然要求学生创立企业计划，创业教育者越来越多地使用嘉宾访谈和班级讨论。经过50多年的发展,在良好的社会基础和有力的社会支持体系下,美国的创业教育已经形成多学科相结合的完善体系。

英国高校的创业教育在过去20年也实现了快速扩张。Mcmeown等在研究102所英国高校创业教育课程的基础上,研究发现,高校总共提供了79个不同的全职和116个兼职授课点。另有一项纵向案例研究了英国创业教育在20所新办和20所既有大学中10年(1995~2004年)的发展状况,结果显示,40所高校在各种层次中提供了创业课程。第一个5年期间(1995~1999年),创业教育课程包括传统的企业模块,通常采用传统的课堂方式传授;第二个5年期间(2000~2004年),创业教育课程的数量和类型显著增加,已经出现创业理论和实践模块的混合。实际上,英国约95%的高校已为学生提供了创业教育。根据2007年英格兰高等教育创业调查,商学院仍是创业教育的主要机构(61%),以工程学、艺术与设计、数学、自然科学和医学等领域为主的商校创业教育也逐渐发展起来,分别占8%、8%、4%、4%和1%。

在创业教育越来越普及的今天,创业教育模式也在不断发展。总体而言,欧美国家的创业教育模式从封闭的高校教育模式转向开放的多方参与模式。美国大学已建立起政府、民间组织(包括企业)、教育机构等多层次互动的创业教育体系,有效地整合了各类社会创业资源,为大学生创业教育提供了有力保障。例如,由美国高校与公司、非营利机构、政府机构推动的"卡迪拉克"计划,通过让大学生定期参加企业实践,为大学生未来创业提供锻炼机会。可见,社会利益相关者在高校创业教育中扮演着越来越重要的角色。Czuchry等提出开放式创业教育思想,重视利益相关者在创业教育模式中的作用。英美高校创业教育的内部利益相关者包括学生、教研人员、管理者和经理们;外部利益相关者包括家长、校友、创业者、创业企业、商业、专业实体、政府和社区代表。通过来自利益相关者群体的反馈,能够决定如何最好地满足他们的需求,但是,现有研究并没有就利益相关者参与模式进行详细阐述,更没有就社会全面参与的创业教育模式进行理论探讨和模型构建。

二、国内创业教育的发展历程

我国高校创业教育普及程度还很低,原因可能在于,我国创业教育起步较晚,也缺乏广泛的社会支持。国内对创业问题的研究始于20世纪90年代末期,对大学生创业教育的研究则更晚。我国高校的创业教育始于1998年的"清华大学创业计划大赛"。此后，清华大学和南开大学均成立了创业管理研究中心，围绕创业与创新问题展开研究。实际上，创业教育真正在中国受到重视始于 2002 年，教育部在全国选定 9 所创业教育试点院校，分别是清华大学、北京航空航天大学、中国人民大学、上海交通大学、南京财经大学、武汉大学、西安交通大学、西北工业大学、黑龙江大学，这些大学对中国创业教育的发展做出了有益的探索。1998 年，清华大学在经济管理学院中率先为 MBA 开设创新与创业管理课程，为全校本科生开设创业管理课程。厦门大学从 2003 年起为 MBA 开设创业管理课程，2005 年推出全校选修课《大学生创业计划与实践》。2003 年成立的南开大学创业管理研究中心，为本科生、硕士研究生、MBA 和博士研究生开设创业与企业成长方面的课程，并且在博士研究生和 MBA 教学计划中开设创业管理方向的课题。

近些年来，创业教育在我国高校中普及率越来越高。很多普通高校都开设了创业课程，一些高校还通过选修课的形式，尝试将创业教育对象扩大到非商学院和非管理学院的学生。党中央、国务院高度重视高校创新创业教育工作。尤其是在党的十八大之后，李克强总理多次指出，"大众创业，万众创新"核心在于激发人的活力，尤其是青年的创造力。2015 年 5 月，国务院办公厅印发《关于深化高等学校创新创业教育改革的实施意见》，明确提出将在高校培养"大众创业，万众创新"的生力军的目标，许多有条件的高校还结合自身特点和当地经济条件，建立了适合校情的创业教育模式。如安徽财经大学在 2013 年本科人才培养方案修订时，提出将创新创业教育放在专业教育同等重要的位置，建成大学生创业孵化基地，2016 年还提出创新创业"教学、竞赛、培训、实践、研究、保障"六位一体的模式。根据我国实际情况，需要借鉴发达国家的经验，跳出大学的范围重新审视大学创业教育，着力构建基于高校、政府和企业等各方力量分工合理、良性互动的机制，形成社会全面参与的高度开放的创业教育模式。多层次、多形式、全方位的合作是美国成功推进创业教育的重要举措，对我国探索和发展创业教育具有借鉴意义。我国创业教育应该面向全体公民，需要全社会的参与。创业教育是一项浩大的工程，绝非大专院校单方面所能完成，创业教育应该是大学、政府部门、地方教育机构、企业家等社会各界的共同责任。

三、创业教育与创业实践相结合的模式

从针对美国创业教育现状的研究成果来看，可以归纳出高校创业教育专业课程

的3种典型模式：①聚焦模式。传统的创业教育模式，只针对商学院学生，并严格筛选，课程内容呈现高度系统化和专业化特征。代表性大学有哈佛大学、宾夕法尼亚大学和西北大学。②磁石模式。将创业教育对象扩大到非商学院学生，依托商学院的资金和师资等资源，整合所有资源，为全校不同专业学生提供创业教育。代表性大学有百森商学院、麻省理工学院、斯坦福大学等。③辐射模式。同样面向非商学院学生开放，也鼓励不同学院教师参与创业教育过程，根据不同专业设置创业课程，鼓励不同学院学生互选创业课程，实现资源共享。代表性大学是康奈尔大学。

根据创业实践教育研究成果，我们可以归纳出3条途径：①创业教育者可以将体验引入课程中，方式是利用行动学习；②创业大学生通过参与职业活动而获得关键经验，可利用模拟和练习，让学生获得体验学习；③企业规划应急模型，模型包括与创业实践有关的活动，学生需要实施源于他们所参与活动的解决方案，或者观察他们所熟悉的企业环境。

在我国，创业实践教育通常以校企合作的形式实现。主要包括以下4种模式：①校企合作在校内共建创业教育基地，企业提供设备、资金和技术骨干，学校成立创业教育工作室，师生共同参与，完成产品的开发和生产；②借助企业真实情境开展创业培训，学校有组织地让学生参与生产过程，从事实践活动，但不直接负责生产、管理和经营；③依托科研项目搭建创业教育平台，学生参加教师与企事业单位或研究机构签订的科研项目，或者独立与企事业单位、研究机构签订科研合同，获得发挥主动性和创造性的机会；④参与高校共同组建创业学院，以及联合成立以企业名称命名的订单式人才班或学院。

相比而言，我国高校为大学生提供创业实践的机会和形式还显得很单一，主要采取与企业合作，学生参与的方式；同时，从实践来看，我国高校真正为学生提供的创业实践机会并不多，大多数高校为了防止深入到异地教学可能引发的不安全因素，甚至很少考虑带学生去企业参与专业实践活动。

关于创业课程教育与创业实践教育相结合的模式，从现有国外研究成果来看，可以归纳出3种类型：①以培养创业意识为主，通过创新教学计划以及学术研究来支撑创业教育，以百森商学院为代表；②以培养实际管理经验为主，学生团队需要完成一个创办新企业的完整计划，并付诸实施，以哈佛商学院为代表；③以培养系统的创业知识为主，完善学生的知识结构，以斯坦福大学为代表。

我国高校创业课程教育与创业实践教育相结合的模式也有3种：①以创业课程教育为主，重在培养学生创业意识，构建创业知识结构，以中国人民大学为代表；

②以完善学生素质,培养学生创业技能为重点,以北京航空航天大学为代表;③综合性模式,在注重学生素质培养的同时,为学生提供创业资金和技术咨询,支持大学生从事创业实践,以上海交通大学为代表。

从形式上看,我国高校在创业课程教育与创业实践教育相结合方面,能够紧跟国际一流高校趋势。与国外高校相比,从2015年以来,我国高校的创业教育层次和水平有了很大的进步,如今中国创新创业大赛、中国"互联网+"大学生创新创业大赛影响面极大,得到了全国高校的普遍响应。

四、让社会全面参与中国创业教育的理论基础

创业教育是一项系统工程,不仅需要学生和学校的参与,还需要全社会的介入。创业教育应当是一种开放的、与各种创业活动密切相关的教育。在构建开放式创业教育模式方面,欧美国家走在前列:欧盟高校充分发挥政府、高校、企业、社区的合力;美国高校则通过创业中心与社会建立广泛的外部联系,形成一套政府、社会、学校相结合、良性互动的创业教育系统。

现有开放式创业教育研究主要关注"产学研"以及"官产学"合作教育模式:第一,"产学研"一体模式。可以通过产学研相结合和建立创业者联盟的方式进行创业教育。在教师指导下,组织学生参与科研开发,或协助教师进行课题研究,也可以吸收学生参与学校产业公司的经营和管理,指导学生体验创业过程。创业者联盟是创业学生之间的互动平台,通过互动平台把风险投资机构、科技园、孵化器以及相关政府部门联系起来,争取获得它们的支持,为创业者营造良好的创业生态环境。第二,"官产学"合作模式。英国高校就充分利用各级政府、各种组织和民间力量,形成全社会的创业支持体系。地方发展局在地区创业项目中,将大学生创业纳入地方经济发展战略。企业也积极参与大学生创业教育,提供创业咨询、指导、资金赞助和创业实习。贸工部下属的"小企业服务"和"商业连接"成为大学生创业的主要支持服务机构。此外,建立基于政府、高校和企业的"三元化"体系,除了高校自身投入,政府可以通过各种渠道加大对创业教育的资金投入,通过信息共享平台为创业教育提供指导,并提供法律保障。企业应与高校建立长期稳定的合作关系,为大学生提供实践场所,为高校提供经验丰富的创业导师。

目前,在世界范围内,能够充分整合各方力量,较好地开展社会全面参与的创业教育在欧盟。欧盟国家鼓励高校与政府、企业、当地社区等利益相关者建立紧密

联系，充分发挥各方力量共同促进创业教育。从政府方面来看，欧盟敦促成员国政府出台政策、简化创业审批程序、营造良好的创业氛围；从企业层面看，欧盟鼓励企业各界人士积极参与高校创业教育，也积极支持潜在创业者创办企业；从社区层面看，欧盟倡导构建学习型社区，建立地区创业中心，培养创业意识，并支持学校和教师开展创业教育。当然，欧盟模式仍然不够全面，没有吸收更多的利益相关者参与创业教育。

在西方发达国家创业教育模式基础上，我国高校应吸收多方力量参与创业教育，而不应仅重视"产学研"或"官产学"等有限的三方力量。国外很多高校开始转变为开放性的创业教育系统，越来越具有外向性，更加关注利益相关者。例如，参与英国高校创业教育的利益相关者分为两种类型：内部利益相关者包括学生、教学员工、管理者；外部利益相关者包括家长、校友和创业者、企业、商业、专业实体、政府和社区的代表。

总体而言，创业教育模式中的角色扮演者应当包括成功创业者、中小企业、高校、政府机构、服务机构以及当地社区等各种利益相关者。高校作为创业教育主体，应加强与所有利益相关者的互动，充分发挥利益相关者在创业教育过程中的作用，形成良性互动机制。现有研究并没有将西方国家发达的创业教育思想和教育模式加以系统阐述和总结，并提出创业教育模式，仅仅停留在实践层面。

五、社会全面参与情境下高校创业教育模式的构建策略

结合国内外现有创业教育模式和创业教育思想，从我国高等教育现实发展水平出发，我们试图构建起社会全面参与情境下的开放式创业教育模式（见图1）。其总体思路是，开放性的创业教育模式坚持以高校为核心，充分发挥社会各方力量的参与作用，鼓励信息在各方利益相关者之间自由流动，从而共同提升在校大学生的创业意识和创新能力，促进学生成长成才。

（一）成功创业者

"榜样的力量是无穷的"，成功创业者和企业家是社会的宝贵财富，更是在校大学生这一群潜在创业者的偶像。高校的创业教育应当将成功创业者包括进来，他们可以站在创业者视角与大学生分享其经验和教训。成功创业者可以手把手教学生，让学生懂得创业的辛酸苦辣和幸福感，知晓真正的企业是什么，以及创业型企业如

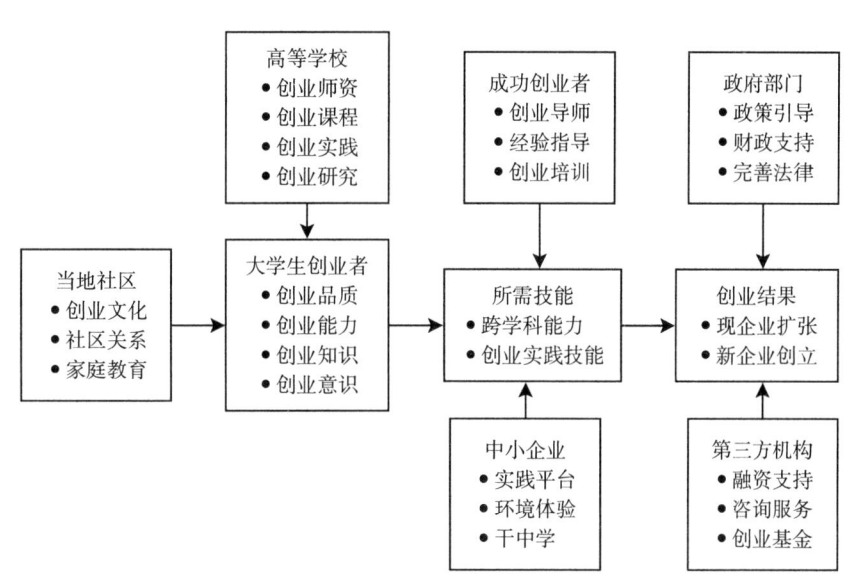

图1　基于社会全面参与的高校创业教育模式

何运行。成功创业者可以为学生提供培训和建议，也可以为学生提供指导，大学生通过学习和实验，提高了创业能力。此外，成功创业者进行社会技能培训能够帮助大学生创业者获得成功，实际上是一种"影子学习"，这种技能很难从非实践者或课堂环境中获取。

我国一些高校在研究生培养中，实施了双导师制，一个是校内导师，另一个是成功企业家，但是，实际效果多数并不够理想。特别是所聘请的校外企业家导师，真正能为学生提供创业指导的时间有限。随着国内"大众创业，万众创新"浪潮的深入推进，一批成功的企业家（如苹果公司总裁库克、阿里巴巴集团掌门人马云等）越来越受到年轻创业者的追捧，有条件的高校可以经常性地邀请类似偶像级的创业者为学生授课，分享他们的创业经验。

（二）中小企业

大学生创业者可以向中小企业学习，学习他们如何克服创业初期资源局限性，如何将内在和外在环境关联起来，以及如何生产产品和服务。大学生创业者最佳的学习环境是与现实创业活动贴近的情境，中小企业是大学生创业理想的学习对象，因为，大学生创业者可以通过在中小企业中"干中学"，从每件事、每个人、顾客、供应商、竞争对手和雇员那里学习到创业型企业成长的过程及商业模式设计创新的历程。

很多大学生创业者可能并不清楚地认识企业所处的环境，以及新企业将要面对的市场风险，将大学生置身于真实环境，将促使他们评价和理解各种影响创业成功的关键因素。因此，大学生创业者应当在中小企业体验中学习，这种学习模式能促使他们获得创业成功的技能。

高校可以直接投资创办中小企业，并组织学生参与学校产业公司的经营和管理，充分利用校内外资源建设大学生创业实践基地，如建设高校创业孵化器或创设一批可与市场高度对接的"创客空间"。

（三）大学生创业者

有专家指出，通常认为自己有能力创办企业的人是真正准备创业人数的 5 倍，因此，创业教育的一个重要作用就是培养创业意识和创业精神。受我国传统文化影响，真正立志毕业后去从事创业的大学生并不多，大多数学生缺乏冒险精神，他们可能更倾向于追求稳定和体面的工作，但是，它并不能因此否定创业教育的重要意义。

当前，我国高校创业教育的教学内容还存在一定局限，创业学习的最好途径是实践体验。让在校大学生有机会去创设新企业，有机会去招募创业团队，可以更好地去思考现有行业发展的商业机会，去感受书本知识与现实商业环境的巨大差异，这些均有助于学生增加对创业实践的理解，因为创业大学生已经在从事着创业者角色，尽管校园创业型企业的消费者可能并没有超越校园世界。有效的创业教育需要学生具有创业企业的亲身经历，能够学习到如何为真正的创业企业带来价值。高校教师可以将教学内容与学生创业中遇到的真实问题相结合，以创业教练或创业伙伴方式，共同解决创业难题，从而达到创业教育的最佳效果。

（四）高等学校

高校是创业教育的核心主体，推动高校创业教育的发展应围绕创业师资、创业课程、创业研究以及创业实践等方面展开，在为学生传授创业知识的同时，还应当重点培养学生的创业意识和创业技能。

当前，高校抓创业教育要重点做好以下工作：在师资方面，高校应聘请成功企业家做兼职教授，为学生提供创业指导；在教学内容上，应突出创业精神和实践能力培养；在教学方法上，应采用现场教学、模拟实践教学等多样性方法；在科学研究方面，高校应加强与企业合作，并与企业合作开展创业实践教育；在创业实践方面，企业家与学校接触可以形成一个巨大的创业关系网络，对有志于创业的大学生来说是一笔无形的财富。同时，通过培训、国际合作、引进短期海外教师以及聘请企业家、创业投资家、政府官员等担任兼职讲师等形式，加强创业师资队伍的建设。

从提高大学生创业能力的角度来看，可以通过举办创业计划大赛、创业文化节、创业者学术讲座、创业教育网站、创业者培训班、企业家论坛等形式，激发学生的创业热情和创业意识。此外，体验式学习在创业教育中非常普遍，最近几年，我们发现不少高校突出抓在校园里营造模拟商业运作的环境，比如投资建设"大学生创业街"、"大学生创业教育园"等载体，以满足创业教学、创业培训、创业模拟和创业社团活动的需要。

（五）政府部门

高校开展创业教育，需要在政府相关部门的指导和支持下进行。各国政府促进大学生创业的举措可以为我国政府制定相关政策提供借鉴，从总体上看，一些发达国家对大学生创业的支持力度远远大于我国。例如，法国政府要求高校在第一学位课程、继续教育课程以及所有教学方法材料中包括企业创业模块，如所有矿业和电信学校从1999年开始必须增加创业课程；法国政府还建立相关机构鼓励创业，如在2001年创立了创业教学实践基地，主要使命在于激励创业教学实践；法国政府还推动各种论坛，如经济部、财政工业部与教育部一起于2001年在尼斯大学举办了欧洲创业论坛，目的是增加创业活动的大众分享以及国际经验交流。英国政府鼓励创业教育的政策包括：启动创业项目，鼓励大学生创业；建立管理机构，促进创业教育的发展；出台投资方案，为创业教育提供资金保障；开展创业教育研究，探索教学新模式；利用商业连接网络服务大学生创业。

发展中国家也在积极通过各种渠道，尽可能为大学生创业提供支持。南非政府引入并推动创业实习项目，该项目包括学习者、雇主以及各类教育和培训部门。诸如小企业发展机构以及贸工部门企业，与学生创业项目联系紧密，提供融资、指导、贷款担保等。对中国而言，工商、税务等政府部门对大学生创业虽有一些优惠政策，但从企业制度、用工制度、投融资制度上并未对大学生创业出台具有真金白银似的特别政策，还没有形成支持大学生创业的系统性政策和法规。实际上，我国很多地方政府出台大学生创业优惠政策是为了促进就业而采取的权宜之策，并未从长远眼光考虑，政策落实也没有完全到位。鉴于此，我国政府应当真正转变观念，从构建创新型国家的长远大局出发，从开启中国特色社会主义新时代的高度去加大扶持大学生创业的力度，既要在融资、税收、担保、人才政策等层面出台支持性政策，同时，应当采取有力措施，确保相关政策执行到位。

（六）第三方机构

第三方机构是指支持中小企业创业和发展的服务和中介机构，如融资机构、咨询机构等。大学生创业者缺乏足够的储蓄、丰富的工作经验以及较高的社会声望，需要得到一些服务机构的支持。社会支持可通过提供孵化设备、基金赞助、创业咨询和培训等方式来实现。当前，国内外高校和第三方机构之间的合作都存在很多不足。

很多第三方支持机构对大学生创业实践起到了积极的推动作用。美国俄亥俄州东北部7所高校共同创建了非营利公司——创业教育共同体，以促进该区域的创业活动。同时，美国不少高校设有创业教育基金，基金来源一般是企业或校友捐款、学生创业成果的转化等，这些基金为在校学生创办企业，实践理论知识提供了有力的支持。

由于我国风险投资机制还不成熟，初创企业普遍存在创业融资难的瓶颈问题，制约了大学生早期的创业实践。第三方机构大多是法人机构，有自己的利益追求，大学生创业者很难得到它们的支持。鉴于此，我国高校可以借鉴美国的创业教育经验，动用各方社会资源，设立创业基金，建立多样化的企业孵化器。大学生创业实践园带有孵化器性质，是大学生同企业、社会沟通的桥梁，使大学生能够直接进入社会氛围，从事研发、营销、商业服务等创业实践，从中学习创业本领。

（七）当地社区

创业教育和培训应当始于家庭，并延伸到高等教育和培训。创业教育应当鼓励创造性、创新性、解决问题和承担风险的精神，这些特征的培养是整个社会的责任，包括家庭和教育系统，使学生保持好奇心和创造性，并在独立解决问题中，将挫折也当作创业教育的一部分。实际上，影响和决定一个国家创业活跃程度的因素有很多，包括国家文化、创业环境、人口以及经济变化等。

传统保守的社会文化对于需要协作精神、创新精神和进取精神的大学生创业具有较大的负面影响；在吃苦耐劳、安分守己的传统下，勇于承担风险、开拓创新的大学生创业文化还未形成。在此背景下，高校应当加强和当地社区合作，改善与当地社区的关系，推动当地社区参与创业教育，共同促进创业教育。

具体地说：第一，高校应当加强与当地社区的交流与沟通，宣传正确的创业观，推动每个家庭乃至全社会形成对大学生创业的宽容态度；第二，高校应当走出"象牙塔"，努力成为当地社区的良好伙伴，社区要为高校开拓大学生就业和实习渠道，并为高年级大学生创业者提供创业咨询；第三，创业教育应能促使当地社区重视高校服务社会和公共参与活动。并且高校通过与当地社区有效开展互动，既改善了创业教学环境条件，也有利于为当地社区培养急需的创业型人才。另外，当地社区应充分发挥自身的作用，积极配合做好本地高校的创业教育和培训，尽力为大学生实现从校园创业到社会创业的过渡。

(此文第一作者是安徽省国土资源厅调控监测处主任科员，第二作者是对外经济贸易大学国际商学院教授，第三和第四作者是安徽财经大学工商管理学院教授。本文节选自《管理学报》2011年第7期所刊发的论文，并经适当补充修正，参考文献省略)

第二篇

大学生创业案例研究与评论

大学生创业团队冲突的诱发前提与冲突管理
——以蜂鸟行广告设计工作室为例

常姚姚

大学生创业现象在各大高校普遍存在。为鼓励大学生创业，教育部先后出台多项政策，鼓励和支持大学生自主创业，强调以创业带动就业。同时，部分高校为提高大学生创业能力，设置创业教育课程、建设创业孵化基地，为大学生毕业后能够继续创业积累经验。创业初期，大学生创业者充满创业激情，此时大学生创业团队成员谈感情不谈规则。随着创业的深入，大学生创业团队社会网络关系狭窄、缺乏创业经验和创业所需关键资源等不足日益显现。团队成员面临的种种挑战都将会引发团队内部冲突。在复杂的创业环境中，冲突是组织中经常出现的现象，大学生创业团队如何管理团队内部冲突对于维持一个和谐的创业团队至关重要。

一、文献回顾与理论框架

冲突一直是研究创业团队的重点。当一个特定的组织环境中存在着现实或感知差异，并且导致情绪性反应的结果时，就意味着出现了冲突（Deborah et al., 1992）。在以往关于冲突的众多研究成果中，对创业团队内部冲突的研究为本文提供了理论基础。创业团队是由两个或两个以上具有共同目标和愿景，共同创办新企业或参与新企业管理，拥有一定股权且直接参与战略决策的人组成的特别团队（朱仁宏等，2012）。大学生创业团队作为创业团队的重要分支，是两个或两个以上的大学生为了共同的创业目标而开展创业活动的群体。虽然有些大学生是富于创业热情的创业者，但对于经济实力薄弱、学习任务繁重的在校大学生来讲，团队合作成了创业的首选模式。在大学生团队创业过程中，团队成员由于个体差异，在思想观念、情感沟通、行为方式等方面难免会出现分歧，产生冲突与矛盾。

(一) 冲突类型

1. 任务冲突

任务冲突是指团队成员对工作内容、决策或构想有不同意见而产生的冲突,属于工作导向的 (Jehn, 1995)。适度的任务冲突通常会给组织带来积极正面的影响 (刘宁, 2012)。任务冲突在某些研究领域也被称为认知冲突,研究表明,团队之间如果有认知上的冲突,成员之间在决策、解决方案、目标上碰撞频繁,对同样一个问题的思考更加深入,互动增加,将会有助于团队解决问题 (刘宁等, 2012)。任务冲突能够给创业团队提供建设性的意见、多样的替代方案,只要彼此都能客观公正和平心静气地衡量团队成员的观点及想法,就可以促使成员学习,引导创业团队变得更有效率 (Jehn, 1995)。由于科技人才利益诉求、信息沟通、创新风险等因素的影响,在学习交流、任务分派、协同合作、工作实现活动中易产生利益竞争、创新风险、创新资源分配等问题,即所谓的利益冲突现象 (唐明永等, 2014)。若这些利益冲突未有效解决,将使得组织的凝聚力和向心力下降,团队成员的工作满意度下降,积极性、主动性降低,最终直接表现在团队合作的日常工作中,形成任务冲突。任务冲突与团队绩效之间的关系并没有一致性的答案,同样会产生负面的影响 (Dedreu et al., 2003)。

2. 关系冲突

关系冲突是指在日常生活和工作中人们之间的矛盾,包括互相不喜欢对方、人身攻击等,且伴随着愤怒、烦恼等情绪,在团队工作中较常见 (赵可汗等, 2014)。由于团队成员个体之间存在差异,关系冲突不可避免 (陈振娇等, 2011)。关系冲突对团队决策质量有不利的影响:团队成员之间存在关系冲突时,他们会把时间和精力花费在彼此关系上,而不是团队的工作上,从而限制了成员的信息处理能力 (赵可汗等, 2014);甚至,当团队成员与他人争论与任务相关的问题时,也可能会感到他人不尊重自己的判断,进而会激起成员之间的对立行为 (卫旭华等, 2015)。

3. 两者的关系

任务冲突与关系冲突不是独立存在的,一种冲突会孕育另外一种冲突。当团队成员的想法和能力受到质疑时,有可能刚开始仅是任务冲突或者资源的分配引起的冲突,但因为没有适当的冲突管理,会演变为关系冲突 (刘宁等, 2012)。在工作场所中最先发生任务冲突,如果任务冲突部分不能得到完全解决,团队成员可能开始合并所有因任务冲突所产生的负面意见,进而变成组织化的关系冲突。还有观点认为任务冲突与关系冲突同时发生,当团队成员认为团队内部任务冲突是针对个人时,将会引发关系冲突;关系不融洽的团队成员恶意地否定对方意见时,会引发任务冲突(Pelled et al.,1999)。当团队成员之间的关系挫败或产生恼怒时,更容易挑剔别人的想法或缺点,从而产生争执,反过来也会导致任务冲突。

(二)大学生创业团队中冲突管理

1. 回避型冲突管理

回避型冲突管理意在强调回避冲突,逃避团队成员之间的沟通行为,从而使冲突双方从冲突的情境中逃离出来(孙卫等,2014)。回避性冲突管理方式容易降低团队成员解决团队问题的积极性,组织内部的重要意见和看法容易被忽略,使对方受挫。然而,也有不少研究表明,适当水平的冲突会产生积极的结果。团队内如果没有冲突或者冲突很少,容易导致团队停滞不前、团队互动效率和决策效率低下、缺乏创新性。Deutseh(1973)认为,冲突有利于团队成员正视问题,促使团队成员从不同的角度去看待问题,使团队决策和行为更具创造性。在大学生创业团队中,团队成员为了减少冲突可能带来的感情受损,或者碍于情面,也会考虑采取回避态度。从总体上看,适当水平的冲突是提高团队创新性,促进团队互动的有效因素。

2. 合作型冲突管理

如果大学生创业团队成员在解决冲突时采取合作性的方式,他们会协商寻求有利于各方的解决方式。此种管理方法更加强调双方的共同利益,支持团队成员能坦诚自己的观点,这不仅会增进团队成员间的工作关系、减少情绪冲突的产生,而且会使团队成员充分考虑意见妥协,从而增强团队反思水平。

大学生创业作为当前创业人群的主力军,与社会创业之间的差异性,以及创业特点的独特性,其创业团队内部是否也如同高管团队内部一样存在冲突,当冲突出现后,冲突管理的措施如何,这些问题在学术界依旧缺乏深度的研究。据此,本文提出了如图1所示的团队冲突演化过程框架模型。

二、研究方法

案例研究方法是一种基于真实情境,对行为及行为变化历程作出持续追踪,进而探寻其内在规律的研究方法,已经在心理学、管理学、历史学、社会学等学科中得到普遍的认可和应用。研究者通过收集多种来源渠道的数据并对案例进行分析,

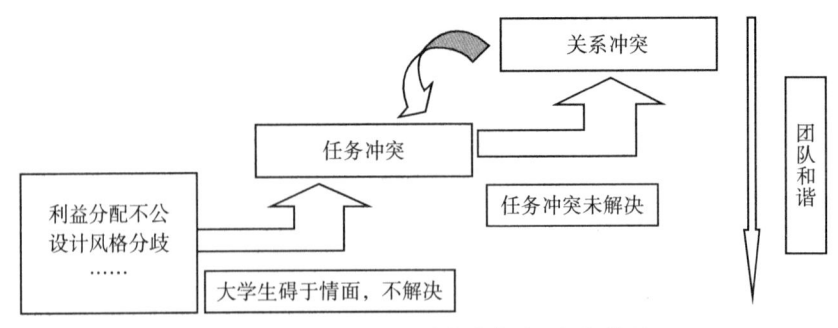

图1 大学生创业团队冲突演化过程框架模型

提供对事物或者现象的详细描述，在对已有理论进行检验、完善和发展的基础上，阐述新的发现，或者尝试构建新的理论。作为一种定性的、经验性的研究方法，较适合回答"如何"和"为什么"之类的问题。由于大学生创业团队内冲突诱发及其冲突管理是一种动态的过程，因此宜采用案例研究方法进行探索研究。

（一）案例选择

本文选择安徽财经大学大学生创业孵化基地中的蜂鸟行广告设计工作室为研究对象，主要考虑到：第一，蜂鸟行广告设计工作室经历了冲突的涌现、冲突管理两个阶段，冲突演化过程清晰可见，富有阶段性；第二，蜂鸟行广告设计工作室符合大学生创业团队的特点，富有代表性；第三，蜂鸟行广告设计工作室团队成员之间的冲突产生根源符合大学生的性格特点，富有真实性。

（二）案例背景介绍

蜂鸟行广告设计工作室成立于2015年12月，完成工商注册与税务登记，是一家以策划为主导的实战型设计团队。蜂鸟行广告设计工作室由张新坤等5位负责人创立，负责人均来自视觉传达设计专业，在创办工作室之前都曾有过设计经验，并参与过各种学生社团组织的设计大赛。在团队合作融洽之后，5人萌发了创办工作室的想法。蜂鸟行广告设计工作室主要营业项目包括：第一，校园广告设计、宣传单设计、画册设计。该工作室给客户提供更优惠的价格、更多样的设计方案。第二，市场广告平面设计、商铺招牌制作、广告喷绘、产品包装设计、展示制作等。蜂鸟行广告设计工作室团队成员集思广益，为客户提供更加新颖以及更加具有吸引力的方案，尽最大努力使客户满意。第三，广告摄影、毕业照拍摄、产品摄影、外景拍摄等。该项目处于起步阶段，尚未成熟，大多接受其他广告摄影公司的外包业务，为其他公司精修照片,为本工作室广告摄影业务的延伸奠定基础。

(三)资料收集与处理

为保证研究的严谨性和结论的正确性,本文采用多样化的数据来源对研究数据相互补充和交叉论证。本文的数据来源包括:第一,对当事人深度访谈。通过多种面对面、电话、微信的方式对蜂鸟行广告设计工作室创业团队成员进行一对一和一对多式的访谈,共访谈5人。同时访谈也是本案例研究主要的数据来源方式,访谈之前事先列好访谈提纲。为保证谈话记录的相对保密性,对5位主要团队成员进行编码,分别表示为A君、B君、C君、D君、E君。第二,参与式观察。与团队成员一起在工作室,参与团队内部关于设计方案的讨论过程,进一步补充访谈资料。第三,文献资料。收集相关的文献资料。本文的案例资料收集过程以及论文分析写作过程如表1所示。

表1 案例研究的阶段性过程与任务

案例研究过程	任务
第一阶段 (2016年4~5月)	参加创业案例编撰辅导会,明确文章整体行文规范、注意事项
	通过一对一、一对多的面谈方式,与蜂鸟行广告设计工作室的负责人联系,初步了解团队内部出现的问题
	与指导老师交流沟通,初步拟定创业案例研究主题
	研读国内外关于社会网络和信任关系的学术贡献
	构建文章理论框架
第二阶段 (2016年6~8月)	与创业团队成员5位负责人一对一面谈,就文章所要研究的问题进行深度调研
	收集相关文档资料,并进行分析
	形成论文初稿
第三阶段 (2016年9~11月)	参加创业案例汇报会,听取专家意见
	再次对工作室负责人进行访谈,对案例资料作进一步补充
	研读国内外相关文献,使文献综述进一步充实
	完善并形成规范性案例研究类学术论文

三、案例分析

创业是一项包含技术、资源、营销等综合因素在内的复杂社会活动。大学生由于社会创业经验、专业知识技能、经营沟通技巧等方面能力有限,很难通过一己之力创业成功。因此,寻找合适的创业伙伴,组成团队共同创业已成为大学生创业的主要方式。

(一) 冲突的诱发

1. 大学生创业团队中的任务冲突

蜂鸟行广告设计工作室在创业初期创业热情高,但缺乏创业所需的综合知识和能力素质,且创业团队不稳定,经营过程中常常会出现没有处理好意见而出现分歧的情况。团队成员年轻,做事容易冲动,解决问题易意气用事。工作室在岗位职责设置上不清晰,每位团队成员知识技能、人际关系等创业必备条件不突出,没法经过专业评估,在创业资金额上是按人均投入的。为保证公平,在利益分配时也通常按照投资比例平分收益。这样的分红方式表面上公平,但通常会出现利益与付出不对等的情况,且这种不平等的心理在工作室内部会被逐渐放大。

在业务量不大的情况下,如何在增加业务量并获得客户认可的基础上,更加合理地分配收益,是目前企业需要解决的问题。然而,蜂鸟行广告设计工作室都是熟悉的同班同学或者校友,团队成员之间碍于情面不好意思将这种不公平想法说出口,那么就可能会产生冲突。工作室内部没有绝对领导人,控制权分散,当团队决策、工作任务看法上出现不一致的情况时,每个人都觉得自己有道理,易形成任务冲突。在出现分歧的初期,尤其是事件本身没有大的利益纠葛时,无论采取哪种方式团队成员都还很尊重对方,但随着时间的推移,而当双方都想控制决策权时就不那么和谐了。例如,在分配设计业务的时候很混乱,每位团队成员的职责不清晰,团队意识不强烈,组织效率不高,就像一支名存实亡的团队。工作室内部不协调还表现在传达客户设计要求方面,负责谈业务的成员将客户的要求转告给设计人员的时候出现偏差,导致设计方案不能达到客户要求,增加了与客户的沟通成本,这对工作室的发展是不利的。

2. 大学生创业团队中的关系冲突

通过对创业团队成员"背靠背"式访谈我们发现:每一个团队成员的目标并不

完全一致。团队人员的不稳定是大学生团队的最大杀手，而队长（领导者）则是决定工作室成败的重中之重。在创业初期，大学生创业团队凝聚力与关系冲突几乎不相关，其原因可能是：创业伊始，大学生创业团队成员还沉浸在创业的喜悦之中，成员间人际关系紧密，且团队的凝聚力水平较高，一点摩擦和不满很快会被创业的热情掩盖。随着创业的深入进行，工作室需要解决的问题逐渐增多，成员在日常决策、设计工作中积累的冲突逐渐显现出来。

从访谈获得的数据（见表2）可以看出，部分工作室成员的个人发展目标并不在此，大学毕业之后，有些成员可能会离开工作室。同时，还有一位团队成员在经营另一个工作室，这有利有弊，有利之处就是该团队成员在经营彩绘工作室的时候将一些有广告设计需求的客户介绍给蜂鸟行广告设计工作室，但经营彩绘工作室会分散该团队成员的部分注意力，导致心猿意马，这可能给广告设计工作室带来不利影响。更有一位团队成员因病在家休养的这段时间，依旧能够和其他成员获得相等份额的利润，这本身就是一件不公平的事情，即使其他成员有抱怨，也是正常的。一旦工作中有冲突，冲突对象所做的事情都会引起个人的不满，在工作中沟通的有效性降低，即产生关系冲突。

表2 访谈数据处理示例

编码类型	编码子类	示例
任务冲突	观点分歧	A君认为从长期发展角度来看，应配备更加高级的办公设备；而C君认为没必要 E君认为各成员的设计风格迥异，在一起设计的时候会有分歧
	分配业务分歧	D君说"5个人先分别组队出去承接业务，业务完成不了的时候，再将设计业务放在工作室里所有团队成员一起做" C君说"有的人出去跑业务的时候没有清晰地传达客户在设计方面的要求，最后的设计出现偏差，导致方案不能达到客户要求，这对工作室的发展是不利的"
	控制权分散	5位团队成员按投入资金比例拥有决策控制权，因此在决策时没有牵头人，控制权分散
	利益分配冲突	A君说"大多数队友现在都觉得利益分配有问题，有的人会觉得为什么自己付出得多，得到的回报却跟大家是一样的，这不公平" C君说"工作室在利益上出现问题主要是由于工作室没有主要领导人"
关系冲突	团队人员稳定性	C君和D君迫于现实压力，在毕业之后将选择放弃创业 有一位成员还经营另一个工作室，这会分散该团队成员的部分注意力 B君说"在工作室学到的东西并不是很多，在外面更加有奔头，能够学到更多的东西"。"大家不像当初那样拧在一根绳上，现在比较分散"
	成员之间彼此互相紧张	E君生病在家休养，但仍然获得利润分配，导致其他团队成员内心不满，但碍于同学关系和情谊，均将这种不满的情绪隐藏在内心

（二）冲突管理

1. 避免型冲突管理

本案例针对团队成员做了访谈，研究发现，5位工作室成员通常会采用避免型冲突管理，在一些情况下会尝试隐瞒与团队成员的不同意见，以免难堪，也会尝试避免与团队成员有不愉快的沟通。在面对决策冲突、设计分歧的时候，通常会采取折中、协商的方式解决问题，从而打破僵局。E君说，工作室中广告设计方面的分歧是一种正向的冲突，有利于工作室设计出更加新颖的方案，因此他会选择忽视。同样，D君也认为适度的冲突是有利的，"有冲突，有讨论，才会有进步，居安思危式的思维一定要具备"。此时，正向冲突采取避免型冲突管理是有利的。工作室出现利益分配问题时，起初大家都将这种不满隐藏在内心，不与其他成员商讨，避免冲突的出现，这种情绪最终必将会"爆发"。

2. 合作型冲突管理

工作室因客户而存在，工作室因为内部协调的问题，在传达客户需求的时候经常会出现偏差，如果工作室的设计不能满足客户的需求，那么就降低了客户回头率，对此，负责谈业务的人员应该在谈业务的过程中对谈话进行录音，从而保证信息传达的真实性。制度没有得到完善，使得内部不稳定。没有好的制度，5个人协调起来就较困难。只有制度得到完善之后，在团队遇到一个新问题的时候，才能迅速解决问题。有了一个好制度，就有了一个好团队。A君认为"对于工作室来说，首先要有完备的制度以及共同的理想，有一个有执行力和领导力的负责人"。在他们集体讨论之后，通过分股的方式选出了一个绝对的负责人。

在利益分配上，采用"多劳多得，拿提成"的方式进行分红。这不仅解决了大家因为分红不公平所带来的情绪问题，同时也激发了团队成员的工作激情。创业初期，资金少、产出少、客源少，各个环节都不完善，团队成员都是凭着一番热情在做事。此时谈关键绩效指标（KPI）考核不现实，因此，创业团队初期的制度应以人为本，讲情不讲理。团队均分利润，此时靠的是"情"，随着创业的深入，需要靠"理"、"制度"或者"法"来对利润分配进行约束，单纯的利益均分是不合适的，因此，应该根据创业情境的变化不断完善公司的运作。访谈之后，工作室成员在给出建议的基础上，团队成员也意识到创业的过程中大家不能仅仅通过"情面"来约束行为，应该更多通过规则和制度来约束。

四、结论与启示

(一) 研究结论

本文基于安徽财经大学大学生创业孵化基地蜂鸟行广告设计工作室案例的深入研究,概括形成关于冲突诱发及冲突管理的动态模型 (见图2)。

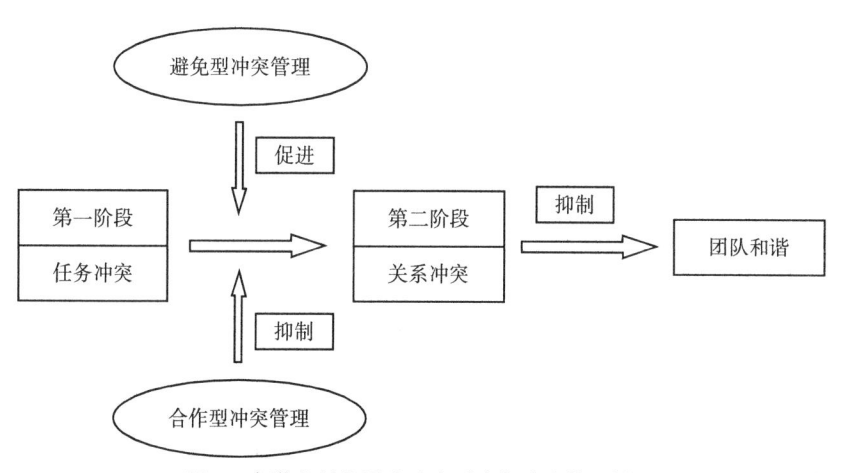

图2 大学生创业团队冲突诱发与冲突管理模型

通过理论分析和案例研究可以发现:第一,大学生创业和社会创业一样,团队内部依然存在冲突。在创业初期,冲突主要表现为任务冲突。随着创业的深入,产品设计业务的增多,任务冲突有可能升级为关系冲突。第二,大学生创业的一个普遍现象就是,团队成员多为同学或者志同道合的好朋友,在面对冲突或分歧时,碍于同学或者朋友情面,尽可能地避免正面冲突,多数情况下,会倾向于选择避免型冲突管理。当冲突有可能会影响团队成员感情,并且,这种感情出现破裂又会影响到业务拓展或企业发展时,通常会采取合作型冲突管理。第三,避免型冲突管理可能会激化矛盾,并不能从根本上避免冲突的再次出现;而合作型冲突使得团队成员之间开诚布公,各成员团结一致共同解决问题,这才能从根本上解决冲突,将冲突扼杀在"摇篮"里。

(二) 研究启示

1. 增强团队成员之间的信任

如果团队成员之间具有高度的信任，则可以避免任务冲突演化为关系冲突。团队成员如果彼此之间信任感高，当成员之间发生冲突时，对于冲突类型的判断会比较准确，相应地由任务冲突移转成关系冲突的概率就会变小了。因此，团队成员间的信任感对两种冲突的关联性具有负向的调节效果。既然团队信任对于团队的运作起到了非常重要的作用，培养团队成员之间的信任关系就显得更为重要。因此可以通过增强团队成员的同质性、营造团队交流和互信文化来增强团队成员之间的信任，降低任务冲突转化为关系冲突的可能性。

2. 采取适度合作的冲突化解模式

与美国人相比，中国人更加重视关系，以不破坏和谐为主，比较容易采取冲突回避的方式（Rahim，2001）。在团队互动过程中，当任务冲突发生时，成员隐藏已发生的冲突虽然暂时缓解了冲突，但由于问题悬而未决并且团队成员毫无方向可以遵循，尤其是在面对复杂而困难的任务时，更无法充分讨论以获得满意的解决方案，不仅影响个人及团队的效能，更容易导致任务冲突转变为关系冲突。采用合作冲突处理，可能会形成为了实现团队共同目标的有利于团队行为，从而增加个人及团队效能的双赢模式，并通过鼓励开放性的讨论、交换信息、了解彼此等途径找到双方都可接受的解决方式。但高度合作的处理方式，强调成员的意见一致性，减少个人独特的意见，则会因为缺乏意见交流而降低决策的质量和团队成员对于成功实现目标的集体信念。因此，团队应该鼓励成员采取适度合作的冲突处理方式来对待成员之间的各种矛盾。

3. 形成学习目标导向的团队

学习目标导向是指学习者重视各种可以增进自己知识与技能的机会，希望从努力与学习中获得成就，以实现学习的目标。因此，对于学习目标导向的团队而言，成员会相对较客观地看待任务冲突，任务冲突转化为关系冲突的可能性也较小。因此，需要强化团队成员的学习目标导向，以降低任务冲突转化为关系冲突的可能性。

本文在验证了冲突诱发及其冲突管理模型的同时，案例研究依旧存在以下局限性：第一，简单地采用单案例研究方法，缺乏在比较基础上得出的更可靠的研究结论。未来可以在多所高校选择不同类型的大学生创业团队，采用多案例研究方法，以便进一步提高结论的可靠性和推广价值。第二，在研究方法上，由于主要是以访谈工作室主要团队成员为首要的数据收集方法，访谈对象在追忆以往创业经历时，经常出现顾此失彼的片面回答。如果未来的研究扩大采访对象，甚至扩展到广告设计的普通雇员，则可以更加有效地减少可能存在的偏差。

参考文献

[1] 陈晓红，赵可. 团队冲突、冲突管理与绩效的关系的实证研究[J]. 南开管理评论，2010（5）：31-35.

[2] 华斌，陈忠卫. 高管团队凝聚力、冲突与组织绩效——基于创业过程的研究[J]. 当代财经，2013（12）：69-78.

[3] 刘宁，赵梅. 团队内任务冲突与关系冲突的关系与协调[J]. 科技管理研究，2012（5）：179-182.

[4] 刘学. "空降兵"与原管理团队的冲突及对企业绩效的影响[J]. 管理世界，2003（6）：105-113.

[5] 林雪莹. 创业团队冲突对创业绩效影响研究[D]. 中山大学学位论文，2008.

[6] 马硕，杨东涛，陈礼林. 团队任务冲突与关系冲突转化机制——团队氛围的调节作用[J]. 中国流通经济，2011（10）：102-106.

[7] 孙卫，张颖超，尚福菊，马永远. 创业团队冲突管理、团队自省性与创业绩效的关系[J]. 科学学与科学技术管理，2014（6）：137-143.

[8] 唐朝永，陈万明，牛冲槐. 团队科技人才聚焦利益冲突可拓模型研究[J]. 科技管理研究，2014（5）：194-201.

[9] 卫旭华，刘咏梅，车小玲. 关系冲突管理：团队效能感和团队情绪智力的调节作用[J]. 系统管理学报，2015（1）：138-145.

[10] 夏忠. 大学生创业的特点、环境问题及其改善建议[J]. 中国成人教育，2009（5）：48-49.

[11] 于尚艳，杨越，曾静. 变革型领导对员工工作绩效的影响：以任务冲突为中介变量[J]. 华南师范大学学报（社会科学版），2012（5）：102-107.

[12] 朱仁宏，曾楚宏，代吉林. 创业团队研究述评与展望[J]. 外国经济与管理，2012（11）：11-18.

[13] 赵可汗，贾良定，蔡亚华，王秀月，李珏兴. 抑制团队关系冲突的负效应：一项中国情境的研究[J]. 管理世界，2014（3）：119-130.

[14] 陈振娇，赵定涛. 关系冲突影响团队产出的中介机制研究 [J]. 北京理工大学学报（社会科学版），2011（3）：5-10.

[15] Dedreu C K W, Weingart L R. Task Versus Relationship Conflict, Team Performance, and Team Member Satisfaction: A Meta-analysis [J]. Journal of Applied Psychology, 2003（4）: 741-749.

[16] Jehn K A. A Multimethod Examination of the Benefits and Detriments of Intragroup Conflict [J]. Administrative Science Quarterly, 1995（40）: 256-283.

[17] Kolb Deborah M, Linda L. Putnam. The Multiple Faces of Conflicts in Organizations [J]. Journal of Organizational Behavior, 1992（13）: 311-324.

[18] Pelled L H, Eisenhardt K M. Exploring the Black Box: An Analysis of Work Group Diversity, Conflict, and Performance [J]. Administrative Science Quarterly, 1999（1）: 1-28.

（作者是安徽财经大学2015级企业管理研究生，此文曾刊发于《重庆科技学院学报》（人文社会科学版），2017年第10期，稍加修改）

【案例点评】

找到一群志同道合的好搭档
陈忠卫

自然界物种并不会有意识地选择进化的方向，完全是由自然环境决定的。然而，创业型企业成长却不同，它可以是由创业团队成员共同完成的有意识的选择行为。最重要的区别还在于，自然界的进化纯粹是为了保证物种能够存活下来，它们并没有任何战略和理念可言，然而，创业型企业的成长却往往为有能够被创业团队成员集体认可的核心理念所支撑，并且，企业的发展战略和行动方案可以根据商业环境变化随时作出调整。

创业团队是指新创企业在刚刚成立的初期，由一群才能上具有互补性、愿意共担风险与责任、愿意为实现共同的创业目标而努力奋斗的人所组成的特殊群体。一般情况下，创业团队成员之间存在着人口特质的差异性，如年龄、性别、文化程度、家庭背景等，尽管如此，但是，只要大家具有相同的追求目标，这种目标既可能是财富最大化，也可能是自我成就感，类似"心往一处想，劲往一处使"的目标追求，足以促使创业型企业可持续成长。然而，问题的关键是，每一位创业团队成员的个体目标追求，伴随着企业的成长和环境的改变会发生变化，进而引发创业团队成员之间的冲突。大学生创业者普遍充满着理想主义色彩，他们思维活跃，个性化特质明显，大学生创业团队内部更加容易发生冲突。其实，冲突的存在是把双刃剑，认知性冲突一般会有助于提高团队决策质量，但是，情感性冲突如果失控或者冲突不断升级，则会导致创业团队面临解体的困境。尤其是在失败风险度较高、经营业务又不够稳定的新创企业成长初期，既要让认知性冲突合理性地存在，以避免"一言谈"式的团队决策风格，又要及时遏制住情感性冲突的蔓延态势，这是所有新创企业都会面临的重大挑战。

既然创业是商业行为，我们完全可以采取商业合同的方式来规范创业团队的运营，不必过多地顾虑彼此间的同学关系。并且，这种君子协定最好采取书面形式，完整而充分地载明创业团队成员进入与退出的程序、创业型企业的股权结构和决策模式,这将有助于创业团队成员为共担创业风险建立起和谐的人际信任关系,从而既利用好冲突对提高创业决策质量的促进作用,又能最大程度地控制好冲突可能引发的负面效应。

在现实生活中,总有一些人担心,动员所有创业团队签署书面协议的方式会被误解为缺乏信任的表现,其实这种看法本身就是把信任关系建立在一个非常脆弱的基础上。俗话说"亲兄弟"还要"明算账",如果创业团队成员之间的信任关系牢不可破,协议写在纸上不但不会降低彼此间的信任关系,反而会提高创业团队凝聚力。

(指导教师是安徽财经大学创业创新与企业成长研究中心首席专家、教授)

新创企业如何有效获取创业知识
——基于创业学习视角的案例研究

丁 娟

创业活动能够有效促进经济转型、缓解就业压力。但在中国情境下,制度和市场环境具有高度不稳定性,资源有限、地位缺失和经营经验不足等新进入者缺陷导致我国新创企业存活率极低。因此,新创企业如何开发和利用资源以提高生存发展能力,已经成为学术界和实业界共同关注的紧迫问题。其中,创业知识的作用已经得到了研究者的一致认可,它能够帮助企业识别创业机会、习得创业技能以及克服新进入者缺陷等,而创业学习在这一过程中起着举足轻重的作用,是获取创业知识的重要途径之一。

创业知识具有不同的属性,新创企业在学习的过程中不能只依赖单一的学习方式,必须整合和平衡各种创业学习才能为异质性知识的获取提供源泉。而且,新创企业在发展的不同阶段面临的困境、所需的知识也具有较大差异,因而从动态角度研究创业学习与创业知识之间的匹配问题,能促进企业不断更新知识、矫正策略、实现长期发展。

一、文献回顾与理论框架

(一) 创业学习与新创企业成长

创业学习是指组织开发、创建和管理知识的过程(陈彪等,2014),它对创业过程的作用机理越来越受到研究者的重视。大多数研究致力于创业学习与新创企业成长、绩效以及竞争优势之间的关系,研究结果一致认为创业学习是企业提高竞争力和成长绩效的基础(杨隽萍等,2013;朱秀梅等,2015)。如于晓宇(2011)认为创业学习是新创企业克服新进入者缺陷的重要手段;杨隽萍等(2013)也在研究中指出创业学习能使企业不断更新知识,从而提高管理能力、技术创新能力和企业绩效。

创业学习所包含不同的维度,会对企业成长产生异质性的影响。March(1991)、倪宁和王崇鸣(2007)在研究中提出了组织双元学习理论,即创业学习可分为利用式学习和探索式学习,前者指的是组织对已有知识的筛选、提炼和利用,有利于企业现有能力和技术的提升,而后者表示组织将知识获取途径延伸到组织外部,本质在于获取新的、创新性的知识和资源,有利于企业涌现新思想、开发新产品,从而实现创新发展(于晓宇,2011)。在创业学习维度的划分方面学术界还存在另一种观点,即创业学习方式可分成经验学习、认知学习和实践学习三种(蔡莉等,2012;单标安等,2014)。经验学习强调创业者先前经验的重要性,其积累的与创业相关的经验会在创业过程中逐渐转化为创业知识(赵文红、孙万清,2013),杜海东(2014)在研究中指出团队成员的经验异质性能为企业带来多样且全面的顾客和产品知识,有利于企业创新。而认知学习通常指创业者通过交流和观察从而模仿他人的成功行为,将外部知识内化为组织的知识存量,有利于组织学习他人有效的管理经验、提高短期决策和发展能力(蔡莉等,2012)。企业可以利用实践学习不断修正已有的观念和知识体系,并产生新想法、新技术和新产品,从而获取长期盈利能力(单标安等,2014)。可见,不同的创业学习方式对企业获取知识和提高企业绩效的作用是不同的。

考虑到本文的研究对象是新创企业,其在合法性、社会网络资本等方面处于弱势,创业者个人经验在创建过程中发挥着重要作用,因此我们将创业学习分为经验学习、认知学习和实践学习。

(二)创业知识与新创企业成长

作为创业学习的直接结果,创业知识为企业在不同阶段成功处理各种创业问题提供了可能。例如,新创企业建立初期会面临着资源有限、风险和不确定性高等问题,此时企业可以利用分析创新环境的知识提高决策能力,其中分析外部创业环境可以帮助企业进行风险评估(张玲,2014),而分析组织内部创业环境则可以明确发展目标和增强自我效能感(Widding,2005)。当企业进入存活期后,人力资源、财务、营销管理等与运营和管理相关的职能性知识具有重要的作用,它们有利于企业进行团队建设、制定合理的营销战略,从而有效获取市场订单、实现盈利(Tardieu,2003;Roxas et al.,2014)。企业顺利进入成长期后,组织的构架基本形成并具有一定的盈利能力,此时企业想要获得长期发展必须要扩大目标市场、开发新产品和新服务，形成自身的核心竞争优势，因此可以利用战略决策层面的创业知识，来帮助企业制定合理正确的发展战略（单标安等，2015）。由此看来，异质性的创业知识能帮助新创企业度过不同发展阶段的各种创业困境。通过总结相关文献的研究结论，本文对创业知识的种类进行了归纳整理，并将其纳入研究的理论模型之中，具体如表1所示。

表 1 创业知识的种类

创业知识种类	具体内容
与创业环境相关的知识	①组织外部环境分析：制度和市场环境（Politis，2005），风险和不确定性评估（Roxas 等，2014），市场需求、顾客偏好和竞争程度（单标安等，2015） ②组织内部环境分析：发展目标、组织优势和劣势（Widding，2005；Cope，2005）
与运营和管理新创企业相关的知识	管理社会网络（蔡莉等，2014），人力资源管理、财务管理、营销管理、生产管理（单标安等，2015）等
与创业型战略决策相关的知识	市场竞争策略分析、营销策略分析、产品策略分析（单标安，2015）

（三）相关研究评价

已有研究已经明确了创业学习和创业知识对新企业成长的作用，并且有部分学者探索了其中的影响机理，但是绝大多数研究只聚焦于单一领域，忽视了创业学习方式在创业知识价值实现过程中的具体作用。创业是一种复杂动态的活动，企业在不同发展阶段所需的创业知识有哪些？主导的学习方式是什么？分析创业环境、运营管理企业以及战略决策等知识通过哪种创业学习方式获得最有效？这些都是有待解决的紧迫问题。

综观目前的研究成果，已经有学者认识到了创业知识与最优的学习方式相匹配的重要性，但是仍缺乏细致的研究。例如，方世建和杨双胜认为新创企业的创业环境和任务处于不断变化中，一种学习方式可能并不适用于企业发展的每一个阶段，需要将最优的学习方式与不同的阶段相匹配（方世建、杨双胜，2010）。张玲在研究中也发现不同的学习方式对不同知识的获取效果存在差异，如行业经验学习有利于识别和开发创业机会，而职能经验学习却更有利于企业克服新进入者缺陷（张玲，2014）。虽然以上学者均认可创业学习与创业阶段、创业知识相匹配的重要性，但是并没有进行深入的调查研究，张玲等也只是探索了经验学习内部不同方式之间的平衡，忽略了认知学习和实践学习的研究。

因此，为了提高新创企业创业知识获取的有效性，本文将从创业学习的角度出发，通过对安徽财经大学魔幻屋魔术工作室的案例研究，试图探索新创企业成长的不同阶段，创业学习与所需的创业知识之间的最优匹配问题，以期促进创业学习和创业知识两个研究领域的融合，并为新创企业在面临不同的困境时采取合理的学习方式提供参考。本文根据已有成果和研究目标，构建理论模型如图1所示。

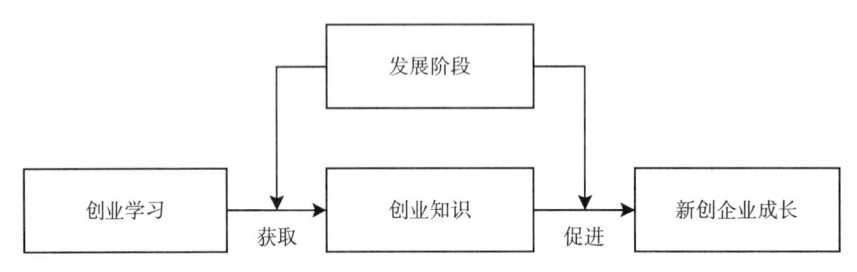

图1 创业学习、创业知识与新创企业成长关系理论模型

二、研究方法与研究设计

（一）案例研究

本文采用的研究方法为单案例研究。首先，案例研究作为管理学研究领域内重要的实证方法之一，主要在于回答"如何"以及"怎么样"等问题（陈彪等，2014）。本文的研究问题是新创企业面临不同的创业困境时，如何运用最优的创业学习方式来获取创业知识，属于"如何"问题的范畴。其次，刘庆贤和肖洪钧（2010）的研究显示案例研究是新理论构建的早期阶段最适合的工具。创业学习和创业知识虽然是当前学术界的热议话题，但是有关的研究仍处于探索阶段，相关概念的界定以及测量量表的设计等方面尚存不足，案例研究能适当克服测量量表不完善等问题。除此之外，本文的研究需要探索新创企业在发展的不同阶段所需的创业知识，选取单案例研究方法有利于对动态的创业过程进行深入的剖析。

（二）案例选择

选取目标案例时应当遵循典型性、极端性以及理论抽样等原则（陈彪等，2014），且应优先选取数据资料充分且易得的案例。本文选取安徽财经大学创业孵化基地的魔幻屋魔术工作室（以下简称魔幻屋）作为研究对象，主要原因如下：一是魔幻屋刚跨入发展阶段，存在一些迫切需要解决的创业问题，并且内外部环境相对不稳定，对创业学习方式的合理利用有利于其协调短期和长期目标，从而制定可持续发展战略。二是魔幻屋度过了创建期和存活期，正处于发展早期，各个阶段的特征较明显，容易辨析出主要问题和所需的创业知识，有利于本研究的开展。三是安徽财经大学创业孵化基地与研究者同在一所学校，空间距离近，容易获取数据材料、方便对案例企业进行跟踪。四是研究者与被访者存在强关系，能够保持良好的沟通，并且容易获得被访者的信任，使研究资料更加真实可靠。

（三）数据收集

不同数据来源形成的资料之间可以进行三角验证，确保研究的信度和效度（陈彪等，2014）。本研究的数据收集方式包括以下几种：

（1）深度访谈。深度访谈分两次进行，第一次主要了解的是魔幻屋的基本情况，包括组织构成、主营业务、发展状况等，此次访谈后获得了魔幻屋的创业计划书等纸质材料，并确认了本研究的研究问题。第二次深入访谈主要了解魔幻屋在不同发展阶段遇到的问题和解决方法，访谈结束后，按照时间顺序对其在发展过程中的关键事件进行归纳整理。

（2）二手资料。如会议记录、档案资料、创业计划书、主创人员的网络记录和个人总结等。

（3）参观魔幻屋的魔术表演场地、听主创人员介绍魔术道具等参与式的收集方式。

（4）通过网络邮件和电话等电子手段获取补充信息，并对案例进行追踪。

由此来看，本研究的数据收集方式比较多元化，以深度访谈为主，并结合实地考察和参考二手资料等方式，增加了研究结果的准确度。

三、案例介绍

（一）案例背景

魔幻屋全称蚌埠经济开发区魔幻屋魔术工作室，成立于 2015 年 9 月，是一个以魔术培训班、魔术商演、魔术体验和魔术产品设计研发与销售等项目为主要业务的工作室。创建早期，魔幻屋的业务以销售魔术道具、教学光盘和书籍为主。随着创业活动的不断推进，魔幻屋的产品形式不断丰富、创新想法不断涌现，业务范围也逐渐扩大，魔术表演和魔术培训等项目成为重点开发对象。

良好的内外部创业条件使得魔幻屋自成立起便吸引了大批消费者，并顺利度过了创建期和存活期。但是在创业的过程中，魔幻屋和其他新创企业一样面临着各种各样的困境，如团队责任不明晰、难以找到合适的供应商、产品销售定位不准确等。从问题的出现到问题的解决都离不开组织创业学习的支持，为此本文延续并拓展陈彪等（2014）对新创企业发展阶段的划分方式，以萌生创业想法、企业成立、开始获取订单、开始盈利等关键事件为时间节点，将魔幻屋的发展阶段划分成创建期、存活期和发展期。通过对每个阶段关键事件的介绍，试图挖掘出其中隐含的创业问题、所需的创业知识以及创业学习方式在解决问题的过程中所起的作用，期望能为其他新创企业的成长提供经验借鉴。

（二）案例介绍

该部分根据时间顺序，分别对魔幻屋在创建期、存活期和发展期的具体情况进行详细描述，并对每个阶段的关键事件、创业问题、创业知识和主要的创业学习方式进行总结。

1. 创建期：从萌生创业想法到新企业成立初期（2013年9月至2015年10月）

（1）关键事件的介绍。魔幻屋的两位主创人员分别是安徽财经大学魔术协会的会长和教学表演部部长，魔术表演和组织管理的相关经验充足，为其识别出魔术创业机会提供了经验支撑，并且他们对商业经营持有浓厚的兴趣，在得知大学生创业孵化基地能为其提供创业机会时便萌生了创业的想法。创业想法形成之后，两位主创立即开始向创业成功的同学咨询申请创业项目的过程以及询问是否有待转让的店铺等，最终，魔幻屋魔术工作室于2015年9月正式入驻安徽财经大学创业孵化基地。

随后另外两位具有会计学和工程管理专业背景的同学也加入进来，负责工作室的财务和宣传工作，自此魔幻屋的组织结构初步形成，并确立了早期的发展目标和主营业务。创立初期，魔幻屋的主营业务是销售魔术道具，包括专业道具和非专业道具。经营一段时间后，创建者通过观察身边大学生的消费行为以及凭借其自身作为大学生的消费经验，发现专业道具在校园内受众狭窄，因为专业道具价格高、操作难，而大学生通常没有收入来源且最多只是魔术爱好者，因此对专业道具的需求量不高。随后，魔幻屋及时做出调整，将销售业务转为仅销售非专业、简单易学的魔术道具。

（2）创建期魔幻屋所需的创业知识及创业学习方式。根据上述关键事件的描述和分析，可以看出魔幻屋在创建期面临并解决了以下四个方面的问题，即如何发现创业机会、获取合法性、形成完整的组织结构、确立组织的业务范围和发展目标。以上问题的解决依靠的是分析内外部环境的知识以及组织构建过程的知识。具体地说：第一，魔幻屋创建者拥有的行业经验（经验学习）使其捕捉到魔术的发展潜力以及目标顾客的消费偏好，并据此确定了仅销售非专业道具的发展目标；第二，先前的表演经验（经验学习）及在校园中获取的人气增加了创建者的创业信心，并且为组织业务开展奠定了基础；第三，团队成员之间的职能经验异质性（经验学习）丰富和完善了魔幻屋的组织结构；第四，通过借鉴其他创业成功的案例（认知学习）了解到新企业创建的过程以及创业孵化基地的规章制度和运行规范；第五，通过创业实践（实践学习）发现销售专业道具盈利空间小，因此及时分析市场需求，调整销售目标。可见，该阶段魔幻屋的创业学习方式以经验学习为主，认知和实践学习为辅。

2. 存活期：从开始获取市场订单到首次盈利（2015年10月至2016年5月）

（1）关键事件的介绍。经过早期的探索，魔幻屋明确了主要的销售业务，但是如何使魔术产品更有吸引力、怎样寻找最佳的销售渠道成为魔幻屋进一步发展需要思考的问题。由于之前魔幻屋的创建者在各种晚会上表演过魔术节目，所以魔幻屋的目标销售对象之一便是经常在学校文艺晚会以及班级联谊活动中表演节目的大学生，企业便针对班级和学生组织制定宣传计划。此外，主创人员发现旅游景点的魔术道具销售得较好，是因为旅游景点的产品通常具有纪念意义，基于此，魔幻屋决定将部分魔术道具的销售与节日相结合，赋予魔术道具特定的文化含义，如与情人节相关的玫瑰花道具和爱心形的海绵道具、以生日为主题的蛋糕道具等，同时对购买者进行现场教学，收取一定的教学费。同时，在物流电商发展如此迅速的背景下，魔幻屋打造了网上商城，将各项业务与网络相结合，扩大了销售渠道，基于以上措施，魔幻屋逐渐开始实现盈利。

在经营期间，魔幻屋也遇到了一些问题：第一，早期不清楚魔术道具的进货渠道，创建者通过网络弱关系，从因魔术而结识的网友处购买了一批待转让的道具，但是，在具备一定进货经验之后，主创人员才意识到第一批魔术道具的进价过高，网络弱关系并不可靠。第二，团队建设存在问题，成员间责任不明晰，创业激情和信息不足。通过对大学生创业孵化基地另外一家成功企业的分析，魔幻屋的创建者总结出了团队建设出现问题的原因。首先，团队成员都是大二或大三的学生，学习任务较重，团队成员创业激情有所衰减；其次，团队成员对未来的职业发展没有具体的规划，不清楚自己是否会坚持创业，因此创业信心不足。为了解决上述问题，魔幻屋决定开展"每周一聚"等活动，组织团队成员总结一周内魔幻屋的经营情况，讨论成员相处中遇到的各种问题，并明确各自的职责，避免成员之间互相推脱责任等不良情况的出现。

（2）存活期魔幻屋所需的创业知识和创业学习方式。在这一阶段，魔幻屋主要利用人力资源、营销管理等职能性的知识，解决了如何吸引消费者、拓宽销售渠道、团队建设等问题，运用的创业学习方式以认知学习为主，经验学习和实践学习为辅，具体分析如下：第一，利用先前的表演经验（经验学习）明确了主要的销售对象，从而获取了较稳定的消费群体；第二，模仿（认知学习）旅游景点中魔术商店的成功做法，推出节日主题道具并提供教学服务，增加了业务种类和商品的吸引力；第三，借鉴（认知学习）互联网背景下电商企业的做法，推出了魔幻屋自己的网上商城，拓宽了销售渠道；第四，观察（认知学习）其他企业的管理经验，认识到魔幻屋团队建设存在问题的主要原因，并采取了相应的解决措施；第五，通过创业实践（实践学习），发现先前的进货渠道不正规，并逐渐寻找到正确且稳定的进货渠道。

3. 发展期：从首次盈利至今（2016年5月至今）

（1）关键事件介绍。魔术属于文化产业，仅依靠销售道具不足以支撑企业的长期发展，必须逐渐扩大目标市场、拓宽业务范围。在校园内，魔幻屋致力于构建多元化的社会网络，与学生团体联合会合作，为其提供魔术演出道具、训练场地和演出策划。魔幻屋在校园外实施的业务主要以魔术商演为主，合作对象有其他高校的魔术协会、婚庆公司等。考虑到其他高校的魔术协会有固定的供货渠道，并且与魔幻屋的道具销售差价较小，因此魔幻屋放弃为其供货的想法决定采取联盟合作战略。除了魔术演出、策划等业务之外，魔幻屋还与蚌埠市知名教育品牌"未来教育"合作推出了魔法课堂魔术兴趣班，课程一经推出便吸引了众多学生和家长的眼球，目前已经完成了夏季课堂的教学活动。同时，魔幻屋还利用微信等自媒体的创造能力，在各种网络平台上推送魔术视频以吸引粉丝，并开展魔术网络教学、推送和销售魔术道具等业务。

（2）发展期魔幻屋所需的创业知识和创业学习方式。在发展期，魔幻屋通过分析外部创业环境和魔术行业的变化特点制定了扩大目标市场、拓宽业务范围等长期战略决策，该阶段魔幻屋的创业学习方式以实践学习为主，认知学习和经验学习的作用减弱。首先，魔幻屋的创建者实时关注魔术行业的特点和发展态势（实践学习），如关注第三届中国北京国际魔术大会及各种媒体中与魔术有关的文娱节目等，制定出拓宽业务范围和目标市场的发展战略。其次，通过分析外部竞争环境（实践学习），选择与其他高校、商业企业等组织发展合作联盟关系，如组织团队成员在魔术专场晚会上表演节目、携手蚌埠市知名教育品牌未来教育推出魔术课程等；虽然该阶段魔幻屋主要运用的是实践学习，但是认知学习和经验学习的作用也并没有完全消失。例如，魔幻屋主创人员应邀参加南京林业大学的魔术表演，不断积累表演经验（经验学习）以及学习自媒体平台的经营模式（认知学习），在微信、微博等网络媒介中开展魔术网络教学，推送和销售魔术道具等。

结合上面的分析，我们可以概括出获得魔幻屋在成长的不同阶段所需要的创业知识及其学习方式（见表2）。

表2 魔幻屋不同发展阶段所需的创业知识和创业学习方式

阶段	类别	内容
创建期 （2013年9月至2015年10月）	创业知识	①分析内外部环境的知识（包括市场需求、顾客偏好、自我知识等） ②了解关于组织构建过程的知识（获取合法性、合理的组织构建等）
	创业学习方式	以经验学习为主，认知学习和实践学习为辅
存活期 （2015年10月至2016年5月）	创业知识	营销、人力资源管理等运营和管理新企业的知识
	创业学习方式	以认知学习为主，经验学习和实践学习为辅
发展期 （2016年5月至今）	创业知识	①分析内外部环境的知识（包括内部环境变化、市场竞争情况变化等） ②战略决策方面的知识
	创业学习方式	以实践学习为主，经验学习和认知学习为辅

四、案例分析与发现

本文以魔幻屋魔术工作室为案例，对其创建期、存活期和发展期的关键事件进行深度剖析，得出了以下关于创业学习和创业知识的结论：

（一）新创企业发展的不同阶段所需的创业知识存在差异

创业活动是一个持续变化的动态过程，新创企业的发展任务和目标并非一成不变，因而不同发展时期所需的创业知识也将存在差异。从创建期到发展期，魔幻屋一直在探索合适的成长路径，在这一过程中不断利用经验、知识和创业实践打破既有的心智模式并提出新的目标、经营方式和发展理念。

在创建期，新创企业面临着三大难题：识别开发创业机会、确立初步的发展计划、获取合法性等。其中创业机会的识别和开发离不开创建者对组织内外部创业环境的分析，包括制度环境、市场竞争环境、行业特点、顾客偏好等。在案例分析中我们发现，魔幻屋对创业环境有很深的了解。首先，在宏观上国家提出"大众创业，万众创新"的倡议，鼓励和支持大学生创业。其次，安徽财经大学内部注重创新文化的教育，并致力于为创业者提供良好的硬件设施。例如，开设创业管理课程、举办创业规划大赛，不断扩大创业孵化基地的规模等。最后，魔术近年来受到观众热捧，发展前景良好，而蚌埠大学城内却没有与魔术主题相关的商店，因此市场竞争不激烈。正是对以上几个方面的认知使魔幻屋的创建者捕捉到了创业机会，并且，魔幻屋的创建者清楚地认识到大学生的消费需求会受到经济水平的限制，因此将早期发展计划定为销售价格相对较低的魔术产品。与陈彪等的研究结果相一致，本文发现分析创业环境、识别和开发创业机会的知识在新创企业的创建期尤为重要，但是与以往研究结论不同的是，本文还发现获取合法性的知识在创建期同样具有基础性的地位，因为新企业只有在充分了解国家法律法规、行业协会等组织制定的运行规范和规章制度以及消费者行为等信息的基础上，才有可能获得市场准入资格。综上，新创企业在创建期需要习得分析组织内外部创业环境（识别创业机会）和如何获取合法性（企业建立和发展）的知识。

新创企业进入存活期后，面临的最大问题便是运营和管理新企业以获取利润，营销、人力资源、财务管理等职能性的创业知识构成了组织发展的基础。魔幻屋的创建者通过模仿优秀企业的营销手段，掌握了一定的营销知识，帮助企业成功获取了市场订单。而关于人力资源方面的知识则有利于魔幻屋找出团队建设存在的问题，并及时采取措施提高团队的运行效率和凝聚力，增强了成员的创业激情。

当新创企业进入发展期后，仅仅依靠基础性的职能知识往往难以支撑企业的长期发展。在发展阶段，企业需要制定长期的发展目标和战略，打造自身的核心竞争力。该阶段关于战略决策方面的知识占据主要地位，而战略制定离不开组织对内外部环境的探测。魔幻屋通过对自身产品特点的理解和外部竞争环境的分析，提出了走出校门、扩大业务范围等战略性的发展规划，并且涌生出一系列创新想法，如自主研发魔术道具等，使魔幻屋的业务种类不断丰富，营销渠道也逐渐拓宽。可见，分析创业环境和战略决策方面的创业知识，能够帮助企业在发展期做出正确的战略规划以及制定合理的长期发展目标。

（二）不同发展阶段主导的创业学习方式不同

对案例企业的研究发现，经验学习、认知学习及实践学习三种方式在新创企业发展各个阶段中的重要性程度存在很大差异。在创建期，企业主要以经验学习为主，以认知学习和实践学习为辅，而在存活期和发展期却分别以认知学习和实践学习为主，这与以往的研究结论相一致。

新创企业在创建初期具有社会网络不完善、创业实践不足等缺陷，创业者多依赖经验学习来处理创业问题，如案例企业在创建期主要利用主创人员早期积累的专业、表演等经验来识别创业机会、确立发展目标。但随着创业活动的开展和环境的变化，企业会不断面临新的问题和困境，需要新的知识来解决。案例企业在创建期通过向周围师生、管理者等主体请教新组织成立的程序和运行规范，最终促成了魔幻屋魔术工作室的形成，可见认知学习有助于企业习得组织原本缺乏的知识，能在一定程度上弥补创业者经验不足等缺陷。另外，由于经验具有路径依赖性，若企业在存活期和发展期仍以经验学习为主，那么由经验形成的思维定式会阻碍企业创新活动的开展。同样，企业在存活期主要的任务是获取订单并在市场竞争中生存下来，此时企业对创新发展的诉求并不高，因此，该阶段运用认知学习来模仿别人的成功行为，可以在短期内使企业少走弯路。但是，仅仅依靠认知学习很难实现企业的突破性和创新性发展，使企业永远处于被动地位。因此，在发展期，企业通过实践学习来发现已有经验和认知的不足十分必要。

综上可知，三种学习方式之间存在互补性。经验学习是基础，认知学习能对经验进行补充。经验学习和认知学习积累而成的知识决定了企业能否有效开展实践学习，而实践学习是对已有知识的革新。三种方式缺一不可，企业需要根据实际情况充分利用其优势，为组织发展汲取必要的创业知识。

（三）创业学习方式对创业知识获取的作用

创业知识是新创企业在各个阶段解决发展问题的基础，而创业学习方式则决定了创业知识的获取效率。通过案例研究发现，经验学习、认知学习和实践学习三种学习方式各有特点，在帮助新创企业获取创业知识的过程中扮演着不同的角色（见图2）。

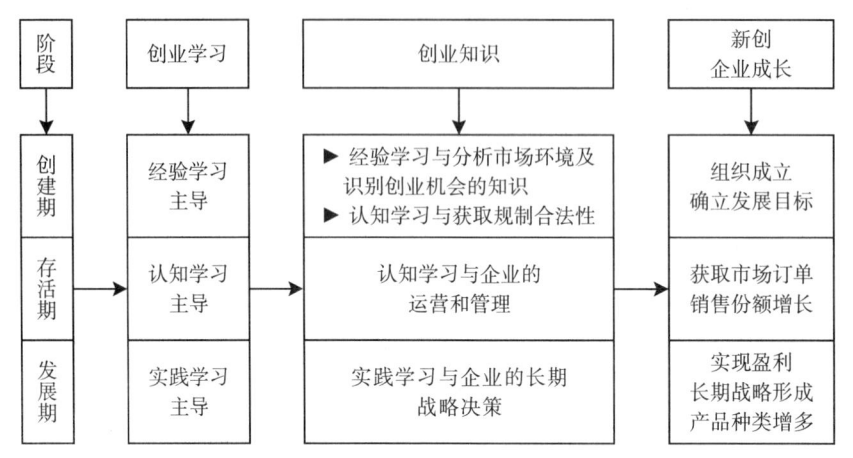

阶段	创业学习	创业知识	新创企业成长
创建期	经验学习主导	▶ 经验学习与分析市场环境及识别创业机会的知识 ▶ 认知学习与获取规制合法性	组织成立 确立发展目标
存活期	认知学习主导	认知学习与企业的运营和管理	获取市场订单 销售份额增长
发展期	实践学习主导	实践学习与企业的长期战略决策	实现盈利 长期战略形成 产品种类增多

图2 动态视角下创业学习与创业知识的最优匹配

1. 经验学习与创业机会识别

在新创企业的创建期，经验学习起主导作用，该阶段创业者需要解决的问题主要是分析创业环境以识别和开发创业机会。案例企业的创建者利用行业经验捕捉到了魔术的发展潜力以及目标顾客的消费偏好，先前的表演经验则让创建者对自身的能力有很清楚的认识，帮助企业获取关于自我认识的知识，不仅增强了组织的创业信心，还为组织业务开展奠定了基础；而团队成员的职能经验（表演、财务、宣传等）异质性促进了组织结构的形成。据此，我们认为，经验学习有利于创建者分析创业环境和识别创业机会，同时能够促进组织结构的完整性。

2. 认知学习与合法性获取

合法性对新创企业发展的意义重大。已有研究表明，组织合法性的获取受到创业者相关经验和声誉的影响。但对于初次创业的个体或组织来说，创业经验的缺乏使其在获取合法性方面处于劣势。首先，初次创业者往往不了解政府、专业机构、行业协会等部门制定的规章制度，不利于其获取规制合法性，此时通过认知学习方式能够弥补经验缺乏导致的种种弊端。案例企业的创建者即通过社会网络中的同学、前辈、导师等个体了解到大学生创业孵化基地制定的基本规制，为其遵守规章制度和运行规范奠定了基础。其次，由于案例企业的创建者是大学生，自身的消费经历使其能够准确掌握大学生的消费心理和价值观，经验学习能够帮助其获取规范合法性。同时，由于案例企业的创建者不仅是安徽财经大学魔术协会的主要管理者，曾经还有过大量的表演经验，在学生中知名度较高，消费群体对其领导和管理企业的能力有良好的评价，因此，认知学习方式对获取认知合法性的作用同样不明显。

对于本研究的案例企业而言，认知学习仅仅有利于其规制合法性的获取，对组织规范合法性和认知合法性的获取作用不明显。这是由其本身的独特性质决定的，案例企业在创建初期便拥有了容易获取规制合法性和认知合法性的优势，这种优势即是新创企业与目标消费群体之间的相互了解和信任。可见，新创企业必须做好市场调查工作，深入了解消费者心理、价值观和行为，同时还应该向消费者详尽地介绍企业产品的使用功能，从而避免消费者因不了解企业产品而给予其过低甚至负面评价的状况。

3. 认知学习与新创企业的运营和管理

认知学习能够帮助企业获取未知的、尚未掌握的知识，是对经验知识的进一步补充，它主要是依赖社会网络来模仿他人成功的行为、规避失败的行为。例如，案例企业模仿旅游景点中魔术商店的成功做法，推出节日主题道具，并为购买者提供教学服务，增加了业务种类。此外，案例企业还借鉴互联网背景下淘宝网店的做法，推出了自己的网上商城，很快便实现了首次盈利。认知学习还能帮助企业发现管理问题。案例企业在成长的过程中出现了团队职责不明显、创业信心不高等问题，观察其他企业的管理经验才发现，团队建设出现问题的原因主要为沟通存在障碍、成员没有尽心尽力、对未来的职业规划不明确等。据此，我们认为，认知学习可以帮助企业获取营销、人力资源等运营和管理知识。

4. 实践学习与长期战略决策

新创企业进入发展期后面临的最大问题便是如何形成核心优势、制定长期发展战略，实践学习在该阶段发挥着重要作用。首先，实践学习强调的是组织在创业活动中不断发现原有知识的缺陷并予以优化，从而形成新的知识和想法，有利于企业开发出有别于其他企业的独特产品。案例企业早期销售的产品是大众化的魔术道具，但是随着创业活动的推进，主创人员发现其魔术产品与网络商家相比不具有价格优势，且同质化现象严重，因此，提出了自主研发魔术道具的想法，可见实践学习为案例企业在产品销售方面指明了下一步的发展路径。其次，案例企业与其他高校的魔术协会进行交流合作，发现各个魔术协会都有自己固定的进货渠道，于是改变了试图为其他魔术协会供货的想法，做出与其进行联盟合作的决策，比如合作举办晚会、借助各个魔术协会的表演活动提高知名度等。此外，案例企业的主创人员实时关注魔术产业的变化及运营特点，发现仅仅依靠销售道具难以实现长期发展，从而制定了走出校门、扩大业务范围的发展规划。

五、结论及研究展望

（一）主要结论及启示

1. 新创企业在各个发展阶段所需的创业知识存在差异

新创企业在创建初期面临着识别创业机会和建立新企业的问题。创业者必须对内外部环境保持高度敏感性，除了要清楚认识自身的优缺点之外，还应做好市场调查工作，全面掌握行业发展特点、消费者偏好、自身优缺点等方面的信息。识别出创业机会后，创建者需要动用一切资源成立新企业，并使企业在其所在的市场中得以立足，也即获取组织的合法性。进入存活期以后，创业者需要运用营销、人力资源等职能性的知识来维持企业的运营和管理能力，积极模仿行业内外企业的成功行为，并将其内化为组织内部的知识存量。创业活动是动态变化的过程，获取盈利之后不能满足现状，而应该实时专注本行业的动态发展情况，分析外部政策和市场环境的变化趋势，在此基础上制定出可持续性的长期发展规划，并不断提出新想法、开发新产品，以便企业形成核心竞争力。

2. 创业学习方式之间具有互补性

新创企业在创建初期往往存在社会网络不完善等新进入者缺陷，此时创业者需要最大化先前经验的正向作用，尽量保证团队经验的异质性，并对其进行整合，形成互补优势，从而识别出更全面、更具有可行性的产品和服务项目。但是由于经验具有路径依赖性，团队成员之间经验相异，可能会导致彼此之间各执己见，不服从对方的安排和指导。这就需要新创企业加强团队建设，避免团队冲突。如开展全员教育活动（统一价值观）、户外拓展活动（培养合作精神）、确定共同的愿景和目标。除此之外，在创建期，新创企业还应该加强非正式网络建设，从亲人、朋友、同事那里获得资金和情感支持，弥补经验学习的不足。

随着创业活动的开展和环境的变化，企业会不断面临新的问题和困境。进入存活期后，企业需要积极与外界保持联系，为认知学习构建正式网络平台。如与政府、行业组织、创业优秀者、金融机构、商业组织等保持良好沟通，为企业发展汲取有价值的资源。值得注意的是，企业必须学会辨别外界知识的适用性，不能一味模仿而不顾自身发展特征，否则，企业难以实现突破性和创新性发展，只能永远处于被动地位。因此，进入发展期后，企业需要结合创业实践不断修正组织内部的知识结构，不断创新思想和产品。

3. 不同创业学习方式对获取创业知识的作用不同

通过对案例企业的分析，发现创业学习与创业知识之间可以实现最优匹配，新创企业只有清楚地认识到各个发展阶段所需的创业知识并且选择最合适的获取方式才能够提高组织解决问题的能力。第一，经验学习有利于新创企业获得分析创业环境的知识，从而促进创业机会的识别与开发。第二，认知学习能帮助新创企业在创建期学会如何获取规制合法性，同时在存活期有效地运营和管理新企业。第三，正确的战略决策能确保新创企业的长期发展，相关的战略性知识有赖于通过实践学习获得。

（二）局限性与研究展望

本文以魔幻屋魔术工作室为研究案例，从动态角度探讨了企业在创建期、存活期和发展期所需的创业知识，以及创业知识与创业学习方式之间的最优匹配问题。研究结论在理论上能够丰富现有的理论框架，弥补了当前创业知识和创业学习两个领域缺乏融合的不足。在实践上，能够指导企业在面临创业困境时选择最优的学习方式。

但是本文仍存在以下不足之处，未来的研究有待进一步改善。①研究方法为单案例研究，研究结论是否符合其他新创企业的发展情况有待于验证。未来可以采取多案例对比研究的方法验证本文研究结果是否具有普适性。②虽然魔幻屋魔术工作室已经经历了创建期、存活期和发展期，但是运营时间较短，从关键事件中归纳出的创业知识或许存在片面性。未来的研究可选取创业周期长的新创企业作为研究案例，尽可能地增加关键事件的数量，提高研究结果的可靠性。③本文的研究结论是通过对案例资料的分析归纳得出的，对案例的人为描述可能受到一般特征的影响，未来的研究可以设计调查量表，从实证角度增加研究的客观性。

参考文献

[1] 陈彪，蔡莉，陈琛等. 新创企业创业学习方式研究——基于中国高技术企业的多案例研究 [J]. 科学学研究，2014（3）：392-399.

[2] 杨隽萍，唐鲁滨，于晓宇. 创业网络、创业学习与新创企业成长 [J]. 管理评

论，2013（1）：24-33.

[3] 朱秀梅，孔祥茜，鲍明旭. 学习导向与新企业竞争优势：双元创业学习的中介作用研究[J]. 研究与发展管理，2014（2）：9-16.

[4] 倪宁，王重鸣. 组织创业学习的焦点问题——以万向公司的创业历史为例[J]. 研究与发展管理，2007（1）：51-58.

[5] 单标安，蔡莉，鲁喜凤等. 创业学习的内涵、维度及其测量[J]. 科学学研究，2014（12）：1867-1875.

[6] 蔡莉，单标安，汤淑琴等. 创业学习研究回顾与整合框架构建[J]. 外国经济与管理，2012（5）：1-8.

[7] 赵文红，孙万清. 创业者的先前经验、创业学习和创业绩效的关系研究[J]. 软科学，2013（11）：53-57.

[8] 倪宁，杨玉红. 从知识的形式化表征到创业知识的属性[J]. 科学学研究，2011（4）：557-564.

[9] 张玲. 创业学习、创业意愿与创业知识的关系——基于远程教育学生的实证研究[J]. 福建师范大学学报（哲学社会科学版），2014（3）：157-166.

[10] 单标安，陈海涛，鲁喜凤等. 创业知识的理论来源、内涵界定及其获取模型构建[J]. 外国经济与管理，2015（9）：17-28.

[11] 方世建，杨双胜. 国外创业学习研究前沿探析与未来展望[J]. 外国经济与管理，2010（5）：1-8.

[12] 刘庆贤，肖洪钧. 案例研究方法严谨性测度研究[J]. 管理评论，2010（5）：112-120.

[13] 于晓宇. 基于知识默会性的先天学习对新创企业绩效的影响机理[J]. 情报科学，2011（11）：1705-1709.

[14] 杜海东. 创业团队经验异质性对进入战略创新的影响：创业学习的调节作用[J]. 科学学与科学技术管理，2014（1）：132-139.

[15] Tardieu L. Knowledge and the Maintenance of Entrepreneurial Capability[J]. Center for Economic Analysis, University of Aix-Marseille, 2003: 1-14.

[16] Cope J. Toward a Dynamic Learning Perspective of Entrepreneurship[J]. Entrepreneurship Theory and Practice, 2005, 29（4）：373-397.

[17] March J G. Exploration and Exploitation in Organizational Learning[J]. Organization Science, 1991, 2（1）：71-87.

[18] Politis D. The Process of Entrepreneurial Learning: A Conceptual Framework [J]. Entrepreneurship Theory and Practice, 2005, 29 (4): 399–424.

[19] Roxas, Banjo. Effects of Entrepreneurial Knowledge on Entrepreneurial Intentions: A Longitudinal Study of Selected South-east Asian Business Students [J]. Journal of Education and Work, 2014, 27 (4): 432–453.

[20] Widding L. Building Entrepreneurial Knowledge Reservoirs [J]. Journal of Small Business and Enterprise Development, 2005, 12 (4): 595–612.

(作者是安徽财经大学2015级企业管理研究生，此文曾刊发于《重庆科技学院学报》（人文社会科学版），2017年第8期，稍加修改)

【案例点评】

创业学习：创业成功的基础

肖仁桥　夏光兰

在当前"双创"理论教育与实践如火如荼开展过程中，我们发现，大学生创业企业存活率仍然不高，如何提高大学生创业成功率？创业知识的开发、创建和管理是创业企业克服新进入者缺陷的关键因素，而创业学习在其中起到重要作用，它有利于帮助企业合理利用和开发资源、提高长期生存发展能力。另外，创业环境处于不断变化中，企业在不同成长阶段所需的创业知识也有差异，因此，必须整合和平衡各种创业学习方式，从而为异质性创业知识的获取提供源泉。

本案例对创业活动的各个阶段进行剖析，尝试性地探索了创业学习与创业知识获取之间的最优匹配方式，发现新创企业在创建期需要利用经验学习和认知学习方式来获取分析创业环境和获取合法性的知识，而运营管理新企业以及与战略决策相关的知识则分别在存活期和成长期占据主导地位，认知学习和实践学习的作用逐渐突出。从动态发展的视角，全面分析了识别创业机会、运营管理新企业以及战略管理等知识与经验学习、认知学习和实践学习之间的关系，在一定程度上为新创企业构建高效率的学习机制提供了实践借鉴。

本文提出的一个最大问题是对创业教育的反思。高校传统的课堂教学仍满足于创业知识的传授，这些知识大多是经由实践验证的系统化规律，是在假定条件下才成立的观点，然而，创业实践具有新颖性特点，往往是"破坏性创新"行为，机械地套用成熟知识未见得一定就有效。所以，创业知识和创业实践相结合的创业教育才真正有利于培养创业型人才，换言之，大学生创业学习的渠道必须拓展，绝不能满足于课堂的边界。

不同企业的创业周期长度可能存在差异，对于创业周期较长的企业而言，其获取创业知识以及高效学习机制可能存在差异，也是未来需要进一步探索的地方。

（指导教师肖仁桥是安徽财经大学创业创新与企业成长研究中心博士、副教授；夏光兰是安徽财经大学校团委书记）

公司创业一定能提高企业创新绩效吗？
——市场导向的调节作用

邓 晨

一、引言

知识经济背景下，消费者的需求呈现出多样化、个性化等特点，产品的更新换代速度越来越快，对企业的生存和发展提出了极大的挑战。如何使企业在快速变化的环境中保持竞争优势，就需要企业注入企业家精神，不断调整自己的资源，引入更多的创新与创业机制（薛红志、张玉利，2003）。Miller（1983）率先将研究视角从个体层面转移到企业层面，研究重点也从谁是创业者转移到创业过程和影响创业成功的因素。具体来说，公司创业包括创新、战略更新和内部风险投资三个维度（魏江等，2009），它强调的是公司层面的创业活动，该概念一经提出就受到研究者的广泛关注。

关于公司创业的研究主要集中在以下几个方面：一是公司创业的影响因素及因素间的作用机理。Timmons（1990）以创业者、机会与资源为驱动要素，构建了经典的创业成功三要素模型。Hornsby（1993）提出公司创业互动模型，该模型认为组织特征和个人特质是公司成功的原动力，代表机会的突发事件也促使了公司创业决策的进行。其他学者则从外部环境因素、战略相关因素、企业内部因素三个方面探讨了公司创业活动的影响因素（戴维奇等，2009）。二是把公司创业作为自变量或中介变量，探讨其与绩效（创新绩效）之间的关系。Zahra 和 Covin（1995）收集了来自 5 个行业的一手数据和二手数据，把公司创业作为自变量验证其对财务绩效的作用。俞仁智等（2015）则从组织层面出发，把公司创业看作公司企业家精神，从 5 个维度（高层管理者的支持、工作自由度、组织界限、薪酬体系、时间可获得性）探讨了其与创新绩效的关系。高辉等（2016）认为，公司创业对制度环境与创新绩效的关系具有中介作用。

公司创业正向影响创新绩效得到大多数学者的认可，但也有学者指出二者的关系比较复杂，受第三方变量的影响。Covin 和 Slevin（1991）在研究中指出内部战略变量（战略使命、商业惯例、竞争策略）干扰创业活动与组织绩效的关系。市场导向作为战略导向的一种，关注对顾客需求的满足，通过收集市场信息并在组织中进行传播，及时对组织进行调整，对市场变化快速做出反应。研究表明市场导向和创业导向存在相依关系和交互关系（张骁、胡丽娜，2012），二者的结合对企业绩效更有利（杜海东、刘捷萍，2014）。在日常实践中我们也发现，只有关注顾客需求，企业才能进行有价值的创新，规避财务和经营风险。基于此，本文以资源基础观为理论基础，重点探讨公司创业与创新绩效的关系，以及市场导向在其中的调节作用。

二、文献回顾与研究假设

（一）公司创业与创新绩效

资源基础观认为，企业是资源的集合，如果企业拥有有价值的、异质的资源，它就拥有保持竞争优势的能力，进而实现高绩效。公司创业是资源转换的过程，通过获取、整合各种资源，创造出新的、与众不同的能力，因此，本文认为公司创业对企业创新绩效具有正向影响。首先，创新积极影响创新绩效。创新指企业引入新产品、新服务、生产流程和组织系统。相关实证研究表明，创新通过促进技术创新或营造有利于创新的文化氛围，使企业创造出难以模仿的、独特的新产品和服务，进而达成创新绩效（蔡俊亚、党兴华，2015）。龙静等（2012）则从创业团队异质性视角出发，指出创业团队通过远距离观察学习与近距离的社会互动，把个体创新融入整个团队，产生更多创新行为与新的交流模式，进而促进团队创新。其次，战略更新积极影响创新绩效。战略更新指企业采取改变业务范围、竞争手段等方法使原有业务得到激活。企业在长期发展中，诸多规范、惯例日趋成熟，进而形成组织惰性，阻碍创新行为的发生，此时如果对企业的资源进行整合和重新配置，就会打破旧有惯例，建立起更有效的知识搜寻、整合路径与创新机制，激活原有业务并促成创新绩效（卢艳秋等，2014）。最后，风险投资积极影响创新绩效。风险投资指公司在现有经营规模的基础上，进入新领域或创建新企业。企业单纯依靠自有知识，不足以应对不断变化的市场需求，此时，把大量闲散资金应用于风险投资，不但能利用现有知识进行创新，还能获得新技术知识、准确认知新市场，进行探索学习，有利于创新绩效的产生。Dushnitsky 和 Lenox（2005）研究发现创新绩效随公司创业风险投资的增多而增强，林子尧和李新春（2012）的研究也证实了这一观点。因此，本研究提出如下假设：

H1：公司创业与创新绩效存在显著正相关。

（二）市场导向的调节作用

市场导向起源于推销观念向营销观念的转变之中，主要有组织文化观和组织行为观两个视角。Narver 和 Slater（1990）从组织文化的视角出发，认为企业竞争优势的确立需要特定的文化情境，该文化情境能诱发提高顾客价值的行为，其包括顾客导向、竞争者导向、跨部门协调三个行为要素。具体来说，文化观视角的市场导向要求企业理解目标客户的现实与潜在需求，评估竞争对手的优劣势并制定战略对策，协调拥有不同资源的各部门共同为顾客创造价值。Jaworski 和 Kohli（1990）则从组织行为的视角出发，强调企业对市场信息的获取和处理能力，把市场导向界定为市场信息的产生、市场信息的传播与企业对市场信息的反应三个构面。在该视角下，市场导向要求企业通过正式渠道和非正式渠道收集顾客的需求偏好信息及影响因素，将信息在组织各部门进行共享以引导未来活动的协调一致，对信息进行加工之后反映到市场。用文化观的视角还是用行为观的视角看待市场导向一直是学术界的热议话题。Hult（2005）指出忽略行为视角而单一地从文化观理解市场导向是不全面的，他融合了两种视角，用 217 家公司的数据实证检验了市场导向与企业绩效的关系。Hult 在用融合的视角理解市场导向上做出了有益探索，并鼓励后续研究继续探索两种视角的联系。因此，本研究采用 Hult 的量表来研究市场导向在公司创业与创新绩效间的调节作用。

战略导向是企业经营理念的反映，引导着企业的决策，决定着企业内部的资源流动方向，会影响企业的行为。市场导向是战略导向的一种，要求企业关注顾客的现实和潜在需求，及时追踪并对市场变化做出反应，很多学者实证检验了市场导向对企业绩效的积极影响（刘超等，2013；吴航，2015）。公司创业行为反映了企业对资源的再整合，对市场竞争结构的重塑，该行为往往伴随着较高的风险。以市场为导向，满足顾客需求，避免盲目创新造成资源浪费，公司创业行为才有意义，因此，市场导向影响公司创业。Bhuian（2005）基于资源基础观认为，企业战略的实施对企业绩效的影响并非简单的线性关系，会受到战略导向的调节作用。Boso（2011）研究指出创业行为与市场行为存在互补性，这种互补有利于组织绩效的实现。这些研究暗示了在公司创业与创新绩效的关系中，市场导向会起到调节作用。

从文化视角看，市场导向是全体员工共享的价值观与规范，要求企业收集顾客信息、理解顾客行为并从中分析他们的现实和潜在需求，及时关注各竞争者满足现有市场的能力、优劣势及未来战略规划，以此来更好地防御竞争行为，并且各部门间要密切合作，为共同的目标而努力。这种价值观会根植于公司创业的整个过程，引导着创新、战略更新和风险投资活动。首先，根据市场的未来导向，不断创造出满足市场的新产品、新服务；其次，针对市场的现有需求，模仿竞争者的优势，企业可以不断修正现有业务领域、改进现有工作流程；最后，无论是现实的还是潜在的需求，这种面向市场的文化始终要求企业紧贴市场，通过风险投资的方式进入新领域，完善企业的现有知识业务结构。这些行为最终会转变为企业的创新绩效。

从行为视角看，市场导向不仅要求企业收集市场信息在各部门间传递，更要求企业对市场信息作出反应。首先，信息的收集是任何行为决策的开始，充分收集市场信息可以减少公司创业过程中的不确定性，更有效地帮助公司将创业行为转化为创新绩效；其次，市场信息在各部门间传播有助于减少认知偏差，降低沟通成本，更好地协调各部门的利益，减少组织内耗，从而使公司创业行为得到充分理解，更好地转化为创新绩效；最后，市场导向要求企业制定出相应的策略并付诸实施，各种公司创业行为仅获得组织成员认同而停留在概念阶段是不可取的，企业需要为该行为制定出详细的计划，这种实施上的保障促使公司的创业行为向创新绩效转化。创业是一个不断试错的过程，企业进行创新、战略更新或是风险投资行为时往往会盲目，比如错误地认为自己看好的创新肯定是市场未来之大趋，或是只顾追求技术创新而忽略客户真正的需求，这其实是市场导向水平低的表现，不但会造成成本上升，还会制约创新绩效的达成。在高市场导向下，企业能及时收集市场信息，明确公司创业方向，更好地契合顾客需求，避免人力、物力、财力资源的浪费，通过分析竞争对手的优劣势来调整企业经营策略，并在了解到市场信息后，及时调整结构重组资源，积极地进行跨部门协调，为公司创业制定计划，真正使各公司创业行为转变为优质的产品，促进创新绩效的达成。

公司创业与创新绩效的关系，不仅取决于创业过程中的资源配置能力，更受市场导向的强弱影响。当市场导向较低时，企业热衷于开发潜在机会而忽略了顾客的现实需求，增加了创新失败的风险。基于此，本研究提出如下假设：

H2：市场导向在公司创业与创新绩效之间起调节作用。即相对于低水平的市场导向而言，高水平的市场导向更有利于增强公司创业对创新绩效的影响程度。

三、研究设计与方法

（一）研究样本和数据采集

本次调查主要集中在山东地区，由各企业的人力资源部协助完成。本次调查共发放问卷200份，回收问卷150份，剔除信息不完整的问卷后，得到有效问卷115份，有效回收率为57.5%。在样本结构中，企业平均成立年限为11.48年，非国有企业占72%，国有企业占28%。各高管的平均年龄为41.69岁（最高年龄为58岁，最低年龄为26岁，标准差为6.61），平均工作年限为10.43年（最高工作年限为38年，最低工作年限为1年，标准差为6.98）。从教育水平上看，32.7%的高管拥有研究生学历，47.1%的高管拥有本科学历，其余的高管则为高中及以下学历。

（二）变量的测量

本研究均采用国外文献中多次使用的成熟量表并加以适当修改，采用"回译"的方法，经与专业英语教师多次讨论后确定最终量表，以保证研究的信度和效度。所有变量的测量均采用Likert五点量表，分别记1~5分，1表示完全不同意，5表示完全同意。具体如下：

（1）公司创业量表参考Shaker和Zahra在1996年开发的量表，共12个题项。该量表的信度系数Cronbach's α为0.875（大于管理学研究中常用的0.7）。

（2）市场导向量表参考Hult、Ketchen和Slater在2005年开发的量表，共13个题项。该量表的信度系数Cronbach's α为0.944。

（3）创新绩效量表参考Luca和Atuahene-Gima在2007年开发的量表，共5个题项。该量表的信度系数Cronbach's α为0.896。

综合考虑，创新绩效还会受到其他因素的影响，因此有必要引入控制变量。一般来说，企业员工受教育水平越高，对市场变化越敏感，创新能力越强，除此之外，企业成立时间长短、所有制类型、员工年龄等因素也会影响企业的创新水平。因此，本文选取领导者年龄、受教育水平、工作年限、企业年限、企业所有制类型5个变量为控制变量。

四、研究结果

为了检验公司创业与创新绩效的关系，并验证创业导向在其中的调节作用，本文运用SPSS软件对主要变量采取了层级回归分析。

（一）描述性统计及相关分析

相关分析是指分析两个变量中的一个发生变化时，另一个变量相应发生的变化，从而确定两者关联的紧密程度，并以相关系数r衡量两个变量间线性相关程度及相关方向的统计分析方法。相关系数r的范围在–1至+1之间，当越接近+1，说明两个变量之间的正相关程度越强，当越接近–1，说明两个变量之间的负相关程度越强，当越接近0，说明两个变量之间不相关。当$0.8<r<+1$时，说明变量之间存在的正相关程度非常高；$0.5<r<0.8$时，说明变量之间存在的正相关程度较高；$0.3<r<0.5$时，说明变量之间正相关程度较弱；$0<r<0.3$时，说明变量之间正相关程度非常弱，视为不相关；$r<0$，说明变量之间呈负相关。

表1表明，公司创业与市场导向（r=0.516，p<0.01）以及创新绩效（r=0.513，p<0.01）呈显著的正相关关系。同时，市场导向与创新绩效（r=0.551，p<0.01）正向相关，这为进一步验证本研究假设提供了理论依据。

表1　各主要变量的描述性统计分析及相关关系

变量	极小值	极大值	均值	标准差	1	2	3
公司创业	2	5	3.38	0.59	1		
市场导向	2.24	5	3.90	0.62	0.516**	1	
创新绩效	2	5	3.61	0.65	0.513**	0.551**	1

注：** 表示 p<0.01，* 表示 p<0.05。

（二）假设的验证

多重共线性指在一个回归模型中的一些或全部解释变量之间存在一种"完全"或准确的线性关系。一般是在方程求出来以后，发现方程的问题，然后进行方程诊断。本研究选择了方差膨胀因子法（VIF）对各变量进行了多重共线性检验。模型中各变量的方差膨胀因子均小于10（标准值），表明各变量之间不存在较强的多重共线性问题。

为了验证公司创业对创新绩效的作用,及市场导向在其中的作用机制,本文分4步对主要变量做了层次回归分析。①引入控制变量。将控制变量(领导者年龄、受教育水平、工作年限、企业年限、企业所有制类型)放入回归方程,形成模型1。②自变量对因变量的影响。把自变量(公司创业)放入回归方程,检验公司创业对创新绩效的影响,形成模型2。③调节变量对因变量的影响。把调节变量(市场导向)放入回归方程,检验市场导向对创新绩效的影响,形成模型3。④交互项对因变量的影响。为避免多重共线性问题,将自变量(公司创业)和调节变量(调节变量)进行中心化处理,并计算交互项。把交互项放入回归方程,检验交互项对创新绩效的影响,形成模型4。具体分析结果如表2所示。

表2 假设验证结果

变量	因变量:创新绩效			
	模型1	模型2	模型3	模型4
控制变量				
工作年限	0.117	0.069	0.047	0.063
受教育水平	0.035	0.005	−0.041	0.002
领导者年龄	−0.075	−0.042	−0.109	−0.139
企业年限	−0.158	−0.158	−0.063	−0.098
所有制类型	−0.035	0.050	0.025	0.010
自变量				
公司创业		0.490**	0.271*	0.234*
调节变量				
市场导向			0.417**	0.469**
交互项				
公司创业×市场导向				0.198*
R^2	0.027	0.260	0.373	0.406
F	0.448	4.673**	6.715**	6.662**
ΔR^2	0.027	0.233**	0.114**	0.033*
ΔF	0.448	25.136**	14.305**	4.315*

注:** 表示 $p<0.01$,* 表示 $p<0.05$。

假设1的检验见模型2，标准化系数为0.490（p为0.00，小于0.01），支持了假设1，即公司创业对创新绩效有显著的正向影响。假设2的检验见模型4，标准化系数为0.198（p为0.041，小于0.05），即公司创业与市场导向的交互对创新绩效会产生正向影响。这表明市场导向在公司创业与创新绩效间起调节作用，相对于低水平的市场导向，高水平的市场导向更有利于增强公司创业对创新绩效的影响程度。

为更清晰地描述市场导向对公司创业与创新绩效间关系的调节方向及深层次影响，本文在数据中心化的基础上，绘制了调节变量的高分组和低分组情况下公司创业与创新绩效间的关系如图1所示。在市场导向的水平比较低的情况下，公司创业对创新绩效的正向影响关系的斜率小于市场导向的水平比较高的情形，说明高水平的市场导向能够增强公司创业对创新绩效的影响，进一步验证了假设1。

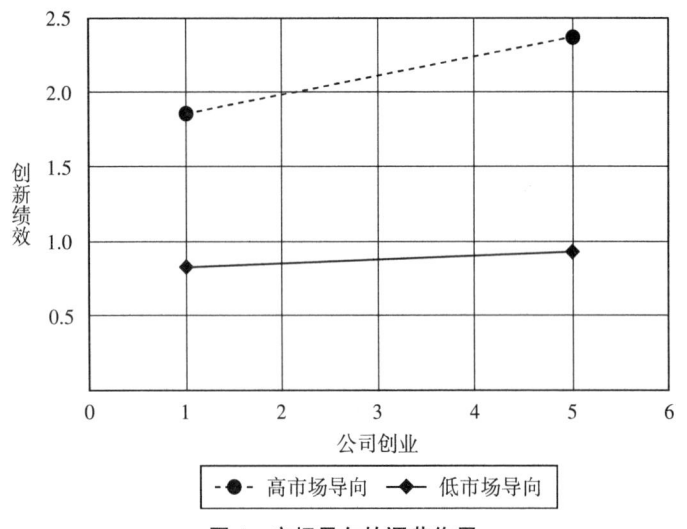

图1 市场导向的调节作用

五、研究结论与讨论

（一）研究结论

本文采用实证研究探讨了公司创业、市场导向与创新绩效三者之间的关系。研究发现：①公司创业对创新绩效有显著促进作用，这一研究结论与部分学者的研究结果相一致；②市场导向正向调节公司创业与创新绩效之间的关系。即相较于低水平的市场导向，高水平的市场导向更有利于增强公司创业对创新绩效的影响程度。本文的研究结论为企业在进行公司创业，最大化发挥公司创造力和创新精神的同时，重视市场的作用，及时收集顾客及竞争者信息并在各部门内进行有效传播及沟通，最终对市场做出积极反应，避免陷入技术创新及自我满足的陷阱提供了理论与实证支撑。

(二) 研究意义

1. 理论意义

首先，检验了公司创业对创新绩效的积极作用。在前人研究的基础上，本文将公司创业划分为创新、战略更新与风险投资活动三个维度，在理论上论述了其对创新绩效的积极影响。并从公司创业整体性出发，以山东地区的100多家企业为主样本，实证检验了两者之间的关系。其次，以市场导向为视角来分析公司创业对创新绩效的影响。在前人的研究中，多隐含着公司创业一旦发生就会促进企业创新绩效的假设，忽视了在实际的工作情境中，诸多情境变量对公司创业的结果产生相应的影响，市场导向是诸多情境变量之一。市场导向对创新绩效的影响已被多次探讨，企业必须及时收集市场信息，在各部门间进行传播，并对市场信息做出及时反馈。企业忽略市场的声音，盲目进行创新，不仅有可能使绩效提升甚微甚至有可能造成绩效下降，形成资源的浪费。本文把市场导向作为公司创业对创新绩效的促进作用的情境调节，是对公司创业、市场导向、创新绩效三者关系的相关研究的有益补充。

2. 实践意义

鉴于公司创业对创新绩效有积极的影响以及市场导向对两者关系的调节作用，管理者应该重视公司创业，并提高市场导向水平。

第一，管理者要提高对公司创业的重视程度，可通过创新、战略更新和风险投资三种途径增加公司创新行为。企业对内可以引入新的产品和服务，或者改变组织结构，优化配置现有资源，打破组织惰性，激活现有业务。企业对外可以把闲置资金用来投资，与创新资源丰富的企业建立关系，以更好地学习这些企业的优势。从而企业不仅能更好地利用本身已有的资源，进行开发性学习，还能扩展视野，增加发现新市场的机会，进行探索性学习，以提高自己的创新绩效。

第二，企业应不断提高自己的市场导向水平。市场导向是一种战略导向，它的建立需要长期的积累。企业要重视消费者的意见反馈，及时发现他们的需求，并对竞争对手的行为举措保持警觉性。除此之外，企业还要改变销售仅属于营销部门的想法，缩短其他职能部门到消费者的距离，使信息在全体部门中流通，调动全体员工的积极性，集中各个部门的智慧，对市场变化做出快速反应。

(三) 研究局限

首先，本研究采用的量表全部来自于西方发达国家的文献，虽然已经被证明有良好的稳定性，但是如果开发本土的测量量表，可能更符合中国本土企业的实际情况。

其次，受研究成本、时间等因素的限制，本研究采用的是横截面数据。在实际过程中，公司创业是一个长期演进的过程，为了能更好地研究公司创业对创新绩效的影响，在后续研究中，应注意纵向追踪。

最后，研究构建的理论模型只能粗略地反映研究变量之间的关系，有待进一步细化与完善。

参考文献

[1] 蔡俊亚，党兴华. 创业导向与创新绩效：高管团队特征和市场动态性的影响 [J]. 管理科学，2015 (5)：42-53.

[2] 戴维奇，魏江，林巧. 公司创业活动影响因素研究前沿探析与未来热点展望 [J]. 外国经济与管理，2009 (6)：10-17.

[3] 杜海东，刘捷萍. 创业导向对不同类型创新的影响：市场导向的中介和调节 [J]. 管理评论，2014 (3)：151-158.

[4] 冯海燕. 公司创业导向、能力、战略与竞争优势的关系研究 [J]. 上海管理科学，2014 (2)：15-20.

[5] 高辉，邹国庆，王京伦. 转型经济下企业创新绩效的制度嵌入性研究 [J]. 山东大学学报 (哲学社会科学版)，2016 (1)：129-137.

[6] 林子尧，李新春. 公司创业投资与上市公司绩效：基于中国数据的实证研究 [J]. 南方经济，2012 (6)：3-14.

[7] 刘超，刘新梅，李沐涵. 组织创造力与组织创新绩效：战略导向的调节效应 [J]. 科研管理，2013 (11)：95-102.

[8] 龙静，程德俊，陈洁. 多样化外部联系对创业团队创新绩效的影响：一个跨案例研究 [J]. 科学学与科学技术管理，2012 (12)：127-135.

[9] 卢艳秋，赵英鑫，崔月慧，王向阳. 组织忘记与创新绩效：战略柔性的中介

作用[J].科研管理,2014(3):58-65.

[10] 魏江,戴维奇,林巧.公司创业研究领域两个关键构念——创业导向与公司创业的比较[J].外国经济与管理,2009(1):24-31.

[11] 吴航.动态能力视角下企业创新绩效提升机制研究:以战略导向为调节[J].中国地质大学学报(社会科学版),2015(1):132-139.

[12] 薛红志,张玉利.公司创业研究评述——国外创业研究新进展[J].外国经济与管理,2003(11):7-11.

[13] 俞仁智,何洁芳,刘志迎.基于组织层面的公司企业家精神与新产品创新绩效——环境不确定性的调节效应[J].管理评论,2015(9):85-94.

[14] 张骁,胡丽娜.市场导向和创业导向的混合绩效效应研究前沿探析与未来展望[J].外国经济与管理,2012(3):49-56.

[15] 张映红.公司创业理论的演化背景及其理论综述[J].经济管理,2006(7):4-10.

[16] Boso N, et al. Complementary Effect of Entrepreneurial and Market Orientations on Export New Product Success under Differing Levels of Competitive Intensity and Financial Capital[J]. International Business Review, 2011(7):9-24.

[17] Covin S. A Conceptual Model of Entrepreneurship as Firm Behavior[J]. Entrepreneurship: Theory and Practice, 1991(1):7-25.

[18] De Luca, Atuahene-Gima. Market Knowledge Dmensions and Cross-functional Collaboration: Examining the Different Routes to Product Innovation Performance[J]. Journal of Marketing, 2007(71):95-112.

[19] Dushnitsky L. When do Incumbents Learn from Entrepreneurial Ventures? Corporate Venture Capital and Investing Firm Innovation Rates[J]. Research Policy, 2005(6):615-639.

[20] Hornsby J, et al. An Interactive Model of the Corporate Entrepreneurship Process[J]. Entrepreneurship Theory and Practice, 1993, 17(2):29-37.

[21] Kohli A K, Jaworski B J. Market Orientation: The Construct, Research Proposition, and Managerial Implication[J]. Journal of Marketing, 1990(54):1-18.

[22] Miller D. Correlates of Entrepreneurship in Three Types of Firms[J]. Management Science, 1983(7):770-791.

[23] Narver J C, Slater F S. The Effect of a Market Orientation on Business

Profitability [J]. Journal of Marketing, 1990 (54): 20-35.

[24] Sharma P, Chrisman J J. Toward a Reconciliation of the Definitional Issues in the Field of Corporate Entrepreneurship [J]. Entrepreneurship Theory and Practice, 1999 (23): 1-271.

[25] Tomas Hult, Stanley F. Slater. Market Orientation and Performance: An Integration of Disparate Approaches [J]. Strategic Management Journal, 2005 (26): 1173-1181.

[26] Zahra C. Contextual Influences on the Corporate Entrepreneurship Performance Relationship: A Longitudinal Analysis [J]. Journal Business of Venturing, 1995 (10): 43-58.

[27] Zahra S A. Corporate Entrepreneurship and Financial Performance: The Case of Management Leveraged Buyouts [J]. Journal of Business Venturing, 1995, 10 (3): 225-2471.

(作者是山东财经大学2015级技术经济及管理研究生，本文是国家自然科学基金项目"新创企业商业模式设计、形成及绩效影响：整合的学习机制研究"（71672101）阶段性成果）

【案例点评】

让公司企业家精神焕发正能量
肖仁桥

创业不仅指创办一个新的企业，还包括公司创业等。对于创业成功率而言，由于资源和经验丰富等原因，后者成功率更大，且对企业绩效和社会经济发展的影响也是深远的。记得 Google 中国区副总裁李开复在演讲中曾说过，大学生毕业后不一定要马上创业，选择加入一个企业，不断积累经验和能力，在公司内部创业，也是一个很好的选择。

本案例以资源基础观为理论基础，从创新、战略更新与风险投资活动三个维度综合考察公司创业，重点探讨公司创业与创新绩效的关系，以及市场导向在其中的调节作用，利用以山东地区为主的 100 多家企业数据开展理论与实证研究，具有重要的理论和现实意义。公司创业对创新绩效有显著促进作用，市场导向正向调节公司创业与创新绩效之间的关系。企业在创业过程中，应充分发挥企业家精神和市场主导作用，关注名牌企业、知名企业家和知名企业产品。创业的本质特征之一就是创新，创新是创业的基础，创业是创新的延续。企业需将公司创业作为一项长期的工作开展，不断优化企业研发和生产流程，持续提升企业创新绩效。

另外，政府需加大对知识产权的保护力度，引导资金向实体经济流动，持续推进市场化进程和国有企业股份制改造，减少行政干预和垄断，为公司创业活动的大力开展营造公平公正的创业创新环境。

（指导教师是安徽财经大学创业创新与企业成长研究中心博士、副教授）

大学生创业者创业学习动态过程
——基于曲直空间广告设计馆的案例研究

张 宇 黄 云 武 丽

大学生创业对于增加就业机会，促进民营经济、创业型经济发展具有重要意义（姚毓春等，2014），因而受到国家的鼓励和政策支持。但大多在校大学生创业采用的是"从校园到校园"的发展路径（陈忠卫、张琦，2015），缺乏工作和社会经验，对于创业的实际过程不了解，因此创业成功率较低（丁桂凤、卫文杰，2013）。针对大学生缺乏创业知识问题，创业教育受到了重视，但正式教育和培训不太可能对创业知识的形成产生直接强烈的影响（Politis，2005），尤其是隐性知识，需要通过学生自己的亲身体验来感悟（丁桂凤、卫文杰，2013）。一方面，大学生具有较高的创业热情和学习动机；另一方面，大学生创业者作为接受过高等教育的知识群体，自主学习能力强，更容易适应变化（姚毓春等，2014），所以当面临创业者普遍面对的高度不确定性和含糊性的问题解决情境时（Petkova，2009），大学生的创业学习过程相比其他有经验的创业者更加强烈和明显。创业学习不仅帮助创业者发展和成长（Cope，2005），也帮助企业度过困境。

创业是一个学习的过程（Minniti & Bygrave，2001），学习的结果是获得有效创建和管理新企业的知识（Politis，2005）。创业过程中，创业者所拥有的创业知识极为有限，创业过程的动态性和不确定性驱使创业者持续更新创业知识来应对所面临的各种困境（单标安等，2014）。因此，创业者所需的知识并不是以直接可用的或经过验证的形式存在的，而是通过创业学习创造出来的（Petkova，2009）。创业学习的相关研究还处于起步阶段，绝大多数为概念研究，较少有案例研究（单标安等，2014）。当前的研究应该基于创业情境发展理论体系，对创业学习的过程深入探讨（朱秀梅等，2013）。

一、相关研究评述

创业学习概念源自创业理论与组织学习理论的融合（朱秀梅等，2013）。学者们从不同的视角来界定创业学习的内涵，还远未能就其内涵达成共识（蔡莉等，2012）。国外学者通过构建创业学习模型深化对创业学习的理解，但尚未有统一的研究框架体系。为了更好地把握创业学习的内涵，本研究对代表性学者的观点进行总结（见表1）。虽然这些学者从不同的研究视角得到不同的结论和模型，但他们都把创业知识看做创业学习的结果（蔡莉等，2012），将创业者个体作为创业学习的主体。初创期的新企业组织结构不完善，组织内部的学习体系和文化尚未建立，主要以创业者个体学习为主（蔡莉等，2012）。创业者是一个值得持续研究的对象，相对于试图定义创业者是什么样的人，更有效的研究是将创业视为一个关于"创业者养成"的前后关联的过程（Rae，2000）。

表1 代表性学者关于创业学习的观点总结

学者	年份	观点/模型	学习方式	学习主体
Minniti 和 Bygrave	2001	将创业学习作为迭代选择的校准算法问题，创业者基于过去的经验，通过更新主观知识储备进行学习，也就是只重复那些看起来有希望的选择，舍弃那些最终失败了的选择。他们首次构建了包含失败经验的创业学习动态模型，认为创业者并不是完全理性的，创业者可能会失败，失败与成功一样具有教育性	实践学习 失败学习	创业者
Rae 和 Carswell	2001	学习是获得和构建知识、使经验变得有意义、从现有的知识中产生新对策的认知过程，包括了解、行动和理解三个维度；创业学习关注创业者如何在识别和开发机会、组织和管理企业的过程中构建意义。他们构建的创业认知学习模型揭示了创业者的信心和自信本身的影响因素及其影响创业者设定和实现创业目标的作用机理	经验学习 认知学习 实践学习	创业者
Cope	2005	创业前和新企业成立后两个创业阶段都可以用动态学习观解读；创业学习是意识、反思、联系和应用演进过程，不仅在关键事件推动下发生，也在日常管理实践中持续进行	经验学习 实践学习	创业者
Politis	2005	将创业学习看作一个持续的过程，有助于发展用于创立和管理新企业的必要知识，在此基础上构建经验学习框架，包含三个主要成分：创业者的职业经历，转化过程和用以提高机会识别、开发效能和克服新来者劣势的创业知识	经验学习 失败学习	创业者
Holcomb	2009	将创业学习定义为人们通过直接经验与观察他人行为和行动结果两种方式获取新知识；通过启发处理不同情境下收集到的信息的不一致性，从而吸收新知识；将吸收的知识与已有的知识结构关联，从而重构新知识	实践学习 认知学习	创业者

续表

学者	年份	观点/模型	学习方式	学习主体
Petkova	2009	创业过程伴随着出错，因此构建了错误学习模型，包含三个阶段：产生创业结果，包括选择和创业行动的表现；发现错误，以解释结果和结果与预期比较为前提；改正错误，包括责任分配，坏结果归因和修正错误的知识结构。在这个模型中，特定领域的知识和认知能力决定了创业者可以从特定的错误中学到多少，学习的结果是产生修正的知识	错误学习	创业者
Cope	2011	从失败中恢复和崛起是特别的学习过程，形成一系列高水平的学习结果。通过定性研究得到学习的内容，包括创业者自身，企业的失败，网络的性质和关系以及企业管理的压力点	失败学习	创业者

根据创业知识获取途径不同，国内学者在总结创业学习的研究成果后提出了三种创业学习方式，分别是经验学习、认知学习和实践学习（Action Learning）（蔡莉等，2012）。经验学习是指个体通过转化自己所积累的经验来创造知识的过程（Kolb，1984）。认知学习强调了他人经验的重要性，特别是创业方面或者经营管理企业方面的成功经历对创业者而言具有重要参考价值（单标安等，2014）。实践学习是创业者通过采取行动来理解和摆脱创业困境，将先前掌握的知识和积累的经验应用于创业实践，在创业实践中不断充实自己的创业知识，并提高利用创业知识的效率（蔡莉等，2012）。单标安等（2014）通过系统的文献梳理和半结构化访谈提炼出创业学习的三个维度，与蔡莉等的观点基本一致（蔡莉等，2012）。其实证分析结果显示，创业者获取创业知识的途径有多种，包括基于自身经验的转化、观察和模仿他人的行为以及自身的创业实践行为。中国学者至今在对这三种学习方式进行界定时，没有明确不同学习方式产生的原因、发生的时期和内在联系。

陈彪等（2014）通过多案例研究得出了三种创业学习方式的内在联系和企业不同发展阶段的主要学习方式。本文认为目前对三种学习方式的理解还不够清晰，尤其是经验学习和实践学习，在国外的研究中常常将两者混为一谈，而陈彪等（2014）的研究没有质疑和解决这个问题，直接采用了中国学者对创业学习方式的界定。根据国内学者对创业学习方式的划分，结合国外学者的研究成果，本文提出对三种学习方式的一些理解和归纳，并划分其发生时期（见表2），作为进一步研究的基础。以往研究常把经验学习和做中学（Learning by Doing）作为相同概念（Minniti & Bygrave，2001；Petkova，2009），Polotis（2009）将经验分为曾经的创业经验、当前的创业经验和企业倒闭经验，因此经验学习既包括创业前的经验也包括创业过程中的经验。根据中国学者对创业学习方式的定义，本文将做中学和创业过程中的学习归入实践学习,经验学习仅指创业前所积累的经验影响了创业者在创立企业时决定采取的行动,发生在创建期。实践学习发生在创业者执行由经验决定的行动方案时,在与实践环境互动的过程中学习,贯穿企业的整个生命周期。创业者根据执行结果获得新的认识,然后调整之后的行动路线。陈燕妮和王重鸣(2015)提出创业行动学习,该概念让创业者立足于实践经历,强调学习是通过与他人互动讨论、围绕创业问题展开和"边做边学"来实现的,也属于实践学习的范畴。认知学习,也称作观察学习(Holcomb,2009),是观察他人创业行为、听取他人创业意见的学习方式,可能发生在创建企业及以后的任何时期,尤其是创业者感到自身存在局限时。

表 2　创业学习方式总结

创业学习方式	相关概念	内涵	时期
经验学习	失败学习	创业前所积累的经验决定了创业者在创立企业时的预期和行动方案	创建期
认知学习	观察学习	观察他人创业行为,听取他人创业意见	贯穿企业生命周期,特殊事件推动
实践学习	做中学	通过采取行动,在与实践环境的互动过程中学习	
	错误学习		

失败学习(Failure Learning)通常被认为是新企业成立前创业者从创业失败的经验中获得知识,学者普遍认为其本质上是经验学习(谢雅萍、梁素蓉,2016)。创业者面对的情境因素包括高不确定性、高创新性、时间压力和信息过载(Baron,1998),并且,创业过程中伴随着出错,创业者对成就的期望和实际经历的差距激发起对已有信念的再评估。学者常常将创业期间的错误引发的学习同样称为失败学习(Minniti & Bygrave,2001;谢雅萍、梁素蓉,2016),没有区分失败发生在创业前还是创业时,也没有区分失败的程度。Petkova(2009)明确提出错误学习(Performance Error Learning),我们将其归入实践学习,并且是创业早期实践学习的主要形式。失败学习(错误学习)对创业成功的作用得到越来越多学者的认同,国外的研究在近5年来呈现猛增的趋势(谢雅萍、梁素蓉,2016)。

新企业创立之后的成长阶段,面对不断变化的创业环境,原有的学习方式可能不再适用甚至会成为新的障碍,企业必须不断学习,创新学习方式,因此应当基于动态视角深入探究不同阶段创业学习的动态变化规律(朱秀梅等,2013)。现有研究没有结合经验学习、认知学习和实践学习深入探讨创业过程,分析这三种学习方式对获取创业知识的不同作用以及不同学习方式之间可能存在的互动关系(蔡莉等,

2012)。本研究将采用案例研究方法，结合企业创立和发展的具体过程探讨不同创业学习方式发生的阶段及其相互关系，检验通过文献研究形成的对三种学习方式的认识是否正确。

二、研究方法

本文采用探索性单案例研究方法，原因在于：一方面，案例研究适用于在理论不足的情况下通过实践构建新理论框架，而创业学习的研究属于新兴研究，现有研究相对不足；另一方面，单案例研究能够保证案例研究的深度，并能更好地了解案例的背景（Dyer & Wilkins，1991），通过单案例研究可以解释并验证各种创业学习方式及其与创业各阶段的关联。

（一）案例选择及背景

安徽财经大学大学生创业孵化基地二期建筑面积达 2800 多平方米，有 120 余位大学生自主创业，带动就业人数 200 余名。主要功能是整合和利用校内外各种资源，为在校大学生提供一个接受创业理念、开展科技创新、参与创业锻炼、实施创业实践的平台。本文将分析对象界定为创业者个体（陈燕妮、王重鸣，2015），选择在安徽财经大学大学生创业孵化基地中创建曲直空间广告设计馆的创业者为研究对象，原因包括：第一，曲直空间广告设计馆符合新企业的标准，创业者个人和企业联系紧密；第二，曲直空间广告设计馆位于校园内，创业者为大学生，有机会与创业者展开深度接触并获得一手资料；第三，曲直空间广告设计馆处于新企业成长的创建期和生存期，创业者面临挑战和难题，正是创业学习突出阶段并且创业学习的动态演化过程清晰可见，富有代表性。

曲直空间广告设计馆由安徽财经大学文学与艺术传媒学院余子江同学创立。2015 年 10 月开始团队组建与前期准备工作，11 月 26 日完成工商注册登记同时入驻安徽财经大学创业孵化基地二期。公司的主要业务有海报、传单、名片、Logo 的设计，淘宝美工、网站、图片后期处理、修图、视频剪辑，还包括墙绘、装饰画、插画等。企业创建时间较短，仍处于生存期。由于经营成本低，享有校内资源，月营业额稳定，但较难实现突破。和其他创业者相似，余子江同学既享受一步步实现规划的成就感，也体会到内部管理和外部市场开拓等创业方面的艰辛。

（二）数据收集

本研究的数据来源包括访谈和创业案例报告。访谈是主要的数据来源，这是因为创业学习相关的数据常常嵌入在创业者的先验经验中，很难在较正式的文件和其他客观证据中体现（陈彪等，2014）。访谈包括开放式访谈和半结构化访谈。在本研究开始之前，研究小组先通过三次开放式访谈详细而全面地了解企业的发展历程和发展状况。在确定本研究的课题后，通过半结构化访谈对创业者进行了两小时的深度访谈。经访谈对象同意，访谈过程全程录音之后转化为文本并分类整理。除了面对面访谈，还通过邮件发放开放式问卷以及 QQ 聊天方式获得补充性文本记录。我们还重点查阅了创业者为参加安徽财经大学创业案例校内大赛的创业计划书，并将其作为访谈内容的补充和验证。

三、案例分析

本文借鉴陈彪等（2014）在研究创业学习方式时对企业发展阶段的划分，并结合所研究企业活动展开情况将企业发展阶段划分为：一是创建期。包括成立新企业、组建团队并明确责任，以及基本确定发展目标。二是存活期。从一开始获取市场订单到逐渐盈利。考虑到学习发生的程度，又将存活期细分为：存活期一阶段，第一次接触新建企业的各项活动；存活期二阶段，在一阶段基础上再次开展企业活动。显著的事件具有影响力，可以促进创业学习（Cope，2005），积极和消极的体验都有促进作用（Minniti & Bygrave，2001），接下来通过叙述创业过程中的相关典型事件，分别分析各阶段的创业学习方式和三种创业学习方式之间的关联。

（一）不同发展阶段的创业学习方式

1. 创建期的学习方式

余子江是一名平面设计专业的大学生，此前没有自主创业的经验，自己在创业之前，曾在校内创业孵化基地一期基地里帮助学长做过电商。在接到学校通知可以申请创业项目后，余子江首先凭借兴趣和好奇心选择了未曾接触过的咖啡文化领域，但该项目未通过学校审核。几个月后再次获得申报机会，他选择了与自己所学专业相关的广告设计项目，并成功入驻创业孵化基地二期。

企业创建时，员工共 7 人，均为安徽财经大学的学生，涉及的专业有广告、秘书和会计。这些员工来自于余子江以前认识的同专业的同学、社团的朋友，还有经过室友介绍的相关专业的人才。为有效管理员工，保障工作有序开展，余子江对每个员工进行明确分工，包括分管不同领域的设计师和业务推广员，并且制定了多劳多得的奖励机制。为提高工作效率，降低成本，设计馆与印刷厂建立长期合作关系。余子江还制定了从校内到校外、从蚌埠市到周边城市的发展路线和打造广告区域集团的最终目标。

余子江在新公司的筹建过程中以经验学习为主。经验学习是将创业前已经具有的经验转化为创业相关知识。每一个可能的创业者进入创业过程都具有储备的经验，包括个人积累到创业时的背景和历史（Rueber & Fischer，1999）。过去的经验中析出的知识直接影响创业者的策略选择（Politis，2005）。帮助学长创业的经验以及自己乐于尝试的心态让他有了创业的念头。在经历了第一次申请失败后，余子江同学认识到在自己熟悉的领域开展业务更容易起步，而且平时接触到的该领域的人更多，有利于组建团队。在组建团队时，余子江调动了以往建立的人际关系，没有采用公开招聘的形式。余子江没有创业和管理经验，也没有进行专门学习，在员工管理及公司规划方面的决策更多来自于隐性经验，是成长过程中耳闻目染形成的直觉。虽然创业准备可以划分为隐性和显性的过程，具有个人和交互的维度，但这种学习和发展贯穿在个人生活中而不是仅集中于创业准备阶段（Cope，2005）。我们认为，经验积累可能发生在生活的各个阶段，而将经验转化为相关知识的创业学习发生在创业时。

2. 存活期一阶段的学习方式

不用购买生产设备也不用采购存货，简单装修好店面后，广告设计馆就开始营业了。此时同时入驻创业孵化基地的店面还在装修，余子江便去每一家店面拜访，向店主介绍自己的广告设计馆，希望他们有业务与自己联系。余子江还与创业孵化基地的负责人联系，愿意承担基地内装饰性墙绘工作，这是广告设计馆的第一笔业务，获得了不菲的收入。之后随着孵化基地内各家店铺正式开业，有了广告宣传的需求，逐渐与曲直空间广告设计馆建立了合作关系。同时，余子江利用自己在社团担任负责人的身份，与校内其他社团负责人取得联系，宣传自己的业务，并获得了合作关系。有了一些收入之后，喜欢尝试不同事物的余子江决定通过淘宝店在网上推广自己的业务。然而，淘宝上的广告设计公司多采取薄利多销的策略，而员工和资金不足的曲直空间设计馆打不起价格战，再加上运营淘宝店涉及的方方面面的问题是余子江之前未想到的，创业团队里也没有人有相关经验，半个月的时间淘宝店就关闭了。员工例会每半个月开一次,主要交流业务开展情况并安排之后的计划。虽然给每个员工明确了职责,但忙起来的时候所有人一起做,职位界限就模糊了。闲下来的时候只有一个人在忙,其他人都闲着。到了期末,员工忙着准备各门课的考核,对于店里的事就不太上心,学期结束3名员工选择退出。虽然每个月都有净利润,但平分给每个员工没有多少,所以只给退出的员工结了工资。

通过以上事实可以总结出,存活期一阶段的学习方式是经验学习和实践学习:

(1)经验学习。余子江已经具备的专业设计知识有助于其直接参与公司的业务。帮助学长创业时,余子江负责美图和设计,这是其创建公司业务的一部分,也让他提前有了将知识和技能运用于实践的机会。再加上其他员工的帮助,公司在这一阶段出色地满足了每一个顾客的需求。而余子江说在学长那里的工作经历让他学到更多的是如何与别人交流,如何调用自己的人脉关系,这让他的新公司在成立之初在校内的业务迅速展开,如孵化基地内的墙绘和与校内其他店铺、社团等的合作机会。

(2)实践学习。在公司正式营业后,余子江首次接触了新企业运营管理方面的工作,一方面首次创业的余子江没有经验可以借鉴,另一方面由于不确定性和模糊性,新创企业在起步阶段不能确定业务模式的具体环节(刘井建,2011),只能在实践中检验决策的正确性,任何行动都将改变创业者的知识储备(Minniti & Bygrave, 2001)。实践学习是在具体的经营情境中学习,余子江在这一阶段面对的环境包括公司内部,孵化基地内部,校内部分社团以及网络。在公司内部,余子江面对的是规章制度落实不到位和人员流失,他发现员工常常忙于自己的事情而忽略公司的利益,这支临时组建的团队并没有端正工作态度,也不具备坚定的创业精神。线上销售的失败让余子江认识到自己还不具备开拓线上销售渠道的能力,而校园内业务开展的成功让余子江坚定了对线下销售渠道的拓展。

3. *存活期二阶段的学习方式*

新学期开始,按照公司发展计划,在校园内取得初步成功的余子江迫不及待地开始拓展校外业务,他带领员工发传单、上门拜访商户、发布社交媒介广告等,还与装潢公司签订合约,装潢公司给曲直空间广告设计馆介绍业务可以获得提成。然而付出与回报不成正比,这些做法只给曲直空间广告设计馆带来寥寥几笔业务。社会业务并没有像校内业务一样按部就班地展开。不仅如此,又有两名员工选择退出。在这种情况下,剩下的两名员工也失去了创业的热情,余子江也放弃了在公司内部的规范化管理。余子江带着剩下的两名员工,靠校内业务维持着公司的运营,而实际上余子江承担了绝大部分的工作，只有在忙不过来时才会把业务分给员工。在曲直空间广告设计馆快要失去创业团队时，余子江开始在孵化基地的展销会和社交媒介上发布招聘信息，然而最终并未招到人。随着业务的多样化和人手缺乏，余子江发现自己有很多软件不会用，设计出的作品缺乏美感，不能让自己满意。于是余子江通过书籍、网络和向朋友请教的方式学习技术，在完成客户的业务过程中不断打磨自己的作品，余子江的专业能力得到了极大的提升。经历了创业过程中的种种挫折，余子江向曾经一起工作的学长请教创业经验，尤其是管理方面的经验。临近学期末，校内创客实验室的老师来视察，了解情况后告诉余子江，作为校内创业企业就要紧紧抓住校内以及大学城的资源，市场就要从身边抓起，抓住每一个小市场，让别人看到你们的存在和能力。

存活期二阶段在一阶段的基础上展开，余子江已经具备了一定运营新企业的经验，同时也要面临新的挑战，这一阶段的学习方式包括经验学习、实践学习和认知学习：

（1）经验学习。在一阶段积累的经验可以用于二阶段的决策。校内业务的成功拓展让余子江对市场和自己的能力抱有信心，获得的利润让余子江有了继续拓展业务的资本，余子江决定继续拓展校外业务。而在拓展的过程中，余子江由于缺乏社会经验，仍然沿用与学生谈生意的经验，因此遭遇了失败。在经历了人员流失后，余子江认识到通过朋友和朋友介绍等形式获得的员工可能并没有很强的凝聚力和创业精神，于是选择了公开招聘人才。

（2）实践学习。由于缺乏充分的前期市场调研，余子江在拓展社会业务受挫时才意识到周边市场已经被大大小小的成熟广告公司占领，自己的新创企业缺乏知名度和经验，并不被市场认可。余子江在创业时希望能够为客户提供全面的形象设计，然而市场的需求仅仅是简单的海报、传单等的设计，即使有更多需求也不会交给一个新生企业完成。在与社会上的商家打交道的过程中，余子江感到自己缺乏社会经验，能力不足以说服社会上的生意人，他们比校内的学生更加精明和强势。在内部管理方面，余子江认识到自己缺乏管理技能，在说话和做决定时常常忽略员工的感受，也没有坚持合理的分工。在招聘人才失败后，余子江认识到在招聘过程中没有投入足够精力，没有扩大曲直空间广告设计馆的知名度。在专业知识方面，余子江在满足不同客户需求的过程中，不断磨练自己的设计能力，学习知识和运用知识相结合。

（3）认知学习。通过认知学习可以借鉴他人行为、知识用于弥补自身的不足。

当知识从一个主体转移到另一个主体时，新获得的知识会与学习主体自身所拥有的知识进行整合，将更为清楚的、明确的、大众化的知识转化为企业的内部知识。当公司的营运不断向前推进，余子江自己的经验和知识已经不足以应对各种难题。如何持续拓展业务，如何管理人员，如何面对创业过程中的艰辛等，都是首次创业的余子江在创业前没有充分预料到的。余子江在这个阶段开始针对公司的问题向有经验的学长和创客实验室的老师请教，这是很有效的快速学习方式。同样作为大学生创业者的学长给了余子江一些在实践中获得的实用技巧和亲身感受，最让余子江受鼓舞的是学长的创业信念，即创业艰苦是事实，但不能动摇，努力往最初的梦想靠近。而老师的建议让余子江决定暂时放弃社会市场，在大学城内拓展业务。结合自己在校内社团拓展业务的经验，余子江决定利用职务之便，在新学期各社团换届后与各社团的新负责人联系，争取建立长期合作关系。余子江对于公司下一阶段的发展充满希望，如果合作达成，大学城内众多的社团将带来一笔不菲的收入。

根据上述分析，对企业发展不同阶段的创业学习方式进行简要概括，如图1所示。

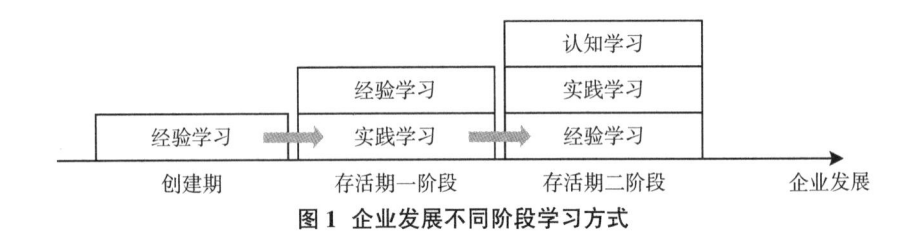

图1 企业发展不同阶段学习方式

（二）三种创业学习方式的内在联系

通过以上对创业期间学习过程的叙述和分析，我们也发现了三种学习方式之间的内在关联，不仅在时间上有连续性，在内容上也相互起到决定性作用。

通过创建期经验学习做出的决策，直接影响企业在存活期一阶段和二阶段的行动。经验学习是实践学习的基础，然而，经验学习具有路径依赖性，曾经成功的经验在新的环境中可能并不适用，所以，根据经验做出的决策需要实践检验，在实践学习中仍需要更新固有的知识储备。例如，由校内到校外的发展规划促使余子江拓展社会业务，而过程的艰难和不理想的结果让他认识到公司实力和个人能力的欠缺。存活期一阶段业务顺利扩展，让余子江在存活期二阶段选择继续拓展业务且沿用了一阶段的方式，这说明一阶段的实践在二阶段成为了经验，在决策时对经验进行反思,实现了经验学习。所以,实践学习和经验学习互为基础,互相促进。

存活期二阶段市场开拓不顺,内部组织涣散,面对企业发展困境,缺乏经验的余子江根据自己在实践中遇到的问题,虚心地向有经验的人士请教。根据他人传授的知识结合自己企业发展情况,重新规划了企业的发展路线,完成了认知学习的同时决定了接下来的行动。所以,认知学习和实践学习互为基础,互相促进。

四、研究结论与展望

(一)结论与讨论

曲直空间广告设计馆是建立在校园内的大学生创业企业,本文将其创立者作为研究对象,通过案例研究考察企业不同发展阶段变化着的创业情境中创业者的创业学习方式,研究发现不同阶段具有不同的创业学习方式以及这些方式间存在内在联系,深化了对创业学习方式的理解。主要研究结论如下(见图2):

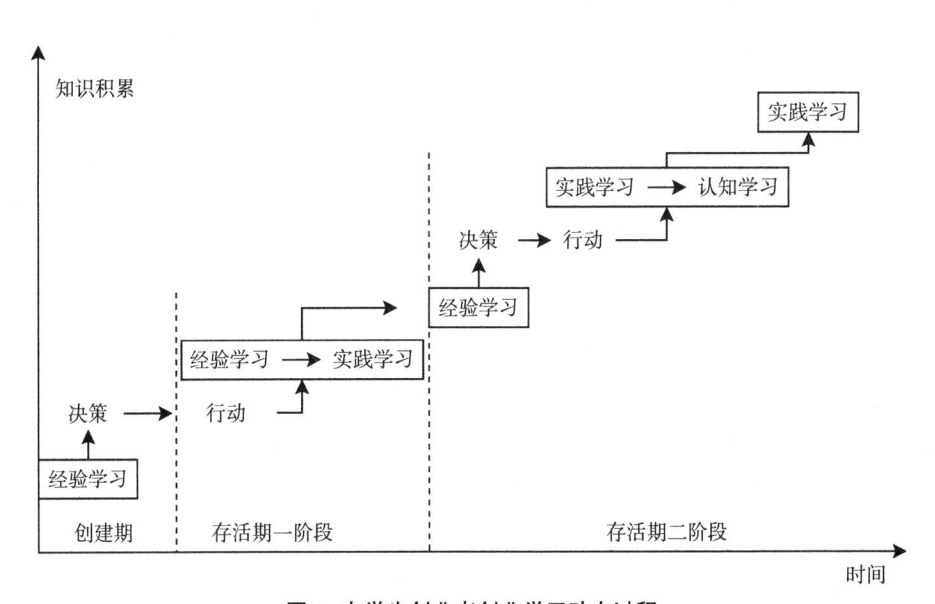

图 2 大学生创业者创业学习动态过程

1. 企业发展不同阶段有不同的创业学习方式

创建期以经验学习为主,存活期一阶段主要依靠经验学习和实践学习,而存活期二阶段包含经验学习、实践学习和认知学习三种方式。通过对创业各阶段学习事件的归纳分析，我们总结出了不同阶段不同的学习方式，可以发现，经验学习发生在各个阶段，这纠正了我们在文献评述部分的观点，经验学习不仅发生在创建期。最初基于本能和现有知识，创业者决策并且等待结果（Minniti & Bygrave，2001），之后的企业运营实践都可以作为后一阶段经验学习的内容，所以本案例中存活期二阶段经验学习的内容就是存活期一阶段的实践经验，二阶段的经验学习与一阶段的实践学习的内容有交叉，区别在于，一阶段的实践学习受事件驱动，二阶段的经验学习针对当前阶段面临的决策需求。这也说明了实践学习和经验学习具有内在联系。

2. 创业学习方式之间有内在联系

实践学习和经验学习互为基础、互相促进，认知学习和实践学习互为基础、互相促进。这一结论验证了许多学者的观点。Lumpkin 和 Lichtenstein（2005）认为不同学习方式并不是相互独立的，它们之间存在关联，一种模式的存在会支持另外一种模式。Minniti 和 Bygrave（2001）认为基于过去的经验，创业者通过做出合适的选择实现利益最大化，而实际的回报与预期不同，创业者会犯错，但他们内化新获得的知识，用于预期未来收益，也就是经验学习到实践学习的过程。根据 Holcomb（2009）的模型，经验学习和认知学习都可用于决策，然后根据决策进行实践，实践结果成为创业者的经验，用于经验学习，与本文的结论基本一致。

（二）不足与展望

本文通过案例研究在实际创业情境下研究创业学习的动态过程，深化了对创业学习方式的理解，为弥补现有研究的不足做出了贡献。不过，本研究也存在一些局限性，未来可以从这些方面着手继续研究：第一，案例选择。本文选择的曲直空间广告设计馆是大学生校园创业企业，具有典型的校园创业特点，如学生缺乏社会经验，业务拓展从校园开始。企业受限于学期和假期，呈现出较为明显的阶段性，这种阶段划分有何种程度的一般性需要进一步研究。另外，广告行业的门槛较低，同质化严重，与其他行业存在差异。未来可以选择不同行业的社会创业案例进行研究，比较不同行业背景、不同经验的创业者各阶段的学习方式是否存在不同。另外，本案例企业成立时间短，可以选择创业时间更久的企业，继续研究存活期之后的创业学习方式。第二，研究方法。本文选择单案例研究可以深入细致地探索各阶段的研究方式和内在联系，但相对于多案例研究和实证研究，本文所得结论的可靠性和一般性较弱。未来可以通过多种研究方法验证和拓展结论。

参考文献

[1] 蔡莉, 单标安, 汤淑琴, 高祥. 创业学习研究回顾与整合框架构建 [J]. 外国经济与管理, 2012 (5): 1-8.

[2] 陈彪, 蔡莉, 陈琛等. 新企业创业学习方式研究——基于中国高技术企业的多案例分析 [J]. 科学学研究, 2014 (3): 392-399.

[3] 陈燕妮, 王重鸣. 创业行动学习过程研究——基于新兴产业的多案例分析 [J]. 科学学研究, 2015 (3): 419-431.

[4] 陈忠卫, 张琦. 社会网络中信任关系对大学生创业的动态影响——以闹闹音乐栈为例 [J]. 管理案例研究与评论, 2015 (5): 483-499.

[5] 丁桂凤, 卫文杰. 大学生创业教育中的盲区: 创业隐性知识学习 [J]. 全球教育展望, 2013 (9): 87-93.

[6] 刘井建. 创业学习、动态能力与新创企业成长支持模式研究 [J]. 科学学与科学技术管理, 2011 (2): 127-132.

[7] 单标安, 蔡莉, 鲁喜凤等. 创业学习的内涵、维度及其测量 [J]. 科学学研究, 2014 (12): 1867-1875.

[8] 谢雅萍, 梁素蓉. 失败学习研究回顾与未来展望 [J]. 外国经济与管理, 2016 (1): 42-53.

[9] 姚毓春, 赵闯, 张舒婷. 大学生创业模式: 现状、问题与对策——基于吉林省大学生科技园创业企业的调查分析 [J]. 青年研究, 2014 (4): 84-93.

[10] 朱秀梅, 张婧涵, 肖雪. 国外创业学习研究演进探析及未来展望 [J]. 外国经济与管理, 2013 (12): 20-30.

[11] Baron R A. Cognitive Mechanisms in Entrepreneurship: Why and When Enterpreneurs Think Differently than Other People [J]. Journal of Business Venturing, 1998, 13 (4): 275-294.

[12] Cope J. Toward a Dynamic Learning Perspective of Entrepreneurship [J]. Entrepreneurship Theory & Practice, 2005, 29 (4): 373-397.

[13] Cope J. Entrepreneurial Learning from Failure: An Interpretative Phenomenon Logical Analysis [J]. Journal of Business Venturing, 2011, 26 (6): 604-623.

[14] Dyer W G, Wilkins A L. Better Stories, Not Better Constructs, to Generate Better Theory: A Rejoinder to Eisenhardt [J]. Academy of Management Review, 1991, 16 (3): 613-619.

[15] Holcomb T R, Ireland T R, Holmes R M, Hitt M A. Architecture of Entrepreneurial Learning: Exploring the Link Among Heuristics, Knowledge, and Action [J]. Entrepreneurship Theory & Practice, 2009, 33 (1): 167-192.

[16] Kolb D A. Experiential Learning: Experience as the Source of Learning and Development [M]. New Jersey: Prentice-Hall, 1984.

[17] Lumpkin G T, Lichtenstein B B. The Role of Organizational Learning in the Opportunity-Recognition Process [J]. Entrepreneurship Theory and Practice, 2005, 29 (4): 451-472.

[18] Minniti M, Bygrave W. A Dynamic Model of Entrepreneurial Learning [J]. Entrepreneurship Theory & Practice, 2001 (1): 5-15.

[19] Petkova A P. A Theory of Entrepreneurial Learning from Performance Errors [J]. International Entrepreneurship & Management Journal, 2009, 5 (4): 345-367.

[20] Politis D. The Process of Entrepreneurial Learning: A Conceptual Framework [J]. Entrepreneurship Theory & Practice, 2005, 29 (4): 399-424.

[21] Politis D, Gabrielsson J. Entrepreneurs'Attitudes Towards Failure: An Experiential Learning Approach [J]. International Journal of Entrepreneurial Behaviour & Research, 2009, 15 (4): 364-383.

[22] Rae D, Carswell M. Using A Life-story Approach in Researching Entrepreneurial Learning: The Development of AConceptual Model and its Implications in the Design of Learning Experiences [J]. Education and Training, 2000 (42): 220-227.

[23] Rae D, Carswell M. Towards a Conceptual Understanding of Entrepreneurial Learning [J]. Journal of Small Business & Enterprise Development, 2001, 8 (2): 150-158.

[24] Reuber A R, Fischer E. Understanding the Consequences of Founders'Experience [J]. Journal of Small Business Management, 1999, 37 (2): 30-45.

（作者是安徽财经大学2015级市场营销研究生）

【案例点评】

创业者该向谁学习
李宏贵　夏光兰

近年来，国家教育部出台了一系列政策，鼓励和支持大学生创业，以创业带动就业。然而，我国大多数在校大学生缺乏工作经验和创业知识，对创业过程不太理解。创业知识的获取可以通过创业教育与培训、创业学习等方式实现，但后者往往容易被忽视。创业过程中，创业者所拥有的创业知识极为有限，创业过程的动态性和不确定性驱使创业者持续更新创业知识来应对所面临的各种困境。

事实上，创业是一个学习的过程，在实践中学习，在失败中学习，从失败中汲取创业经验，对于提高大学生创业成功率，推动创业企业创新与可持续发展都具有重要的理论和现实意义。华为公司为什么能不断创新、推出新产品和服务，就是其一直秉承不断学习、终身学习的创业情怀和理念。

在孔子的《论语》中，有一经典名句，"学而时习之，不亦说乎"。其意是指学习到知识之后，需要不断地实践它，使之成为一种习惯，就会带给人们一种愉快的感受。创业者将学到的知识，应用到实践中去检验知识的力量和价值之后，才会感受到创业的乐趣，才会感受到创业精神是人生成长的一笔宝贵财富。

本案例针对大学生缺乏创业知识问题，以曲直空间广告设计馆为案例，对不同发展阶段的创业学习方式（包括认知学习、实践学习和经验学习）以及三种方式的内在关系进行探讨。在企业创建期，需要经验学习辅助决策；在存活期一阶段需要经验学习和实践学习以更好地付诸行动；而在存活期二阶段，则需要认知学习、实践学习和经验学习三种方式以辅助决策和行动。这些结论对于大学生创业知识的获取具有重要的理论和现实意义，如果未来能够结合一些特定行业特征及背景，分析该行业创业知识获取的过程以及创业学习方式，将会有更大的发现。

（指导教师李宏贵是安徽财经大学创业创新与企业成长研究中心博士、教授；夏光兰是安徽财经大学校团委书记）

关于大学生创业项目资源整合的探究
——以暖阳爱老社区服务中心为例

蒋贺贺

创业不仅引起高校和政府的高度重视,越来越多的学者也开始关注大学生创业。一方面,高学历、高素质的企业家给大学生以正向的示范效应;另一方面,大学生就业压力的加大以及创业教育的普及和发展也激发了大学生的创业热情。越来越多的大学生在毕业后甚至还没毕业就投身创业。根据高等教育研究机构麦可思研究院发布的2013年中国大学生就业报告,大学生选择自主创业比例从2008年的1%上升到2012年的2%,5年翻了一番,但相关资料表明,全国大学生创业的成功率只有2%~3%,远远低于一般企业的创业成功率。创业能否取得成功,在很大程度上取决于创业者创业资源整合能力的高低,在同样的外界条件下,创业资源整合能力越强的人抓住机遇、成功创业的可能性就越大。

创业在推动科技进步、促进经济增长方面的作用日益显著,在世界各国创业成为拉动经济增长的引擎。正因为创业表现出来的巨大影响力,创业问题引起了学术界的学者们和实业界的企业家们极大的兴趣,越来越多的人开始关注创业现象、创业群体、创业成果等。本文所关注的问题是:资源整合能力的强弱。对于大学生创业者而言,它不但应该成为衡量创业者、企业家能力的主要指标,更直接关乎校园内创业型企业的成长发展。值得一提的是,不是所有人都具备这种能力,也不是什么人想具备就能具备的,所以,创业者、创业家或企业必须具备且拥有这种能力:既然创业资源整合对实现成功创业至关重要,那么我们有必要研究大学生创业资源是怎样定义的?创业资源是以什么作为评判的依据?大学生创业项目的形成与发展需要什么创业资源?创业资源如何发现?如何有效整合这些创业资源,做到最大利用来提高大学生创业成功的可能性?不同时期应该注意利用什么创业资源?

为深入开展大学生创业教育,支持大学生创业实践,安徽理工大学于2010年5月建立起大学生创业基地,设立大学生创业基金,开设大学生创业孵化室,并把它作为引导大学生创新创业教育的重要载体。本文采用案例研究法，以接受创业基金扶持的暖阳爱老社区服务中心创业项目为研究对象。本文余下部分结构安排是：第一部分结合文献资料进行回顾和探究研究框架；第二部分阐明案例选取与研究过程；第三部分是案例分析；第四部分是启示与局限性。

一、文献回顾与探究研究框架

（一）创业资源定义

所谓创业资源，是指企业在创造价值的过程中需要的特定资产，包括有形资产与无形资产。它是新创企业创立和运营的必要条件，主要表现形式为：创业人才、创业资本、创业机会、创业技术和创业管理等，而大学创业资源则是大学生在创业中可以依赖的有利条件和资源。资源是我们用来实现自己目的的所有要素和条件的总和，是大学生新创企业创立和发展的必要条件。按照对企业的成长作用，可以把大学生创业资源分为两大类：要素资源和环境资源。以资源基础理论、资源依赖理论以及企业能力理论为理论基础，推导出两种类型的创业资源整合能力（创业资源内聚能力与创业资源耦合能力）对新创企业绩效的影响机理。将创业资源分类：财务资源，如资金等；物质资源，如房、设备、装置等；人力资源，如员工等；技术资源，如专利或企业核心技术等。

创业资源就是创业者所需具备的一些必要条件，创业资源是大学生创业的前提和基础，缺少创业资源，成功创业就无从谈起。大学生在创业过程中需要的资源是多方面的，体现在创业的各个环节，其重要性也是显而易见的，比如说：创业场地和初创资金以及人才团队是企业运转不可或缺的基础，配套的政策资源，也极大地鼓励了大学生创业，同时也为大学生营造了良好的创业环境。

从一定意义上来说，创业就是一个整合资源的过程，只有有效整合和管理创业资源，大学生创业才有可能取得成功，有效的资源整合有利于创业者明确企业资源需求情况，制定切实可行的战略规划，为新创企业成长打下坚实的基础，也有利于让创业者对企业未来的变化趋势进行正确预测，从而有效地识别和配置潜在资源，保持和促进企业健康发展。此外，资源整合和管理的过程也是对大学生创业能力进行培养和锻炼的过程，因此，积极进行资源整合还可以提高创业者的素质和能力，进而提高大学生创业成功率。

（二）系统分析

处于创业阶段的企业，对资源的开发与运用决定企业的战略导向。在企业进入成长与成熟期后，资源结构影响企业的市场地位与长期的发展模式。因此，企业需将资源的开发与整合置于发展的、动态的市场环境中进行系统分析。

以动态的思维考察创业资源开发活动，在对处于不同生命周期的企业资源实力进行对比分析的基础上，总结出影响企业竞争力的核心资源和进一步探究核心资源结构，指出企业资源转变为企业优势能力需经历积聚、吸引、整合、转化四步骤；Lichtenstein 对资源进行动态研究，分析了资源转化为能力的过程，并总结出初始阶段企业的战略性资源，从识别资源到运用资源的整体链条出发，揭示核心资源与企业绩效的关联。根据创业企业资源开发过程的资源识别、资源获取、资源整合和资源利用四个阶段，我们对相关文献整理如表 1 所示。

表 1 国内外相关学者关于资源开发的研究成果

	代表性人物	主要观点
资源识别	Dollinger（1985）	新企业的产出很大程度上是由创业者识别所需资源的特性决定的
	McDougall（1994）	初始资源的决定非常重要，它们将影响组织长期运作
	Brush（2001）	明确目标资源后还需识别潜在的资源
	Lichtenstein（2002）	在企业发展的不同阶段应对资源识别环节予以重视
	Brush（2003）和张君立（2008）	在识别阶段的创业企业和成熟企业都应对资源先评价，后形成资源清单
资源获取	Coleman（1990）	创业者的个人社会关系有助于获取企业所需的资源
	Sexton 等（1991）	社会网络与外部环境中的资源机会有助于创业者获取资源
	Thomas（2000）	创业者应运用博弈论与数学推理选择最优战略获取目标资源，并安排资源获取的先后次序
	Sirmon（2003）	企业可通过同其他企业联合和社会网络来获取所需的其他资源
	赵道致（2006）	将资源杠杆模型与外部资源获取途径的研究相结合
资源整合	Brown 等（1999）	整合的资源约束包括从承担低复杂度任务的资源联合到更高层次的"补充"和商业"知识块"的整合
	Brush 等（2001）	在资源的整合过程中，伴随着个体资源向组织资源的转化
	Sirmon 等（2003）	将资源的整合分为三种不同的过程，分别为稳定增长过程、丰富细化过程和创新能力过程
	刘晓敏等（2006）	战略型企业家整合有形和无形资源于识别和开发商业机会，以及建立竞争优势的目的

续表

	代表性人物	主要观点
资源利用	Slater 等（1999）	资源利用是学习过程，企业拥有了符合满足顾客的需要和当前竞争优势的能力时，才能为顾客创造价值
	Miller（2003）	市场复杂性和异质性为企业创造了大量的机会，以便企业能够利用和发挥它们的独特能力为顾客创造价值
	Sirmon 和 Hitt（2003）	资源利用过程主要体现在对市场机会的利用

识别创业资源是企业开发资源的前提，可以为创业资源获取与整合的后续工作奠定基础。从目前学者的相关观点来看，可以看出他们都认为识别初始资源是一种战略选择，并将影响企业的后续战略。资源的种类与数量是创业企业迅速进入成长阶段，维持后续发展的不竭动力。整合资源，就是在获取资源之后将其丰富化与细致化，升级并转化为企业的各项竞争力与优势。资源利用过程指将经过识别、获取、整合后的资源通过企业的生产与运营活动为企业贡献利润，同时为顾客提供价值的过程。

（三）创业资源理论

1. 创业资源理论基础——企业资源理论

企业资源理论的发展也经历了一个相当长的过程。从早期的 20 世纪 30 年代到 80 年代，相关学者都提出了一些观点，通过阅读并整理，具有代表性的观点见表 2。

表 2　代表性人物的主要观点

代表性人物	主要观点
Chamberlin（1933）	企业的专有资源是企业高额利润与竞争优势的主要来源
Penrose（1959）	资源投入与绩效产出的关系模式受到企业自身特点的影响
Wernerfelt（1984）	企业的核心实力源于内部资源
Dierickx 等（1989）	构成企业竞争力的资源来源于企业内部。此类资源表现出显著的无形性与难以模仿性，依靠企业的长期培育和科学的内部管理
Barney（1991）	决定企业发展前景的优势资源具有价值性、稀缺性、难以模仿与无法替代四大特征。优势资源构成了企业核心竞争力

时代在进步，理论也在发展创新，企业资源理论在创业研究领域中的运用已经开始崭露头角，并将创业绩效作为一种视角纳入到创业研究中（见表 3）。

表3 新时期具有代表性的相关学者的主要观点

代表性人物	主要观点
Alvarez 等（2001）	创业者作为一类特殊的资源，与个人的禀赋特质相关。表现为识别机遇与规避风险过程中对资源的运用、整合能力
Wilson 等（2002）	企业发展的时间跨度、资源的途径影响企业的成长与盈利
Newbert 等（2007）	运用创业理论指出企业软实力，特别是创业者的个人能力与创业管理活动的重要性

综上所述，将企业资源理论运用到创业绩效管理中已经成为目前创业研究的一种新趋势。因此，通过借鉴已有相关学者的研究成果，本研究的主题即为研究创业资源与创业绩效两者之间的相关关系。

2.创业资源分类

通过阅读大量文献后发现对资源的分类目前尚没有统一的标准，如表4所示。

表4 代表性人物对资源的分类观点

代表性人物	主要分类
Penrose（1959）	有形资源：厂房、设备、土地等；人力资源：管理人员、财务人员、技术人员等
Wernerfelt（1984）	物质资源、人力资源和组织资源
Barney（1991）	物质资源、人力资源和组织资源
Grant（1991）	财务资源、物质资源、人力资源、技术资源、声誉和组织资源
Dollinger（1995）	人力资源、财务资源、物质资源、技术资源、组织资源和声誉资源、社会资本
Miller 等（1996）	有形资源（Tangible Resources）和知识资源（Knowledge-based Resources）
Greene 等（1997）	人力资源、社会资源、财务资源、物质资源、技术资源和组织资源、社会资本
Brush 等（2001）	生产型（Utilitarian）资源和工具型（Instrumental）资源
Timmons（2002）	①人，如管理团队、董事会、律师、会计师和顾问；②财务资源；③资产，如厂房和设备；④商业计划

通过上述分析可以看出，相关学者对创业资源的分类大同小异，并没有一个标准。基于此，本研究以资源基础理论为基础，结合以上相关学者的观点，以及创业之初企业的具体特点，提出了本研究的创业资源分类，具体分为以下几点：一是基础资源，包括人才资源和资产资源；二是发展资源，包括行业资源和政府资源；三是要素资源，包括技术资源、人脉资源和信息资源。

二、案例选取与研究过程

(一) 案例研究法

案例研究法可以结合市场实际,以典型案例为素材,并通过具体分析、解剖,促使人们进入真实情景和管理过程,获得客观的创业成败得失之感受和寻求解决创业问题的方案。案例研究法是一种定性的、经验性的研究方法,着重于回答"Why"和"How"的问题。案例研究法是社会科学研究中一种被广泛采用的研究方法,在心理学、管理学、历史学、社会学等学科中已得到了普遍的认可和应用。暖阳爱老社区服务中心是安徽理工大学大学生自主创业项目,入驻于安徽理工大学大学生创业基地,成立安徽省首个大学生帮扶困难老人专业团体——暖阳爱老团,联合校关工委、淮南市30余个社区居委会,组织广大团员青年走村串户,积极关注困难老人。由于大学生创业项目创业资源难以从现实情境中分离,因此采取案例研究法将是一种行之有效的选择,能够得到通过其他研究方式难以得到的数据和经验知识,本文在此基础上研究"大学生创业项目的形成与发展需要什么创业资源?如何做到最大利用来提高大学生创业成功的可能性?"等相关问题。

(二) 案例选取

1. 项目介绍

暖阳爱老社区服务中心的成立经历了一个漫长的摸索过程,长期帮扶内容涉及生活照料、医疗保健、慈善捐助、精神关爱等方面,探索出一条切实可行的帮扶途径。在此基础上,建立暖阳爱老社区服务中心。

暖阳爱老社区服务中心利用大学生人力资源、网络资源,联系老人,借助老人特长设立辅导中心、活动中心、销售中心为公益募集资金,组织老人文体活动,中小学课程辅导,老年商业演出及做义诊,销售常规医疗物品、老人书画艺术作品等方式,达到获取公益资金的目的。最后再利用所得资金去帮扶困难老人,在三项活动基础上,提出孝行"代购"、孝行"环保"等特色公益活动。真正做到让老人老有所用、老有所养、老有所乐。

该中心设立的非营利性服务项目,采取一对一帮扶与集体帮扶相结合的方式,寻找适合老人的帮扶模式。定期对老人进行体检,把身体欠佳的老人作为重点帮扶的对象,每月剩余公益基金将用于对这些老人的无偿帮扶。对于绝大多数身体健康的老人,按其意愿组织参加不同类型的活动。

2. 项目发展过程

目前,该中心义务帮扶290余位困难老人,累计参加3280余人次,志愿服务时长近10万小时。已经在淮南舜耕镇敬老院、淮南西部老年公寓建立暖阳爱老帮扶中心2个,在淮南理工大社区建立暖阳爱老学校理工大社区分校1个。在其成长过程中发生了一些具有重要意义的事件,概述如表5所示。

表5 项目成长阶段中的若干重要事件

成长阶段	时间	重要事件
爱心萌发:主动清缨,力量薄弱	2011年12月	孙方永同学被分配到侯波老人家中,每周只要有空,孙方永都会到侯波家里帮其洗澡、拿药、打扫卫生,推轮椅散步。随着课程的繁忙,孙方永意识到自己的力量有限,需要有更多的人参与其中
爱心起航:深入调研,正式成立	2013年10月	联合校关工委、理工大社区居委会,孙方永开始带队走访、调查社区内需要帮助的困难老人情况。要想全面进行帮扶,保证服务效果,需要一支强大的团队做支撑。他们发起成立了暖阳爱老团,广泛开展帮扶活动;建立帮扶困难老人网络公益爱心联盟,招募志愿者
爱心延续:社会关注,学校支持	2013年以来	在淮南市、安徽理工大学各级领导支持下,规模和帮助对象扩大,志愿者已达2303000余人次,已在谢家集区老年公寓、舜耕镇敬老院、理工大社区、华声苑社区、大通街道建立了"暖阳爱老帮扶中心"3个,分批次与靠山社区等15个社区建立了帮扶联系点
爱心传播:影响广泛,团队扩展	2015年3月以来	组建暖阳爱老学校。借雷锋月、青年节、教师节、重阳节及暑期社会实践之机,深入淮南及周边贫困地区、边疆民族地区和革命老区开展帮扶。先后开展了社区空巢老人调查、重阳节老年人权益保护宣传等主题志愿服务活动300余次 同时,在重阳节前夕,在学校发起"暖阳爱老公益基金"筹集倡议。暑假期间,组织12支暑期关爱老人团队走出淮南,奔赴四川雅安、新疆阿克苏、贵州清镇、安徽蚌埠、宿州、巢湖等16个地区,走进农村、社区、工矿厂区开展多种形式的走访、慰问困难老人活动,为有特殊困难家庭送去温暖
爱心永恒:政府扶持,系统帮扶	2015年12月	建立暖阳爱老社区服务中心。入驻校大学生创业基地,得到校创业基金5000元扶持,服务中心内容涉及生活照料、医疗保健、慈善捐助、精神关爱等方面,探索出一条切实可行的帮扶路径,实现帮扶困难老人团队化、制度化、系统化、经常化,形成了健全的管理制度体系和质量保证体系

3. 相关制度

(1)明确工作理念,完善帮扶制度。由暖阳爱老学校骨干成员组成帮扶困难老人领导小组。领导小组发挥主导作用,探索帮扶思路和帮扶方法,加强调查研究、实践探索、完善机制,增强帮扶的针对性和实效性。按照本地与外地、集中与分散、节假日与平时几种形式相结合,划定帮扶对象、明确帮扶内容、制定帮扶制度,对各种帮扶内容进行了模块化分解，统一部署与分步实施。同时，在全面调查、走访的基础上，结合已有的信息资料研究整理，制定帮扶困难老人工作方案，形成"调查→统计→反馈→部署→方案→实施→调查"循环体系。同时，先后制定了《暖阳爱老学校大学生志愿服务章程》《暖阳爱老学校工作日志》《暖阳爱老学校活动规划》等规章制度。

（2）丰富帮扶内涵，物质精神双扶。暖阳爱老学校充分利用帮扶团队成员的专业和工作优势，深化帮扶内容，从最初的帮扶老人打扫卫生、代购物品、陪同就医的生活照料，到提供看病咨询、健康知识讲座、义诊服务的医疗保健，再到利用雷锋月、青年节、教师节、重阳节等节假日进行慰问和慈善捐助；除此之外还依托学校社团活动，邀请老人观看、参与晚会，进行文体娱乐，陪老人聊天交流、读书读报，进行心理疏导，给予老人精神关爱。系列帮扶活动的开展，从本质上帮助老人解决困难、丰富生活、陶冶情操、促进健康，使他们老有所依、老有所乐。

（3）建立帮扶中心，开展结队帮扶。暖阳爱老学校与相关家庭建立"一对一"帮扶机制，广泛开展帮扶工作；在敬老院建立帮扶中心，进行集中帮扶；在较近的社区建立了"暖阳爱老学校社区分校"开展长期固定帮扶；在较远的社区开展定期灵活帮扶，采取"一对一"结对子与集体相结合的方式，对无子女老人、与子女分开居住老人等进行帮扶和关爱。

（4）发挥老人余热，实行反向帮扶。在开学初或国庆节、建军节、建党节等重大节日前后，邀请老人为学生做"青年学生如何成长成才"、"勤俭节约——我们那一代人的生活"等讲座报告，对学生进行革命教育、历史教育和人文素质教育等，开展相关教育讲座40余场，同时，在学校开展的元旦晚会、欢送毕业生晚会等科技文化艺术活动中，邀请老人参与其中，与学生同欢乐。

（三）研究过程

为了对创业资源进行融合以及对如何在不同的阶段融合创业资源进行研究，结合安徽理工大学自主创业项目暖阳爱老社区服务中心，我们的数据来源主要包括四种：

（1）文献。在文献综述部分已对创业资源进行了综述，将创业资源分为三类：基础资源、要素资源、发展资源。

（2）档案记录。调查暖阳爱老社区服务中心的发展过程大事记录、资金运营模式、人才团队管理模式等信息，这些档案记录将有利于针对该项目的案例研究。

（3）访谈。采取多种形式的访谈，内部焦点式：与安徽理工大学校团委、创业指导委员会的专家以及创业当事人进行多次内部座谈，就此次案例研究进行讨论，并得到论文初稿修改意见3份；开放延伸式：发放调查问卷调查其他创业者的创业经历对于创业资源的整合利用过程。

（4）直接观察。实地拜访创业项目办公及经营服务场所、对象，并进行相关采访及记录。

三、案例分析

（一）基础资源：人才与资产

1. 能力互补、目标一致的人才资源

在选取公司成员时，就注重拥有责任心强、能力互补、目标一致、执行力强等标准。在整个项目的进行过程中，这些人员也表现出了良好的协调和沟通能力以及实践能力。公司中的成员具有以下几点突出的优势：一是具有很强的责任心。各团队成员怀揣着对公益事业的热爱和当代大学生的社会责任感，坚定地要克服困难，将爱心公益进行下去，将以严谨、求实的态度努力实践，为困难老人送去最真挚、最温暖的爱心。二是具备很强的外联能力。公司中大部分同学都有在学生会及协会工作的经历，其中多名同学担任社团骨干及学生会部长等职务，有很强的沟通能力。另外，有三名同学在社会组织中兼职外联工作，有比较丰富的与企业、政府沟通的经历和经验。三是拥有专业的医疗能力。公司中有医院的医生和来自医学院的同学，他们对老年人健康医疗都有着很丰富的专业知识，在服务过程中可以给老人们提供很好的饮食健康、医疗保健等知识以及帮助并教老人们量血压、突发病救护等医学技能等。四是具备扎实的文字功底。公司中有很多曾担任学校通讯社、广播站记者团等工作的学生，他们对团队的宣传、策划以及其他各种文案的起草起到了不可或缺的作用。

2. 创业资金与运行资金多途径来源

经过六年多的实践活动，暖阳爱老社区服务中心形成了强大的资金链，建立了坚强的组织，建立了强大的帮扶队伍，深化了帮扶内容，探索了切实可行的帮扶途径，形成了良好的帮扶机制，产生了一定的社会影响力，取得了丰硕的成果，为老年事业做出了应有的贡献。

第一,启动资金来源。主要分为三个方面:政府帮扶、公益募捐和团队入股。具体如下:

(1)政府帮扶。有着坚实的政策帮扶为这一项目奠定坚实的基础。本着暖阳爱老、服务社会的使命,使其具有强烈的公益性和社会服务性。根据国家一系列扶持政策,政府将提供政策扶持。除此之外,该中心将申报该校大学生创业项目,获得创业扶持资金。

(2)公益募捐。通过对机构项目的宣传、打造机构形象、树立机构品牌,让更多的人了解银发公司的责任与义务,从而获得更多的个人、团体、社会等在物资方面的捐赠。

(3)团队入股。该项目主要由九名热爱公益事业的成员成立,并实践此项计划,经协商各成员共同入股。

第二,运行资金来源。尽管暖阳爱老社区服务中心的启动资金比较少,但是从中获取的公益资金却比较可观,并且能在短时间内达到资金的良性循环。例如:

(1)创办辅导中心。借助所帮扶的一些老教授、有才艺的老人的个人特长、作品,在团体的运作下,将其转化为盈利,然后再利用这些盈利,去帮扶更多的困难老人。详细计划为创办辅导中心,根据退休教职工及退休老教授个人所研究的专业和个人特长的情况,开设了基础课、英语、数学等文化课、艺术班等课程。同时可以帮助一些有名望的老人开设专家讲座,为企业提供技术支持,从中获取资金,获取的资金在团队人员的调配下,再回流到困难老人的群体里。在辅导班运作过程中,若有善于绘画或书法的老人创作作品,中心会帮助其在线上或线下售卖此类艺术作品。

(2)医疗器械销售。该服务中心作为组织者,会联系本校医学院的优秀学生,在闲暇时间到老人聚集的社区为老人做免费的常规身体检查及生活帮助,在检查现场,会有偿提供一些常规家庭医疗器械,如体温计、血压计等。现场老人将会协助其销售活动,将获得利润按制定的计划再做公益。

(3)开展老年人文艺服务。有些商业活动急需老人为其表演,据统计淮南以及周边的一些大小城市有很多家保健食品、保健器材等商店,这类商店开展活动就很需要老年人的表演,但又苦于找不到专业的机构来为他们提供这类表演。为此,公司将以一种中介的形式,积极联系商家,并与文艺团的老人们沟通,商量好时间,为有这方面兴趣的老人提供表演的机会,从而赚取公益基金。

(4)义卖。由于志愿服务人员多为在校学生的特殊性,公司会定期在安徽理工大学内设点举行废旧品无偿捐献活动，例如：学生不用的书籍、废旧衣物等。从目前活动举办的程度来看，平均每月收集来的废旧书籍30余册，而废旧衣物等也达到20余件。这些收集而来的物品会通过平台进行售卖，所得资金作为活动的一部分的资金来源。

（5）政府收购。有着坚实的政策帮扶打定坚实的基础。本着暖阳爱老、服务社会的使命，使其具有强烈的公益性和社会服务性。根据国家一系列扶持政策，机构抓住政府向第三方购买服务的契机，将不断加强与政府联系，进而申请承接政府购买的服务项目。

（二）发展资源：行业与政策

1. 老龄化严重，行业优势凸显

截至2012年底，我国60岁及以上老年人口已达1.94亿，占总人口的14.3%，预计在2013年突破2亿，2025年突破3亿，2034年突破4亿，解决广大老年人的养老服务问题成为保障和改善民生的关键问题。人口老龄化给中国的经济、社会、政治、文化等方面的发展带来了深刻影响，庞大的老年群体的养老、医疗、社会服务等方面需求的压力也越来越大。

暖阳爱老社区服务中心相对以往关爱老人活动具有长期、持久服务的优势，并且团队借助在校大学生及退休教职工的力量形成了一套完整的运营模式。利用星期天、节假日在社区内和老人家中进行健康义诊，开展心理慰藉、料理家务、日常慰问、生活救济等服务活动，以此在一定程度上为社区内困难老人解决实际困难。

2. 熟悉政府相关政策法规

项目组特别重视分析和利用好以下政策措施，主要包括：

一是财政扶持政策。中央财政预算设立中小企业项目，安排扶持中小企业发展专项资金；地方政府根据实际情况为中小企业提供财政支持。

二是专项支持。2014年3月，安徽省政府相继制定发布了《关于政府向社会力量购买服务的实施意见》、《安徽省政府向社会力量购买服务指导目录》，其中B类社会事务服务事项中就列举了事关社工服务类、心理咨询、法律援助等社工服务的项目5大类；在基本公共服务项目中关于养老领域有2类；同时还明确将购买社工服务规划与政策研究、社工人才培养、社工项目实施、信息化建设与维护、社工队伍监管辅助性工作等服务纳入政府购买计划。

三是政府采购政策。政府采购应优先安排向中小企业购买商品或者服务。政府是最大的消费者，各级政府每年要采购大量的商品和服务，要注意政府采购信息，向当地政府采购管理机构了解政府采购如何向中小企业倾斜。

本着暖阳爱老、服务社会的使命，使其具有强烈的公益性和社会服务性。根据国家一系列扶持政策，机构抓住政府向第三方购买服务的契机，将不断加强与政府的联系，进而申请承接政府购买的服务项目。

（三）要素资源：有效整合人脉资源

截至2011年底，团队先后与学校所在的舜耕镇钟郢、前锋、上湖、青丰、柏园、理工大6个社区居委会，以及舜耕镇敬老院院长取得联系，开展对接帮扶，与俞万禧、侯波老师等50余位老人建立"一对一"帮扶小组。2011年12月，主动联系学校关心下一代工作委员会和团委联合开展"暖冬行动"。暑假期间，学院集体组织12支关爱老人团队走出淮南，奔赴四川雅安、新疆阿克苏、贵州清镇、安徽蚌埠、宿州、巢湖等16个地区开展多种形式的走访、慰问。注重社会影响，通过学校宣传部门，与淮南电视台、《淮河日报》等媒体和报社联系，2014年7月，安徽淮南电视台以"重病教授身边来了大学生"为题进行了报道。2014年10月，《颍州晚报》以"一次见面孙方永再也放心不下老人"为题进行了介绍。2015年1月28日和3月6日，淮南电视台《今晚800》和《天天帮忙》栏目又分别进行了专题报道。之后，人民网、新浪网、中国大学生在线、安徽青年网等媒体进行转载报道。

孙方永作为暖阳爱老团队发起人，自己亲身经历帮扶过程，总结帮扶经验，认识到个人帮扶的力量有限，要想做大做强更加有效，必须借助朋友和人脉资源建立关系网，借助新闻媒体进行广泛报道，分享自己服务和锻炼的精神感悟，让更多的人参与进来，让帮扶更广泛、更有效。

四、启示与局限性

人才资源是创业成功的重要资源，创业成功离不开人才，企业持续发展更需要人才，结构优化、种类齐全的人才群是企业生产力的源泉。大学生在创业过程中需要通过整合管理，科学利用人力资源，实现"人尽其才，才尽其用"。企业应根据自身发展，建立起一套人才资源规划体系：一是完善激励体系，精神上的，物质上的，用奖惩制度去激发员工的潜能，让员工的潜能发挥到极致。二是建立培训机制，培养人才，同时也让人才在企业里发挥其最大的潜能，为企业做出贡献。三是让员工有一种家的感觉。善待员工，是留住人才的唯一法宝。这种善待，不光是指精神上给予人才的满足，适当地也要配以物质利益。四是要量才而用，用人的长处，控制人的短处，不要为了节省开支而凑合着。五是分工尽可能明确，但可根据职务的重要与否适当地兼职。六是引入外部力量，如通过培训班等来协助自己快速找到自己所需要的人才。

资金是大学生创业的关键资源，许多企业因为无法合理利用资金，导致企业发展举步维艰，这是造成大学生创业失败较为普遍的原因，这不仅是资金缺乏的问题，更为重要的是无法有效整合和管理资金。创业企业在成立初期，不仅要考虑到自身成立所需要的资金，还要考虑运行之后的资金运作，新创企业必须考虑要在短期内达到资金的良性循环。整合自身资产资源的同时要整合外部资源，而且，在整合资源的同时，更要考虑特定资本为企业带来什么其他的无形资源，比如政府行业背景、市场影响力、营销支撑等。

行业资源和政府政策支持才是企业成立并成功发展的重要因素，企业要想发展壮大，就应该尽可能地整合各种资源、采取各种合法手段积极务实地做好自己的这份事业。凡以为有敌人的竞争者，大多是竞争中的失败者，企业不可避免地存在诸多方面的不足，应结合本行业竞争对手的优势，"把竞争对手转变为合作伙伴"。因此，同行之间或者产业链上下游之间的创业企业、政府通过策略联盟或股权置换等各种方式整合资源，使人力资源、研发能力、市场渠道、客户资源等方面实现优势互补，对内相互支持，对外协同竞争。

创业初期，创业技术是最关键的资源，技术资源的整合也就是为了企业的不断创新、不断发展，技术资源的主要来源就是人才团队资源，重视人才资源整合的同时也就是重视技术资源的整合。

人脉和信息资源是企业进行发展的要素资源，那些流传了许久的以交易、拉拢、贿赂为手段的人脉信息整合方式，将逐渐退出历史舞台。因此，创业一定不要浪费宝贵的人脉资源，要多听取朋友的意见，争取他们的支持和帮助。

大学生创业项目创业资源整合方法可以分为以下三个阶段：

寻找式：大学生创业初期，存在许多共性问题，经验不足、市场狭窄、资金缺乏。在创业初期，创业所需资源主要依靠自身的努力来获取，但仅仅依靠自身获取的创业资源很难维持企业的发展，要想使企业继续发展，那就不得不从外界寻找创业资源。寻找式资源整合主要是结合自身创业团队的资源情况，分析资源储备存在的不足，提出整合外界资源的方案，积极地寻找和整合所能利用的创业资源，这就要求创业者具备较强的预见力和洞察力,较强的预见力可以让创业者准确地把握自己所在行业的发展热点和竞争焦点,洞察力是一种从不同类型的信息中获得知识的能力,只要拥有较强的预见力和洞察力才能在诸多的资源中获得对自己创业有所帮助的资源。

累积式:大学生创业中期,企业积累了部分赖以生存发展的创业资源。这段时期,企业正处于发展关键期,创业资源需要不断累积和增加,这需要创业者掌握累积式的资源整合方法。为了使已获得的创业资源发挥其最大效能,创业者必须在初创企业的发展过程中进一步了解创业资源的特征,以便更好地整合利用。也就是说,为了有效利用已获得的创业资源,对其进行分析、归类。只有对已有的资源进行准确的分析定位,才能在此基础上进行进一步的整合利用,才能发挥资源的最大效能,不断提高企业的核心竞争力。

开拓式:大学生创业企业取得一些发展之后,创业者要想使企业继续快速发展,那就必须采用开拓式创业资源整合。它强调创新能力,当今社会的竞争,与其说是人才的竞争,不如说是人的创造力的竞争,创新是一个企业发展的动力和灵魂,没有创新的企业是很难成长和发展的。这就要求我们要不断地把创新式思维注入其中,用创新的视角去寻找具有创新点的创业资源,特别是继续寻找企业的新的增长点,在新的增长点上充分开拓和整合利用资源,这一点对创业基础较为薄弱的大学生创业者来说尤为重要。

参考文献

[1] 代君,张丽芬.大学生创业孵化基地的建设模式[J].江西社会科学,2014(11):248-252.

[2] 林嵩,姜彦福.公司创业战略模式及应用——一个系统化过程模型[J].中国工业经济,2008(9):109-117.

[3] 包建华,罗亮.战略创业研究演进与前沿探析[J].外国经济与管理,2010(8):1-9.

[4] 林嵩,姜彦福.创业战略的选择:维度、影响因素和研究框架[J].科学学研究,2006:79-84.

[5] 王建中.创业环境及资源整合能力对新创企业绩效影响关系研究[D].昆明理工大学,2011.

[6] 万武,梅强,赵观兵.宽松环境下的创业资源识别与利用的关系——基于江

苏省不锈钢产业集群的实证研究［J］.经济管理，2011（5）.

［7］赵观兵，梅强，万武.创业环境动态性、创业者特质与创业资源识别关系的实证研究——以产业集群为视角［J］.科学学与科学技术管理，2010（8）.

［8］张君立，蔡莉，朱秀梅.社会网络、资源获取与新创企业绩效关系研究［J］.工业技术经济，2008（5）.

［9］胡文静.我国中小企业成长动态分析——基于创业资源获取与整合视角［J］.现代商贸工业，2011（7）.

［10］宋双.新创企业资源整合对绩效的影响研究［D］.吉林大学，2010.

［11］徐冬生.依托品牌建设提升高校学生党建实效刍议［J］.安徽理工大学学报（社会科学版），2013（4）.

［12］严加银.当代青少年感恩教育探究——以传统孝道为视角［J］.西南大学学报（社会科学版），2008（4）.

［13］孙文博，彭英丽.高校空巢老人问题研究［J］.哈尔滨工业大学学报（社会科学版），2009（5）.

［14］梁广东.大学生关爱空巢老人社会实践的德育实效性研究［J］.黑龙江生态工程职业学院学报，2011（6）.

［15］雷玲，刘建中.高校"空巢老人"心理防护服务体系的建构［J］.经营管理者，2013（28）.

［16］祝远恩，纪旭.大学生骨干帮扶"空巢老人"长效机制探究［J］.才智，2014（4）.

［17］童风莉."空巢老人"社会状况的调查与分析——以安徽四市（县）为例［J］.铜陵学院学报，2009（1）.

［18］刘腊梅，路丽娜.城市老年空巢家庭现状及对策分析［J］.护士进修杂志，2011（18）.

（作者是安徽理工大学在校本科生）

【案例点评】

资源整合能力是大学生创业的前提

肖仁桥

创业活动对缓解大学生就业压力具有重要意义，在目前高校持续扩大招生规模的背景下，各高校为了鼓励大学生创业采取了诸多措施，如建立创业孵化基地、开展创业培训等，但是大学生创业成功率仍然较低，创业教育和创业培训的作用并不显著，创业资源还有待重新整合和充分利用。

随着创业活动的繁荣，公益创业也不断涌现。作为一种创业类型，公益创业突出将社会价值和经济价值巧妙地融合，在保持公益方向不变的情形下，借助商业手段来造就公益组织的"造血"能力。年轻大学生能够以此作为创业项目，充分体现了90后一代大学生的社会责任感。

本案例从资源整合视角出发，强调创业资源对大学生公益创业成功与否的重要性，并且探讨了创新资源的定义、挖掘以及如何在不同时期最大化利用创业资源等问题。发现基础资源、发展资源、要素资源以及信息资源四种资源在创业企业发展的不同阶段具有不同的重要性程度，在创业过程中，大学生要根据不同的创业过程和环节，运用不同的整合方法进行资源整合。

该文阐述了不同的创业资源的具体作用以及获取方式，值得大学生创业时学习与借鉴。只有充分了解各种创业资源的作用及其整合方式，才能克服新创企业资源不足等新进入者缺陷，提高存活率和成功率。

值得关注的是作者为在校本科生，能够结合创业实践，作出如此有深度的解读，实属不易。其实，不同的创业型企业在资源禀赋上或许存在较大差异，资源获取的方式、途径也不尽相同，如公益创业项目与非公益创业项目，科技型制造企业与传统的流通企业，其成长的关键性资源可能存在较大差异性，所以，如果未来继续针对某一种具体的资源形式进行详细研究，或者做些比较性研究，也许会有更大的理论发现。

（指导教师肖仁桥是安徽财经大学创业创新与企业成长研究中心博士、副教授）

大学生创业迈步何其艰：基于汇品商贸的案例研究

朱念婷

创业作为推动经济繁荣、促进技术创新和解决就业难题的有效途径之一，已经成为国内外学者广泛关注的热门研究领域。然而创业实践的失败率非常高，根据《财富》杂志公布的数据，全球创业的失败率高达70%，创业失败可以被看作是创业过程中的一项自然组成部分（Politis & Gabrielsson，2009）。大学生创业有其自身的优势，如拥有创新思维、能够较快地接受并理解新兴事物，但其存在的一些先天的不足，如资金短缺、市场经验不足等，导致全球大学生的创业失败率在90%左右（何应林，2013），而我国大学生创业的失败率竟高达97.6%。

关于创业失败的早期研究大都强调企业失败的原因，以及如何向成功企业学习以提高新企业的存活率。随着研究的深入，学者对于失败的态度也由消极转变为积极，Minniti 和 Bygrave（2001）认为，创业者不仅要向成功的创业者学习，还应该进行"失败学习"，吸取他人和自己的失败教训，McGrath（1999）甚至提出失败是一种重要的创业资源，有效积累这种资源能够获得助力后续创业活动，可以帮助创业者降低不确定性，扩展发现新的创业机会范围，促进企业和社会的发展。而国内对于大学生创业失败的研究大多集中于创业归因及对策分析，因此，研究我国大学生创业失败以及从创业失败中学习，探讨连续创业的形成机理，具有重要的理论价值。

安徽财经大学大学生创业孵化基地于2013年5月建立，是学校大学生创新创业教育的重要载体。本文的案例研究对象是落户于创业孵化基地的安徽汇品商贸有限公司，重点考察汇品商贸创业失败的过程，以及如何从创业失败中学习并进行连续创业的形成机理。本文余下部分的结构安排如下：第一部分在文献回顾的基础上进行理论推演；第二部分简要介绍研究设计和案例选取；第三部分是对案例企业所做的具体分析；第四部分是结果讨论与研究不足。

一、文献回顾与理论推演

（一）创业失败的概念界定

学者们之所以对于创业失败概念的界定还没有一个较为统一的标准，可能的原因在于，在进行创业失败的定义时，大多出于方便获得数据或者是获得符合预期设想的企业失败率等考虑。本文依据以往研究大致梳理出对创业失败定义的三个视角：

1. 以企业创业初衷为标准的期望观

创业者会对创业企业设定一个期望达到的目标，企业如果没有取得预期的结果，即可视为创业失败（Cannon & Edmondson，2001）。

2. 以企业最终状态为标准的结果观

持这一视角的学者更加关注创业企业最终的状态。如 McGrath（1999）将创业失败定义为创业者在实现创业目标过程中对企业加以终止的行为。Shepherd 等（2009）将创业失败描述为创业企业收入下降或费用提高，以至于不能获得新的资产融资，从而导致企业无法继续经营的状态。

3. 关注企业失败原因的原因观

在研究创业失败的内涵时，有一些学者还关注到创业失败与企业终止（Business Closure）之间的差异性。创业者可能因为退休、在业务上的兴趣转移或是投资其他项目而自愿终止业务（Headd，2003），这种情形不能归入到创业失败范畴；创业失败则是被迫终止企业，所以，创业失败与企业终止是两个不同的概念。因此，在定义创业失败时，应该关注企业失败的深层次原因。

本文的研究对象是落户于创业孵化基地的安徽汇品商贸有限公司，基于创业理论和实践背景，结合原因观和期望观，在借鉴蒂蒙斯创业三要素（机会、资源、创业团队）的基础上对创业失败进行定义：企业由于市场机会、创业资源和创业团队的问题，无法取得预期的目标，即可视为创业失败。

（二）创业失败的原因

创业企业的失败必然会对创业者个人、组织和社会造成一定的负面影响，为了从创业失败中学习，学者试图归纳出创业失败的原因，以避免创业失败。创业企业与一般企业相比，面临着更险峻的形势和更多的不确定性，因此，创业失败的原因往往多种多样，并且，不同角度对创业失败原因的分析结论差别也很大。Zacharakis 等（1999）的研究发现，75%的风险投资者将创业失败归咎于不可控的外因，如激烈的市场竞争、过小的市场规模和资金短缺等，而创业者更多地将创业失败归因于内部因素。依据本文对创业失败的定义，可以从以下三个角度来分析创业失败的原因：

1. 机会角度

创业机会是指创业者有利可图的商业机会。抓住可能是稍纵即逝的机会，是创业成功的首要前提。当地文化的影响（Cardon，2011）、市场竞争激烈、市场规模小、市场的低增长率（Zacharakis，1999）以及不恰当的进入时机等机会方面的因素，都会导致创业失败，此外，对创业机会的识别和开发还受到创业经验的制约，Ucbasaran 等（2009）基于机会观视角研究发现，创业经验与识别机会数量呈倒 U 形关系，也就是说，即使具有价值的创业机会出现了，创业者也未必能准确地评估和开发。

2. 资源角度

Brush（2001）基于资源基础观角度指出，资源是新创企业创建和成长的基础。资源管理的水平会影响到新企业的生存能力。创业资源筹措渠道不畅与制度缺位等（Hayward，2010）也是造成创业失败的主要原因。

3. 创业者（团队）角度

现有的创业失败原因研究普遍认为，创业者过度自信（Franco，2010）、创业者缺乏创业经验（Shepherd，2003）是创业失败的主要原因，创业经验可以看作是创业过程中可以获得的宝贵资源。在采取团队形式创业的企业内部，创业团队成员之间的冲突升级、信任关系恶化、重大分歧，都有可能导致创业团队成员间貌合心不合，甚至发生大面积"跳槽"，从而导致创业失败的原因。

（三）创业失败成本

创业失败不仅会给创业者带来经济上的损失，还会造成心理上的影响，如降低创业者的自我效能感、打压创业者的自信心和自尊心以及使其与他人的关系出现危机等。

学者们针对创业失败成本的不同维度及维度间的相互关系来研究创业失败成本，以期帮助创业者进行创业失败修复。关于创业失败成本的研究，主要有两种观点：一种观点提出，创业失败成本包括财务成本（Financial Costs）和情绪成本

(Emotional Costs) 两个维度 (Shepherd, 2009)。创业者会把个人的资源和财富也投入到创业中去,因此创业失败带来的财务成本会很高,而财务成本会影响情绪成本,财务成本越高,情绪成本就越大,创业失败成本由二者共同影响,可能是相加也可能是相乘 (Shepherd, 2009);另一种观点则将创业失败成本分为财务、情绪、生理、社会、专家、创业 6 个维度。其中,社会成本会影响部分创业者的失败成本,而专家成本并不会影响同行对于创业者能力的评估,因此并不重要 (Cope, 2010)。

(四) 创业失败管理

创业者遭遇创业失败后,能否进行创业失败管理,即认识创业失败价值并进行创业失败修复,对于创业者能否有效地完成创业学习、恢复后续创业动机有着决定性影响。依据本文对创业失败的定义,可以从以下三个角度认识创业失败价值:

1. 机会角度

创业失败能够提高创业者识别创业机会的敏锐度和谨慎度,扩宽创业者的眼界 (Stokes & Blackburn, 2002),从而提高后续创业意向,产生连续创业行为。

2. 资源角度

创业者可以从失败中反思出正确的资源管理方式,获得如何提高绩效 (Politis, 2008)、客观地面对创业困难,以及如何优化思维和管理方式等方面的经验和教训,有助于创业者在后续创业活动中或者有关创业的其他工作中获得成功。

3. 创业团队角度

创业失败能够帮助创业者更加善于学习,提高其解决困难和反思的能力,提升其对失败的承受能力及后续创业的信心 (赵文红, 2014);促使创业团队关注企业内部存在的问题,积极寻求变革和创新,提高后续创业成功的概率。

创业失败修复有助于创业失败学习的进行和学习效果的提升,恢复后续创业意向 (Cope, 2010)。因为创业失败的经济成本和生理成本可以通过社会保障系统进行修复 (赵文红, 2014),因此一部分学者研究的是对心理和情绪成本的修复,关于创业失败者的心理反应如何阻碍失败学习的定性分析提出了构建一种积极应对、即时学习可以获得优势的管理思维模式 (Cannon & Edmondson, 2005);另一部分学者则发现,创业失败的经验对于创业者对待失败的态度产生正向积极的影响。

(五) 创业失败学习

创业失败在带来消极影响的同时,也为自己和旁观者提供了一个学习的机会,有助于创业者（团队）提升创业能力，提高未来创业成功的概率。帮助创业者（团队）认识到失败的价值以及如何从中学习避免失败的经验，是创业失败研究和创业学习的最大贡献。近年来，学者更多地从创业学习的角度来研究创业失败，关注创业者如何处理情绪、走出失败阴影，并从失败中学习。创业者在进行有效学习之前，必须明确创业失败学习是一个通过经验转化而获得知识的连续过程（Politis，2008），而中等层次的失败才能促进创业失败者有意愿进行创业失败学习，并产生后续创业的意向和行为（倪宁，2009）。如果创业失败带给创业者（团队）倾家荡产和极度的悲观情绪，发生东山再起或者卷土重来的案例却很少。

依据本文定义，从三个方面来分析创业失败学习的内容：首先是与机会相关的学习。学习如何识别机会、如何准确评估机会的开发价值（Davidsson & Honing，2003）和机会开发的可行性，学习如何保持创业者已有的创业警觉性。其次是与资源相关的学习。学习如何更有效率地获得资源和对资源进行管理。最后是与团队相关的学习。创业者和团队学习如何完善思维方式，准确分析所处的行业环境，如何加快企业创立过程，提升在管理公司和提高企业绩效方面的能力（Davidsson & Honing，2003）。

关于创业失败学习模式的研究。Cope（2010）通过案例研究从解释现象学分析（Interpretative Phenomenological Analysis）角度提出了三种学习模式：一是变革式学习，主要是创业者个人转变的学习；二是双环学习（Double-loop Learning），主要是创业者通过对现状的反思从而对企业进行改变的学习；三是成长式学习（Generative Learning），主要是指创业者通过学习清楚地认识到企业失败的原因，对企业的管理内容等进行学习，从而更有信心，增强了后续创业意向。而针对网络和联系的学习则同时受到变革式学习和双环学习的驱动。倪宁（2011）通过实证分析得出创业失败者更倾向于采用"探索式"学习模式的结论，创业者更愿意从已有经验中去探索新的可能性而并非利用旧的确定方法从经验中学习（"利用式"学习），"探索式"学习的前提是创业者打破原有的创业逻辑框架。关于创业失败学习模式和后续创业意向关系的研究，于晓宇（2013）提出当创业者将失败归因于外部因素时，可能产生单环学习，单环学习的学习目标是提高行动效率，可以增强其对自我创业胜任力提高的感知，进而提高其后续创业意向，但只是寻求行为和结果之间的匹配，未必会提高随后创业绩效；当创业者将失败归因于内部因素时将促使其进行双环学习，双环学习的学习目标是提高行动效果，能够提高随后的创业绩效，但是双环学习带来的巨大负面情绪会降低其随后的创业意向。

通过相关文献的梳理可以发现，创业失败的研究存在两条主线：一是早期主要研究的是创业失败的原因即如何正确认识创业失败；二是从 McGrath 开始的研究，开始关注如何从创业失败中学习、如何将失败通过学习转化为助力后续创业的有效经验等问题。以这两条主线为逻辑脉络，本文试图从创业三要素（机会、资源、创业团队）这三个方面来探究创业失败及连续创业的形成机制，首先，创业者要总结创业失败的原因、明确创业失败的成本结构以正确认识创业失败；其次，认识创业失败的价值和进行创业失败修复，成功地进行创业失败管理以启动创业失败学习；最后，通过创业失败学习，提高甚至形成后续创业意向，进行连续创业，由此构建了一个初步的形成机制模型（见图1）。

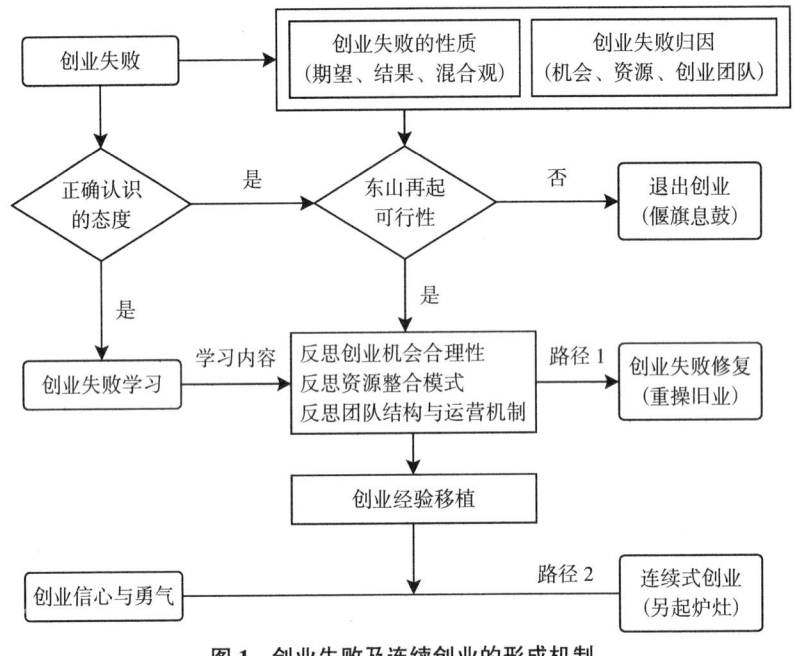

图1 创业失败及连续创业的形成机制

二、研究设计和案例选取

（一）研究方法

从创业失败到连续创业（如图1中路径1和路径2）是一个动态的复杂过程，同时伴随着创业者的心理变化过程，难以从现实情境中分离，因此本研究将案例研究方法和释义法结合，一方面用案例研究法进行定性的、经验性的研究，着重回答 How（怎么样）和 Why（为什么）的问题，对创业失败及连续创业的形成机制进行翔实的描述和深入的理解；另一方面创业者的心理变化过程更适合用微观情境资料来研究，通过移情认同和语言分析等方式，揭示创业者行为背后的意义和心理变化过程，来印证创业失败及连续创业的形成机制。

（二）资料收集和样本构成

本研究中涉及的案例背景和对案例事件的描述分别来自对案例企业资料的整理和对创业团队人员的访谈记录（包括面对面访谈、电话访谈和通信软件交流）。通过释义法，将创业者的既往行为和心理过程转化成文本，引导创业者回忆从创业失败到连续创业的关键过程，详细描述期间的行为活动和心理过程，思考这些行为和心理产生的原因；通过一系列问题的引导，让创业者理解从创业失败到连续创业的形成路径；让创业者总结自己的叙述，作为研究者后期对理论观点的验证。由于本文是单案例研究，涉及的研究样本是一个小规模的创业团队，因此本研究对收集的文本内容进行了反复的逐字分析和理论提炼，最后进行总结和归纳，用于验证理论观点。

（三）案例选取

本文选择的案例研究对象是入驻安徽财经大学创业孵化基地的安徽汇品商贸有限公司，它是一家综合性商贸有限公司，2015 年 12 月入驻安徽财经大学创业孵化基地。主要从事俄罗斯跨境电子商务业务，主营产品包括针织产品、商务箱包、服装等轻工业品。公司经营理念是顺应当前外贸形势，合理地利用"互联网+"的优势，利用当前跨境电商平台（阿里速卖通、兰亭集势等）拓展国外业务，为国外消费者以及经销商提供优质的品牌产品，赢得国外市场。公司在进行跨境贸易时困难重重，屡试屡败，难以实现企业预期目标，便转向国内 B2C 平台（淘宝、天猫）进行连续创业。同时，在注重公司发展的过程中，还为广大国际贸易、市场营销、电子商务专业学生提供实践基地，为高校人才培养、公司积累以及培养人才做出积极努力。

2015 年是中国跨境电商元年，各大电商平台纷纷开展跨境电商业务，同时，国内出口公司也希望借此契机将自己的产品及品牌更好地推广到世界。2015 年 6 月 10 日，国务院常务会议指出，促进跨境电子商务健康快速发展，用"互联网+外贸"

实现优进优出，有利于扩大消费、推动开放型经济发展升级、打造新的经济增长点。与此同时，安徽蚌山跨境电子商务产业园集产品资源、平台对接、工业数据化拍摄服务、办公、仓储配套、物流配送、人才输送、培训学堂、运营服务（传统企业转型升级）、公共服务为一体的电子商务全产业链综合服务园区，正式投入使用。通过搭建跨境电子商务平台，整合商贸基础信息资源，规范电子商务数据标准，搭建数据中心，实现数据共享，提供电子商务通关、物流、数据交换、外贸协同、商务信息、商务信用等综合服务，聚集跨境电子商务产业。

本案例的创业团队成员是安徽财经大学国际经济贸易学院的学生，在国内形势的推动下，在自身专业理论知识的支撑和学院的帮助下，成功创立安徽汇品商贸有限公司，为厂家提供的轻工业品进行俄罗斯跨境电子商务业务。基于本文对创业失败的定义，安徽汇品商贸有限公司由于市场机会、创业资源和创业团队的问题，无法取得预期的进行跨境电子商务业务的目标，视为创业失败，后又进行了连续创业，本研究将用案例研究法和释义法探索创业失败及化解的形成机制。

三、案例分析

（一）安徽汇品商贸正确认识创业失败

安徽汇品商贸有限公司在进行跨境电商业务时，由于市场机会、创业资源和创业团队的问题，难以达到预期目标，导致创业失败（见表1）。对于总结出来的创业失败原因，简要阐述如下：

表1 创业者的创业失败原因举例

创业者访谈文本	失败原因归类
创业者曹某：我觉得我们失败的一个主要原因就是盲目进入俄罗斯市场，中国同行竞争激烈，价格战打不过	机会
团队成员田某：正好赶上卢布贬值，不提价就亏本，提价又怕没客源	
团队成员丁某：新的海关政策又对境外包裹增收关税，与他们本国的电商相比，客户肯定不愿意承担这个成本，我们就很难卖出去了	
创业者曹某：我觉得俄罗斯物流水平太落后，运一个包裹时间长，而且价格也比较贵，而他们自己国家有的电商就有自己的物流系统，所以我们很难打入市场	资源
团队成员叶某：我们的包裹不仅过海关时间长，而且会经常丢失，这对我们小电商影响比较大，（俄罗斯）有能力更强的海关站就好了	

续表

创业者访谈文本	失败原因归类
团队成员丁某：一直想要开发自己的一个网站来推广产品，但是没有实施，一方面没有能力去开发，也没有足够的资金去请人开发，另一方面也没有客户资源和渠道去给网站引入流量	资源
团队成员潘某：我们都没想到俄罗斯除了莫斯科以外（的地区），没有像国内支付宝这样的支付平台，我们只有通过当地物流公司收取然后转回国内，这就麻烦了，资金没办法及时回笼，没有资金企业没办法正常运转	
团队成员丁某：没什么网站推广的经验，推广的模式好像错了	创业者及团队
团队成员叶某：也没考虑到竞争会这么激烈，有点盲目乐观吧，我们团队（成员）也缺乏沟通和耐力	
创业者曹某：俄罗斯的电商市场看起来很诱人，感觉进入市场会比较简单，没想到会遇到这么多问题，大家都有点盲目自信，而且我们也没有及时聚在一起讨论各自发现的问题，虽然大家关系都很好，彼此也很信任，但是还是需要管理，还有及时沟通	

1. 市场机会

安徽汇品商贸有限公司在进入俄罗斯市场时，并没有选择好恰当的时机。这是因为卢布贬值和俄罗斯的海关新政策有力地保护了俄罗斯本土电商，增加了新创企业发展的难度；进入市场之前，创业团队又没有对市场的竞争程度进行详细的调查和了解，尤其是中国电商企业蜂拥而至所带来的恶性低价竞争，让各大电子商务企业都进入了无利可图的死胡同，最终导致企业难以生存。

2. 创业资源

安徽汇品商贸有限公司在进入俄罗斯市场时没有考虑当地和我国之间的资源差距，我国的物流系统和基础设施日益成熟，网购也非常便利，而俄罗斯作为世界上国土面积最大的国家，跨越9个时区，投送本就困难，加之它的基础设施、物流网络和邮政分拣、投送等水平还比较落后，网购的困难对于电商来说是一个很大的挑战。俄罗斯本土实力雄厚的电商会建立自己的物流系统，选择国际物流企业进行配送成本又太高昂，因此，外来小规模电商很难打入市场。俄罗斯海关是按照常规进出关货量来配置人员和海关基础设施的，没有能力及时处理激增的境外包裹，导致包裹大量积压，甚至也没有完善的跨境货物安全解决机制和方案，货物没有安全保障，会给企业带来额外的损失；俄罗斯没有支付宝这样的快捷支付平台，导致除了莫斯科地区以外的客户无法进行网上货款交易，电商只能委托物流公司收款再转回国内，拉长了资金回笼周期，对小企业的维持和发展带来了很大困难。此外，作为新创企业，安徽汇品商贸有限公司缺乏资金和人才去创建一个属于企业的推广网站，也缺乏人脉资源进行产品的推广。

3. 创业团队

安徽汇品商贸有限公司的团队成员都是学生，初次创业缺乏经验是他们失败的主要原因。创业者盲目乐观，无法从理智、客观的角度去评估新创企业的发展前景，没有从同学的角色转变成为管理者的角色，缺乏管理经验和快速提升企业绩效的能力，另外，整个团队没有及时进行必要的沟通和对共同开展风险的预判；团队成员虽然各有分工且明确知道自己的职责，但是缺乏相应的经验去出色地完成工作任务。

另外，通过创业团队的访谈记录可以看出（见表2），大家对创业过程中出现的问题都有一定的认识，并且也都总结了造成创业失败的原因。访谈过程中，受访者对于创业失败这个话题没有表现出明显的抵触和悲伤情绪，更多的是一种积极的反思态度。同时，因为创业失败的财务成本基本为零，对情绪成本没有产生很大影响。至少情绪成本处在比较低的水平，并没有出现自信心受损和信任关系破裂等现象。总体来看，整个创业团队对创业失败能够有一个正确的认识，这是进行连续创业最基本的条件。

表2 创业失败成本构成访谈举例

创业者访谈文本	创业失败成本类型
创业者曹某：因为上一学年学习了贸易实务，所以想试试能不能成功地把理论运用到实践中，而学校恰好提供了创业资金和场地，所以更多的是想要学习到一些经验	财务成本
团队其他成员：我们在这次创业中学到了很多，虽然失败了，失落肯定会有，但是也算是大家共同成长的一个过程，会积极面对失败，寻求其他的出路，以后会合作得更好	情绪成本

（二）公司对创业失败的管理

创业团队的5位受访者在正确认识创业失败之后，及时地认识到创业失败的价值（见表3）并进行了创业失败修复，为接下来的创业失败学习和后续创业行为奠定了良好基础。

通过这次创业失败，创业者们认识到应该强化自身的优势，增强识别创业机会的敏锐度；俄罗斯地大物博，它对于跨境电商贸易来说，既是机遇也是挑战，创业者表示再次遇见类似的机会不会盲目进入市场，而是应该更谨慎地评估创业机会；俄罗斯热门的跨境电商贸易吸引了大量的竞争对手，最后陷入恶性的低价竞争，因此，应该对市场的竞争程度进行详细的调查和了解；俄罗斯的海关政策和货币汇率是决定境外电商能否存活的关键因素之一，应该选择好正确的进入市场时机；在俄罗斯进行跨境电商贸易的方式其实是个人消费品邮寄，并未纳入海关登记，可见行业的法律法规并不完善，加上俄罗斯的海关关站的低运作率和物流运输的低配置，都给安徽汇品商贸有限公司的生存带来了许多挑战，因此在开发之前，应该考虑市场的行业法规和市场的资源配置是否完善；创业者应该认识到电商其实还是自己的优势领域，但是遇到一些不可控的因素导致经营困难就应该及时止损，另辟新路。另外，在遇到困难的时候要学会自我管理，友情和信任代替不了团队中的管理和沟通，团队中各成员应积极努力履行好自己的职责，市场调研部需要对俄罗斯的市场做更全面的调研，市场推广部则应该秉持着营销的理念从消费者的角度进行推广，针对俄罗斯消费者酷爱社交网站的特点，设计出相应的线上推广方案。

表3 创业者所认识的创业失败价值

创业者访谈文本	创业失败价值归类
创业者曹某：再遇到类似的情况不会盲目地进入市场了，前期肯定会做更多的调查；不过还是会做自己熟悉的电商领域，最好是能比同行早发现机会	机会
团队成员叶某：这次我们没有做好充分准备；一定要考察市场竞争的程度	
创业者曹某：下次进入市场之前会考虑市场的行业法规是不是已经完善了，还会考虑过海关和物流运输等情况	资源
团队成员丁某：要去了解消费者，其实俄罗斯的消费者酷爱社交网站，当时就应该从社交网站入手，应该去学习怎么样推广才会GET到消费者的点；发现问题要及时和其他成员沟通	
团队成员叶某：不能盲目乐观，想得太简单，对产品和市场做更全面的调查才能准确评估市场	创业者及其团队
创业者曹某：通过这次知道了自己哪些方面是强项；遇到一些不可控的情况导致经营不下去时，就应该及时止损，重新寻找别的出路；还有管理和沟通对一个团队来说真的很重要；我作为团队的负责人，应该要有耐力，提高自己的层次	

在访谈中我们发现，整个创业团队成员都及时地认识到了创业失败的价值，认同"在学习中创业，在创业中学习"的观点，并且，相信在第一时间内进行学习，能够获得组织和个人的优势，加之零财务成本和较低的情绪成本，整个团队成员愿意积极地去进行失败修复。

（三）创业失败学习后的创业意向

经历过创业失败并成功进行创业失败管理的创业者，对于创业过程中的困难会有更客观的认识，而对创业项目的心理所有权所带来的自我身份识别和自我能力证明也能激发创业者（郝喜玲，2015），更加积极地去进行创业失败学习以克服创业过程中的困难。本案例的创业团队针对创业失败的原因，成功进行了创业失败学习（见表4）。

机会的识别与开发是创业失败学习内容的第一步。为了判断再次遇见类似的热门创业机会（国内的 B2C 平台）该不该进入市场，创业者学习了如何进行充分的市场调研和如何判断合适的进入时机；对国内的相关政策法规进行了解，学习如何进行资源管理，选择可靠的合作伙伴和供应商，获得人脉资源和资金资源；创业者还学习了自我管理和管理团队的能力，以便在遇到挫折时能够管理情绪、积极带领团队；提升绩效是一个企业最直接的目标，团队各成员针对自己的职责和短板也进行了相应的学习，提高了市场营销能力和市场调研能力，同时，在学习和反省的过程中，创业团队成员之间的沟通能力也在上升。

表 4　创业者的创业失败学习内容

访谈原始文本	创业失败学习模式	创业失败学习内容归类
创业者曹某：我们现在要做的就是想想怎么去调查市场，然后根据信息判断要不要进入国内电商运营（淘宝、天猫）	单环学习	机会
团队成员叶某：怎样判断什么时候是合适的进入时机；怎样去发现新的市场；如何考察市场竞争的程度	探索式学习	
创业者曹某：怎么去选择可靠的合作伙伴和供应商；学习怎么去获得更多的人脉资源和资金	变革式学习、双环学习	资源
团队成员丁某：提高营销和推广的能力；学会和团队沟通	变革式学习	创业者及其团队
团队成员叶某：最好能够学习去分析企业入驻平台的发展前景	双环学习	
创业者曹某：怎样去提高业绩；学习如何去管理一个团队；以后面对困难和遭遇变故时能够有能力去处理	成长式学习 双环学习	

本案例的创业团队在创业失败的学习过程中经历了单环学习、探索式学习、变革式学习、双环学习以及成长式学习等学习模式，单环学习和成长式学习都使创业者提高了对自我创业胜任力的感知，提高了创业者及其团队进行后续创业的信心；而针对创业者个人的变革式学习和双环学习中，由于创业者需要对个人的世界观和能力进行提升和改造，对企业的行动纲领和战略进行重新定义，这两种学习方式有可能会对创业者带来巨大的负面情绪影响，而汇品商贸创业团队基于大学生能更快接受新事物的优势和积极乐观的性格特征，并没有导致后续创业意向的减弱，团队最终选择进入国内的 B2C 平台（淘宝和天猫）进行了连续创业。

四、结果讨论与研究不足

安徽汇品商贸有限公司因没有达到企业既定的目标而创业失败,其从创业失败再到连续创业经历了一个复杂的过程,本文通过释义法进行案例分析,将创业者的既往行为和心理过程转化成文本,引导创业者回忆从创业失败到连续创业的关键过程,最终验证了创业失败到连续创业的形成机制。

(一) 研究结果

1. 正确认识创业失败

明确导致创业失败的原因和创业失败带来的成本,安徽汇品商贸有限公司的创业团队能够从机会、资源和团队自身三个方面客观分析创业失败的原因,同时不可抗因素导致的失败、能够客观承认自身的局限、零财务成本和创业团队间深厚的友谊都使情绪成本维持在低水平,整个创业失败的成本都处在一个易修复的范围内。

2. 成功进行创业失败管理

能否及时地认识到创业失败价值并进行创业失败修复,对于创业者能否有效地完成创业学习、恢复后续创业动机有着决定性影响。安徽汇品商贸有限公司的创业团队从机会、资源和团队三个方面及时地认识到创业失败的价值,秉持"在学习中创业,在创业中学习"的心态积极地进行创业失败修复,并且,相信在第一时间内进行学习,能够获得组织和个人的优势,为提高创业学习的效果和形成后续创业意向打下良好基础。

3. 成功进行创业失败学习并形成后续创业意向

针对创业失败的学习是一个把失败教训转化成为下一次创业有参考价值知识的过程,能够提升创业者的能力,从而有效提高后续创业成功率的行为。安徽汇品商贸有限公司的创业团队在成功进行创业失败管理后,立即积极地投入到创业失败学习中,针对创业失败的原因学习如何判断机会的可开发性、如何进行市场调研和推广、如何管理好自身和团队、如何促进企业创新、提升企业绩效等,单环学习模式和成长式学习都使创业者及其团队提高了进行后续创业的信心,且创业团队基于能更快接受新事物的优势和积极乐观的性格特征,并没有导致后续创业意向的减弱,整个团队在经历了一个自我提升的过程后,形成了强烈的后续创业意向,最后选择了重操旧业(路径1)和另起炉灶(连续创业)。

本研究给广大高校创业者的最大启示是应该正确认识创业失败，客观承认创业失败存在的普遍性，当校园创业遭遇失败之后，应该通过创业失败管理和创业失败学习，努力将其转化成为助力后续创业的坚强后盾。

（二）研究不足

本研究也存在一些不足：一是本文是单案例研究，依照此案例验证的形成机制并不一定会具有普适性和代表性；二是本案例中创业团队成功地进行了创业失败学习进而形成后续创业意向，而实际中并不是所有的创业团队都可以成功地进行失败学习，一旦没有成功进行学习，其对于后续创业意向的影响可能是反向的；三是在创业失败后可能面临如图1所示的路径1、路径2的情形下，缺乏足够清晰地分析何时会出现某种特定的结局的阐述。

参考文献

[1] 郝喜玲，陈忠卫，刘依冉. 创业失败学习内容的差异性及其根源[J]. 华东经济管理，2016（3）：141-147.

[2] 何应林，陈丹. 大学生创业失败的类型与原因——基于创业失败案例的分析[J]. 当代教育科学，2013（5）：52-54.

[3] 倪宁. 创业失败经验对创业知识转化模式的影响[J]. 工业工程与管理，2011（2）：87-91.

[4] 倪宁，杨玉红，蒋勤峰. 创业失败学习研究的若干基本问题[J]. 现代管理科学，2009（5）：114-116.

[5] 赵文红，孙万清，王文琼，李秀梅. 创业失败学习研究综述[J]. 研究发展与管理，2014（5）：95-105.

[6] 于晓宇. 创业失败研究评介与未来展望[J]. 外国经济与管理，2011（9）：19-58.

[7] 于晓宇，李厚锐，杨隽萍. 创业失败归因、创业失败学习与随后创业意向[J]. 管理学报，2013（8）：1179-1184.

[8] Brush C G, Greene P G, Hart M M, et al. From Initial Idea to Unique Advantage: The Entrepreneurial Challenge of Constructing a Resource Base[J]. Academy of Management Executive, 2001, 15（1）：64-80.

[9] Cannon M D, Edmondson A C. Confronting Failure: Antecedents and

Consequences of Shared Beliefs about Failure in Organizational Work Groups [J]. Journal of Organizational Behavior, 2001, 22 (2): 161-177.

[10] Cardon M S, Stevens C E, Potter D R. Misfortunes or Mistakes? Cultural Sense Making of Entrepreneurial Failure [J]. Journal of Business Venturing, 2011, 26 (1): 79-92.

[11] Cope J. Entrepreneurial Learning from Failure: An Interpretative Phenomenon Logical Analysis [J]. Journal of Business Venturing, 2010, 6 (2): 1-20.

[12] Davidsson P, Honing B. The Role of Social and Human Capital among Nascent Entrepreneurs [J]. Journal of Business Venturing, 2003, 18 (3): 301-331.

[13] Franco M, Haase H. Failure Factors in Small and Medium Sized Enterprises: Qualitative Study from an Attributional Perspective [J]. International Journal of Entrepreneurship Management, 2010, 6 (3): 503-521.

[14] Hayward M L A, Shepherd D A, Griffin D. A Hubris Theory of Entrepreneurship [J]. Management Science, 2010, 52 (2): 160-172.

[15] Headd B. Redefining Business Success: Distinguishing between Closure and Failure [J]. Small Business Economics, 2003, 21 (1): 51-61.

[16] McGrath R G. Falling forward: Real Options Reasoning and Entrepreneurial Failure [J]. Academy of Management Review, 1999, 24 (1): 13-30.

[17] Minniti M, Bygrave W. A Dynamic Model of Entrepreneurial Learning [J]. Entrepreneurship Theory and Practice, 2001, 25 (3): 5-16.

[18] Politis D. Does Prior Start-up Experience Matter for Entrepreneur's Learning? A Comparison between Novice and Habitual Entrepreneurs [J]. Journal of Small Business and Enterprise Development, 2008, 15 (3): 472-489.

[19] Politis D, Gabrielsson J. Entrepreneurs' Attitudes towards Failure: An Experiential Learning Approach [J]. International Journal of Entrepreneurial Behaviour and Research, 2009, 5 (4): 364-383.

[20] Sardana D, Scott-Kemmis D. Who Learns What? —A Study Based on Entrepreneurs from Biotechnology New Ventures [J]. Journal of Small Business Management, 2010, 48 (3): 441-468.

[21] Shepherd D A. Learning from Business Failure: Propositions about the Grief Recovery Process for the Self-employed [J]. Academy of Management Review, 2003, 28

(2): 318-329.

[22] Shepherd D A, Wiklund J, Haynie M. Moving forward: Balancing the Financial and Emotional Costs of Business Failure [J]. Journal of Business Venturing, 2009, 24 (1): 134-148.

[23] Stokes D, Blackburn R. Learning the Hard Way: The Lessons of Owner-managers Who Have Closed Their Businesses [J]. Journal of Small Business and Enterprise Development, 2002, 9 (1): 17-27.

[24] Ucbasaran D, Westhead P, Wright M. The Extent and Nature of Opportunity Identification by Experienced Entrepreneurs [J]. Journal of Business Venturing, 2009, 24 (1): 99-115.

[25] Zacharakis A L, Meyer G D, Decastro J. Differing Perceptions of New Venture Failure: A Matched Exploratory Study of Venture Capitalists and Entrepreneurs [J]. Journal of Small Business Management, 1999, 37 (3): 1-10.

(作者是安徽财经大学2015级企业管理研究生)

【案例点评】

"长一智"何需"吃一堑"
李宏贵　肖仁桥

从创业失败到连续创业是一个复杂的转变过程。本案例基于创业者的既往行为和心理过程来引导创业者回忆，帮助创业者在从创业失败到连续创业的关键过程中进行创业学习。俗话说，失败是成功之母。不过，在创业型成长过程中，不能简单地理解此话的内在含义。

一是要正确认识创业失败。为了明确导致创业失败的原因和创业失败带来的成本，本案例从机会、资源和团队自身三个方面客观分析创业失败的原因。不经历风雨，怎么见彩虹？对于在校大学生创业，要学会区分挫折与失败的界限，毕竟在更多的时候，创业是在资源供应有限、商业前景不够明晰的前提下所进行的创造性活动，遇到挫折也是难免的，但千万别错把创业挫折当作创业失败，甚至不愿意继续创业或者是采取干脆放弃持续创业等消极应对行为。

二是要成功地进行创业失败管理。能否及时地认识到创业失败价值并进行创业失败修复，对于创业者能否有效地完成创业学习、恢复后续创业动机有着决定性影响，需要从机会、资源和团队三个方面及时地认识到创业失败的价值，秉持"在学习中创业，在创业中学习"的心态积极地进行创业失败修复，并且相信在第一时间内进行学习，能够获得组织和个人的优势，为提高创业学习的效果和形成后续创业意向打下良好基础。

三是要成功进行创业失败学习并形成后续创业意向。针对创业失败的学习是一个将失败经验转化成为知识的过程，能够提升创业者的能力，提高后续创业的成功率。针对创业失败的原因学习如何判断机会的可开发性、如何进行市场调研和推广、如何管理好自身和团队、如何促进企业创新、提升企业绩效等，单环学习模式和成长式学习都将使创业者及其团队提高进行后续创业的信心，且创业团队基于能更快接受新事物的优势和积极乐观的性格特征，并没有导致后续创业意向的减弱，整个团队在经历了一个自我提升的过程后，形成了强烈的后续创业意向，最后选择了连续创业。

本案例的最大启示是应该正确认识创业失败，客观承认创业失败存在的普遍性。创业失败率偏高是一种正常的社会现象，从社会氛围营造角度看，固然需要宽容失败，但从创业者成长角度来看，未必都得自己去试一下"不撞南墙不回头"的损失，而是要善于吸取别人的失败教训并转化成自己的创业智慧。当然，如果创业者果真遭遇了失败，则应当像本文所研究的那样，平心静气地通过创业失败管理和创业失败学习，将其转化成为助力后续创业的资源。

（指导教师李宏贵是安徽财经大学创业创新与企业成长研究中心秘书长、教授；肖仁桥是安徽财经大学创业创新与企业成长研究中心博士、副教授）

创业过程中连续创业机会开发研究
——基于安财绿艺创意园的案例

曹迎迎

一、引言

2015年，针对高校毕业生就业的严峻形势，国务院、教育部出台了一系列文件鼓励并扶植大学生自主创业，培养大学生创业意识，丰富创业知识，提升创业能力，力争实现到2017年引领80万名大学生创业的预期目标。但是，从实际情况看，目前高校毕业生创业人数比例仍然很低，创业成功的人数比例更低（张玉利等，2013）。以高校大学生为主体的创业企业普遍面临这样的困境：创业项目单一，无法持续运营企业以及获得稳定的收入来源；在创业机会的识别和把握上也处于先天的劣势（张楠，2005）。对于大学生创业的过程和企业成长的轨迹加以比较后发现，它们几乎都是在经历一段快速崛起时期后便陷入成长乏力、发展停滞甚至衰亡的瓶颈之中。在痛惜之余人们也在深思：大学生在初次创业项目取得成功之后，是否应该保持创业的连续性，树立连续性创业的理念。经历了创业之初"短暂的春天"后便归于沉寂的大学生创业企业，到底怎样才能不断突破自身成长的极限而获得可持续成长。

综观国内外创业研究可以发现，学者们对于连续创业主题的关注尚处于萌芽或起步阶段（Rocha et al., 2015），关于连续创业的研究仍集中在连续创业、组合创业与新手创业之间的比较分析上（窦军生，包佳，2016）。对于连续创业机会开发过程及其推动因素，以及连续创业项目可能的绩效差异及其产生机制等问题，并未形成系统的理论解释，相关研究更是匮乏。然而，不只是大学生创业企业，连续创业在社会企业创业实践中也比比皆是（赵文红，孙卫，2012）。因此，对于连续创业的研究十分必要，对于大学生创业和社会企业创业实践活动也有一定的指导作用。

此外，创业是一个发现和利用机会的过程，正确识别与开发机会是创业成功和企业成长的关键（Shane & Venkataraman, 2000）。从本质上讲，大学生企业实施连续创业是由创业机会激活并受其驱动的（王璜，张聪群，2013）。因此对于大学生创业来说，如何在市场环境中连续不断地识别和捕捉创业机会，进而开发利用机会对于其企业的持续性成长也起到重要作用（刘美玉，2010）。

基于此，本文将从创业机会开发的角度来研究大学生连续性创业，构建初次创业项目成功经历与连续创业机会开发的关系模型，并应用于一个校园创业案例的分析和考察。这一研究将有助于推进连续创业研究，在此基础上拓展大学生创业研究角度，并为大学生创业提供一定的理论启示和指导。

二、文献回顾和理论概述

（一）连续性创业的概念界定

到目前为止，学者们对于连续创业主题的相关研究还显得比较零散，对于连续创业的界定还比较模糊。早期的研究者普遍认为，创业的最终结果就是创立新企业，但是，随着创业概念的扩展，新业务领域的开拓、技术创新、组织创新和战略更新都可以被称为创业。因此，根据连续创业强调不同创业项目在时间上的先后性（张骁，李嘉，2012），本研究将企业连续创业界定为创业企业创立后，随着企业的不断发展壮大，企业需要进行新产品、技术或服务的开发，将企业生命由原来的项目嫁接到另外一种项目上，从而进入新的业务领域，进行新市场的开拓从而形成新的竞争优势的过程（窦军生，包佳，2016）。

（二）连续性创业机会的开发

斯晓夫等（2016）结合创业机会研究的大量经典文献与具体的中国情境，提出并证实创业机会是一种多途径的探索与形成过程。创业机会的开发过程是指通过合理运用资源和能力，识别并评价机会后利用机会成功创业的过程（Brush et al., 2002）。一般来说，创业机会开发过程涉及创业机会的识别、创业机会的评价和创业机会的利用三个方面（Ardichvili et al., 2003）。

创业机会的识别是指察觉有利润的新的产品、服务、原材料或组织方式可能性的过程（Shane & Venkataraman, 2000）。在这个过程中，不同的创业者由于个人特性所关注的创业机会有所不同；即使是对同一个创业机会的评价也因人而异（林嵩等，2005）。因此，个人特征经常作为一个变量出现在近几年的创业机会识别的文献中，如刘万利和张天华（2014）在构建主动性人格、感知风险与创业机会识别的概念模型的基础上，发现机会性人格、变革性人格和坚韧性人格都有利于创业机会识别，但是，积极性人格对创业机会识别影响不显著。此外，在近年的文章中，从先前经验、创业学习、创业警觉性和社会网络的角度来研究创业机会的识别的文章也较多，其中，从先前经验角度研究创业机会识别的代表人物有陈燕妮（2013）、周立新（2014）、王飞和姚冠新（2014）、王沛和陆琴（2015）等；从创业学习的角度来研究创业机会识别的代表人物有周立新（2014）、王飞和姚冠新（2014）、张红和葛宝山（2016）、陈文沛（2016）等；从创业警觉性的角度来研究创业机会识别的代表人物有张秀娥和王勃（2013）、王沛和陆琴（2015）、苗莉和何良兴（2015）等；从社会网络的角度来研究创业机会识别的代表人物有任胜钢和舒睿（2014）、陈忠卫和张琦（2015）、苗莉和何良兴（2015）等。

比较上述文献可以发现，很少有学者就某一角度来研究创业机会的识别，一般会选取两个或两个以上的角度来综合分析创业机会的识别过程，这进一步验证了创业机会的识别是一个综合作用的结果。在此，我们将通过个人特征、先前经验、创业学习、创业警觉性、社会网络等维度，阐释连续创业机会识别的主要因素和内在机理。

创业机会的评价是指根据一定的标准和方法对于识别出来的创业机会进行综合评估。然而，识别和选择创业机会是一个动态过程，机会评价活动贯穿于创业机会开发的全过程（姜彦福，邱琼，2004）。Tommons 提出的评价指标体系被认为是到目前为止最全面的创业机会评价指标体系，国内许多学者都在 Tommons 评价指标体系的基础上对研究对象展开深入分析（姜彦福，邱琼，2004；姚晓芳等，2007；郭颉，2014）。然而，Tommons 创业机会评价指标体系的缺点也比较明显（林嵩等，2004），指标多而全，导致主次不够清晰，而实践中在对创业机会进行评价时，实际上难以做到对各个方面的指标量化设置权重、实现综合评分的效果。因此，姜彦福和邱琼（2004）在 Tommons 创业机会评价指标体系的基础上，提出适合中国创业者进行非正式评价的关键指标序列，主要分为三大类：人的因素、机会本身的市场因素和经济因素。人的因素包括：创业者团队是否是一个优秀管理者的结合；是否拥有优秀的员工和管理团队；创业家在承担压力的状态下心态是否良好；行业和技术经验是否达到本行业内的最高水平；个人目标与创业活动是否相符合。机会本身的市场因素是指顾客是否愿意接受该产品或服务。经济因素是指：机会带来的附加价值具有较高的战略意义；能获得持久的税后利润，税后利润率要超过10%；固定成本和可变成本低。因此，本文将通过创业者个人因素、市场因素和经济因素等维度来阐释连续创业机会评价的主要因素和内在机理。

在创业机会的过程导向观点出现以后，创业机会的利用开始得到关注，因为，这是整个创业过程中很重要的一个环节（Shane, 2003; Baron & Shane, 2005）。对于许多创业者来说，利用机会是创造一个成功的企业或者开发一个可持续性项目的重要一步（姚猛，2008）。Choi 和 Shepherd（2004）将创业机会的利用定义为为了从一个机会所产生的新产品中获利，建立起一套有效的系统并进行大规模运营的投资行为。创业机会的利用不可避免地涉及资源和能力的运用，而资源和能力的合理运用为创业的成功实现提供了保障，所以，已经开始有学者关注到创业机会利用过程中的资源和能力因素（杨俊和张玉利，2004）。王波涛和刘景光（2010）在综述国内外创业机会的研究中发现创业机会的利用必须基于企业的资源和能力上，不能与其背道而驰，否则，创业机会利用就会成为无源之水、无本之木。Zhang等（2008）认为，创业机会的利用过程实质就是围绕机会所展开的资源组合和利用过程。他们研究发现，企业的社会网络为创业成功提供了独特的、不可模仿的资源。杨忠等（2007）通过研究发现，企业家精神、组织学习和社会网络是企业机会利用过程中的重要资源和能力来源。因此本文将通过资源因素和能力因素等维度来阐释连续创业机会利用的主要因素和内在机理。

（三）初次创业项目成功经历影响到连续性创业

窦军生和包佳（2016）在对现有连续创业文献梳理和对比分析中发现，初次创业经历对于后续创业的影响主要通过三种机制产生，分别是认知发展、资源积累和情感感知。

认知发展的视角是现有文献中最主要的初次创业经历对连续创业影响的解释角度。认知发展视角认为初次创业经历会影响创业者的认知发展和知识积累，进而影响之后的连续创业项目的开发。通过对现有文献的梳理发现，基于认知角度的解释主要集中在自我效能感和认知偏差两个方面。如果初次创业项目的开发是成功的，那么创业者的自我效能感就会增强，从而更可能再次开发项目（Dan，2013）。自我效能感解释了成功的创业项目的开展对再次创业的影响，另外，学者们还从认知偏差视角对创业者如何解读先前创业经历，进而影响他们后续创业项目的开发进行了分析。一般来说，创业者认知方式总会带有偏差并且很难改变，这也是个体差异的来源之一（Hyytinen & Ilmakunnas, 2007）。这些偏差可能影响创业者对过去经历的学习和评估方式，进而影响他们对之后的连续创业项目的开发。

从资源观来说，成功的创业开发经历会带来更多的社会资源（Westhead & Wright, 1998），如社会网络的扩展以及声誉的获得。创业者可能会倾向于运用这些资源以追求更多的项目的开发、获得企业的可持续成长。

从情感角度出发，学者们指出，创业者对于之前创业经历的感觉（幸福或悲伤）也是影响之后的连续创新项目开发的一个重要因素。情感不仅能够对创业者产生直接影响，而且也能通过其他因素对创业者产生间接影响。例如，在不同情绪下，创业者控制错觉的强度存在明显差异。具体来说，当人们沮丧时，这种控制错觉降低，而当人们处于积极情感时，控制错觉就会变强（Thompson, 1999）。

总体而言，学术界主要从认知发展、资源积累和情感感知三个角度来对先前创业经历和之后的连续创业项目开发之间的关系进行解释。

（四）初次创业项目经历对连续性创业机会开发影响的整合框架

从上述研究中可以发现，初次创业经历对连续创业开发的影响主要从认知发展、资源积累和情感感知三个角度来进行解释，而对连续创业开发离不开创业机会的识别、评价与利用。因此，本文按照"初次创业经历—连续创业"、"连续创业机会开发"这两大研究主题对初次创业项目成功经历对连续创业机会开发影响的研究作出归纳总结，并形成了本文研究的分析框架（见图1）。

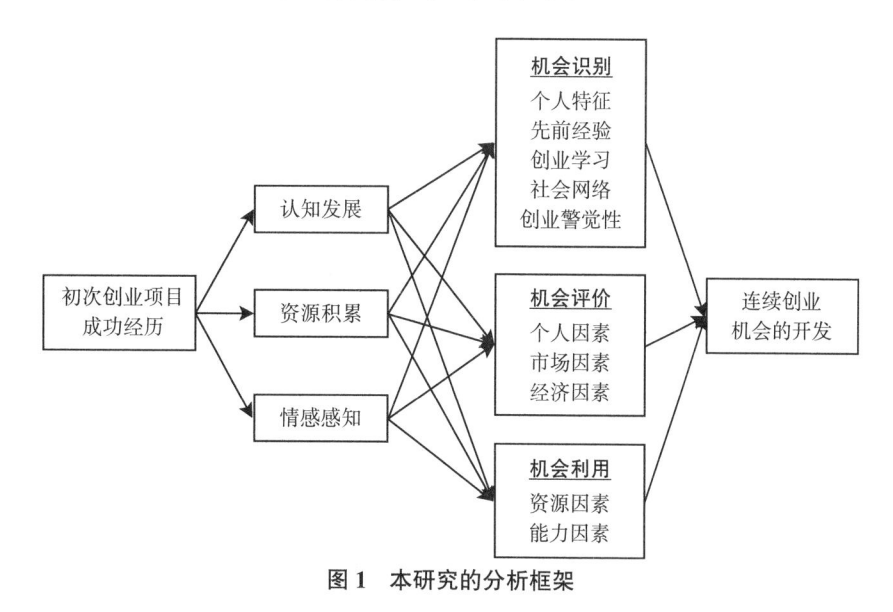

图1 本研究的分析框架

在如今大力倡导"大众创业、万众创新"的宏观背景下，我国大学生创业以及其企业的持续成长的问题越来越受到研究者的热切关注。大学生创业企业的持续成长无论对其自身还是对经济发展、吸纳就业和社会稳定而言都相当重要。然而，许多大学生创业企业都深处规模小、寿命短的尴尬境地（张玉利等，2013）。因此，本文将通过案例研究方法，运用上述分析框架来研究大学生创业过程中的连续创业机会开发，为我国在校大学生在创业成功后如何继续进行之后连续创业机会的开发提供启示。

三、研究方法和案例企业的选取

在研究方法的选择上，本文主要采用案例研究法。案例研究法是管理学研究中常用的研究方法之一，它主要是从客观事实出发，选取具有代表性的案例，通过深入真实的管理场景，在理论的基础上对案例的具体内容进行分析，进而解决实际问题或发现新理论的一种研究手段。由于本文主要是研究初创项目的成功对连续创业机会开发的影响，故本文采取单案例研究方法以保持研究对象的一致性。

（一）案例选择

本文以安徽财经大学创业孵化基地中的绿艺创意园为研究对象，分析其初创项目的成功开发，及其对其后续项目的创业机会开发的影响。之所以选择这家企业作为研究对象，是基于以下三点考虑：①绿艺创意园虽然成立时间不长，但是已经接连做了几个创业项目，初创项目发展良好，后续项目也在陆续进行，可以做本次研究的案例对象；②绿艺创意园位于校园内，方便资料的获得、研究的便利和实时的追踪与访谈；③作为大学生创业实践，绿艺创意园的经营发展也取得了不错的成果。

（二）研究信度与效度

为了保证本研究结果的稳定性、一致性和可靠性，即为了保证研究的信度与效度，我们采用国内外案例研究者普遍引用的 Yin（2010）的《案例研究设计与方法》。在研究过程中的每一个环节都遵循其基本的逻辑和方法，并加以详细记录，以提高研究过程的可靠性，分析归纳的普适性，总结出更抽象、更具体概括性的理论（原长弘等，2012）。

本文案例研究的开展主要包括研究人员的内部讨论、研究问题的确定、明确资料收集类型、资料收集和资料整理5个基本步骤。本研究主要采用访谈并录音和实地考察的方式来收集一手资料，并结合文档资料、问卷调查等二手资料以形成三角印证法，从而保证研究的信度和效度。笔者通过多种途径与案例企业创业团队成员进行了多次采访，并通过与所收集的企业相关资料进行比对，保证了采访过程的效度。在问卷调查过程中，我们就问卷中的答案进行信息的深度挖掘，以形成完整的资料收集链来提高案例研究的信度。本文收集的资料包括：国家近期出台的关于大学生创业的报道、中英文文献38篇、论文专著3本、对所获得的一手资料和二手资料进行整理和分析后的文档资料。

（三）案例背景

绿艺创意园是一家以出售多肉盆栽植物为主的企业。2015年11月，绿艺创意园通过安徽财经大学共青团委会的批准，成功入驻安徽财经大学大学生创业孵化基地二期，并于当年取得企业法人营业执照。其主要创始成员有国际经济贸易学院的聂纯和会计学院的张杰、陈漪漪、田永伦，其中聂纯与陈漪漪主要负责节日花卉供应、包装、轧花手机壳等手工艺品的制作；张杰与田永伦主要负责盆栽的种植、购买以及联系学院、社团等。经过了近半年的发展，绿艺创意园已经从原先仅有的多肉盆栽项目发展到定制手机壳、自制书签、鲜花速递等多个项目同时运营的企业。

创业初期（2015年5~10月）：团队成员做了市场调查并进行了盆栽前景的分析。他们发现平均每间女生寝室有四盆盆栽，平均每间男生寝室有两盆盆栽，在宿舍或者办公室放一盆盆栽已经成为很多大学生和老师追捧的潮流，盆栽在大学当中有广泛的市场需求。可是在学校周围售卖盆栽的都是流动摊贩，缺乏管理，价格的随意性也很大，盆栽的供应不足。此外，团队成员中有比较熟悉多肉盆栽培养技术的人员，因此，他们选择多肉盆栽项目进行创业，并向学校申请入驻创业孵化基地。经过了共青团委的筛选以及项目答辩，绿艺创意园成功入驻创业孵化基地。

创业初始项目的运营（2015年10月至2016年3月）：多肉盆栽项目的运营采用O2O模式，即线上线下结合的营销策略，线上通过微博、贴吧、淘宝和微信公众号销售，线下采用实体店销售。另外，产品均从盆栽基地采购，省去了中间的流通环节，降低了盆栽的成本，提高了盆栽的市场竞争优势。这一方面有利于吸引消费者，另一方面有利于培养长期稳定的客户群，从而可以为绿意创意园吸引到更多的客户，带来稳定并持续增长的经济效益。通过优惠的价格，以及免费为购买者提供盆栽培养技术、盆栽寄养、盆栽回收等业务吸引了许多校园盆栽养殖爱好者的购买与交流。

继续创业项目的运营（2016年3月至今）：在盆栽项目成功运营之后，企业拥有了一些固定的消费群与营销渠道，绿艺创意园开始进行新的业务领域的拓展。通过网上搜集资料和线下调查，他们发现轧花手机壳技术现在已经成熟，但是供应此类手机壳的商家比较少，而学生购买手机后都会进行手机壳的购买，平均每一个学生都拥有3~4个手机壳。因此他们进行了自制轧花手机壳的实验，经过反复实验，最终掌握了轧花手机壳的制作方法，在店内以及线上进行推出，深受学生的欢迎。受到轧花手机壳的启发，他们又进行了书签的开发制作，也推出了市场，并销售良好。5月20~21日。绿艺创意园推出了鲜花速递服务并提供策划表白等一系列为大学生服务的鲜花产业，吸引了许多客户的提前订购和私人定制表白服务。

从绿艺创意园先后开发的项目来看，每一次推出的项目都是新的市场和消费群体的拓展，在每一次项目拓展中，不仅业务领域发生了变化，企业的运营方式也发生了重要的转变。因此，我们将利用上述的研究分析框架，对绿艺创意园初次创业项目的成功对之后连续创业机会的影响进行分析。

四、案例研究

（一）初次创业项目的成功对连续创业机会识别的影响

在盆栽项目成功运营之后，企业拥有了一些固定的消费群与供销渠道，此时绿艺创业者意识到适时打开新市场、开展新业务对其持续发展的重要性。因此，他们通过网上收集资料和线下调查发现轧花手机壳的市场前景广阔，并且成本较低，适合他们再次进行创业项目的开发。由于他们已经拥有盆栽项目成功开发的经历，对于手机壳项目的开发也比较有信心，并且，他们对植物方面的知识也有了一些积累，因此，对于轧花手机壳技术的开发和学习也有了一定的基础。随后他们又推出了自制书签项目，这也主要基于有了轧花手机壳的项目的顾客群体，使他们了解到有一些植物爱好者喜欢将植物搜集起来装饰自己的学习生活用品，因而开发了轧花书签。在特殊节日，顾客不是买不到鲜花，就是售卖鲜花的店铺较远，很不方便，所以绿艺创业一方面为了方便原有顾客，另一方面为了扩大经营业务而开展鲜花速递服务。也是基于他们原有的供销网络和本身对于植物的了解才能成功开展此项业务。

经过分析发现，初次创业项目成功后，创业者在认知发展上对连续创业机会的识别有了更加理性的认识，对于创业机会识别的警觉性也有所提高。这表现为他们在初次创业项目机会识别时用了将近 5 个月的时间进行市场调查，而轧花手机壳业务的机会识别和开发仅仅用了 1~2 个月的时间，自制书签项目和鲜花速递项目时间更短。从资源积累角度来看，由于初次创业项目积累了一些固定的消费群和供销渠道，使创业者的创业网络从个人网络向社会网络转化，同时对植物方面的知识积累也有所提高，因此不论是对之后连续创业机会识别的市场调查还是销售，都较初次创业项目要迅速、销量好。从情感感知角度来看，初次创业项目的成功使创业者对于之后的连续创业机会的识别更加有信心，这在一定程度上也增加了他们连续创业机会开发成功的概率。

（二）初次创业项目的成功对连续创业机会评价的影响

初次创业项目成功后，绿艺创业团队已经搭建成功，每个人都各司其职、各有所长，配合默契，这为他们对于后续项目的创业机会评价提供了更加客观、理性的氛围。此外，绿艺创业者拥有了一些创业经验，并且，有了一定的生存基础，这在一定程度上缓解了他们在创业情绪上的压力，也为之后连续创业项目的创业机会评价提供了良好的状态。

从初次创业项目开始他们便不断深入了解技术和市场知识，虽然未达到本行业很高的水平，但是也足以评估本行业创业机会的可行性，对创业机会的认知能力有所提高。在初次创业后，绿艺创业者们目标更加坚定，对企业发展战略的认知更加清晰，这使他们在评价时更加能把握方向，挑选出符合他们战略目标的创业机会。通过初次项目的积累，绿艺创意园有了一定的市场资源，创业者对于顾客的需求也更加了解，这为之后连续创业项目的市场评价奠定了坚实的基础。从绿艺创意园先后开发的项目来看，每一次推出的项目都是新的市场和消费群体的拓展，在不断拓展项目的同时，不仅业务领域发生了变化，企业的运营方式也发生了重要的转变，因此对之后连续创业项目机会的评估也具有较高的战略意义。

经过分析发现，从认知发展和情感感知角度上来看，初次创业项目的成功经验主要影响创业者个人对于之后连续创业机会的评价。这主要表现为初次创业成功后，创业者配合更加默契，创业压力也有所减缓，主动学习能力有所提高，并且创业目标更加清晰，因此，对于之后连续创业机会的评价提供更加客观、准确的基础。从资源积累的角度上来看，在初次创业成功后，顾客资源和资本的积累为之后连续创业机会的评价提供了更加方便、公正的环境。

（三）初次创业项目的成功对连续创业机会利用的影响

盆栽项目的成功开发不仅为绿艺创意园的创业者们带来了创业资源，也使他们的创业能力有所提升。在访谈中我们发现，在盆栽项目开发成功并且业务量趋于稳定之后，他们在之后连续创业项目的利用中愿意承担风险的意愿增强，更加乐观。这可能由于初次创业项目的成功经历使他们的自我效能感增强，在认知上更加偏好于好的结果。此外，在对之后连续创业项目利用的控制力上，创业者们也有所提高。在创业资源的积累上，在经过初次创业项目的成功后，核心创业团队初步形成、市场声誉有所提高、社会网络资源有所扩展以及对于植物的培养与加工技术有了一定的经验，这都为之后连续创业机会的利用提供了所需的无形资产。另外，初次创业项目的成功还积累了一些物质资源，为之后连续创业机会的利用提供了所需的有形资产。

经过分析发现，从认知发展和情感感知角度上看，初次创业项目的成功经历主要影响创业者个人能力对于之后连续创业机会的利用。这主要表现为创业者自我效能感增强，在认知上更加偏好于好的结果以及控制能力的增强。从资源积累的角度上看，初次创业项目的成功经历主要积累了组织资源、社会资源、技术资源以及物质资源，为之后连续创业机会的利用提供了资源基础。

五、结果讨论

作为安徽财经大学创业基地二期的新入驻企业，绿艺创意园虽然成立时间不长，但是，为了响应学校的创新创业教育实践，已经开展了一系列的项目来拓展其产品链和市场。它的生存与成长为我们提供了研究在校大学生创业过程中的连续创业机会开发研究所需要的真实材料。

本研究从认知发展、资源积累和情感感知的角度，分别对初次创业项目的成功对之后连续创业机会的识别、评价、利用影响进行了分析。从研究中我们可以发现，从认知发展和情感感知的角度，可以解释初次创业项目的成功经历主要影响连续创业机会开发的个人因素，包括先前经验、创业学习、创业警觉、个人情绪以及个人能力；从资源积累的角度，可以解释初次创业项目的成功经历主要影响连续创业机会开发的社会网络、市场资源和经济资源。这说明初次创业项目的成功经历不但可以为之后连续创业机会的开发提供客观物质条件，而且能为其提供主观成功基础。

因此在校大学生在创建新企业时要打好坚实的基础，争取初次创业机会的成功开发以有利于其连续创业机会的开发，进而获得持续的竞争力和企业成长。

另外，绿艺创意园在有限的时间内开展了一系列运营良好的项目，为研究大学生创业过程中的连续创业机会开发提供了一个非常具有代表性的案例。通过对案例研究我们发现：①随着校园创业企业的逐渐发展，需要进行新产品、技术或服务的开发，进行新市场的开拓，从而形成新的竞争来维持其长久的运营；②先前创业成功的经历不但影响创业者个人的认知和情绪对于后续创业机会的开发，而且也从创业资源上制约着之后连续创业机会的开发；③绿艺创意园只是众多在校大学生创业项目中的一个，他们的创业经历揭示了大学生在初次创业成功后面对连续创业机会的开发所受到的影响和制约。

六、研究总结和不足

本文从认知发展视角、资源积累视角和情感感知视角，对连续创业机会的识别、评价和利用进行了系统揭示，构建了初次创业项目成功经历与连续性创业机会开发的逻辑框架。本文的贡献在于：①关于连续创业的研究仍集中在连续创业、组合创业与新手创业之间的比较分析上（窦军生和包佳，2016），本文试图从创业机会开发的视角研究先前创业成功经历对连续创业的影响，这是对已有的连续创业行为理论的补充；②连续创业现象不仅在校园创业中多有发生，在社会创业中也屡见不鲜（赵文红和孙卫，2012），本文虽然是对大学生创业的针对性剖析，但是对于社会中连续创业现象也有一定的借鉴意义；③连续创业机会的开发对于在校大学生创业企业的持续性成长有重要作用（刘美玉，2010），本文从先前创业成功经历的视角对大学生连续创业机会的识别、评价与利用进行针对性剖析，是校园创业型企业获得可持续发展的基础条件。

由于本文主要采用案例研究法，仅仅基于一个案例而得出的结论还有待进一步验证，但是，从中我们还是可以获得一些启示：①在校大学生在初次创业项目成功后，要注意总结自己在创业机会开发以及创业资源积累上的经验和不足，为自己在之后连续创业机会的开发做好准备工作，以获取企业长久的发展潜力。②虽然初次创业项目的成功会给创业者带来自我效能感的满足、认知发展能力上的提高、情绪上的自信以及一定的资源基础，但是，后续创业机会的开发还会受到其他因素的影响，例如社会资本和环境因素（周立新，2014）。因此创业者在连续创业机会的开发过程中，除了借鉴先前创业项目的成功经验，同时还要认真分析其他因素的影响。

本研究对于初次创业项目成功经历与连续创业机会开发的关系只针对一个校园企业所做的初步探讨，并且，绿艺创意园的创业时间较短，而且市场也仅限于校园内，对于连续创业机会开发的研究比较简单，在未来的研究中，可以针对更多的连续创业企业进行实地调研，获得数据，并利用相关实证方法进一步验证理论模型。此外，本研究中只是从认知发展、资源积累和情绪感知的角度，分析了初次创业项目成功经历对连续性创业机会开发的有益影响，然而，成功的创业经历也可能增加创业者的错觉感知（窦军生，包佳，2016）和过度自信（Westhead et al., 2004），因此，在未来的研究分析中，可对初次创业项目成功经历对连续性创业机会开发的不利影响进行分析。

参考文献

[1] 陈文沛. 关系网络与创业机会识别：创业学习的多重中介效应 [J]. 科学学研究，2016（9）：1391-1396.

[2] 陈燕妮，Jaroensutiyotin Jiraporn. 创业机会识别的整合视角 [J]. 科技进步与对策，2013（2）：4-8.

[3] 陈忠卫，张琦. 社会网络中信任关系对大学生创业的动态影响——以闹闹音乐栈为例 [J]. 管理案例研究与评论，2015（5）：483-499.

[4] 窦军生，包佳. 连续创业：文献评介、整合与新解读 [J]. 外国经济与管理，2016（4）：90-103.

[5] 姜彦福，邱琼. 创业机会评价重要指标序列的实证研究 [J]. 科学学研究，2004（1）：59-63.

[6] 林嵩，张帏，邱琼. 创业过程的研究评述及发展动向 [J]. 南开管理评论，2004（3）：47-50.

[7] 林嵩，姜彦福，张帏. 创业机会识别：概念、过程、影响因素和分析架构 [J]. 科学学与科学技术管理，2005（6）：128-132.

[8] 刘美玉. 高校大学生机会型创业的瓶颈与对策研究 [J]. 东北财经大学学报，2010（5）：59-63.

[9] 刘万利，张天华. 主动性人格、感知风险与创业机会识别关系研究 [J]. 科技进步与对策，2014（3）：14-19.

[10] 苗莉，何良兴. 草根创业者社会网络对创业机会识别的影响及机理 [J]. 财

经问题研究，2015（8）：117-123.

[11] 任胜钢，舒睿. 创业者网络能力与创业机会：网络位置和网络跨度的作用机制 [J]. 南开管理评论，2014（1）：123-133.

[12] 斯晓夫，王颂，傅颖. 创业机会从何而来：发现、构建还是发现＋构建？——创业机会的理论前沿研究 [J]. 管理世界，2016（3）：115-127.

[13] 王璜，张聪群. 试论民营企业持续性创业 [J]. 科技与管理，2013（2）：77-80.

[14] 王沛，陆琴. 创业警觉性、既有知识、创业经历对大学生创业机会识别的影响 [J]. 心理科学，2015（1）：160-165.

[15] 杨俊，张玉利. 基于企业家资源禀赋的创业行为过程分析 [J]. 外国经济与管理，2004（2）：2-6.

[16] 杨忠，张骁，陈扬等. "天生全球化"企业持续成长驱动力研究——企业生命周期不同阶段差异性跨案例分析 [J]. 管理世界，2007（6）：122-136.

[17] 姚猛. 创业者机会利用决策的实证研究 [D]. 中山大学学位论文，2008.

[18] 姚晓芳，杨蕾，周培岩. 基于 Timmons 创业机会评价体系的实证研究——深圳、合肥、安庆三市创业机会 [J]. 管理现代化，2007（6）：15-17.

[19] 原长弘，田元强，佘健华. 怎样提高产学研合作案例研究的效度与信度 [J]. 科学学与科学技术管理，2012（7）：29-36.

[20] 张红，葛宝山. 创业学习、机会识别与商业模式——基于珠海众能的纵向案例研究 [J]. 科学学与科学技术管理，2016（6）：123-136.

[21] 张骁，李嘉. 初次创业和再创业关键影响因素和作用机制差异研究：机会、资源与能力的匹配 [J]. 研究与发展管理，2012（6）：116-125.

[22] 张秀娥，王勃. 创业警觉性、创造性思维与创业机会识别关系研究 [J]. 社会科学战线，2013（1）：86-92.

[23] 张玉利，朱晓虹，杨俊. 高校毕业生创业后劲不足症结何在 [N]. 中国教育报，2013-10-21.

[24] 赵文红，孙卫. 创业者认知偏差与连续创业的关系研究 [J]. 科学学研究，2012（7）：1063-1070.

[25] 周立新. 家族社会资本、先前经验与创业机会识别：来自微型企业的实证 [J]. 科技进步与对策，2014（19）：87-91.

[26] Robert Baron，Scott Shane. 创业管理：基于过程的观点 [M]. 张玉利，谭

新生，陈立新译. 北京：机械工业出版社，2005.

［27］Yin Robert K. 案例研究：设计与方法［M］. 周海涛，李永贤等译. 重庆：重庆大学出版社，2010.

［28］Ardichvili A, Cardozo R, Ray S. A Theory of Entrepreneurial Opportunity Identification and Development［J］. Journal of Business Venturing, 2003, 18（1）: 105-123.

［29］Brush C G, Greene P, Hart M M. From Initial Idea to Unique Advantage: The Entrepreneurial Challenge of Constructing a Resource Base［J］. IEEE Engineering Management Review, 2002, 15（1）: 86.

［30］Choi Y R, Shepherd D A. Entrepreneurs' Decisions to Exploit Opportunities［J］. Journal of Management, 2004, 30（3）: 377-395.

［31］Hyytinen A, Ilmakunnas P. What Distinguishes a Serial Entrepreneur?［J］. Industrial and Corporate Change, 2007, 16（5）: 793-821.

［32］Rocha V, Carneiro A, Varum C A. Serial Entrepreneurship, Learning by Doing and Self-selection［J］. International Journal of Industrial Organization, 2015, 40（4）: 91-106.

［33］Shane S A. A General Theory of Entrepreneurship: The Individual-opportunity Nexus［J］. General Information, 2003, 12（3）: 353-374.

［34］Shane S, Venkataraman S. The Promise of Entrepreneurship as a Field of Research［J］. Academy of Management Review, 2000, 25（1）: 171-184.

［35］Thompson S C. Illusions of Control: How We Overestimate Our Personal Influence［J］. Current Directions in Psychological Science, 1999, 8（6）: 187-190.

［36］Westhead P, Ucbasaran D, Wright M, et al. Novice, Serial and Portfolio Entrepreneur Behaviour and Contributions［J］. Small Business Economics, 2005, 25（2）: 109-132.

［37］Westhead P, Wright M. Novice, Portfolio, and Serial Founders: Are They Different?［J］. Journal of Business Venturing, 1998, 13（3）: 173-204.

（作者是安徽财经大学2015级企业管理研究生）

【案例点评】

连续创业成功的关键

李宏贵

在面临经济社会转型与市场消费升级的双重压力的创业环境下，即使拥有好的赛道、好的团队、好的产品，也不一定能成功。然而，在成功的创业者中，连续创业者则占据了较大的比重。例如，阿里巴巴的马云在创立了中国黄页之后，才创立了阿里巴巴。而腾讯的马化腾在成功推出社交媒体软件QQ之后，又推出了移动社交软件微信，使企业成长进入了又一个高峰。苹果公司的乔布斯也在离开苹果公司后再次创业成立了NEXT。事实证明，连续创业者在进行创业时可能更加从容、成功率更高，这也是连续创业之所以值得关注的原因之一。

然而，不管是初次创业还是连续创业，创业的核心问题没有变——如何正确地进行创业机会的开发？作为创业最重要的初始因素，创业机会很大程度上决定了创业的成功和企业的成长。好的创业机会并不会突然出现，创业者需要根据有限的信息和资源来识别、评价与利用机会。而连续创业者在拥有了先前创业项目经历后在认知发展、资源积累以及情感感知上对创业机会的开发会较初次创业有所不同。有研究表明，大约有1/3的创业者从至少两家不同的企业中获得过创业经验。这决定了连续创业者后续项目的存活率等于或高于初次创业项目的存活率。

从初次创业项目中获取创业机会开发经验以实现连续创业项目的成功以及企业的持续成长问题受到了学术界的热切关注。创业机会的开发是创业活动的起点，也是近年来创业研究的核心。而基于国内连续创业现象的显著增加，将连续创业引入创业机会，并与之融合，用以解释成功的连续创业者为什么可以有效地识别创业机会、为什么能成功开发等问题，为创业研究提供了全新视角。在如今"大众创业、万众创新"的环境下，也为我国大学生创业研究提供了新的方向。

该文以大学生创业企业为研究对象，在明确了连续创业的概念内涵和清晰边界的基础上，从认知发展、资源积累以及情感感知三个角度对初次创业与连续创业机会的识别、评价以及利用做了具体的阐述，运用案例研究法得出了创业过程中初次创业对连续创业机会开发的影响。从该案例中，我们可以看到初次创业项目成功经历主要影响连续创业机会开发两个方面，从创业者个人层面来看，主要影响创业者先前经验、创业学习、创业警觉、个人情绪以及个人能力；从资源积累方面来看，主要影响社会网络资源、市场资源和经济资源。这为大学生进行连续创业机会的有效开发提供了理论依据，为大学生创业企业的成长提供了重要启示。

（指导教师是安徽财经大学创业创新与企业成长研究中心秘书长、副教授）

大学生自主创业的"土壤"研究

闵静静

大学生是国家最宝贵的财富和资源，是整个社会思维最活跃、最具创新力的群体，是新技术和新潮流的引导者和受益者。相对于一般的创业者而言，大学生创业群体拥有更多的知识、较强的创新意识和良好的创业潜能。《世界高等教育会议宣言》中指出，高校应该积极开展创业教育，致力于培养学生群体的创业能力和精神，引导就业观念的转变，由一名求职者转变为一名机会的创造者。大学生自主创业已被纳入创新型国家建设和推动经济社会发展重大战略。李克强总理指出，要借改革创新的"东风"掀起"大众创业、万众创新"的新浪潮。作为高素质人才培养的大学生，其个性发展呈多元化趋势，大学生的出路和价值实现已经成为社会关注和热议的焦点。

自主创业支持土壤是引领、支持大学生创业的重要手段。国家各级政府出台了一系列涉及融资、税收、创业培训、创业指导等方面的优惠政策来激励、引导大学生从事自主创业活动，着力将自主创业打造成为国家未来发展的重要就业模式和渠道。高校创业教育、国家政策支持、社会创业环境以及创业者自身及家庭因素都对大学生自主创业的创业行为与创业意愿产生影响。本文在分析现有的创业"土壤"环境存在的问题的基础上，结合安徽财经大学新视觉彩绘工作室的创业案例，对影响高校学生自主创业行动的相关因素进行影响机理探析，讨论如何从创业土壤环境上提高创业意愿、推动创新行为。完善的创业土壤环境是增强大学生创业意识和能力，支持并保障其创业成功的有效途径及先决条件。良好的创业环境使得自主创业的大学生在有限的条件下寻求机会，不断创造更高价值。

一、理论概述

大学生自主创业是通过大学生自身及所在组织的劳动，运用所学习的知识、技能、才华以及各种能力,在一定的环境中,通过努力创新,寻求机会,不断成长并且创造价值的过程。大学生自主创业的形式主要有自筹资金、技术入股、外联合作等方式。大学生自主创业要求创业者能够结合自身实际特点,把握市场前景和社会需求,获得创新的成果,继而直接把成果推向社会和市场,努力把研究成果转化为生产力,创造出一定的经济效益。相比较而言,大学生创业者是将知识转变为真正具有市场价值的更高层次的创业者。

(一) 当前大学生创业土壤环境

当前我国大学生自主创业土壤环境仍然存在许多问题。目前学者们多是从创业环境与创业支持体系等不同角度对这一问题进行了研究。在创业环境方面,大多学者从创业意愿与创业环境之间的相互依存关系进行了研究,如 Frese(2002)研究了创业环境与创业导向、创业战略与创业成功的关系。Covin(1989)等认为创业环境评价是了解创业环境的前提,创业环境评价要考虑复杂性、动态性、商业优劣势三个方面的因素。Fogel(2000)从应用导向的层面,提出了创业环境的组合因素,涉及社会经济条件、金融支持和非金融支持、创业政策和规程等方面。Kreis 等(2002)选择了 1307 家企业作为调研对象,分析了环境对创业意愿的约束效应等。在创业支持体系方面,吴启运(2008)认为大学生创业支持体系主要由创业主体、创业教育和培训、创业服务、创业环境、创业投融资等要素组成;潘光林(2001)提出了宏观、中观、微观组合而成的创业扶持系统的概念;徐占东(2009)等提出大学生创业支持体系模型包括宏观政策保障体系、创业教育拓展体系、创业基金扶持体系和孵化器支持体系等。

(二) 高校创业教育培训与实践相对滞后

创业教育的开展是我国大学生职业规划教育模式的新形式,西方发达国家早在 20 世纪 80 年代就开始了尝试,我国创业教育的发展较晚,规模也较薄弱(卢俊义等,2011)。虽然我国高校已经开展了一些关于创业教育的探索,但是创业教育的发展程度远远不能满足大学生需要创业的热情,其中,专业、课程设置脱离市场需求、实践教学开展不够、就业指导作用不高是目前高校创业教育存在的主要问题。

高校课程与专业的设置和社会实际要求存在着一定差距,这为大学生创业带来了不利的影响。大学生在实施创业的过程中,在学校所学的知识远远不能满足创业的需求,有的大学生从事的行业与自己所学专业毫不相干,自己曾经学的一些管理学、法学等知识也只是"皮毛",在创业过程中只能起到辅助作用。大学生创业者除了具备一定的专业知识外,还需要其他适应社会生存的技能,但目前大学生缺乏必要的技能。由于我国高校教育资源的不均衡,一些院校对于大学生的实践教育还不够重视,从而导致大学生动手能力较弱,表达沟通能力存在一定问题,行为能力出现障碍等。因此,高校应大力开展素质培训实践教育,弥补学生这方面能力的不足,缩小与社会实际能力的差距。就业指导工作是贯穿大学教育始末的重要组成部分。就业指导是对大学生进行人生指导,满足大学生对于人生发展和职业规划的需求,对大学生创新与创业意识的形成具有很重要的作用。目前我国高校这方面的就业指导教育工作发展严重不均衡,不切实际,不能从大学生发展的实际出发,学生接触兴趣不高,导致学生泛泛学习,人生方向不明确。

(三)社会创业环境有待改善

和发达国家相比,我国的创业基本环境仍处于中下游水平。创业人文环境有待改善,社会还普遍对创业认同感不高,甚至认为创业是能力不高的体现,是找不到工作退而求其次的工作方式。此外,市场环境尚存在人为障碍,部分行业进入门槛偏高,不利于创业的开展。

没有形成一个大学生自主创业和鼓励创业的良好的社会文化氛围,原因是多方面的。传统文化制约着人们创新求变的思想。长期以来,由于受封建思想的影响,人们始终被笼罩在墨守成规、安于现状、顺其自然、听天由命等思想下,渐渐地就形成了一种强大的传统习惯,也造成了人们做出安分守己、怕风险图安稳的行为。另外,由于受几千年来重农抑商、重工抑商思想的影响以及长期的计划经济体制,束缚了人们的创新思想,导致全社会还没有形成敢于创新的宽松氛围。中国社会的"墨守成规、官本位"等一些陈旧观念仍然根深蒂固,严重影响着中国的社会心理和人们的价值取向。在这样的社会文化氛围中很难孕育出更多的创业人才,也容易浇灭大学生的创业热情。

(四)政府政策扶持与平台支撑力度不够

大学生自主创业是一项系统浩大的工程,不能简单就归结为学校或者学生个人的行为,各级政府更要承担起主要责任。就业是民生之本,大学生自主创业的开展有利于我国经济与社会的稳定发展。虽然政府对于大学生创业已经出台了很多利好政策,但是有些政策不能切实地帮助大学生解决就业问题,有的政策没能制定出具体的支持和扶植大学生创业的方针政策。这样的政策难以保障大学生创业的实施。虽然政府也再三强调要大力支持不同类型的创业，真正把实惠留给大学生创业，但是，一些地方创业的利好政策往往是雷声大雨点小，好政策未真正落实到广大创业学生的头上。大学生创业者难以获得实质的帮助，这种行为挫伤了大学生创业的信心。目前，陆续出台了减免各项手续的费用、降低税收、发放低息贷款等政策，这些优惠政策虽然在客观上为大学生创业解决了一些实际问题，但是这种做法却没有解决大学生创业的根本问题，大学生需要的是社会形成创业氛围，高校形成创业土壤，真正能切实促进创业的平台以及各种解决创业保障的相关体系的建设。

(五) 家庭和亲人支持的阻碍

家庭作为非正式的社会支持网络，亲人、朋友、同事（同学）、老师等社会关系对大学生创业提供的精神与物资等方面的支持更直接、更可靠。转变观念可以为大学生创业者提供有力的精神支持。作为大学生创业者身边关系最密切的人，及时给予关怀和遇到挫折时的鼓励，会增强创业者的信心。但是，受传统观念"学而优则仕"的影响，长期以来，人们心目中的大学生就业观念是，毕业能进政府机关做一名公务员，或者找到一份工资相对较高、单位较为稳定的大型国有企业长期工作，一些学生家长对于创业无法接受，认为自己的孩子从事创业是找不到工作、没本事、没出息的表现，这种传统的观念对大学生创业的开展是不利的，对创业的冷漠以及排斥心理直接影响大学生的创业走向。

二、案例选取与研究框架

(一) 案例选取

单案例研究方法可以针对一个既有的现象，提供详尽的描述，进而引发读者对于某个研究问题的兴趣，激发对于现有理论的反思或是将一些现象更清楚地予以揭露呈现。虽然很多学者认为多案例研究要比单案例研究更适用，但实际上单一的案例研究也可以是非常具有说服力的，特别是对于独特的案例，因为一个适当的例证就足以反映出现有理论的缺失或是新的研究方向。

鉴于研究案例的典型性、案例资料的可获取性以及研究的便利性，本文以安徽财经大学新视觉彩绘工作室为案例研究的样本。新视觉彩绘工作室是一家专业从事墙绘、彩绘、广告设计、墙画制作的艺术工作室。2014年10月，经共青团安徽财经大学委员会批准，新视觉彩绘工作室成功入驻安徽财经大学大学生创业孵化基地，从而宣告新视觉彩绘工作室正式成立。新视觉彩绘工作室位于安徽省蚌埠市安徽财经大学东校区9栋宿舍一楼，主要目标客户为蚌埠市及周边县市的一些咖啡馆、饭店、公共文化场所等。新视觉彩绘工作室是安徽财经大学文学与艺术传媒学院的一群在校大学生，在学院指导老师的帮助下创建的。他们结合学院的优势专业，利用专业特长，组建团队，构成管理、业务和技术的结构体系，管理人员统筹公司的大小事务，业务人员负责外出与大中小型企业洽谈，技术人员负责外出绘画，并最终完成作品。新视觉彩绘艺术工作室着眼于与企业长期合作，共同发展，全力为客户提供全方位的快捷、便利、贴心服务，协助创造企业的最大价值。同时，新视觉彩绘艺术工作室为了扩大经营规模，招徕更多顾客，每合作一家企业，就发展该合作单位为介绍中间人，并通过分配提成的方式，为开展更多业务奠定基础。

案例研究大多包含一些质化方法，如深度访谈、文件调阅、实地调研等，本研究也并不例外。在资料收集过程中，尽可能使用不同资料来源，对调研材料真实性进行三角验证，以减少单一资料来源造成的偏见，保证研究效度。笔者于2016年9月和10月多次对新视觉彩绘艺术工作室的相关负责人进行非结构式和半结构式访谈，收集并阅读与研究主题有关的各类文件，包括内部的管理制度、备忘录、议程、会议记录、公文、企划书及媒体报道等二手资料。撰写案例期间，笔者又通过网络与电话多次追加调研，获取了更多的资料，以保证信息的一致性和真实性。表1描述了新视觉彩绘艺术工作室创业成长历程。

表1 新视觉彩绘工作室的创业成长历程

阶段	时间	关键活动
孕育期 2015年10~11月	2015年10月28日	按照"学院申报—院小组初审—专家评审—创业基地管理领导小组审核—批准入驻—进驻孵化基地"的流程，成功入驻安徽财经大学大学生创业孵化基地
	2015年11月14日	进行创业孵化基地工作室的装饰启动工作
初创期 2015年12月至 2016年3月	2015年12月	团队成员在怀远县潘集镇第一次接到工作，在潘集文化墙上进行为期15天的彩绘工作
	2016年3月	参加蚌埠市青年创业大赛，成功晋级30强

续表

阶段	时间	关键活动
起步发展期 2016年3~10月	2016年3月	为蚌埠百大名品商场进行咖啡馆的墙绘，是比较大的一单生意
	2016年7月	斑马酒吧墙绘与宣传册的设计
	2016年8月	荣盛锦绣香堤文化长廊的墙绘与装饰
	2016年9月	与丰康农业科技有限公司建立长期合作，并成功申请到独立工作室
	2016年10月	主要在蚌埠市一些火锅店与网吧等场所进行墙绘制作

在资料归纳与分析方面，本研究主要采用编码和归类的方法对资料进行概念化和提炼范畴，其目的在于从大量的定性资料中提炼主题，进而论证所提出的若干研究命题。由于本案例中企业规模较小，在对三位合作人进行深度访谈后，笔者尽可能地从新视觉彩绘工作室的创业成长过程中寻找客观数据，提炼出关键构念，最大程度降低主观认识所造成的偏差。表2反映了关键构念测量及编码程序。

表2 关键构念、测量变量及编码程序举例

序号	关键构念	测量变量	关键词举例	编码
1	政府平台	政策扶持力度	市政府、免税、文件、投资等	G1
		平台支撑		G2
2	高校环境	教育培训	教师指导、孵化器、创业基地等	C1
		实践指导		C2
3	社会氛围	氛围营造	媒体、企业家、参观企业等	S1
4	家庭支持	精神支持	父母支持、有无争执、人脉等	H1
		支持行动		H2
5	创业意愿	创业积极性	经常行动、兴奋、焦虑等	R1
6	创业行动	创业行动数量	每天去基地、积极布置、完善设施等	D1

（二）创业土壤框架

在对访谈内容的资料进行归纳与整理之后，基于案例企业的事实，依据编码所指向的关键概念，本研究提出大学生创业土壤形成至少应当具备四方面的支持，即政府提供政策扶持与平台支撑、高校提供教育培训与实践指导、社会合力形成更好的创业环境、家庭应该对创业大学生表示支持从而提高他们的创业意愿。其概念模型如图1所示。

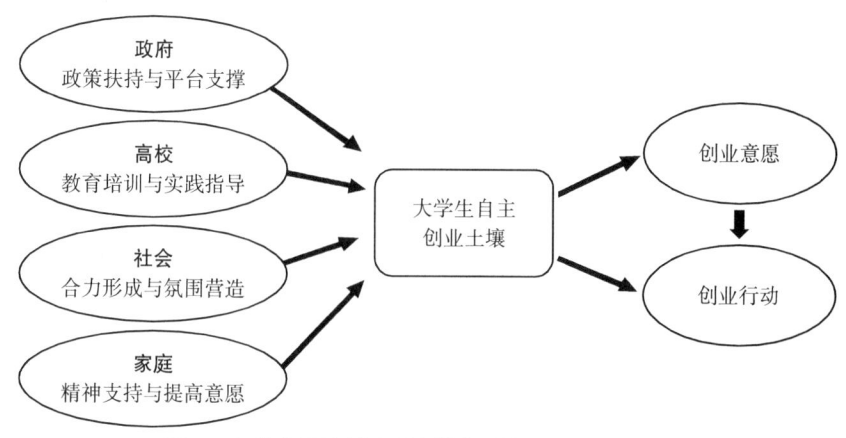

图 1　大学生团队创业"土壤"对创业行为促进机理

(三) 构建改善创业土壤

要改善当前创业环境中存在的不足与薄弱环节，应分别从创业土壤框架中的高校、政府、社会与家庭各方面系统提升创业环境，从图 1 中可以看出，这四方面的支持通过影响大学生自主创业的环境进一步影响其创业意愿与创业行动。

1. 保驾护航创业者驰骋的放心土壤：政府加强政策引导与平台建设

大学生创业群体的特性决定了他们更需要政府的支持。一是要切实制定和落实大学生创业扶持政策。已经有不少省市出台了减免行政事业性收费、鼓励申请小额担保贷款等方面的政策支持，积极解决落实不足、宣传不够的问题。二是建设大学生创业园区，在大学生相对集中的高教园区建设学生创业园，为大学生提供创业场地，开展技术研发、项目孵化、创业培训、洽谈对接等一系列支持。三是加强大学生创业权益保障，大学生创业与就业最大的区别在于就业没有后顾之忧，有单位为就业者提供基本保障，提高创业者的创业意愿，必要的权益保障不可少，建立大学生创业的社会保障体系，保障其再就业。

2. 提供创业项目落地的实验土壤：学校强化教育培训与实践指导

创业要实施，创业教育须先行。创业知识、技能的传授是大学生开展自主创业的基础，高校创业教育培训与指导在大学生自主创业中的地位和作用日益突出。首先，高校要制定创业教育教学计划，把创业教育列入学生必修课程体系，将之纳入人才培养全过程，开展全程式创业教育，着重加强对学生创业精神的引导、创业技能的传授和创业人格的培育。其次，要建立创业师资队伍，专职从事创业教育方面的理论和实践研究，通过专业培训、考察学习、企业挂职、考证等途径，整体提升创业教师的创业理论水平和实践水平。要经常引进有创业经验的高层人才、成功的创业家，通过教学授课、讲座、报告会、项目导师等形式，参与指导学生创业实践。最后，创业教育是实践性很强的教育活动，高校还应当注意对进行创业的大学生进行全程跟进指导。

3. 厚植"大众创业、万众创新"的氛围土壤：全社会形成良好的创业氛围

企业与媒体等社会力量在支持大学生创业，合力形成良好创业氛围方面仍然有很多工作需要开展。很多企业从无到有，从有到强，经历了一个创业的艰难前行过程。作为已经拥有成功创业经验的主体，有着资金、人员、经验等方面的优势，可以为在校大学生提供实践平台，创造实践机会，参与指导培训，进行项目扶持。相关新闻媒体有责任大力弘扬创业精神，倡导创业理念，广泛宣传创业相关政策和信息，深入挖掘典型，树立一大批创业明星，以典型榜样的力量加强对大学生创业群体的正面引导，破除社会对大学生创业传统观念和保守思想的障碍，积极营造全社会共同支持大学生创业、鼓励创新、宽容失败的创业环境。

4. 倾注支持和关爱的亲情土壤：家庭提供有力支持

家庭、朋友等对大学生创业提供的支持更直接、更可靠。家庭成员应当转变观念，为创业者提供精神和物质上的支持，把创业当成一种更加积极的就业方式，实现更大的社会价值和个人价值。家庭与朋友等在大学生决定创业时应当做大学生创业者的坚强后盾，及时给予关怀，遇到挫折时的鼓励会增强创业者的信心，创业不是他一个人在战斗，而是一大群人在支持、帮助着他。人脉资源在创业过程中的重要性不言而喻，可以帮助人们获得更多的资源，促进事业的成功。除了精神支持外，大学生创业者可以扩大家庭支持网络的范围，以获取资金、信息、技术、服务、经验等方面的支持。

三、结论与展望

（一）研究结论

本文分析了当前大学生自主创业环境中存在的障碍，从政府、高校、社会、家庭四个方面，全面剖析了大学生自主创业可能会面临的问题。结合安徽财经大学新视觉彩绘艺术工作室的实际创业经验，在归纳分析资料的基础上，对其进行了关键概念的构建，给出了大学生自主创业"土壤"对创业行为的促进机理。研究发现，

政府提供政策扶持与平台的支撑、高校提供教育培训与实践指导、全社会合力形成创业氛围、家庭为创业者提供支持是现代大学生提高创业意愿、促进创业行动所必需的土壤条件。最后，在案例分析的基础上，针对以上四项具体不足提出了改善对策。

本研究对认识在校大学生创业企业前景发展有重要意义，同时也对未来研究有一定的启示。第一，随着就业结构与就业方式的不断转变，自主创业将成为就业新趋势。通过对本案例的研究，发现不仅是创业环境存在急需清除的阻碍，大学生自身对创业教育、创业政策的了解情况也少之又少。第二，创业能力培养是一项复杂的工作。有效的导向机制、激励机制与帮扶机制必不可少。在构建更为完善的创业土壤过程中，不能忽视这些机制建设。

(二) 不足之处

随着在校大学生创业企业不断地发展，其面临的制度逻辑将会更复杂，脱离了校园环境以及各创始人面临毕业方向选择的问题，都将会对其创业前景产生巨大影响。本研究案例的局限在于：第一，新视觉彩绘艺术工作室是一家小的工作室，主要目标客户为蚌埠市及周边县市的一些中小型企业及个体工商户。这是一种不确定性高、灵活性强的行业，不仅专业知识要求较高，而且服务对象的选择也有很大的局限性，未来研究可以试图从多案例的不同阶段对创业环境这一主题进行挖掘。第二，本案例只是对大学生自主创业的创业土壤环境进行了基本理论与粗浅研究探讨，仍然不成熟，许多问题还有待于今后进一步的深入研究，如创业环境对大学生创业的影响程度。

参考文献

[1] 包晓光主编. 文化创意：大学的选择——北京市文化创意产业专业与学科建设研究报告 [M]. 北京：中国广播电视出版社，2010.

[2] 陈晓萍，徐淑英，樊景立. 组织与管理研究的实证方法（第二版）[M]. 北京：北京大学出版社，2008.

[3] 胡惠林，陈昕. 中国文化产业评论（第 11 卷）[M]. 上海：上海人民出版社，2010.

[4] 胡惠林. 我国文化产业发展战略理论文献研究综述 [M]. 上海：上海人民出版社，2010.

[5] 凯西·卡麦兹，边国英，陈向明.建构扎根理论：质性研究实践指南 [M]. 重庆：重庆大学出版社，2009.

[6] 卢俊义，王永贵，陈忠卫，王晶晶.基于社会全面参与的创业教育模式研究 [J].管理学报，2011（7）.

[7] 罗伯特·K.殷：案例研究：设计与方法（第3版）[M].重庆：重庆大学出版社，2004.

[8] 马凤芹，王凌霞.高校文化产业人才培养策略探讨 [J].教育探索，2013（6）.

[9] 孟卫青，黄崴.我国大学实施通识教育的制度困境与出路 [J].清华大学教育研究，2013（8）.

[10] 潘光林.创业及其支持系统 [J].统计教育，2001（3）.

[11] 唐亚杨等.公益创业学概论 [M].南京：南京大学出版社，2006.

[12] 王志标.文化产业人才培养的困惑与产学结合的探索 [J].学术论坛，2012（10）.

[13] 吴启运.我国大学生创业支持体系构建研究 [J].科技创业月刊，2008（7）.

[14] 吴晓波，马如飞，毛茜敏.基于二次创新动态过程的组织学习模式演进——杭氧1996~2008纵向案例研究 [J].管理世界，2009（2）.

[15] 向勇，权基永.韩国文化产业立国战略研究 [J].华中师范大学学报（人文社会科学版），2013（4）.

[16] 忻榕等.国有企业的企业文化：对其维度和影响的归纳性分析 [A]//载中国企业管理的前沿研究 [M].北京：北京大学出版社，2004.

[17] 叶朗.北大文化产业评论（2010年上卷）[M].北京：金城出版社，2010.

[18] 易晓明.创意经济的崛起与学校艺术教育的改革 [J].社会科学战线，2012（9）.

[19] 郁义鸿，李志能.创业学 [M].上海：复旦大学出版社，2000.

[20] 张京成.中国创意产业发展报告（2010）[M].北京：中国经济出版社，2010.

[21] 张晓明，胡惠林，章建刚.2010年中国文化产业发展报告 [M].北京：社会科学文献出版社，2010.

[22] 张玉利.论创业研究的学科发展及其对管理理论的挑战 [J].外国经济与管

理，2007（1）.

[23] De Vaus D A. Surveys in Social Research [M]. London: UCL Press, 1996.

[24] Esienhardt K M. Building Theories from Case Study Research [J]. Academy of Management Review, 1989, 14 (4): 532-550.

[25] Georgine Fogel. An Analysis of Entrepreneurial Environment and Enterprise Development in Hungary [J]. Journal of small Management, 2001, 39 (1): 103-109.

[26] Jeffrey G Covin, Dennis P Slevin. Strategic Management of Small Firm in Hostile and Benign Environments [J]. Strategic Management Journal, 1989, 10 (1): 75-87.

[27] Michael Frese, Anouk Brantjes. Psychological Success Factors of Small Scale Business in Namibia: The Roles of Strategy Process, Entrepreneurial Orientation and the Environment [J]. Journal of Developmental Entrepreneurship, 2002, 7 (3): 259.

[28] Pradip N, K Handwalla. Environment and its Impact on the Organization [J]. Environment and Organization, 2001 (1): 297-313.

[29] Siggelkow N. Persuasion with Case Studies [J]. Academy of Management Journal, 2007, 50 (1): 20-24.

（作者是安徽财经大学2015级技术经济及管理研究生）

【案例点评】

大学生创业的"土壤"
肖仁桥 夏光兰

大学生往往具有活跃的思维能力、更专业的知识和较强的创新意识，且是新技术和新潮流的引导者和受益者。在经济"新常态"的时代背景下，自主创业成为大学生就业的一种新模式。创业环境和"土壤"是支持大学生自主创业活动开展的重要手段，国家出台的创新政策、严峻的就业压力以及各个高校的创业指导培训等均激励和倒逼大学生积极开展自主创业活动。

根据全球创业观察（GEM）模型框架，创业环境指标体系包括金融支持、政府政策、政府项目、教育与培训、研究与开发转移、市场机会与进入壁垒、商务环境、有形基础设施和文化与社会规范9个一级指标。相较于社会层面的创业环境而言，校园创业相对简单一些，但是，创业初期的高失败风险依然存在，它不可能像社会上的成熟企业那样广泛搜寻合作伙伴和客户市场，所以，校园创业型企业更需要有"一方水土养一方人"的创业土壤，方能使创业萌芽、开花和结果。本案例分析了创业"土壤"以及大学生自主创业活动的影响因素，与其有高度相似的研究思路。研究发现，政府的政策支持与平台支撑、高校提供的创业培训课程和实践指导、全社会合力形成的创业氛围以及家庭为创业者提供的必要支持是大学生自主创业活动开展的必要"土壤"。

如果未来能继续深挖特定行业中，哪种创业环境和土壤所起的作用更大，寻找创业支持的重点路径，则更有裨益。

（指导教师肖仁桥是安徽财经大学创业创新与企业成长研究中心博士、副教授；夏光兰是安徽财经大学校团委书记）

基于创业拼凑的商业模式形成
——以袁家村景区的设计为例

陈蜀雯　吴艳杰

农村作为我国拥有巨大生产潜力的一部分市场，近年来除了在农业方面的高精尖技术的投入与发展，农家乐等形式的旅游周边行业同样显示出蓬勃的生命力。在第三产业与农村经济发展齐头并进的大背景下，中国农村的经济发展迎来了新契机。尽管有政府政策的大力扶持，但农村的发展仍然受到资源方面的限制，地理位置偏僻、有限的发展项目等问题阻碍了农村经济发展的速度和广度。同时市场环境多变、农民群众文化水平普遍偏低也为农村经济的发展带来许多不确定性影响。在这种状况下，有一批以因地制宜为原则的村落，将自身土地资源与传统文化资源相结合，将落后农村与互联网科技相结合，将民俗特色与现代生活相结合，打造以民俗原貌为主题的休闲旅游体验村。

创业的本质就是面对不确定的环境，寻找机会，整合资源，并创造价值的过程。新创事业的显著特质表现为资源约束、环境的不确定性和企业的合法性三方面。那些资源贫乏的乡村通过整合现有资源，采取因地制宜的策略，突破资源限制的瓶颈，通过旅游大力发展农村经济。较为成功的案例如陕西省汉中地区的袁家村，成功地建成了具有当地特色的旅游景区，并形成了具有特色的商业模式。这一成功新型农村景区规划与旅游建设正在吸引着千万游客前往体验，同时作为国家AAAA级景区级别的袁家村旅游风景区商业模式的设计与形成也吸引着不少学者对其进行研究与探索。

本研究以创业资源理论为基础，以袁家村作为案例研究对象，探讨在资源贫瘠或资源贫乏的条件下，袁家村是如何形成的具有鲜明特色的商业模式。

一、创业拼凑理论与商业模式

尽管商业模式这一概念由来已久，但到目前为止，学者们对商业模式的界定没有统一的认识。被人们常引用的有以下几种：Timmers（1998）将其定义为"产品、服务和信息流的架构，包括各种企业行为者及其角色、可能利益、收入来源等的描述"。Hamel（2000）认为商业模式由顾客界面、核心战略、战略资源、价值网络四大元素构成，每个元素又包含若干子元素。Amit 和 Zott（2001）将商业模式描述为"内容、结构、治理等，用于开发机会、创造价值"。Chesbrough 和 Rosenbloom（2002）将商业模式定义为连接技术可能及其经济价值实现之间的内在逻辑。Magretta（2002）将商业模式定义为企业如何运营。Morris 等（2005）通过对 30 多个商业模式定义的关键词进行内容分析，指出商业模式定义可分为三类，即经济类、运营类、战略类。Osterwalder 和 Pigneur 于 2004 年提出商业模式模型，认为商业模式是建立在顾客、产品、财务和企业内部管理四大维度共十个构成要素基础之上的。在后续研究中进一步演变为客户、提供物、基础设施以及财务生存能力四方面，具体分为客户细分、价值主张、流通渠道、客户关系、收入来源、核心资源、关键业务、重要合作伙伴和成本结构九个构造模块（Osterwalder & Pigneur，2010）。本研究认为，商业模式是企业创造客户价值和企业价值的核心逻辑，即围绕价值创造，企业整合资源的过程。

资源基础理论（RBT）往往被用来解释创业企业的资源整合，但它也有较大的局限性，主要表现在：新企业或新事业在创立初期还没有形成真正的核心资源，更谈不上资源优势。更多的时候表现为新创企业资源劣势，如缺乏人脉资源、物质资源、品牌资源、市场渠道等。而创业拼凑（Entrepreneurial Bricolage）理论是创业研究发展起来的理论之一，创造出独特的服务和价值，或创造性地利用资源。这些资源也许对他人来说是无用的、废弃的，但创业者通过自己的经验和技巧，整合各种资源，最终实现了新的目标。Baker 和 Nelson 系统研究了 40 家中小企业，发现总有一些企业能够在很少的资源下运营并获得成长，挑选出 20 家特别的企业和 9 家对照企业进行了为期两年的跟踪研究，发现拼凑能够很好地描述创业者资源利用方面的独特行为。这一理论较好地解释了新创企业或新事业在发展初期，利用身边的资源以及整合资源的有效机制和方式方法。

Baker 等（2003，2005）的研究还发现，当设计和执行还没有聚合时，企业中就会发生即兴行为。企业在面临资源短缺的情况下，创业者能创造性地利用手边的资源，突破资源限制，从而实现目标。拼凑作为一种资源使用和开发的方法，其特点是利用手边的资源进行组合来应对新的问题，并且在"干中学"。运用该理论，张玉利等（2009）进行了商业模式创新的案例分析，认为面对非理性和不确定的商业环境，针对冗余资源进行创造性利用是一种很好的选择。Guo 和 Ahlstrom（2015）认为商业模式创新是通过实验过程不断成形的。通过研究发现探索导向和商业模式创新之间的正向关系是由机会识别和创业拼凑中介引导的。

本研究认为，资源约束下的创业拼凑行为，是由于创业者有强烈的创业意愿和明确的价值主张，激发了创业者积极主动的创新行为，从而促进了其有效商业模式的形成。而袁家村正是资源贫乏的典型例子，而且成功商业模式的形成，正适合运用创业拼凑理论来解释和分析。

二、研究方法与案例选择

由于商业模式的形成是一个过程，而且商业模式理论尚属于形成阶段，因此适合案例研究。案例选择遵循理论抽样而非统计抽样，咸阳市礼泉县袁家村景区设计的成功实际上是一个新事业商业模式的形成。据相关数据显示，咸阳袁家村在 2015 年的"十一"黄金周接待游客 18 万人次，同比增长 3.1%，居当地所有监控景区游客接待量之首位，是处在第二位景区（渭南华山旅游区）游客人次的 4 倍，多出约 14 万人次。

笔者于 2016 年 5 月亲自参观了袁家村，对其商业模式进行了实地考察。而后，我们研究并收集了网上资料、CNKI 数据库相关研究文献，在此基础上进行了案例研究分析。

袁家村村名是时任国家主席华国锋提就的，这个独具特色并带动地区经济发展的村落坐落于陕西关中平原腹地的咸阳市礼泉县烟霞镇，距九嵕山唐太宗昭陵约 10 千米，距离陕西省会西安市约 60 千米，周边文物古迹 26 处，旅游景点 5 处。就其地理位置而言，袁家村本是当地经济发展成果的追随者，随着周边经济的发展从而带动村落的经济发展。具体地说，袁家村通过对现有资源的整合和运用，为其旅游发展规划设计了与该村现状相适应的模式蓝图，并有条不紊地将蓝图进行填充和创新，使袁家村现在的发展速度与广度突破资源屏障，成为带动周边经济发展的核心力量。

(一）创业初期的资源匮乏

2000 年以来，政府对礼泉县的农村旅游带动县经济发展的十个试点村落给予了大力支持，袁家村作为距离西安市 60 千米的偏远村落，就是其中之一。袁家村从地理位置、文化资源、自然景观等方面都不具备发展旅游服务的优势，并且，袁家村是个典型的"空心村"，村里大部分中青年都在外打工，这使得袁家村的文化水平及发展旅游的人力资源都受到了极大的限制。政府的政策支持对于每个村落都是均等的，那么，缺乏先天资源禀赋的袁家村怎么使政府的大力支持得到回报，怎样充分利用仅有的资源获得最大产出以带动农民和该村经济发展，是袁家村村民最关心的问题。

（二）寻求专业帮助未果

起初，为做景区规划，村干部也曾经一度寻找专业的设计团队、策划公司以及有经验的旅游景区规划专家，设法通过专家的设计、政府的资金支持和袁家村的土地资源做成一个可供游客休闲放松的风景区。但是，由于袁家村各类资源匮乏，劣势的地理位置等问题，对这种想要一气呵成的创业预期造成了巨大的障碍，所以，袁家村村干部所找的 20 多个相关领域的专家和公司，都表示对袁家村想要设计成为一个吸引游客的特色旅游景区无能为力。

（三）确立因地制宜原则

一个缺乏资源优势的偏远村落就没有发展的机会吗？答案是否定的。随后，得不到专业指导与规划的袁家村村干部，决定自己遵循因地制宜的原则进行该村的旅游规划。利用关中地区著名的民俗文化与该村淳朴的民风民俗相结合，确定了从民俗出发的景区主题，并鼓励村民将现有的房屋住宅进行小规模装修，利用现有房屋打造各自的经营场地。这种低成本的有效创新思想受到了大部分村民的支持，袁家村从此开始了自己的旅游建设发展之路，并且，发展过程中规划带头人决定采取渐次开发、弹性规划的策略，不盲目追求一步到位。

三、拼凑资源，形成适合的商业模式

创业拼凑就是运用手头的资源组合形成独特的竞争优势，推动新事业的稳定发展，应对新问题并抓住新机遇。本案例从袁家村内部资源与外部资源整合两方面分析其商业模式的形成。

(一)"现地现物"整合内部资源

"现地现物"起源于日本丰田公司,是丰田公司著名的精益生产理论中最重要的一个用语,即设身处地地获取一手信息并基于此做出商业决定。Jeffrey Liker 在丰田模式中这样描述"现地现物"在丰田的运用:不管是制造、产品开发、销售、分销还是公关部门,都认为"现地现物"是丰田模式区别于其他管理方式最主要的表现,除非亲自观察,你无法确定自己是否真正了解任何商业问题中的任何部分。

袁家村的发展是由袁家村村干部带动起来的,由于找不到专业的指导方案,他们就采取因地制宜的办法。因地制宜理念的提出便是袁家村村干部基于"现地现物"进行了解和观察的产物。

1. 发挥群体力量,集中群众智慧

村干部认识到这种资源匮乏的农村经济发展的根本策动力是农民,农民是支持袁家村经济发展最直接最有力的资源,想要实现袁家村以发展旅游带动村民致富的想法,实现该村经济发展的目标就需要得到广大农民群众的支持。因此,了解农民的想法是重点,与农民沟通协商是发展袁家村经济的前提。秉持从群众中来、到群众中去的袁家村村干部,在向村民宣传发展构想、鼓励村民齐心协力创建袁家村旅游风景区的过程中起到了举足轻重的作用。

2. 结合当地实际,找准游客需求

袁家村的村干部作为最了解农民的人,根据现有也是仅有的文化资源与土地资源,在村民动员会上向村民号召:我们做民俗,用民俗吸引游客来袁家村旅游,让农民通过旅游挣钱,先发展起来。这种"让农民先发展起来"的观点颠覆了传统的以乡带县、以县带村、以村带动农民的经济发展模式并迎合了村民的期望,基于此,村干部提出的"民俗"主题获得了村民的广泛支持。

缺乏先天资源禀赋的袁家村通过突破惯性思维,将农民、土地和民俗文化相融合,以土地为传播载体,以农民为传播媒介,有意将民俗文化通过这个途径传播出去。袁家村村干部反复强调他们是了解农民的,这种深入的了解使得他们作为袁家村未来规划带头人更能够从根本上刺激农民的积极性,从而能够有效地推动袁家村商业模式的创新和可持续发展。

3. 整合碎片资源,鼓励微型投资

利用因地制宜的决策突破资源瓶颈不仅体现在团结村民力量,奠定以民俗文化为主题的旅游度假村规划上，还体现为对现有房屋进行就地改造。利用村民现有的住房进行改造，鼓励每家每户进行一次小规模投资，利用自己现有的房屋占地面积进行升级改造作为以后的经营场所。经营场所是袁家村向游客传达民俗文化最直接的方式，也是传递关中文化的载体。通过与村民进行沟通，民俗主题的构想以及对各自住宅进行微投资的小规模装修也得到了村民的认可。

经营场所作为民俗文化最直观的表达载体，重新修葺过的房屋建筑以及政府投资建设的新房屋和主要道路都采用更为天然的材料，如原石、碎石材、青砖、鹅卵石等。袁家村最大限度地还原了关中民俗文化的风貌，以期让前来参观旅游的游客能够从感官的各个方面领略关中民俗文化本来的样子。

这种整合房屋资源的构想，可以使袁家村使用最低的成本建成既最为经济地保留关中民俗的文化特色，又利用现有资源进行拼凑而成的经营场所，并且，极低的成本以及让农民先富起来带动周边发展的理念最大限度地迎合了农民的心理特征。"现地现物"的做法使得袁家村找到了经济发展的引爆点，为袁家村日后村落旅游发展奠定了良好基础。

（二）基于外部资源整合的商业模式设计

按照民俗的主题定位以及被旧村改造的计划包装过的袁家村，通过整合文化、人力、土地等资源，已建立起发展蓝图，下一步发展的主要问题在于将哪一部分群体定位为核心顾客，并如何与核心顾客保持联系。要做成民俗旅游风景区，袁家村规划带头人要考虑民俗文化应该主要吸引哪一部分顾客群体。

1. 初期目标顾客

坐落于咸阳市礼泉县的袁家村，虽说距离市中心一小时的车程，对当下的人们来说并不远，但从地理空间来看，它与最近的省会城市西安还存在着一定的距离，吸引西安经济的辐射到这里来还需想象力。相对于国内甚至国外的游客来说，本地游客是袁家村发展规划中最容易获取的外部资源，并且，针对地理位置以及城市的喧嚣，让关中地区的本地人也与传统的民俗文化渐行渐远的现象，他们将初期的目标客户群放在了本地游客身上。

在初期建设过程中，袁家村将目标顾客群体重点放在本地游客身上的原因还在于：本地游客的一大特点是其对本身生活地区的文化有一定的了解，但是由于全球化和工业发展的影响，使得文化要素在人们生活当中被边缘化，并且本地游客更愿意利用周末或短假期进行省内的甚至市内的短途旅行。综合以上两点，根据人们对于文化了解体验的需求以及就近原则，袁家村确定了初始阶段的目标顾客。将关中独特的民俗文化与周边短距离旅游相结合，使袁家村旅游风景区设想的实现跨出了第一步。

2. 吸引合作伙伴

当袁家村的构想提出的时候，农民们反映过他们之中的大部分只能建立与饮食有关的店铺，尽管目标顾客体验关中文化，饮食是必不可少的一个方面，但是当完全同质化的产品挤满袁家村的时候，不仅会对顾客的吸引力降低，而且村民之间的不良竞争也会加剧。这时，在规划人的脑海中就出现了当时并未兴起的互联网思维。

袁家村的设计体现了互联网思维中最重要的是平台概念。项目带头人有意将袁家村打造成一个双边交易平台。由于村民能够发展的行业类型紧缺，所以，袁家村日后发展过程中的商铺不仅有原住村民的能够体现原汁原味的关中民俗文化商铺与活动，还有吸引一些外来村民为他们发展内容的多元化做补充。那么，袁家村凭借什么吸引"外来村民"呢？就是免费模式。他们做了一个大胆而又创新的决定：对租户免收租金。

这种免费模式的决定对于外来商户来说是鼓励他们来袁家村创造收益的极大动力。在袁家村这个平台中，不仅有原住村民提供的原汁原味的关中小吃、手工作坊类互动参与型互动场所，还有外来村民经营的酒吧、咖啡屋、茶舍、茶楼坐落于不同区位。这种对于卖家免租的策略吸引了很多"外来村民"来此驻扎，通过这种策略让袁家村不仅融合了南北文化、中西文化，为游客提供了多元化的休闲体验，同时，也让主流的关中文化与其他文化形成鲜明的对比，更加突出了关中文化的特点。

通过这种策略能够有效地吸引更多的合作伙伴，从而充实袁家村经营项目，为其发展以关中民俗文化为主、以多元文化为辅的主题扫清障碍。

3. 维系顾客关系

在解决了吸引外部合作伙伴的问题之后，怎样维持顾客关系是袁家村发展旅游经济要考虑的另一个重要问题。袁家村的项目负责人将免费的政策延续到了游客身上。想要完成向游客传播关中民俗文化的价值主张，首先要吸引顾客，吸引顾客最直接有效的办法就是免费，通过牺牲一定的成本来代替通过广告等形式的宣传是十分值得的。免门票的主张有效地吸引了目标客户，游客通过亲身的体验为袁家村进行社会网络的传播，该效益要大大超过通过媒体广告的效益。

作为这样一个拥有丰富文化层次的主题文化旅游体验区，对游客采取不收取门票的免费开放的政策，有利于降低买卖双方的交易门槛，形成了稳定的跨边网络效应，同时促进了袁家村经济发展的多赢局面，并降低了袁家村经营旅游休闲村的风险及不确定性。

4. 多元化营收

在这样一个缺乏先天资源禀赋的村落，除了免租金、免门票的政策，袁家村多元化营收的实现方式也引起了不少学者的注意。

首先，来袁家村的游客是抱着体验原汁原味的关中民俗特色的愿望而来的，作为一个传播民俗的旅游体验区，村内的商家以及商家举行的免费活动都是与传统关中文化相吻合的。两者的契合使得游客作为景区的消费者，愿意为纯正的民俗特色买单，愿意为享受离喧闹的都市渐行渐远的传统文化提供资金支持。

其次，不少游客表示，袁家村内的传统关中风味饮食要更地道，手工作坊类的活动能让他们更真切地感受到关中民俗文化。生活在被机器充斥着的市区的旅游者，也难得体验纯手工的饮食和参与性活动，较高的性价比同样吸引了不少游客前来体验。

正如袁家村并不是演绎单一的民俗风格，通过多元融合能够使关中民俗更鲜明地表现其特点一样，在消费渠道方面，他们同样整合了现代元素，实现全村覆盖无线网络，使用支付宝完成收付，将科技的便利带进袁家村。虽然这只是支付方式上的小进步，但却使袁家村与游客的距离更近了一步，给游客带来更方便、更全面的用户体验。

在袁家村商业模式的设计过程中可以发现：首先通过吸引省市内游客资源为其后续发展奠定基础；其次通过免租金、免门票的决策吸引村外合作伙伴以及更多的游客，从而稳固以袁家村为中心的买卖交易平台，保证袁家村旅游经济的稳固发展；最后通过做出整合互联网资源、简化支付交易方式等方面的努力，打造了袁家村关中民俗文化旅游休闲度假村的商业模式基础。

四、总结与局限

（一）研究结论

准确定位目标客户，设计适合的商业模式。起初以省内短期短途游客为主要目标客户的袁家村，通过其古色古香的建筑风格、原汁原味的关中饮食、多元文化融合的交互体验，以及免费的关中文化主题特色表演的增值体验吸引了以西安为集散地的外地旅游者，包括国内旅游者和入境旅游者在内的市场目标人群。然后，通过人际网络进行口碑宣传，吸引更多慕名而来的游客和商家，从而形成袁家村的可持续发展。

民俗的主题定位、"现地现物"的观察与改造、免费的平台概念、文化融合的理念等成就了袁家村如今的商业模式。袁家村有着致力于为游客传递关中民俗文化体验与休闲活动的坚定价值主张，并通过日常经营不断改善其经营策略，努力打造有层次、有内涵的休闲旅游度假村。袁家村的成功不仅带动了该村的经济发展，其周边已经形成了以关中印象体验地——袁家村、御杏飘香——山底村、龙眠福地——陵光村、花果氧吧——东坪村为品牌的农家休闲旅游村庄，农家乐经营户达到了300余户，逐步形成了一个相互依赖、相互融合的文化旅游区整体，极大地带动了周边村落与农民的发展。

（二）实践启示

袁家村通过整合内外部资源从而构建起新的商业模式，颠覆了传统实体行业价值创造的逻辑。首先，通过跨边网络效应产生跨界效能，在袁家村这个平台上融合了不同行业和不同文化，这种多元素碰撞产生的火花给袁家村的经济发展提供了巨大支持。其次，袁家村更加注重顾客的体验，不仅从感官上尽量满足顾客需求，在参与性活动等方面也尽量还原关中民俗特色，通过顾客体验产生效益。袁家村内的商家大多是由原住村民经营的手工作坊类店铺，这类店铺的特点在于生产的及时性，也就是现在经常提及的零库存，及时生产的方式不仅保证了产品的质量，而且降低了库存成本，与市场出清的概念不谋而合。最后，互联网时代下厂商的另一特点是脱媒，包括广告脱媒、分销渠道脱媒等形式，袁家村的宣传是通过游客的网络效应、口碑宣传建立起来的，而非大量媒体广告。在这个资源匮乏的村落，通过整合现有资源并运用互联网思维，让该村不仅得到较好的发展，同时得到较为有效的宣传。

村落是民俗文化的载体，通过对农村旅游的开发，不仅能够带动农村经济的发展，缩小城乡差距，也能够为民俗文化的传播与传承提供契机。袁家村从一个地理位置不佳、各类资源缺乏的小村落发展成为农村旅游争相学习的对象，它的成功不是设计好的，而是通过不断迭代更新其商业模式得来的。

参考文献

[1] 耿暖暖，李琰君. 袁家村旅游休闲村落规划设计与开发经验探究[J]. 大众文艺，2012（1）：296-298。

[2] 金香梅，林爱庆. 袁家村现象：用关中文化富裕农民[J]. 城乡建设，2015（2）：18-19。

[3] 罗珉，李亮宇. 互联网时代的商业模式创新：价值创造视角[J]. 中国工业经济，2015（1）：95-107。

[4] 张玉利，田新，王晓文. 有限资源的创造性利用——基于冗余资源的商业模式创新：以麦乐送为例[J]. 经济管理，2009（3）：119-125.

[5] Timmers P. Business Models for Electronic Markets[J]. Electronic Markets，1998，8（2）：3-8.

[6] Hamel G. Leading the Revolution: How to Thrive in Turbulent Times by Making Innovation a Way of Life[M]. Boston: Harvard Business School Press, 2002.

[7] Amit R, Zott C. Value Creation in E-business[J]. Strategic Management Journal, 2001, 22（6-7）：493-520.

[8] Chesbrough H W, Rosenbloom R S. The Role of the Business Model in Capturing Value from Innovation: Evidence from Xerox Corporation's Technology Spinoff Companies[J]. Industrial and Corporate Change, 2002（11）：533-534.

[9] Magretta J. Why Business Models Matter[J]. Harvard Business Review, 2002, 80（5）：86-92, 133.

[10] Morris M, Schindehutte M, Allen J. The Entrepreneur's Business Model: Toward a Unified Perspective[J]. Journal of Business Research, 2005, 58（6）：726-735.

[11] Osterwalder A, Pigneur Y. Investigating the Use of the Business Model Concept through Interviews[R]. International Conference on E-business, 2004.

[12] Alexander Osterwalder and Yves Pigneur. Business Model Generation[M]. John Wiley & Sons, 2010.

[13] Baker T, Miner A. S, Eesley D T. Improvising Firms: Bricolage, Account Giving and Improvisational Competencies in the Founding Process[J]. Research Policy, 2003, 32（2）：255-276.

[14] Baker T, Nelson R E. Creating Something from Nothing: Resource Constr-

uction through Entrepreneurial Bricolage [J]. Administrative Science Quarterly, 2005, 50 (3): 329-366.

[15] Guo H, Su Z, Ahlstrom D. Business Model Innovation: The Effects of Exploratory Orientation, Opportunity Recognition, and Entrepreneurial Bricolage in an Emerging Economy [J]. Asia Pacific Journal of Management, 2015 (3): 1-17.

(作者是山东财经大学 2016 级企业管理专业研究生，本文是国家自然基金委基金项目"新创企业商业模式设计、形成及绩效影响：整合的学习机制研究"（项目编号：71672101）阶段性成果）

【案例点评】

寻找创业机会的新路径

肖仁桥

创业拼凑是创业研究领域的重要理论突破和热点问题，在资源约束情形下，企业如何利用手头资源，并对有限资源进行重组利用，突破现有资源的限制，及时付诸行动，去寻找新的创业机会显得至关重要。面对不确定性的外部环境，采用创业拼凑理论，对手头资源进行创造性利用，进行商业模式创新，是一种行之有效的办法。

"村落是民俗文化的载体。"本案例以袁家村景区的设计为例，对基于创业拼凑的商业模式形成进行深入分析，探讨在资源约束的情形下，袁家村如何创造性利用手头资源，整合内外部资源，在袁家村这个平台上融合了不同行业和不同文化，注重顾客的体验，还原关中民俗特色，形成了特色鲜明的商业模式，具有重要的研究价值。

创业拼凑不是去搜寻资源，而是充分利用手头资源，拼凑企业无须进行很多调查即可付诸行动，实施创新，节省了资源和时间成本，因而创业拼凑对创新具有显著的积极影响。但过度创业拼凑也可能对创新起到抑制作用，创业拼凑产生的创新可能只是现有情形下的满意解，一旦环境改善，则可能有更好的选择，且拼凑也会带来效率低下。创业拼凑实际上是资源再利用的过程，是实现绿色创新创业的重要手段，如通过创业拼凑可实现企业生产过程中的废物回收与重复利用等，这将有助于我国企业绿色创新能力提升以及区域经济可持续发展。

（指导教师是安徽财经大学创业创新与企业成长研究中心博士、副教授）

在校大学生新创企业组织声誉获取策略研究
——以子曰教育为例

马玉凤

一、引言

"善不积不足以成名,恶不积不足以灭身",因丑闻而破产的美国安然公司足以印证了这句话。声誉作为一种无形资产贯穿于新创企业发展的整个过程,对新创企业的可持续发展发挥着不可替代的作用。特别是在当今竞争激烈、充满动态不确定性的商业环境下,发达的现代媒介平台传播消息速度更快,影响范围更广,另外,从不同的利益相关者群体而来的多方关注与压力,导致如今的企业更加重视声誉的维护与发展。由于组织声誉是由不同的利益相关者随着时间的推移而慢慢形成的对组织的整体感知,因此,强大的声誉是罕见的并且不可能被完全模仿的,可以给组织带来更高的绩效,吸引更多的合作伙伴等,为组织发展赢得独特的竞争优势。虽然良好的声誉可以给组织带来更多的机会,增加成功的概率,但其培养形成过程比较漫长并且牵扯到多个不同的利益相关者群体,具有一定的复杂性与难度。特别是对于在校时间一般只有四年,人际关系相对简单的大学生创办的新企业而言,想要获得良好的组织声誉绝非易事。

对于组织声誉的研究主要基于声誉的评价主体或组织的行为结果。多数学者认为,组织声誉是随着时间的推移利益相关者对组织的整体评价(Saxton, 1998; Gotsi & Wilson, 2001),是对组织的过去行为和未来前景的直觉感知。表现为与其他竞争对手相比,组织整体吸引力的关键组成成分能够给企业带来更多的收益(Fombrun, 1996; 李宏贵、周洁, 2015)。

现有的组织声誉研究比较重视大型社会企业,特别是已经获得一定声誉的企业,而新创企业作为刚起步的新组织,一般具有"新"和"小"的特点,学术界以此为研究对象去探讨组织声誉的成果匮乏。研究表明,"新"和"小"都会对组织的绩效产生影响,特别是"新"的影响作用更加显著(韩炜、薛红志,2008),然而,组织声誉的形成却不是一个一蹴而就的瞬间效果,是在长期的发展中逐渐积累起来的。所以,新创企业由于"新",存在经营历史较短,缺乏足够的经验记录和成功历史,难以向利益相关者展示其可靠性与可信性(杜运周、陈忠卫,2010)的短板,现有研究对于这些刚起步的新创企业该如何积累组织声誉关注不足,特别是在校大学生创办的新企业。目前对大学生创业的研究主要集中在创业教育、创业意愿等方面,却对已经进行的大学生创业行为缺少关注。由于大学生创业团队在校时间较短,团队成员缺乏实际的管理经验和专业经营能力,人脉关系单纯,获取资源能力弱等,多数学者主张的构建组织声誉的措施对于在校大学生创办的企业并不适用。

二、文献综述

(一)组织声誉的双重效应及其对新创企业的作用

不同的利益相关者对组织的关注点不尽相同。对于新创企业来说,经营发展的利益相关者分为由组织成员组成的内部利益相关者,以及由顾客、合作伙伴、投资者等组成的外部利益相关者。

对于组织内部利益相关者来说,声誉机制通过提供关于成员信任度的信息来减少行为的不确定性,减少组织成员间的猜疑与欺骗,减少合作内在的不稳定性,增强成员互动的有效性(巨荣良,2007)。员工感知企业声誉对员工组织情感承诺有正向预测作用,即员工感知的企业声誉越好,其组织情感承诺越高(刘郑一,2006),并且对组织公民行为与组织信任同样具有显著影响作用(刘慧杰,2006)。另外,组织的声誉会使求职者对组织产生积极的社会认知(Xie & Meland,2015),吸引更多的潜在者加入组织。

对于外部利益相关者来说,郑爱翔等(2015)指出,由于缺乏专业知识,多数客户、企业通过印象感知和声誉来评价和选择专业服务企业。声誉可以减少客户对产品质量的担忧,诱导他们高价购买产品,产生溢价,从而给组织带来积极的绩效(Almeida & Coelho,2015)。良好的组织声誉有助于组织鼓励顾客重复购买且建立起一定的市场份额,成为评价组织可信度的重要指标,吸引投资者的投资并降低融资成本(刘慧杰,2006)。

组织声誉会对企业间交换关系与合作伙伴的选择产生影响。原因是：一方面组织声誉作为组织增强其创新能力的可持续驱动源，已经成为创新集群内协调企业间合作创新关系、维持和巩固创新集群长期发展的关键因素，对企业间知识共享效率产生积极影响（唐厚兴、邓丽明，2013）；另一方面当以声誉作为质押时，关系契约更容易实施和持续，减少机会主义的威胁（Beuve & Saussier，2008）。从现实表现看，一个组织的声誉排名如果靠前，那么将对其市场价值产生积极的影响，一般来说，良好的组织声誉会带来较好的财务绩效，并且，还会对现有的和潜在的投资者产生更为强大的吸引力，减少组织的外部融资成本。

新企业成立之初就要与市场中已有的企业竞争，设法让客户、供应商和其他利益相关者理解和认识自己的产品、服务或经营模式，而新创企业的声誉对组织与交易伙伴之间的关系产生积极影响，重要的利益相关者特别是顾客对新创企业的看法对组织的盈利能力、成长、绩效等有积极的促进作用（Hormiga & Garcíaalmeida，2016）。因为组织的行为决策尤其是组织间合作受到组织声誉的重要影响，同时个体主观方面产生的组织声誉感知是其下一步采取应对措施的关键因素（莫申江、王重鸣，2012）。在对一个组织没有进行深入了解与接触时，一些组织和公众常常根据组织的声誉来决定他们的投资决策、职业的选择和产品或劳务的购买（李军林，2004）。为此，新创企业在制定发展战略时，同样也要把组织声誉的建立与发展放在突出位置。

（二）新创企业组织声誉获取途径

良好的组织声誉既是组织间相互竞争的结果，也是组织竞争优势的重要来源。与企业经营发展相关的每一个群体都有其自身需要关注的问题与期望值，为了提高声誉，组织应珍惜获得这些利害攸关者群体理解和支持的机会（刘兵、罗宜美，2000），从不同途径获取这些相关组织声誉。缪荣和茅宁（2005）指出，在组织社会网络中信息的传递和互动的基础上形成的声誉具有广度，即知名度、强度、美誉度三个不同的维度，并且，这三个维度相互作用、相互影响，三者要平衡发展才能发挥声誉的积极作用。

学者 Abratt 和 Kleyn（2010）主张声誉的主要驱动力来自组织的企业形象与企业品牌。与品牌相关的刺激包括大众传播、员工等的相互作用，使利益相关者形成对组织的看法。这些看法在一个时间点上合并成一个单一的印象即品牌形象，随着时间的推移，这些零星的印象演变成利益相关者对组织声誉的看法。Almeida 和

Coelho（2016）认为组织文化与组织形象是声誉的来源，并且，因其通过独创性增加了价值，使得组织声誉难以被模仿与取代。Gotsi 和 Wilson（2001）在强调组织行为、组织形象构成了组织声誉的同时，也指出组织声誉还受环境因素影响，如政治、经济、社会等。

Gray 和 Balmer（1998）则把组织身份识别、组织间沟通、组织形象引入构建组织声誉模型中。其中，组织身份是组织的真实属性，具有独特性。组织沟通是通过官方和非官方渠道信息的集合，通过各种媒体把组织身份传播出去。组织沟通把组织身份、组织形象、组织声誉连接了起来。组织沟通可以加强和提高组织声誉（Rindova，1998；Foreman & Argenti，2005）。这是因为，组织沟通可以用来更好地理解利益相关者的需求，使他们融入组织内部文化。一个良好的沟通程序不仅能够表明组织是有效率的，而且也传达了组织的其他优秀特质（Shamma，2012）。

在 Shamma 和 Hassan（2009）提出的组织声誉金字塔模型中，他们将工作环境、产品与服务、财务表现作为第一层支柱，在构建声誉中起首要作用；愿景与领导、情感吸引、环境责任作为第二层支柱，起次要作用。Helm（2007）基于不同利益相关者的角度同样提出了产品和服务质量、社会责任等在构建组织声誉中的作用，若顾客对产品产生消极的感觉，组织的销售与利润将会减少。

从创业者角度出发，Hormiga 和 Garcíaalmeida（2016）指出，创业者积累的知识和组织的创新在新创企业早期发展声誉时起重要作用。创新显示了新创企业的活力，在顾客和大众的一般感知中将其与竞争对手区分开来。新的产品和服务过程显示了对顾客需求的响应能力，并且，也隐含着与顾客满意相关的新创企业良好的管理水平。王瑞（2011）提出组织自主建立声誉活动可以通过创新活动与市场活动来实现，因为新创企业在进行创新活动的过程中，不仅提高了组织的创新能力，同时也给公众和资源持有者留下创新优势的印象。市场活动既增加了组织与公众的互动，也吸引了公众、媒体等的注意力，从而有利于吸引市场活动中的其他参与者来主动了解组织信息，容易培养起他们对组织的积极情感。

莫申江和王重鸣（2012）在综合前人研究的基础上，也曾提出组织声誉前因综合模型。该模型分三个层面：第一，情境层面。即组织间层面的市场制度稳定性，因为通过建立个人偏好，制度影响突出组织方面用于确定组织信誉的外部声誉评估。第二，组织层面。具体包括主动沟通行为、规避失信行为。一个组织获得声誉的最好方法就是以诚实获得其他组织的信任和尊重（Beuve & Saussier，2008），因为组织声誉是通过其可靠的行为建立起来的，即言行一致（Nguyen，2001）。另外，组织通过与利益相关者的主动沟通，可以增进相互之间的了解与信任，改善客户所感知的企业形象，提升相互承诺程度。第三，个体层面。组织的联系人个体作为两个组织之间的边界跨越者所释放出的善意和能力。员工的行为对组织声誉有重要影响（Erkmen & Esen，2014）。在外部利益相关者的眼中，员工的行为反映出组织的特征形象。通过在服务中或与顾客沟通中收到的反馈，外部团体对组织的感知也会对员工产生影响（Gotsi & Wilson，2001）。

综上所述，本文提出了如图 1 所示的新创企业组织声誉获取途径。

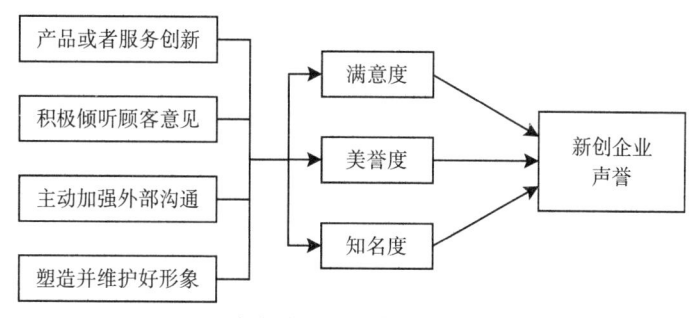

图 1 新创企业组织声誉的获取途径

三、案例情境与研究方法

（一）案例情境

成立于 2015 年 8 月 30 日的安财子曰家教平台为工作室主打产品，是蚌埠市唯一一家专业做大学生家教的平台。在其发展的短短一年多时间里，经营模式不断规范，组织规模慢慢扩大。以下重要事件对组织的发展走向起到了决定性作用，具体事件如表 1 所示。

表 1 子曰教育发展中的重要事件

时间	重要事件
2015 年 8 月 30 日	子曰教育机构成立
2015 年 9 月	团队 2 名成员因考研自愿退出，形成了稳定的团队结构
2015 年 11 月	进驻安徽财经大学创业孵化基地
2016 年 3 月	宣传方式由最初的地面宣传转向地面与线上并行

续表

时间	重要事件
2016年4月	从向学生收费转向机构收费，主打高质量的大学生兼职教师 由简单的大学生家教和辅导机构进行对接转向"面试，筛选，笔试，试讲，再筛选，中介售后服务模式"来保障推出的大学生家教质量，并设定了星级教员制度、售后服务模式和双向签订合同制度
2016年7月	解除与教育机构的合作，专注做一对一学生家教

本文选取子曰教育机构为案例研究对象，主要是因为：第一，其团队成员全部为在校大学生，且成员结构发生过变化；第二，子曰教育在发展中不断摸索变化，对其他大学生创办的新企业有一定的借鉴意义；第三，子曰教育从起步时的默默无闻，到现在在学生与家长群体里拥有了一定的良好声誉，其做法值得其他大学生创业者借鉴。

（二）研究方法

本文采取单案例研究方法，多数资料是在与子曰教育机构不同负责人的访谈中取得的，并且，我们还补充收集了与本案例研究主题相关的文件材料，包括内部的管理制度、企业策划书、宣传册等，以保证信息的真实性与可靠性。

四、案例分析

子曰教育机构作为在校大学生创办的组织，在起步阶段不仅面临着一般初创企业存在的资金短缺、经验不足、市场风险等普遍问题，还因在校大学生这个既普通又特殊的创业身份而受到质疑。尤其是在建立新企业组织声誉的时候，大学生的创业身份既给这个创业团队带来了便利，同时也带来了一些困难。但是其团队成员通过多种途径慢慢地在竞争激烈的家教市场取得了一定的良好声誉。

（一）主动参与市场竞争活动

在子曰教育机构成立的初期，团队成员为了近距离与学生家长接触，打印了大量宣传单在蚌埠的各个中小学门口发放，并且，在家长表现出浓厚兴趣和合作意向之后，积极主动与家长进行联系。团队成员抓住机会向各类教育机构宣传了子曰教育，第一次出门发放宣传单时，当日就有3家小饭桌机构拜托找寻6位兼职教师。

为了寻找大学生家教，在各个大学生兼职QQ群内发布消息。在校内尚没有固定的办公地点的情况下，对大学生进行面试的地点就近选择在了学校食堂。子曰成立的第三天，成功介绍出一位优秀的大学生，取得了第一笔收入。

在组织不断发展的过程中，子曰教育也在不断加大对其自身的宣传。特别是利用寒假的时间，子曰教育组织成员去合肥打豆豆科大家教平台学习，经过20多天的学习，在新学期初始便开始调整了自己的宣传方式。从刚开始的QQ群、小传单这种单一的宣传方式转变为QQ、微信平台、信息类门户网站等线上宣传与地面推广宣传相结合，并且拥有了固定的办公地点。在各类辅导机构充斥市场的情况下，子曰教育勇于投身市场活动中，并成功引起了家长、学生的注意，把组织相关信息慢慢传播了出去。

在2016年9月新生开学的期间，子曰教育机构主动出资制作一面印有安徽财经大学地图，另一面为其组织信息并带有其官方微信号的卡片免费发放给各个学院，以便在新生报到时送给他们。这种主动出击的方式，让新生与家长一开学便接触到了子曰教育的相关信息，先入为主。

（二）创新家教服务模式

家教市场虽然需求量较大，但是市场并不规范，鱼龙混杂。子曰教育在成立之时便主打大学生家教服务，不接受其他身份的兼职者。虽然在成立初期，子曰教育在挑选大学生时不够规范，但是其团队很快意识到这种行为的危害性，开始转变服务模式。从刚开始的学生与大学生家教之间的简单对接变为对大学生进行"面试，筛选，笔试，试讲，再筛选"，只要大学生家教未被正式聘请，都要对学生进行试讲，在试讲之后再与家长沟通，才能确定是否被聘用。并且，对教员进行档案化管理，依据其表现进行星级评定。最终形成了"面试→笔试→试讲→初次筛选→培训→二次筛选→匹配→评价与反馈→档案记录"的运行机制。在学生家长方面，子曰教育工作人员提前进行实地考察，观察学生的家庭情况，以确保大学生家教的人身安全。

这与传统的教育机构简单粗暴的匹配方法不同，这种专门从事大学生家教服务与试讲、星级管理、跟踪式服务、定期回访的形式，使得大学生家教与学生家长双方都满意其提供的服务，这让子曰教育更具有竞争力与关注度。目前子曰教育已经拥有1000多名教员，并且形成了一定的知名度，在学生中也拥有了口碑。家长的"回头率"达到70%以上。

(三) 主动进行沟通

与组织经营发展有关的各个利益相关者对组织的期待是基于各自利益的，因此希望从组织中寻获的期盼收益各不相同。组织要想获得利益相关者的支持必须主动进行沟通，才能及时了解各方需求，然后采取相对应的策略，具体如表2所示。

表2 子曰教育机构加强外界沟通的途径

	途径	优势	劣势	效果
线上	QQ群	群内成员众多，无须宣传费用	人员鱼龙混杂	组织成立之初，在群里发布工作信息，快捷迅速
	微信平台	方便快捷，信息丰富，及时更新	在说服家长添加关注微信号时存在困难	由之前的针对大学生家教与学生家长转变为针对大学生家教发布相关信息，效果良好
	信息类门户网站	受众面广，影响力大	费用昂贵	许多大学生家教与家长从相关信息类门户网站搜索到组织相关信息，增加了知名度
线下	小区宣传	费用较低，有针对性	费时费力	促成了组织成立之初的多次交易
	面对面交流	更容易获得大学生家教与家长的信息需求，增加信任感	费时费力	增加了利益相关者对组织的信任，获取更多有助于组织发展的信息

在与众多利益相关者沟通的过程中，子曰教育机构发现了大学生家教市场存在的一系列问题与机会：第一，通过教育机构找到家教工作的大学生需要支付高额的中介费，中介机构严重压榨大学生家教的工资，甚至有虚假中介机构进行虚假宣传，骗取学生的中介费用。第二，学生家长与大学生家教之间的沟通渠道并不畅通。许多家长是通过自己的人脉关系打探寻找合适的家教，这种方式缓慢低效。而大学生家教如果不加入一些收费的中介组织，通过自身的有限信息资源很难找到合适的家教工作。双方的需求都得不到满足。第三，虽然现在许多学校的教师也在进行课外有偿家教活动，但并不是所有学生都适合教师的讲授与相处风格。相对而言，大学生家教与学生之间年龄差较小，思想活跃，与学生之间有许多共同的爱好与语言，容易拉近两者之间的心理距离，减少抵触情绪。针对这些问题，子曰教育机构制定出一系列应对措施，如放弃起初向大学生收取任务费的做法，统一定价，比一般的家教收入一个月高40%，实行星级教员制度，并且签订合同；查验教育机构营业执照等相关文件并且先上门了解家庭情况，登记家长身份证等信息；子曰教育采取严格的"面试，筛选，笔试，试讲，再筛选，中介售后服务模式"来保障推出的大学

生家教质量；进行跟踪式服务，定期电话回访，提供教员档案，双向签订合同。

这些措施的推出，受到大学生家教与家长的好评，并且形成了良好的口碑，许多大学生家教主动介绍其同学朋友加入子曰教育，形成了"熟人带熟人"的模式。

（四）塑造企业新形象

1. 参加各类学科竞赛并获奖

由于缺乏经验和专业知识，普通公众在感性的引导下更倾向于关注新企业的知名度、美誉度等外在线索（王瑞，2011）。子曰教育团队成员积极参加各种比赛并取得优异成绩，如获得2014年和2015年职业规划大赛创业组一等奖、2015年蚌埠市"赢在江淮"大赛30强选手、2016年安徽财经大学创业案例分析大赛二等奖等。通过各种大赛，子曰教育机构向大学生家教与学生家长展示了其组织的优秀与团队的能力，有助于消除家长对其成员大学生创业行为的疑虑，增强对组织的认同感。

2. 规范经营业务流程并保持诚信

形成稳固的声誉是困难、昂贵和费时的过程，并需要企业持续不断地维护与经营。而声誉又极易受到破坏，公司微小的错误如不公平、不诚信或者其他不好的行为会使所有努力付诸东流（高维和等，2010）。

子曰教育的诚信主要针对大学生家教、家长/教育机构双方。其主要做法为：为保障大学生家教的权益，在为大学生家教介绍工作之前，会认真查验教育机构营业执照等相关文件，并且签订合同，对辅导机构进行约束；对于家长方面，子曰教育会先上门了解家庭情况，登记家长身份证等信息；并且子曰教育会主动与大学生签约，严格遵守合同，在工资方面为大学生提供高于市场工资标准的薪酬。

对于家长/教育机构，在介绍大学生之前会对大学生进行面试初选，严格选取品学兼优的学生，并且经过笔试、试讲、再筛选，以确保介绍的大学生家教符合家长或教育机构的要求。在大学生家教进行兼职之前还会进行初步培训，主动与教育机构签约，保证用人的稳定性以及质量。一旦有大学生家教因故不能提供家教服务，子曰教育机构会及时提供其他大学生家教，尽最大可能避免耽误学生的课程辅导。

子曰教育成立至今从未拖欠大学生家教一分钱工资，从未与教育机构发生违约行为，一直在尽最大努力履行职责。

(五) 借助成熟组织的影响力

1. 借助学校的声誉

新创企业在建立组织声誉的过程中，单纯地依靠自身力量建立声誉比较缓慢，此时可以借助有声誉的成熟组织的影响力来构建自身声誉。子曰教育机构在成立3个月之后即进驻安徽财经大学创业孵化基地，成为安徽财经大学唯一官方指定教育类机构，得到了学校的大力支持，进入安财官方创业网站，被学校领导多次点名表扬，这些使得子曰教育机构在向外推广时更加有说服力。

因为安徽财经大学是蚌埠市影响力最大的高校，学生勤奋、努力、上进、能力等多方面都得到外界的认可，子曰教育机构借助安徽财经大学的名声向外展示其组织的可靠性与可信性。并且在入驻创业孵化基地设立办公场所之后，家长在进行实地考察时，大大增加了对子曰教育的信任度；大学生家教因为信任学校更加不用担心会上当受骗。事实证明，子曰教育的业务量也正是在此阶段以后明显增多，其美誉度和知名度才得以迅速提升。

2. 借助成熟教育机构的声誉

子曰教育在发展前期，与蚌埠市几所家长认可度较高的教育类机构如昊宇教育、智学教育都进行过合作，为其提供大学生辅导教师。这些成熟组织在家长心里都已经具有一定的知名度与认可度，子曰教育在与这些教育机构合作的时候，潜移默化地影响了家长对其的认知，在一定程度上提升了组织的形象与声誉。并且，与这些成熟组织进行合作本身就是外界对其认可的一种表现，对其以后的宣传推广都有一定的帮助作用（见图2）。

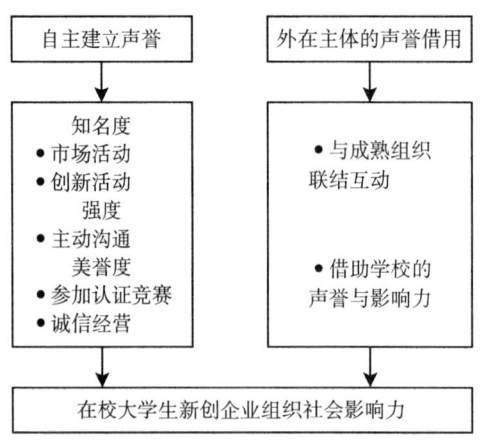

图2 子曰教育机构影响力的传播路径

五、结果讨论与启示

（一）结果讨论

组织声誉的获取与积累是相继发生的两类行为。组织声誉的获取是积累的前提，但获取途径却是多样的。

在企业初创时期，新企业的绩效在很大程度上取决于创业者所能获得的资源性质。创业者要根据自身的资源禀赋条件，做出关系到新企业命运的重要战略选择（田莉，2010），并且，创业者个人的社会网络和企业的社会网络几乎等同（王巧然、陶小龙，2016）。在社会公众对新企业不熟悉的状况下，往往通过对创业者个人的价值判断来替代对企业的价值判断（曾楚宏等，2009）。这对社会关系相对简单、缺少资源获取途径的大学生来说，依据自身条件获得资源，存在相当大的困难。但由于家教这一行业对于大学生来说也存在熟悉学生与家长心态、知识丰富等天生优势，子曰教育机构便通过各种竞赛，向学生家长展示其能力与可靠性，充分发挥大学生这个身份带来的优势，给组织声誉的构建带来了天然的便利。

万事开头难，新创企业作为新公司，缺乏信用资本，且规模较小，内部资源不足，因此更加依赖于与其他行动者的联结及互动。新创企业联结知名企业的过程也是获取组织声誉的过程，这是因为：与知名企业达成合作，一方面可以提升带动组织的形象，另一方面也可以为组织交易提供信誉担保（曾一军，2007）。在校大学生创办的新企业能与社会上比较知名的企业进行联合，对其形象与声誉的塑造有着重要的促进作用。然而，子曰教育在与当地一些较为知名的教育机构达成合作之后，又全面放弃与教育机构的合作，这对子曰教育机构的声誉构建是不利的。失去与知名教育机构的合作，很难在鱼龙混杂的教育市场中尽快树立较好的声誉感知，这在无形中会影响子曰教育的发展前景。

单打独斗式的发展早已不适应激烈的市场竞争，大学生创办的新企业要想获得组织发展的声誉，必须在发挥自身优势的基础上，与其他知名组织机构积极合作，促使组织声誉的知名度、强度、美誉度协调发展，进一步发挥组织声誉的作用。

（二）管理启示

既然组织声誉的获取比较漫长且途径多样，那么，在校大学生在创办组织时就要考虑到毕业、升学等现实问题，形成稳定的团队结构与清晰的发展路径，谨防半途而废。争取参加与创办的企业相关的一些学科竞赛并获奖，以向外界相关利益者展示自己的可靠性与可信性。另外，要积极参与市场竞争活动，主动进行沟通，积极寻求学校的帮助或与外界知名组织进行合作。

学校应积极帮助大学生解决在创业过程中遇到的两方面问题：一是在校大学生在创办新企业时面临在校时间的限制，这与组织声誉的漫长积累相矛盾，为此，学校相关部门可以完善大学生休学创业制度或延长学制，解决完成学业与进行创业之间的矛盾；二是学校可以在大学生创办的企业与外界企业的合作中牵线搭桥或者有活动时优先考虑大学生创办的企业，给在校大学生提供一个更好的创业环境。

参考文献

[1] 宝贡敏, 徐碧祥. 国外企业声誉理论研究述评 [J]. 科研管理, 2007 (3): 98-107.

[2] 杜运周, 陈忠卫. 国外创业团队理论研究的新进展及其启示 [J]. 商业经济与管理, 2010 (10): 43-50.

[3] 高维和, 陈信康, 任声策. 企业声誉、两级信任与组织间关系 [J]. 财贸研究, 2010 (2): 130-138.

[4] 韩炜, 薛红志. 基于新进入缺陷的新企业成长研究前沿探析 [J]. 外国经济与管理, 2008 (5): 14-21.

[5] 巨荣良. 企业组织转型与声誉机制的构建 [J]. 经济管理, 2007 (10): 26-30.

[6] 刘兵, 罗宜美. 论企业管理的崭新阶段——声誉管理 [J]. 中国软科学, 2000 (5): 96-98.

[7] 李宏贵, 周洁. 组织声誉与企业成长：创新合法性的中介作用 [J]. 科技进步与对策, 2015 (10): 84-87.

[8] 刘慧杰. 员工视角的企业声誉对员工组织公民行为的影响研究 [D]. 浙江大学博士学位论文, 2010.

[9] 李军林. 组织声誉与契约的隐形要求权——一个关于企业声誉的讨论 [J]. 教学与研究, 2004 (12): 50-56.

[10] 缪荣, 茅宁. 公司声誉概念的三个维度——基于企业利益相关者价值网络的分析 [J]. 经济管理, 2005 (11): 6-11.

[11] 刘郑一. 员工感知的企业声誉与组织情感承诺关系研究——以杭州市公共交通集团有限公司为例 [D]. 浙江大学博士学位论文，2006.

[12] 莫申江，王重鸣. 基于行为认知视角的组织声誉研究前沿探析与展望 [J]. 外国经济与管理，2012（3）：65-71.

[13] 唐厚兴，邓丽明. 声誉对企业间知识共享效率的影响机制研究——基于社会网络视角 [J]. 科技管理研究，2013（13）：190-195.

[14] 田莉. 新企业初始条件与生存及成长关系研究前沿探析 [J]. 外国经济与管理，2010（8）：27-34.

[15] 王巧然，陶小龙. 创业者先前经验对创业绩效的影响——基于有中介的调节模型 [J]. 技术经济，2016（6）：24-34.

[16] 王瑞. 新企业声誉的来源与效应——基于声誉自建和声誉借用的研究 [D]. 南开大学学位论文，2011.

[17] 郑爱翔，周海炜. 专业化感知、专业声誉与组织信任关系实证研究——针对专业服务业的调查 [J]. 科技进步与对策，2015（10）：78-83.

[18] 曾楚宏，朱仁宏，李孔岳. 新创企业成长的组织合法性获取机制 [J]. 财经科学，2009（8）：64-72.

[19] 曾一军. 新创企业的社会网络嵌入研究 [J]. 科技进步与对策，2007（12）：91-95.

[20] Abratt R, Kleyn N. Corporate Identity, Corporate Branding and Corporate Reputations: Reconciliation and Integration [J]. European Journal of Marketing, 2012, 46 (7/8): 1048-1063.

[21] Almeida M G C, Coelho A. The Role of Corporate Reputation on Co-operants Behavior and Organizational Performance [J]. Journal of Management Development, 2015, 35 (1): 17-37.

[22] Beuve J, Saussier S. Enhancing Cooperation in Interfirm Relationships: The Role of Reputation and (in) Formal Agreements [J]. Ssrn Electronic Journal, 2008, 73 (10): 154-159.

[23] Erkmen T, Esen E. The Mediating Role of Trust to Managers on the Relationship between Corporate Reputation Practices and Employees' Course of Actions to Customers [J]. Social Responsibility Journal, 2014, 10 (2): 282-296.

[24] Gotsi M, Wilson A. Corporate Reputation Management: "Living the brand"

[J]. Management Decision, 2001, 39 (39): 99-104.

[25] Gray E R, Balmer J M T. Managing Corporate Image and Corporate Reputation [J]. Long Range Planning, 1998, 31 (5): 695-702.

[26] Helm S. One Reputation or Many: Comparing Stakeholders' Perceptions of Corporate Reputation [J]. Corporate Communications an International Journal, 2007, 12 (3): 238-254.

[27] Hormiga E, Garcíaalmeida D J. Accumulated Knowledge and Innovation as Antecedents of Reputation in New Ventures [J]. Journal of Small Business & Enterprise Development, 2016, 23 (2): 428-452.

[28] Nguyen N, Leblanc G. Corporate Image and Corporate Reputation in Customers' Retention Decisions in Services [J]. Journal of Retailing & Consumer Services, 2001, 8 (4): 227-236.

[29] Shamma H M. Toward a Comprehensive Understanding of Corporate Reputation: Concept, Measurement and Implications [J]. International Journal of Business & Management, 2012, 7 (16): 151-169.

[30] Shamma H M, Hassan S S. Customer and Non-customer Perspectives for Examining Corporate Reputation [J]. Journal of Product & Brand Management, 2013, 18 (5): 326-337.

[31] Xie C, Bagozzi R P, Meland K V. The Impact of Reputation and Identity Congruence on Employer Brand Attractiveness [J]. Marketing Intelligence & Planning, 2015, 33 (2): 124-146.

(作者是安徽财经大学2015级企业管理研究生，本文曾刊发于
《铜仁学院学报》2017年第10期，稍加修改)

【案例点评】

组织声誉与新创企业的品牌资产形成

陈忠卫

沉淀下来的企业声誉往往是企业品牌资产的重要因素，良好的社会口碑既能拉近与供应商、消费者之间的信任关系，也能有效地培养起企业内部员工的忠诚度，这正是对"善不积不足以成名，恶不积不足以灭身"的最好诠释。

企业声誉是外部利益相关者，包括政府、顾客、供应商、经销商、投资者乃至同行竞争对手在内，给予企业各方面表现的一种整体评价和综合印象。一旦企业具有不良的社会声誉，必将对企业发展起阻碍作用。如近些年来，当个别国内外食品行业企业出现危害消费者健康和安全的行为，并且，企业又没有能够正确处置此类行为所造成的不良后果时，市场上的消费者完全可以采取"用脚投票"的方式表示抗议，将企业淹没在大众"吐槽"和消费者的普遍摒弃声中，从而导致企业迅速衰落。

美国学者福布朗（Fombrun）主张把企业声誉看作是企业过去行为和未来前景的集体代表，而沃德（Wood）则进一步指出，企业声誉来源于企业行为的"社会"结果。从实践的角度看，新创企业在起步阶段，由于没有前期商业行业表现，也没有足够的资源去积极从事公益导向的行动，想迅速获得良好的组织声誉相对困难。很多新创企业采取的措施包括：重视并发挥消费者的口碑效应，采取组织合法化战略，启动认证机制等。但是，"冰冻三尺非一日之寒"，新创企业从创业之初就应当将组织声誉问题作为组织文化的重要内容来抓。

在"互联网+"不断加速的新时代背景下，组织声誉或者企业形象更容易受到舆论的关注，并且传播速度极快，新创企业完全可以加以妥善地利用。一方面，新创企业可以从一开始就把诚信守法、充满责任担当和锐意创新的组织声誉和企业形象，借助微信、微博和客户端等途径对外传播，同时，也要密切关注互联网上消费者的负面评价，将其作为改进创业行为的重要依据。尤其值得大学生关注的是，不少校园电子商务型创业企业借助"互联网+"来经营，但切记它并没有改变商业服务业的本质，千万不要打着"互联网+"的旗号，最后成为兜售劣质商品、任意夸大产品质量、坑害消费者利益的网络空间。互联网经济虽然是新经济，但它绝不是法外之地，否则，新创企业必将身败名裂，其品牌将瞬间由资产转变成负值。

（指导教师是安徽财经大学创业创新与企业成长研究中心首席专家、教授）

大学生创业者身份建构
——一个叙事研究

韩远翔

通过校园内创业孵化器形式,让在校大学生从事创业实践活动,无疑是培养大学生创新能力、策划能力、组织能力、管理能力、人际沟通能力的一条良好途径。然而,创业活动充满着不确定性,大学生创业失败的案例比比皆是。创业失败不仅使大学生创业者遭受经济上的损失,同时也对他们的心理产生负面影响。因此,如何有效地指导大学生创业一直是政府和高校关注的问题。对大学生创业者身份建构的研究,可以从心理上深入了解大学生创业者,对指导大学生创业具有理论和实践意义。

相对于社会上的创业者来说,大学生创业者的身份建构有其特殊性。在校大学生的创业活动嵌入在校园这一相对稳定安逸的环境中,他们具有文化水平高、自主学习能力强、思维活跃、容易接受新鲜事物等优点。但是,他们缺乏社会经验和职场历练,尤其缺乏人际关系和商业网络,大学生创业者大多尚未形成独立人格,心理承受能力相对较差,面对挫折往往不知所措,因此,他们对自己身份的感知更加敏感。创业活动的固有属性,如不确定性、模糊性、高风险性等,必然会对大学生创业者的身份建构产生影响。而心理学的研究普遍认为,个体是基于身份行动的,这意味着大学生创业者身份对他们的创业行为、决策和自我认知等方面会产生直接或间接的影响。因此,有必要对大学生创业者的身份建构进行研究,从而理解大学生创业者在创业活动中的身份建构过程和心理活动,以便更加高效地指导大学生创业。

本文首先对身份的概念和定义进行梳理并探讨身份建构的影响因素;其次在对现代主义身份观和建构主义身份观进行比较的基础上,运用叙事研究法对具体大学生创业者进行叙事分析,进而得出一个大学生创业者身份建构模型。

一、相关文献综述

（一）身份的概念和定义

身份是哲学、社会学、心理学和逻辑学领域的基础概念之一。哲学中"身份"（Identity）一词源于拉丁文identitas，指"每个事物具有的，只属于他的关系"，个体身份是指"个体跨越时间的独一无二的数字身份"。这种定义旨在解决"我们通过什么确定一个个体在不同的时间是同一个个体"之类的问题，表明个体身份在时间上持续。而在社会学领域，身份由个人的自我概念、社会表现，以及我们通常所说的使特定个体独一无二或者与其他个体本质上不同的各个方面所组成。如文化身份、性别身份、民族身份、网络身份和身份形成的过程。在逻辑学上，亚里士多德将身份表述为"使每个事物与他自身相同并与其他事物不同"的属性。也就是说个体都由自身独有的特征或特点组成。从这些表述中我们可以得出：身份是个体独一无二的、跨越时间的、用以区别个体与其他个体的属性。

（二）身份塑造过程

Erikson的社会心理发展理论和Marcia的认同状态理论探讨了身份如何产生和发展。他们都认为，青少年阶段是个体身份建构的重要时期，并对个体身份建构过程进行了阐释。Erikson的社会心理发展理论认为，每个个体在生命中都会经历不同的危机和冲突，这些危机和冲突会对个体的身份塑造产生影响。个体通过认同达成解决危机和冲突，广泛的考察各种目标和价值观，接受其中的一些并摒弃另一些，从而形成自己独一无二的个体身份。Maricia将身份发展分为四个阶段：认同扩散（角色困惑）、认同排斥、认同拖延、认同达成。具体地说，在认同扩散阶段，个体思想混乱，没有解决自身的身份危机；认同排斥是指个体可能不加探索地顺从一个身份，也可能坚持一个与父母和社会规范对立的消极身份；认同拖延是指个体通过暂时躲避延缓认同达成；认同达成指个体在广泛地探索不同的领域之后，对目标、信念和价值观做出承诺，从而解决关于身份问题的问题和困惑。

（三）创业者身份研究

虽然社会和心理学领域的研究早已表明身份建构是一个不断发展的过程，但是，创业领域现有的身份研究大多遵循现代主义研究范式，即将身份视为个体的一个相对稳定的特征，会在创业过程中决定个体行为。现代主义对创业身份的研究目的在于发现创业身份的普遍特征，将身份进行分类，并从工具性的视角去探索身份对创业结果的影响以及提升创业成功率和效率的可能性。例如，在 Sarasvathy（2001）提出的效果推理理论中，将创业者身份视为创业者拥有的手段之一，与其他手段一起指导创业者在高度不确定的创业环境中的行为。Stepherd 和 Haynie（2009）指出，归属需要与自我实现需要之间的矛盾是解释创业身份的关键，并且认为这一矛盾是可以通过一些方式进行控制的。Mitchell 和 Shepherd（2010）则对创业者的自我想象与创业机会感知的联系进行了研究。Hoang 和 Gimeno（2010）进一步探讨了创业的角色身份与创业持续性之间的因果关系。但是，如 Gartner 所述，创业并不是由具有固定心理特征的创业者实施的普遍过程，所以用现代主义视角的身份观来研究创业过程具有一定的局限性。

基于社会建构主义视角的创业身份研究打破了这一局限。社会建构主义将身份视为开放的、充满探索性的和具有多样性并不断发展的，会受日常生活行为和情境互动的影响。这与 Erikson 和 Marcia 的理论相契合，即身份建构是一系列自我定义和对自我建构不断修正的过程，创业者会根据具体社会情境评估机会的价值和可靠性以及他们是否能在具体的情境中有效地利用机会。此外，Ibarra 和 Barbulescu 发现身份建构是一个不断发展的过程，富有进取心的个人利用社会互动中得到的反馈不断调整，支持或者放弃已有的身份感知。积极反馈会使个体沿着既有的道路继续前行；相反，消极反馈则促使其寻找其他路径。需要强调的是，不管创业者在身份建构过程中采取什么行动，个体的行动都会反过来影响情境，即社会建构主义的身份建构理论存在一个情境和个体的二元互动关系。

学者们从多方面对影响创业身份建构的因素进行了研究。Downing（2005）的研究关注到个体和集体身份在创业中的作用。Hoang 和 Gimeno（2010）指出，创业身份建构涉及创业者的角色转换，角色转换的完成意味着创业者对创业身份达成认同；王成城等（2010）认为角色的转换受先前身份的影响，对先前身份的认同度越高，对身份建构的影响作用越大；而个体特殊经历也会影响创业者身份建构，Ibarra 和 Barbulesc（2010）强调经历退出组织或转变时，个体更迫切于构建一个新的身份。女性创业者身份研究方面，Warren（2004）基于个体自反性、社会动态和实践团体三者联系对女性创业身份进行研究；Yasmine（2016）进一步指出，女性创业者可以通过创业实现经济独立以提升自身的社会地位。

(四) 大学生创业者身份建构的特殊性

首先，大学生创业者在心理状态上不同于社会上的创业者。Erikson 和 Marcia 认为，青少年时期（12~18 岁）是个体对身份最敏感也是身份建构最重要的时期，这一时期的身份建构对个体一生会产生深远影响，Erikson 社会心理发展理论中"身份与角色困惑"即发生在这一时期。但是，笔者认为这种年龄界定并不适合中国学生的实际情况。一般认为，大学阶段是我国青少年开始独立生活、广泛探索未知和人格构建的重要时期。因此我们认为大学生创业者正好处在 Erikson 社会心理发展理论所表述的"身份与角色困惑"时期。创业活动的不确定性、模糊性和高风险性很可能会加剧这种身份冲突。

其次，大学生创业者在职业经验、社会阅历、风险承担、社会网络关系等方面与社会上创业者存在一定的差异。大学生创业者缺少职业经验和社会阅历，风险承担能力相对较弱，社会网络关系薄弱，这些因素必然会对创业活动和身份建构产生影响。但是，大学生创业者具有较高的教育水平，在移动互联网等新技术的应用和对新事物的接受能力方面要强于社会上创业者，这些因素可能会对创业活动和身份建构产生积极影响。

二、研究方法、研究对象与资料收集

（一）叙事研究法

如前文所述，身份是一个开放的、充满探索性的和具有多样性并不断发展的，受日常生活的行为和情境互动影响的意义建构过程。同时，在最近的创业学研究中，已不再将创业活动视为"客观存在的客体"，也不再用固定、静止的本体论去理解创业活动；而是将创业视作动态的、涌现的，经由社会过程实现、形成和建构起来，进而创造经济价值的活动过程（Fletcher，2003）。研究大学生创业者的身份建构需要对大学生个体固有属性、信念、价值观、经历、文化以及社会网络关系等方面进行考察，并且，这些关于身份建构的要素通过社会交往，镶嵌于包括创业活动的日常实践当中。因此，大学生创业者身份建构可以通过他们对于自己创业过程中发生的故事的描述来了解。

叙事研究提供了一个思考和讨论大学生创业者身份的恰当方式。作为一种质化的研究，叙事研究关注事物的变化和流动，侧重于探究较长时间段内事物的发展过程。叙事取向的创业研究将"特定情境下的创业者"作为分析与理解的最基础单元，被访者通过叙事来描述其个人生活中的重要事件与经历，并将其以故事的形式展现出来；研究者则通过现场记录、访谈、日志等方式收集资料，并对收集到的资料进行梳理，通过这些故事建构各项经验的性质或意义，归纳分析资料并形成理论。这种对生活故事的访谈留给创业者自由叙述空间，使他们能清晰地阐释"我是谁"的问题，研究者则通过生活故事了解创业者及其身份建构过程。

（二）研究对象

本文研究对象是来自海南的一位女大学生小俞，她是安徽财经大学创业孵化基地琼艺民族馆的创始人。在校学习期间，她发现现有的礼品供给并不能满足在校大学生的送礼需求，便萌生创立礼品工作室的想法，并最终创立了琼艺民族馆。琼艺民族馆秉承"为特别的你，定制一份唯一"的宗旨，将家乡具有民族特色的饰品与中国送礼文化结合起来为客户定制或由客户亲手制作一份具有海南民族风情的手工艺制品或特色服饰。

小俞是一名典型的大学生创业者，思维活跃，接受新鲜事物快，自主学习能力强，但同时因年龄所限，独立人格尚未形成，心理承受能力有限。小俞的创业决定一方面受学校创业孵化基地政策影响，另一方面也是自身创业意愿的体现。笔者与小俞同处一所校园，更加了解小俞的创业背景，也更方便通过访谈等进行资料收集。对身份的研究需要对研究对象进行深入了解，因此笔者选择小俞作为研究对象。

（三）资料收集

叙事研究着重叙述事实和保证事件真实性，而不是对事件的看法。叙事研究主要通过访谈、以对话的形式进行资料收集，没有固定的框架和预设的问题。访谈者在对话中扮演着积极的角色，同时要求访谈者不能刻意引导和影响被访者以保证访谈的真实性；但这并不意味着漫无目的的聊天，每次访谈以采访者明确访谈的目标和意向开始。在我们的研究中，我们告诉被访者希望她谈论其日常生活和作为创业者的经历，尤其是她关于创业身份和学生身份的困惑。在初次访谈的基础上，我们归纳总结形成创业者的创业故事，重点标注创业者认为对他们身份建构有重要影响的事件，并将这些故事发送给创业者，邀请他们对自己的创业故事进行阐释。这种自反性的验证在被访者和访谈者之间建立了一种融洽关系，有助于增加资料收集的可信度。后续的访谈基于这些故事呈现的主题,并对特定问题进行更深入的探讨。

三、叙事分析

我们按照时间和逻辑顺序对采集到的访谈资料进行分析,发现身份建构包括身份认知、身份冲突、情境互动、身份重塑等阶段。下文将访谈资料按照上述四个身份建构阶段进行分类,进行叙事分析。

(一) 身份认知

在与小俞进行交流的过程中,我们逐渐了解到她的创业身份所嵌入的环境存在多种关系和互动的交叉。其中的社会网络关系包括教师、同学、朋友、导师等强关系以及与供应商等的弱关系;情境因素则有创业项目所涉及的社会情境、学校情境以及家庭情境。这些关系和情境都对她的创业身份建构不断产生影响。本文首先要考虑的是创业者是何时开始感知自己创业身份的。

通过交流发现,研究对象是行为驱动的大学生创业者。这是因为她并不是一开始就有创业构想,而是因偶然因素和环境推动才开始创业的。

"一开始并没有想到创业,后来听说学校的大学生孵化基地对大学生创业者有许多优惠政策,比如水电、租金免费,就想着自己能不能也做点什么。由于我老家比较远,再加上南方与北方(这里在我们看来算北方)生活习惯等差别很大,我也一直把自己当作一个异乡人,也想把自己家乡、民族所特有的东西拿来跟大家分享。在大学生活中,我发现同学之间每到生日或节日时送礼很是头疼,又不能像小学生一样尽买些傻而没用的东西,又想每次能让人有点新鲜的感觉,因此,我就想到了我们老家特色的礼品、服饰,也传递了送礼人的一份情谊吧,因此,我和另外一个老乡一拍即合,试着申请了孵化基地的入驻项目,没想到我们也很幸运地立项了,也就有了今天的琼艺民族馆"。

通过小俞的描述我们发现,她的性格当中具有较高的经验开放性,对身边环境变化比较敏感,善于发现身边机会。而她对于创业身份的感知却明显滞后于创业行为。

"一开始我并没有意识到自己是创业者啊,当在做这个项目一段时间之后,关注的人越来越多,同学、朋友往往会说:'你都进驻孵化基地了啊,好厉害!'或者干脆问:'你是不是在创业啊?'而且刚开始的时候,什么都是新鲜的,有好多冲动的想法，想要把业务做得蒸蒸日上，再加上办执照等各种证就跑了一个多月，这过程，感觉比上几年学学到的都多！我很感谢团委的工作人员，给孵化基地提供了这么好的环境以及配套条件。经常组织一些讨论、讲座什么的，教我们如何提升自己的创业能力。大家在一起边讨论、边分享能碰撞出不少火花。当时就是很兴奋，我觉得身边（孵化基地）的同学也是这样，都觉得自己在做一件了不起的大事。"至于对创业者的看法，小俞说道："我从小就对创业者很有好感。因为我们老家那边很多人都是做生意的，我自己也有一些亲戚在做一些小买卖。创业者应该是很有主见的一群人，他们需要对自己的事业负责，去应对各种挑战和不确定性，但我想我也是个天生爱折腾的人，如果有机会，我想我也会去试试。"

我们发现，小俞其实对创业者身份和自我认知都是有预先判断的。当然，这也构成了日后身份不断重塑和调整的基础。不过，一开始，她并没有清楚地认知到自己的创业者身份。或者说，"创业者"与"我"还是分离的。小俞在创业孵化基地接触到和自己一样在创业的同学，在与他们的交流中更进一步地感知到创业身份。这说明她的创业身份感知是由创业行为引发的，创业行为发生之后，她才有了对自己身份的重新定义。而她真正把创业者身份与自我身份联系起来，是随着创业过程的开展，或者说，创业行为引发了创业者身份、大学生身份与自我身份的冲突，她的"大学生创业者"这一身份才开始凸显出来。

（二）身份冲突

在逐渐接受创业者身份之后，大学生创业者开始适应这一身份并对这一身份进行思考，基于这一身份进行行动。这意味着大学生创业者需要将创业者角色身份融入整体的自我概念，以完成角色转换。此时，她对于事物的思考和理解会发生一些变化：创业之前，看到学校的一些活动只是想参与其中凑凑热闹；创业之后，就会想能不能自己组织或者利用这种校园活动来对自己的店铺进行推广。这种变化显然是新的创业者身份带来的，但同时新的创业者身份与大学生身份之间的不协调也让小俞产生了一些困惑。

"课堂上学习到的思考方式与创业思维完全不同，学习中我们有方法和规则可以参照，只要照着做，总不会有太大问题。但在创业中，我们完全没有经验可循，只能自己摸索，所以出错的可能性很大，尤其是在和供货商打交道的过程中。我们寒假在老家跑了好多地方，看货源，联系进货渠道，但我发现，我的大学生身份有时会阻碍我与人进行交往，大家还像对待小孩子一样对待我们，觉得我们只是闹着玩儿的，我们在讨价还价中始终处于劣势，再加上我确实也没什么与社会上的人沟通的经验，有时甚至觉得自己挺傻的，或者说累的时候也后悔过，觉得自己不适合干这个。"

小俞表达了她对于创业不确定性和模糊性的不安与焦虑，也道出了她对自我身份的认知，大学生身份与创业者身份之间冲突的不确定感。尤其创业是有机会成本的，对大学生创业者来说，最大的机会成本就是投入到创业活动中的时间和精力。随着创业的进行，小俞意识到自己花费了太多时间和精力在创业上，开始思考创业到底"值不值得"："一个人的精力总是有限的，创业不可避免地会影响到学习，有时会担心创业没有取得成果，反而耽误了学业。"此外，创业并不是一帆风顺的，不像想象的那样轻松，创业中遇到的挫折和打击会让大学生创业者产生挫败感。"当情况很困难时，就会觉得自己不适合创业，毕业后应该去找一份安稳的工作"。小俞说。创业活动的持续进行改变大学生创业者对自己身份的认知，使其思考自己是否适合继续创业。我们发现，小俞的这种身份冲突主要来自以下几个方面：一是我是谁？到底适不适合创业？二是作为大学生的我，到底该如何创业？

（三）情境互动

当产生关于身份的困惑时，大学生创业者开始一系列与周围环境的交流和互动。互联网上关于创业者的信息和知识以及创业者社区提供了解决问题的一种途径；但小俞说更多还是想要通过与周围同学、教师等的交流来获得对自己创业的支持。大学生创业者毕竟是少数派，而且，其所处年龄的特定心理状态决定着其对身份认同的需要更加强烈，非常在乎周围的人对自己的看法。"有时感觉很没有安全感，因为像我们这样的大学生创业者可能并不多，而且，我并没有足够的商业知识和自信，完全凭自己的信念做事，所以会思考自己怎样做才能既保证创业进行，又能让周围的人接受。"小俞说。

1. 寻求建议

大学生创业者年轻而又对自己的创业者身份没有安全感，所以希望能从重要他人那里得到身份建构的建议。小俞说："有时会担心朋友、同学、父母、教师对自己的看法，他们可能并不能理解我现在所做的事情，可能认为我现在的这种创业并没有价值。还有许多人认为女生安安稳稳地找份工作多好，何必去瞎折腾。因为缺乏经验，所以并不知道自己的项目能不能被认可以及会取得什么样的效果。在此情形下，我会跟父母、朋友、教师交流，希望得到他们对自己创业者身份的肯定和建议。"对他人反馈的依赖反映从内省和社会情境视角理解创业身份建构的重要性，这与社会建构主义的研究是一致的。

2. 社会嵌入

大学生创业者生活在校园中，因此会自然而然地从校园情境中寻找身份建构的启示。例如，将自己的教师或导师纳入到创业活动中来，修读创业管理等课程，并且，在课堂和各种校园竞赛中将自己的创业项目作为案例。大学生创业者毕竟是少数派，在创业路上若是得到肯定和支持，无疑会使其更加自信。小俞说："同学、教师的观点和看法对我影响确实很大，如果某一个决定得到了他们的支持，那么自己的积极性和自信心就会提升。"同时，创业活动使大学生接触到校园以外的社会情境。从校园外的社会网络关系中小俞也得到了关于自己创业和创业者身份的反馈。"后来和供应商熟了，货源也比较稳定，与他们的对话中也经常听到他们的赞许与褒奖，说现在的大学生真了不起，能在上学的时候就出来锻炼自己，他们甚至还会给我们一些额外的优惠。"通过以上各种方式的社会互动，大学生创业者不断从社会情境中获得有形和无形的反馈，这些反馈引导大学生创业者审视自己的创业身份并思考创业意味着什么。

3. 自我反省

大学教育的目标通常是提升学生的就业能力，教授的知识往往也是怎样适应已经存在的大企业中的工作，所以，成为创业者在校园中看起来并不合适。不过，随着近年来国家大力提倡创新创业，各地高校纷纷响应，校园中对创业者的看法也在改变。"在一次课堂讨论中，我把我的创业项目当作案例进行了介绍和展示。刚开始介绍的时候有点不安，害怕同学们不认可我的项目。但是那次课上同学们的反应非常好，都夸我很有勇气能自己创业。"同学们的看法使得她认为自己是在做一件正确的事情。年轻的大学生毕竟有归属于校园的需要，校园情境中的类似积极的反馈，使大学生创业者觉得自己的创业身份是"合法"的。

创业活动使得大学生创业者能更多地接触到社会，社会情境中获得的反馈往往就不是那么积极了。如小俞所说："虽然他们会夸我有想法有勇气，但是看到他们的公司，再对比自己在做的事情，我会思考如果自己离开校园之后，面对和他们一样激烈的竞争，是否能够走得下去。"这一反思使得她觉得自己可能还没有做好当一个真正创业者的准备，欠缺很多知识和技能。

4. 解释和调整

校园和社会情境中的积极反馈或消极反馈会使大学生创业者坚持、调整甚至放弃创业身份。积极的反馈使大学生沿着现在的路径前进，消极的反馈使他们去探索感知自己创业者身份的新方式。通过反馈，大学生的身份建构程序实际上变成了一个从社会交互中学习的过程。"我很庆幸自己有了这么一段经历，体验了书本上难以学到的知识，并真正拓展了自己的视野，锻炼了自己的能力。当然我也深感自己在知识、技能方面的不足，作为一名经管专业的学生，我也开始更多地关注当下的创业环境、创业热点、创业导师的看法等，我开始认识到创业不光要有一腔热血，还要有敏锐的头脑、果断的决策以及困难中迎难而上的勇气。我突然觉得我的生活打开了一扇新窗，遇到什么点子，有什么新的主意，我都会想想适不适合、值不值得去做（创业），如果做我会怎么去做，等等。我希望自己不仅能折腾，更要会折腾。"

大学生创业者嵌入在特定的社会情境中，与社会情境的互动不断地影响大学生创业者的创业过程，并且使他们发现并审视自己创业身份的不同视角。

（四）身份重塑

反馈使大学生创业者更新和调整对已有的关于自己创业身份的认知，进而影响接下来的创业行为。虽然创业身份是一直动态发展着的，但是，大学生创业者通过协调外界对自己的看法和内在的意识，对创业身份的理解逐渐清晰。创业身份的建构也在改变大学生创业者对自己的认知。小俞说："一开始不太自信，现在逐渐接受自己是一名创业者，并且以更高的标准要求自己。创业是一项艰苦的工作，尤其在平衡创业工作付出与学业之间的关系上，我想我越来越有心得。我告诉自己：如果你连这点小困难都克服不了，创业这条路上更走不了多远。毕业之后我是否会走上真正的创业者道路？也许吧。我只想着先做好眼下，最关键是提升自己各方面的能力，如果以后有机会的话，我想我也会走得更远。"

四、模型构建

通过以上的叙事分析本文提出一个完整的大学生创业者身份建构模型（见图1）。该模型中，创业行为是身份建构的开始，创业行为引发了大学生创业者三种身份，即自我身份、大学生身份和创业者身份之间的冲突，进而使大学生创业者重新思考自己的身份，即"我是谁"的问题。带着这种疑问，大学生创业者开始一系列与校园情境和社会情境的互动。情境互动分为四个步骤：社会嵌入、寻求建议、自我反省和解释调整。大学生创业者是否能通过情境互动达成身份认同受到社会支持、个性特质、认知过程、社会文化等个体属性和社会属性的影响。情境互动之后，大学生创业者可能会通过解释调整而解决身份冲突，即认同达成，从而形成新身份；这一新身份又会对之后的创业行为产生影响，从而开始一个新的身份建构循环。反之，如果大学生创业者没能通过情境互动解决身份冲突，则会产生角色困惑。带着这样的角色困惑，大学生创业者开始新一轮的情境互动过程。

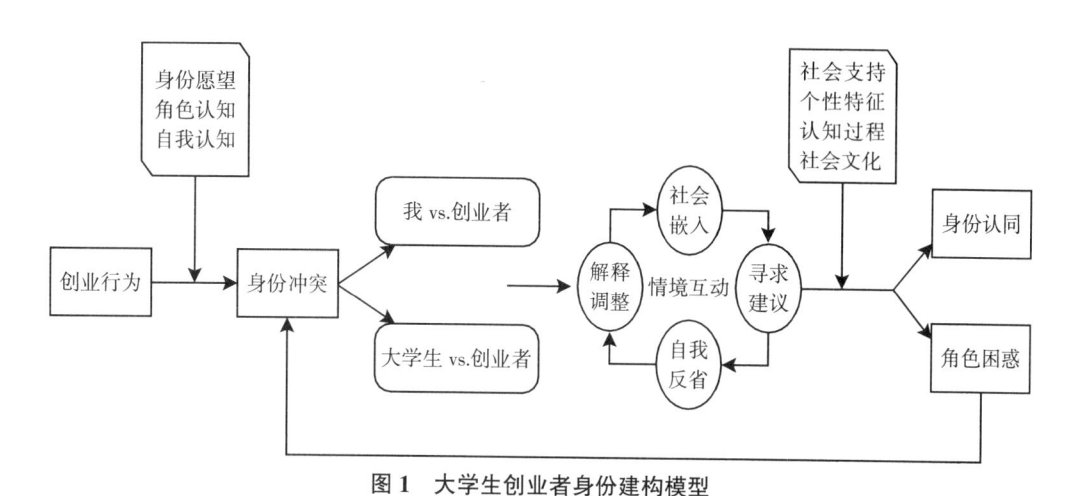

图 1　大学生创业者身份建构模型

五、理论贡献与实践启示

（一）理论贡献

第一，拓展了创业者特质相关研究。在创业研究领域，对创业者的研究主要集中为对创业者特质的研究，关注"什么样的性格或特质适合于创业"的问题，倾向于为创业者添上英雄主义色彩，很少有研究关注创业活动对创业者个性和人格的塑造。本文的研究不仅关注了创业者特征对创业活动的影响，同时更多地关注创业活动对创业者身份的塑造。

第二，补充创业身份建构相关研究。已有的研究考察了创业者自身因素对身份建构的影响，Ibarra 和 Barbulescu 认为创业者原有角色身份、创业经历会对创业者身份建构产生影响。但是，他们忽略了创业者在身份建构过程中的主动性。我们认为创业者的身份建构不仅是一个受多因素影响的动态过程，而且，我们特别指出创业者本人积极主动地通过情境互动来寻求身份认同，强调创业者在身份建构中的主观能动性。

第三，本文提出的大学生创业者身份建构模型补充了大学生创业者相关研究。现有的文献主要关注大学生创业者资源禀赋（如社会关系网络、相关技能等）、创业意愿等对创业活动的影响。本文从心理层面对大学生创业者身份建构进行分析，将Erikson和Marcia的身份理论应用到创业情境，详细揭示了创业者身份是如何逐渐产生并受各种因素影响而不断变化的。

（二）对实践的启示

第一，开设并优化大学生创业教育。专业系统的创业理论培训可以培养大学生的创新能力、领导能力等，有助于增进他们对创业实践的理解。同时要注重大学生创业者心理素质的培养，提高大学生创业者承担风险的能力。

第二，组织大学生创业者社团。创业者社团为校园中的创业者提供一个交流平台，可以使大学生创业者产生归属感，有助于达成身份认同。为创业者社团配备创业指导老师，为大学生创业活动提供商业运作和心理指导，及时解决他们在创业过程中遇到的运营和心理上的困惑。

第三，收集大学生创业成功案例并向大学生创业者宣传，邀请成功的企业家与大学生创业者分享他们的成功经验。通过这些方式可以对大学生创业者的创业态度产生正面影响，以提高他们的自我效能感。

参考文献

［1］王成城，刘洪，李晋.组织身份及其衍生构念实证研究评述［J］.外国经济与管理，2010（1）：15-24.

［2］徐冰鸥.叙事研究方法述要［J］.教育理论与实践，2005（8）：28-30.

［3］Erikson, Erik H. Identity: Youth and Crisis［M］. New York: Norton, 1968.

［4］Marcia, James E. Development and Validation of Egoidentity Status［J］. Journal of Personality and Social Psychology, 1966（3）: 551-558.

［5］Berger, Kathleen Stassen. Invitation to the Life Span（Second Edition）［M］. New York: Worth Publishers, 2014.

［6］March, M and Parpart, J Feminism. Postmodernism, Development: International Studies of Women and Place［M］. London and New York: Routledge, 2003.

［7］Sarasvathy S D.Causation and Effectuation: Toward a Theoretical Shift from Economic Inevitability to Entrepreneurial Contingency［J］. Academy of Management

Review, 2001, 26 (2): 243-263.

[8] Stepherd D, Haynie M J. Birds of a Feather don't always Flock Together: Identity Management in Entrepreneurship [J]. Journal of Business Venturing, 2009 (24), 316-337.

[9] Mitchell J R, Shepherd D A. To Think own Self be True: Images of Self, Images of Opportunity and Entrepreneurial Action [J]. Journal of Business Venturing, 2010 (25): 138-154.

[10] Hoang H, Gimeno J. Becoming a Founder: How Founder Role Identity Affects Entrepreneurial Transition and Persistence in Founding [J]. Journal of Business Venturing, 2010, 25 (1): 41-53.

[11] Gartner W B. Who is the Entrepreneur? Is the Wrong Question [J]. American Journal of Small Business, 1998, 12 (4): 11-32.

[12] Ibarra I H, Barbulescu R. Identity as Narrative: Prevalence, Effectiveness, and Consequences of Nrrative Identity Work in Macro Work Role Transitions [J]. Academy of Management Review, 2010, 35 (1): 135-154.

[13] Fletcher D E. Framing Organizational Emergence: Discourse, Identity and Relationship [M] // C. Steyaert & D. Hjorth (Eds.). New Movements in Entrepreneurship. Cheltenham: Edward Elgar, 2003.

[14] Cooper C, Fletcher J, Fyall A, Gilbert D, Wanhill S. Tourism: Principles and Practice (4th ed.) [M]. Harlow: Prentice Hall, 2008.

[15] Down S. Narrative of Enterprise: Crafting Entrepreneurial Self-identity in a Small Firm [M]. Cheltenham: Edward Elgar, 2006.

[16] Hatch J A, Wisniewski R. Life History and Narrative: Qualitative Studies (Series 1) [M]. London: Routledge Falmer, 1995.

(作者是安徽财经大学2015级企业管理研究生，本文节选自
《管理案例研究与评论》2017年第4期，稍加修改)

【案例点评】

大学生创业者身份的复杂性和易变性

陈忠卫　肖仁桥

从效果推理的理论出发，准备从事创业活动的人必须清醒地意识到三个最根本的问题：我是谁，我知晓什么，我结识谁。在这里，最为基础的问题是"我是谁"，它至少包括个体创业的物质储备、社会阅历、经营管理能力等多方面的自我感知。

近年来，国家有关部委先后出台鼓励和支持大学生创业活动的政策，无疑对大学生创新能力和实践能力的培养具有重要的作用。但是，一个客观事实是，多数大学毕业生没有走上创业之路，甚至在校园里有过创业经历的学生，毕业后也未必愿意去从事社会上的创业活动。所以，大学生创业者身份本身就是一个矛盾统一体。校园里的大学生创业者与社会上的创业者不同。在校创业的大学生兼具大学生角色与创业者角色，当他毕业之时，又将面临是继续攻读高层次学位、报考公务员，还是赴国外留学或者到大型企业工作的艰难抉择。所以，对于大学生创业者而言，其身份颇具复杂性和不确定性。

叙事研究是当前创业研究领域中的一个新方法，叙事包括叙事主体、目的或最终目标及一系列外力促使或阻碍主体达成目标。创业的过程不仅需要讲故事，为了能体现创业的互动性和说服力，我们甚至要造故事。由于创业面临很多不确定和信息不对称性，叙事者通常需要采用类比和隐喻等方式，使听众更容易接受。韩远翔同学以大学生创业者身份构建为研究主题，以琼艺民族馆的创始人为案例研究对象，采用叙事研究方法，对大学生创业者进行叙事分析，探讨大学生创业身份构建的影响因素，发现身份建构包括身份认知、身份冲突、情境互动、身份重塑等阶段，得出一个大学生身份构建模型，具有重要的理论和现实意义。

该文从心理层面出发，对大学生创业者身份进行解构性剖析，深入地分析了大学生创业者身份是如何产生并受各种因素影响，可以丰富创业者理论和身份理论应用的研究。但是，从确保创业成功的角度看，仅仅知道"我是谁"是不够的，必须继续去思考和回答"我知晓什么"和"我结识谁"的问题。具体地说，"我知晓什么"侧重于要求在校大学生创业者熟悉拟从事的经营业务性质及其发展趋势等关键性问题，"我结识谁"侧重于造就创业团队和发挥人脉资源在企业成长中的积极作用，这种社会网络性资源有时可以迅速地解决与供应商、经销商、政府部门之间的合作关系，也有利于营造起创业平台。所以，从促进校园创业顺利地过渡到社会创业的角度看，高校教育工作者应当要让那些在校创业的大学生坚定创业信心，要创造出更多机会让大学生创业者与实业界的成功创业人士开展最广泛的交流，甚至可以考虑出台措施，支持学生与校外企业实现合作创业，这必将有助于提高在校大学生对"创业者"的身份认同。

(指导教师陈忠卫是安徽财经大学创业创新与企业成长研究中心首席专家、教授；肖仁桥是安徽财经大学创业创新与企业成长研究中心博士、副教授)

大学生 DIY 创业行为的三重影响因素分析
——以 L&Z. DIY 生活馆为例

张 熠

2015 年度全球创业周中国站活动中,上海大学生创业者协会公布了《上海大学生创业现状调研》最新报告,这份报告采访了上海 23 所高校的 1075 名在校大学生。其中,3/4 的大学生表示对自主创业活动充满了期待,希望有机会可以实现自我价值。对有创业意愿的学生的调查结果显示,在创业形式的选择上,51%的同学倾向于合伙方式,但是希望独立创业大学生的比例也达到了 42%。因此,我们可以看出大学生的自主创业意向是十分强烈的。自主创业作为大学生就业的选择方式之一,一方面可以缓解日益严峻的就业压力,增加大学生的就业机会;另一方面可以锻炼大学生的实践能力,推动经济和技术的进步。

当代大学生个性鲜明独特,独立意识和创新意识较强,往往对创业有着更加强烈的意愿,对创业机会具有更加敏锐的眼光。他们对新鲜事物的接受能力较强,不愿意随波逐流,希望拥有与众不同的物品而非高科技流水线生产的大众化的商品。因此,创意自制产品成为大学生创业的选择之一。但是,大学生创业者由于社会经验不足,受到资源、资金、社会关系等各方面条件的限制,创业活动实际开展起来困难重重。自主创业是实现自我价值的手段之一,来自各方面的因素对于创业活动的顺利开展具有重要影响。而 DIY(Do It Yourself 的缩写,意指自己动手制作)首先体现的就是一种创意,它受到个人的性格特点、能力、环境等因素的影响。

一、相关文献回顾

近年来,大学生 DIY 创业行为逐渐兴起。路娜等(2013)通过对校园 DIY 餐厅创业计划中所遇到的问题进行调查分析,从市场需求前景、服务形式、营销模式三个主要方面分析了大学生校园DIY餐厅的创业行为。马屹昌和张瑞（2015）研究了高校DIY流动卖点的组建与运营管理问题，认为大学生DIY创业行为重点在于提高运营管理水平。夏西等（2016）对大学生自助厨房DIY创新模式进行探讨，提出大学生DIY创业行为存在广阔的市场前景。本文通过相关文献回顾，从人格特质、创业能力、创业环境三个方面进行阐述，提出了大学生DIY创业行为的影响因素（见图1）。

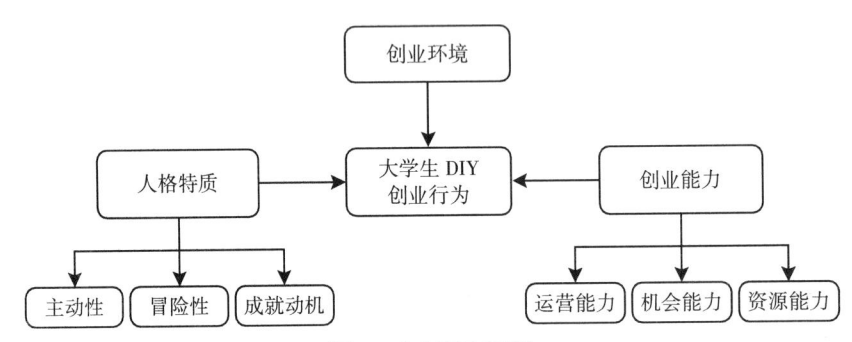

图1 本文研究框架

（一）人格特质

人格特质（Personality Tarit）指在人格的组成因素之中，可以积极引导人们的行为，使得人们在面临不同的外部环境的刺激下都能够做出相同反应的一种心理特征。钱永红（2007）分析了个人特质对于个体的创业意愿的影响，认为它在一定程度上决定了个体的创业意愿。仲伟仵和芦春荣（2014）把创业者个人特征划分为创业者的个性特质和创业者的社会特质。其中，创业者的个性特质主要包括风险倾向、内部控制倾向、成就需要、警觉性以及不确定性容忍。赵延昇和周静静（2014）讨论了"90后"大学生的人格特质对创业意向以及创业自我效能感的影响，认为"90后"大学生的人格特质对于创业意向有着正向的影响，而其中影响较为显著的个性特质主要是主动性和冒险性。赵波和杜万恒（2016）以大学生为研究对象，通过问卷调查的方式，提出大学生的人格特质对于创业意向有着显著的影响。下面我们结合大学生的特点分析大学生创业者的特质：

1. 冒险性

一般情况下，人们都会认为那些创业者是喜欢冒险的人。威廉斯通过创造力倾向测试表测试了个人的冒险性、挑战性、好奇心以及想象力等性格特点，以此来度量个人的创造性倾向，用它可以挖掘那些高创造性的人们。Boden 和 Nucci（1997）认为，创业者具有承担风险的意愿，并且愿意为风险承担相应的责任，以便于获得更多的利润。张玉利和杨俊（2003）两位学者通过实证研究发现创业活动是企业家的冒险精神和理性决策的交织过程，创业者的冒险性和创业活动相关联。李海垒等（2013）探讨了大学生冒险性、感知的创业文化和创业意向之间的关系，认为大学生的冒险性及感知的创业文化可以正向预测大学生的创业意向。冒险精神一定程度上可以引发创业行为的开始，具有冒险精神的大学生更倾向于采用创业的方式。

2. 主动性

Zampetakis 等（2009）研究发现主动性人格与大学生创业行为之间存在着正相关关系。李海垒和张文新（2015）采用主动性人格量表，创业知识问卷以及大学生创业意向量表，对 1208 名大学生进行了调查，研究结果表明大学生的主动性越强，创业意向越高。刘栋等（2016）采用问卷调查的方式对 5 所高校 832 名大学生的主动性人格、感知创业价值和创业意向进行测量，指出主动性人格对于大学生创业意向有着显著的正向作用。主动性的人格特质对于大学生创业行为影响重大，这种主动性不仅包括主动的创业意愿，还包括主动识别创业机会，开展创业活动。

3. 成就动机

Ramayah 和 Harun（2005）指出创业意向的决定性因素包括成就动机、内部控制倾向、自我效能感等，其中成就动机对创业意向的影响较大，成就需求越高，表现出来的创业意向越强烈。孙跃等（2011）通过研究大学生的成就动机对创业意向、风险承担以及创业态度的影响，提出大学生的成就动机促进创业活动的展开。王玉坤等（2015）探讨了决策角色以及成就动机对于大学生创业决策的影响，认为成就动机高的大学生往往更倾向于创业的方式。当代大学生渴望成功，希望被更多的人认可，培养自己独特的个性，获取更大成就等特点，有力地推动了创业行为的开展。

（二）创业能力

创业能力是创业成功与否的关键影响因素，主要体现在创业过程中能否有效地运用所拥有的知识和资源解决问题。根据自我效能以及自我评估理论，Chandler 和 Hanks（1993）将创业能力主要分为机会能力以及组织能力。其中，机会能力是指识别以及利用机会的能力，这是创业过程中的一种核心能力。张玉利和王晓文（2011）将创业能力分为机会相关能力和管理相关能力。其中，机会相关能力包括机会能力、关系能力和承诺能力，管理相关能力包括组织能力、概念能力、战略能力。马鸿佳等（2014）认为创业能力是挖掘和利用市场机会的能力，主要可分为机会能力和运营规划能力。目前对于大学生创业能力尚未形成明确的定义，大部分学者倾向于从大学生创业能力的组成要素对其进行解析。如吕书然（2012）将创业能力分为专业技术的能力、经营管理的能力、控制市场的能力以及综合性的能力。陈潇原和张凯（2013）提出创业能力可以分为专业与学习能力、协调与沟通能力、理财和营销能力以及组织和管理能力。本文结合大学生创业的特点，将创业能力分为机会能力、资源能力及运营能力。

1. 机会能力

发现和识别创业机会是创业活动顺利开展的重要前提之一。高机会识别能力的企业才能发现和创造机会，以便于满足顾客和市场的不同需求。根据牛骅（2015）的观点，机会能力是指对创业机会的捕捉、感知及利用的能力，包括创业机会的寻求、创业机会的识别和创业机会的评价三个主要阶段。在识别机会的过程中，大学生应当学会不断协调内部和外部资源以应对环境的变化，从而推进创业活动的进一步发展。本文认为大学生创业的机会能力主要指识别并开发创业机会的能力。

2. 资源能力

资源是大学生创业活动开始的基础，只有具备了必备的资源，创业活动才能开展。Grande 等（2011）认为资源是创业活动得以成功的重要影响因素，是企业在建立和发展过程中投入的各种资产的总和。时运涛等（2014）通过问卷调查的方式分析了资源可获得性认知对创业意图产生的影响。其中，资源主要分为物质资源、人力资本资源以及组织资本资源三大类。缺乏必要的资源，大学生创业活动往往难以取得成功。本文认为大学生创业的资源能力主要是指开发、获得和整合资源的能力。

3. 运营能力

唐靖和姜彦福（2008）将企业的运营能力划分为组织能力、战略能力、关系能力以及承诺能力。其中，组织能力是指整合并运用企业人、财、物的能力；战略能力是指制定、执行和调整企业战略规划的能力；关系能力是指与企业的利益相关者保持良好的关系能力；承诺能力是指保证企业能够持续经营并且获利的能力。楼晓靖（2013）从企业成长的视角考虑，提出运营能力主要包含对运营环境的理解能力以及实际的运营能力。大学生由于知识、社会经验等条件的限制，在创业活动中往往面临着更多的障碍，而运营能力在大学生创业过程中至关重要，本文认为大学生创业的运营能力是指创业过程中对内外部资源的配置、协调以及经营运行的能力。

(三) 创业环境

Austin 等（2006）将创业环境的定义表示为不受企业家的控制，但是会影响企业发展的关键要素，主要包括宏观经济环境、政府税收、规则结构以及社会政治环境。周丽和张方杰（2006）构建的创业环境评价指标是由自然环境、社会环境、经济环境三大环境以及政府政策、金融资本、智力技术、社会服务、社会经济五大支撑体系组成的。蔡莉等（2007）认为创业环境的分析应从资金供应、中介服务体系、信息化程度、政策法规、市场以及文化6个方面进行评价。目前，大学生创业已经成为一种社会流行趋势，而政府和各个高校对大学生创业活动的支持使得大学生创业面临更加有利的环境。陈英杰（2013）从创业区域发展、创业模式教育、创业主体资金状况和舆论宣传四个方面分析了大学生面临的创业环境，指出创业环境对大学生创业行为的影响。荆亚璟（2016）通过问卷和访谈等调查方式，分析了泉州市大学生对于创业环境和个人创业特质的认识，提出创业环境利好，但目前大学生对于创业环境了解不深，认识还有待加强。创业环境与大学生创业行为息息相关，而环境总处在不断变化之中，充分了解创业环境可以为大学生创业活动提供便利。

二、研究方法

（一）文献分析法

文献分析法是指收集和整理相关的文献，通过对文献的研究，形成对事实科学认识的一种方法，这种方法具有经济、可行的特点。本文主要研究在校大学生创业活动问题，通过对有关文献进行系统的整理和分析，在理论基础上进行案例研究分析。

（二）案例研究法

案例研究法是指通过历史数据、档案或者资料，采用访谈、观察等方法，对一个事件进行分析，得出普遍结论的一种方法。本文是采取单案例的研究方法，主要原因有：一是案例研究注重回答"如何"和"为什么"的问题，强调现象所处的现实情境，并能够对其进行丰富的描述。二是单案例研究是多案例研究的基础，且能够保证案例研究的深度，并能够对其进行丰富的描述。三是案例研究主要通过讲述好的故事来验证或者构建好的理论，一项研究如果能够像讲故事那样阐述其理论，将会给人留下深刻的印象。本文选取 L&Z. DIY 生活馆为主要研究对象，分析其创业活动的发展和存在的问题，进而得出结论与启示。

三、案例简介

（一）DIY 概念及发展

20 世纪 60 年代，DIY 开始在西方出现，意思就是自己动手去做。换言之，是指"亲力亲为"。随着社会经济的发展和人民生活水平的提高，DIY 日益出现一种新的解释即"Design It Yourself"，是指自己动手设计。

随着生活越来越丰富多彩，很多没用的生活物品无法处理，我们不得不将很多可以加以利用的生活物品扔掉。学会自己动手 DIY 可以不用花一分钱，不用费一点力，轻松改造旧物，节约资源。同时，在制作的时候可以把心意融入礼物、把情意融入祝福。

（二）研究案例选择

创意自制产品行业作为新兴产业具有市场占有率低、竞争力小，但发展前景广阔以及绿色环保的特点。时代在进步，人们的生活水平也随之提高，对物质生活的需求也越来越高。然而，产品生产的规模化和大众化让人们觉得毫无新意，每个人都按照自己的想法创造产品，不用担心满大街都是相同的，以达到独一无二、独树一帜。这样既可以满足个人内心的需求，同时也可以提高个人的成就感。

本研究选择安徽财经大学 L&Z. DIY 生活馆为案例。该生活馆于 2015 年入驻安徽财经大学创业孵化基地，主要提供物资租赁、礼品定制、创意设计、宣传支持四大服务项目。经营范围包括布艺、纸艺、刺绣、十字绣、旧物改造、编织、串珠、装饰等，通过提供材料，传授手工技艺，打造个性化的特色产品。主要产品有创意自制 T 恤、创意自制个性水杯、创意自制创意鼠标垫、创意自制水晶吊坠、创意自制钥匙扣、创意自制化妆镜、创意自制个性胸章、创意自制寝室门牌号牌等。产品覆盖瓷质、布料、金属、纸质、玻璃等生活饰品，种类繁多，给予了消费者更多的选择空间。

L&Z. DIY 生活馆通过与蚌埠市珠城工艺品有限公司、素人手工制品加工企业进行合作，建立了以微店定制平台"情投意合"以及孵化基地二期"意合生活馆"为主线的线上线下联合运营的 O2O 模式。主要为当下高校内文体艺术活动的开展提供前期物资采购、租赁，中期的现场布置、演艺活动准备和宣传工作以及活动后期的纪念品定制。在以后的发展中，其主要方向是逐步向学生群体组织的户外拓展活动发展，以做到校内文体、校外拓展活动双管齐下，全面覆盖高校大学生的校园生活。

（三）数据来源

本研究主要通过以下方式收集数据：第一，与 L&Z. DIY 生活馆创业团队的主要成员进行沟通和交流，获得研究所需要的基本信息。第二，关注 L&Z. DIY 生活馆的微信定制平台，了解其主要产品和经营范围，并且通过实地调查，对孵化基地进行参观和观察，以获取资料。

四、案例分析

（一）个性特质

创业者的个性特质对于创业活动的开展具有重要影响，本文所研究的个性特质主要从冒险性、主动性、成就动机三个方面进行分析。L&Z. DIY 生活馆创业团队的主要负责人李娜同学是安徽财经大学工商管理学院物流专业 2014 级大学生。她性格外向、活泼开朗，做事热情，在该项目中的主要工作是把握全局，负责实体店的经营及日常财务收支管理。李娜对待新鲜事物充满了好奇心和想象力，敢于承担风险，是一个敢于创新，具备一定冒险精神的人。同时，她还具有一定的创造力和动手能力，在日常生活中，经常会利用旧物改造、资源再利用等方式设计有新意的、自己喜欢的物品，虽然这会花费很多的时间，但是这些小玩意儿总是让她的内心充满成就感。时间久了，李娜慢慢地发现身边的许多同学、朋友经常会为选择礼物而感到头疼，而对创意自制产品很感兴趣。李娜觉得如果可以开展一个校园 DIY 的创业活动，一方面可以满足同学们的需求；另一方面也可以实现自己的创业梦想，获得实现自我价值的满足感。这种个性特征促使她决定开展 L&Z. DIY 生活馆的创业活动。

（二）创业能力

本文所述创业能力主要从资源能力、机会能力、运营能力三个方面进行分析。

首先，企业所获得的各种资源是创业活动开展的基础，具备了必要的资源条件，创业活动才能有效地进行。其次，作为创业者必须具备一定的机会识别能力，而且能够充分利用和把握机会。最后，企业的运营能力对企业的生存和发展至关重要，它直接影响到创业活动的成功与否。DIY创意自制产品的逐渐兴起，越来越多的人尤其是大学生不再满足于大众化的商品，追求新颖和个性。李娜及时捕捉到这一市场机遇，萌发了创业的想法，这为L&Z. DIY生活馆的建立奠定了基础。

L&Z. DIY生活馆创业团队能够准确地识别和抓住学校提供的创业机会，利用创业孵化基地来开展他们的创业活动。该生活馆的主要经营范围是DIY手工艺品、布艺纸艺、旧物改造、串珠饰品等，支持大学生提供自己的废旧物品进店改造，由专门的技术人员负责教授、改造，将原来的废旧物品、即将扔掉的物品"变废为宝"，使其更加具有纪念性并能满足部分大学生的怀旧心理，而且其对资源的节约、合理利用等都有一定的益处，还有利于当代大学生养成节约资源的习惯。同时，该生活馆与蚌埠市珠城玻璃工艺品有限公司、素人手工制品加工企业进行合作，通过网络与全国同类手工制品商家建立联系，确定货源，充实手工制品种类，具备良好的资源利用和整合能力。

目前，它主要采取了线上、线下两种销售和运营渠道。在线下，重视实体店的经营，与学校各个社团、各班级进行合作，开展经营活动。在线上，通过完成微店以及淘宝店的注册，进行营销活动，最终形成了线上线下全程互动，不断扩大销量，提高营业额，具有良好的运营能力。

（三）创业环境

在国家提出"大众创业、万众创新"的倡议以来，各级地方政府部门出台了一系列政策，不断优化创业环境，创业实践活动迅速增多。各大高校作为培养人才的主力军，也为大学生自主创业活动提供了富有针对性的支持。安徽财经大学大学生创业孵化基地自2013年5月成立以来，先后遴选并入驻30个项目组，近200名大学生在这里开始了自主创业活动。基地目前已经发展成为融大学生创业培训、创业实践、创业孵化、创业服务于一体，在该地区具有示范引领作用的省级创业孵化基地园区。入驻项目孵化期限为一年，为了鼓励大学生创业，在孵化期内，对创业团队免收房租、水电等相关费用。创业团队还可以享受免费创业培训等优惠政策，并可以申请一定的资金扶持。国家和学校从各方面支持创业活动，为大学生创业活动的顺利开展提供了良好的创业环境。同时，随着人们生活水平的提高，越来越多的人讲究个性和创意，DIY 这个词被广泛应用于各行各业，饰品店、服装店甚至小吃店都采用"自己动手制作"的理念，以此来吸引更多的消费者。在这种环境下，L&Z. DIY 生活馆创业团队成员将专业知识和创业实践结合起来，充分利用国家和学校提供的良好创业平台和各类丰富的资源，大胆进行创业的尝试，不断完善和提高自己的创业能力，实现了自己的创业梦想。

五、结果讨论和总结

（一）结果讨论

本文主要从个性特质、创业能力、创业环境三个方面进行分析，通过对安徽财经大学创业孵化基地 L&Z. DIY 生活馆的创业案例进行分析和研究，讨论了大学生 DIY 创业行为的影响因素，得出结论如下：

首先，已有学者的研究发现创业者的个性特质在一定程度上会影响创业活动的开展，相对于内向、传统、保守的人来说，具有主动性、冒险性和高成就动机的人创业意向更为强烈。本文的研究进一步证实了这一结论。L&Z. DIY 生活馆的创始人作为新时代的大学生，个性鲜明独特，性格外向，敢于创新，具有主动性和冒险精神，她不甘平庸，勇于追求新生事物，希望可以成为一个与众不同的人。正是这种个性特质，促使她选择 DIY 创意自制品作为创业项目，以期获取内心更大的成就感和满足感。

其次，创业者的创业能力直接影响到创业活动的开展和成功与否。先前学者的研究对于创业能力的划分还尚未有统一的规定，主要集中于机会能力、资源能力、管理能力等。本文认为大学生创业活动要想顺利开展，机会识别能力、资源获取和整合能力、运营能力尤为重要。L&Z. DIY 生活馆创业团队能够识别和抓住学校提供的创业机会，根据人们追求创意的心理特征，发现了 DIY 创意自制品这一市场。同时，充分利用各种资源变废为宝，与手工制品加工企业合作，获取了创业活动所需的必要资源，这是她们创业活动顺利开展的重要原因之一。

最后，环境的不确定性与创业活动息息相关。目前的研究得出较为统一的结论是良好的创业环境、宽松的创业氛围有利于大学生创业活动的开展，这与本文的研究结论一致。政府和各个高校对大学生创业活动的重视和支持，为创业活动的开展营造了良好的氛围。DIY 的日益兴起，引发了人们的好奇和关注，使得创意自制产品越来越流行，正是在这种环境下，L&Z. DIY 生活馆创始人萌发创业的想法，并选择 DIY 创意自制品作为创业项目。

(二) 总结

1. 研究不足之处

第一，本文研究的对象是在校大学生，而且，研究的样本仅仅是安徽财经大学创业孵化基地中的一家，研究的范围比较小，缺乏代表性，未能收集多个样本进行比较分析。第二，仅从个性特质、创业能力、创业环境三个方面考虑大学生 DIY 创业行为的影响因素不够全面，难以综合评价大学生创业情况。

2. 未来可能的研究方向

基于本文的局限性，我们认为未来的研究可以从以下方面开展：一是扩大研究的范围，不再仅仅局限于一个地区或者一所高校。各个地区、各个高校对于大学生创业活动的关注程度和支持政策可能不同，因此，未来可以采用多案例的研究方式，对高校大学生创业活动进行进一步深入的比较研究。二是影响大学生创业行为的因素非常多，本文仅考虑了三个因素，未来的研究可以从更多的角度来考虑，综合评价大学生创业情况的影响因素。

3. 启示

L&Z. DIY 生活馆是一家大学生创业较为成功的案例，它的创业过程为研究大学生创业问题提供了不少有益的经验。"创业难"、"难创业"是当前社会创业中的普遍问题，创业活动的顺利开展不仅依靠创业者的个人能力，更需要外部条件的支持。为了提高大学生的创业能力，保证大学生创业活动的顺利开展，政府、学校、企业和社会需要共同努力。其中，政府的创业政策对于大学生创业至关重要，政府应该加大对大学生创业的扶持力度，完善相关的法律法规，为大学生创业提供更加有利的政策支持和资金支持。学校应该从理论和实践上为创业活动提供必要的支持，积极开设创业指导课程以及创业知识讲座等活动，加大对创业活动的指导，帮助大学生建立有利于创业的氛围，提供丰富多样的创业机会。大学生自身要清楚地认识到自己是新时代经济发展的主力军，面对社会环境的不断变化，不能故步自封、止步不前，要加强锻炼与学习，勇于创新，敢于承担风险，不断提高自身在机会识别、资源整合、应对风险等方面的能力。

参考文献

[1] 蔡莉, 崔启国, 史琳. 创业环境研究框架 [J]. 吉林大学学报, 2007 (1): 50-56.

[2] 陈潇源, 张凯. 大学生创业能力构成及培养路径探索 [J]. 企业科技与发展, 2013 (4): 63-65.

[3] 陈英杰. 创业环境对大学生创业主体行为的影响 [J]. 高校教育管理, 2013 (3): 115-118.

[4] 荆亚璟. 高校大学生对创业环境认知及个人创业特质现状的实证研究 [J]. 海南广播电视大学学报, 2016 (3): 25-29.

[5] 刘栋, 叶宝娟, 郭少阳, 金鑫. 主动性人格对大学生创业意向的影响: 感知创业价值的中介作用 [J]. 中国临床心理学杂志, 2016 (5): 946-949.

[6] 李海垒, 张文新, 宫燕明. 大学生的冒险性与创业意向的关系: 感知的创业文化的调节作用 [J]. 心理发展与教育, 2013 (2): 152-158.

[7] 路娜, 李志伟, 王利冬. 大学生校园DIY餐厅创业计划的调查分析 [J]. 经营管理者, 2013 (25): 250.

[8] 吕书然. 大学生创业能力要素结构及其对创业动力形成的影响 [J]. 企业研究, 2012 (6): 171-175.

[9] 楼晓靖. 基于企业运营视角的创业能力培养要素研究 [J]. 高等工程教育研究, 2013 (3): 86-90.

[10] 马鸿佳, 董保宝, 葛宝山. 创业能力、动态能力与企业竞争优势的关系研究 [J]. 科学学研究, 2014 (3): 431-440.

[11] 马屹昌, 张瑞. 高校DIY流动卖点的组建与运营管理研究 [J]. 山西师范大学学报（自然科学版）, 2015 (S1): 20-22.

[12] 牛骅. 大学生创业心理资本、创业机会能力和创业绩效的关系研究 [D]. 重庆师范大学学位论文, 2015.

[13] 钱永红. 个人特质对男女创业意向影响的比较研究 [J]. 技术经济, 2007 (7): 8-13.

[14] 孙跃, 胡蓓, 杨天中. 基于成就动机的大学生创业意愿影响因素研究 [J]. 科技管理研究, 2011 (13): 130-134.

[15] 时运涛, 徐挺, 张聪群. 资源可获得性认知、创业自我效能感与创业意图的关系研究 [J]. 科技进步与对策, 2014 (6): 71-75.

[16] 唐靖，姜彦福. 创业能力的概念发展及实证研究 [J]. 经济管理, 2008 (9): 51-55.

[17] 王玉坤，杜秀莲，杜秀芳. 决策角色和成就动机对大学生创业决策的影响 [J]. 中国特殊教育, 2015 (10): 76-80.

[18] 夏西，苏艺，杜成. 大学生"自助厨房DIY"创新模式探讨 [J]. 当代教育实践与教学研究, 2016 (5): 249-250.

[19] 赵波，杜万恒. 大学生人格特质、创业环境感知与创业意向的关系研究 [J]. 经营与管理, 2016 (1): 147-150.

[20] 周丽，张方杰. 制度创新与中小企业创业环境优化 [J]. 华东经济管理, 2006 (8): 40-43.

[21] 赵延昇，周静静. "90后"大学生人格特质与创业意向关系研究——以自我认同感为调节变量 [J]. 华南理工大学学报（社会科学版）, 2014 (1): 116-124.

[22] 仲伟仁，芦春荣. 环境动态性对创业机会识别可行性的影响路径研究——基于创业者个人特质 [J]. 预测, 2014 (3): 27-33.

[23] 张玉利，杨俊. 企业家创业行为的实证研究 [J]. 经济管理, 2003 (4): 19-26.

[24] 张玉利，王晓文. 先前经验、学习风格与创业能力的实证研究 [J]. 管理科学, 2011 (3): 1-12.

[25] Austin J, Stevenson H, Wei-Skillern J. Social and Commercial Entrepreneurship: Same, Different, or Both [J]. Entrepreneurship Theory & Practice, 2006 (1): 1-22.

[26] Boden R J, Nucci A R. Counting the Self-employed Using Household and Business Sample Data [J]. Small Business Economics, 1997, 9 (5): 427-436.

[27] Chandler G N, Hanks S H. Market Attractiveness Resource-based Capabilities Venture Strategies and Venture Performance [J]. Journal of Business Venturing, 1994, 9 (4): 331-349.

[28] Grande J, Madsen E L, Borch O J, et al. The Relationship between Resources, Entrepreneurial Orientation and Performance in Farm-based Ventures [J]. Entrepreneurship & Regional Development, 2011, 23 (3): 89-111.

[29] Ramayah T, Harun Z. Entrepreneurial Intention among the Students of USM. International Journal of Management and Entrepreneurship, 2005, 1 (1): 8-20.

[30] Shane S, Locke E A, Collions C J. Entrepreneurial Motivation [J]. Human Resource Management Review, 2003, 13 (2): 257-279.

[31] Zampetakis L A, Kafetsios K, Bouranta N, et al. On the Relationship between Emotional Intelligence and Entrepreneurial Attitudes and Intentions [J]. International Journal of Entrepreneurial Behavior & Research, 2009, 15 (6): 595-618.

(作者是安徽财经大学 2015 级企业管理研究生)

【案例点评】

校园 DIY 创业行为

肖仁桥

在"大众创业，万众创新"的时代背景下，创业活动日趋活跃，创业浪潮此起彼伏。当代大学生个性鲜明独特，独立意识和创新意识较强，他们往往不愿意随波逐流，对创业有着更加强烈的意愿，对创业机会具有更加敏锐的眼光。

近年来，创意自制品成为大学生自主创业的选择之一。而 DIY 产品首先体现的就是一种创意，它受到诸多因素的影响。基于此，对大学生 DIY 创业行为的影响因素进行探讨具有一定的意义。本案例以 L&Z. DIY 生活馆作为研究对象，对大学生 DIY 创业行为的影响因素展开案例研究。

相对于内向保守的大学生来说，具有主动性、冒险精神的大学生往往更倾向于选择 DIY 创业行为。创业者的创业能力是创业成功与否的重要决定因素，这种能力主要体现为资源能力、机会能力以及运营能力等。而宽松的创业环境、利好的创业条件容易激励大学生创业活动的开展。大学生创业活动往往受到多种因素的影响，DIY 创业行为与一般创业行为存在一些差异，那么其影响因素可能还包括其他类型，如个人阅历、非理性思维、专业知识以及社会需求等。如果未来沿着这一思路继续研究下去，将会得到更多有意义的发现。

（指导教师是安徽财经大学创业创新与企业成长研究中心博士、副教授）

在校大学生创业学习、公益创业机会识别与开发研究

——以"别具一格"公益寄卖租赁平台为例

朱春花

越来越多的迹象表明，创业年轻化趋势具有必然性，大学生正在逐渐成为社会创业活动的发展主流和主体力量。我们发现，近些年来，随着公益创业浪潮的兴起，不少大学生开启了公益创业的人生道路，然而综观各地高校的大学生，普遍存在缺乏经验、资金不足、创业者能力不足等缺陷，多数大学生创业往往以失败告终，其中一个重要的原因就是在校大学生对创业学习的忽视。

本文通过对创业学习的文献梳理，采用单案例研究方法，探索在企业不同成长阶段，创业学习、公益创业机会识别和开发三者之间的关系，并构建了三者的动态匹配模型。旨在探讨以下几个问题：①大学生对公益创业机会的识别与开发经历了哪几个不同的阶段？②在不同的阶段，大学生创业学习方式是如何转变的？③在大学生创业初期，创业学习、公益创业机会识别和开发三者之间如何动态匹配？

一、文献梳理与研究框架

（一）创业学习概念及来源

创业过程本质上就是一种学习过程（朱秀梅等，2013）。创业学习概念来源于创业理论和组织学习理论的融合。创业学习与组织学习既相关又有本质上的区别，组织学习强调成熟组织及其成员的学习过程，而创业学习更加注重创业情景的发展，旨在提高创业活动的有效性。Schumpeter（1934）最先提出创业学习的概念，他从经济学视角发现了创业学习对创新和创业机会发现、开发的作用，认为创业学习是指对自然和社会的学习，学习的结果是产生想象与创新。随后，很多学者在该概念

基础上重新界定了创业学习的概念。Kirzner（1975）认为，创业学习是创造性和发现性学习，学习的结果是提高机会警觉性。Rea 和 Carswell（2001）也强调了创业学习与机会识别、开发之间的关系，指出创业学习是人们在识别和开发机会以及组织和管理新企业的过程中构建新的意义，利用信心和自信驱动学习资源以实现创业目标的过程。Rae（2006）基于社会学习理论，指出创业学习是通过创建、组织和管理新企业来识别和利用机会的学习过程。由于创业学习仍然是一个较新的研究领域，创业学习概念还无法全面界定。但创业学习确实对新企业机会的识别和开发具有重要作用的观点受到学者的普遍认同。

（二）创业学习方式

创业者通过观察、感受、思考和实践这一学习过程来开发新机会（蔡莉等，2012）。创业机会的识别是创业的前提，只有在识别了创业机会后，创业者才能通过开发机会实现创业实践。然而创业是一种动态过程，会经历不同的生命阶段，特别是在新企业的初创期，企业会面临各种新进入缺陷，这就需要创业者具备足够的创业能力——解决，但创业者在初创期的创业能力和资源十分有限，因此，在新创企业不同的生命阶段，创业者在识别和开发机会的过程中需要获得哪些创业知识，如何学习获得等问题显得尤为重要。关于创业学习方式的分类，学者们并没有达成一致。从知识获取途径的角度，Holcomb（2009）等将创业学习分为两类：直接经验学习和观察学习，前者是指个体利用自身所积累的先前经验转化或创造新知识，后者是将个体嵌入社会网络中，通过观察、模仿他人的行为来积累知识。认知学习也是模仿学习，强调关系网络的重要性，知识来自与他人交流互动或对他人观察和模仿的行为中，关系网络中成员的数量直接影响创业者知识的获取。创业者通过认知学习将获得的信息与自己的知识体系相融合，并对自身的能力、观念进行衡量和重组。然而，创业活动具有高度不确定性，外界环境是不断变化的，因此，创业者不能过分地依赖直接经验学习和认知学习。

实践是检验真理的唯一标准，更多研究者表示，创业学习过程不仅包括直接经验学习和认知学习，创业者还需要通过亲身的实践，即实践学习，才能弥补所缺的不足，在实践中检验先前积累的知识的同时提高专业技能，做到理论与实践结合。实践学习主要表现为对"关键事件"的关注，创业者通过重大成功或失败事件的反思与总结不断强化自己的知识体系，也有学者强调了经验学习与认知学习、实践学习互补的作用。

在创业活动前期，创业者需要具备一定的创业知识，包括市场行业规则、顾客需求、创业流程、如何筹集资金等，这就需要专门的培训机构或者高等院校通过创业教育授予他们成功创建企业的关键知识和技能，已有研究表明，参加过创业方面教育或培训的创业者成功的可能性更大（张红、葛宝山，2016）。社会学习理论认为，新企业在创立后的不同成长阶段需要面对不断变化的创业环境和创业任务，单一的学习方式很可能不再适用，甚至会成为企业发展的障碍。Corbett（2007）通过研究发现，创业机会识别与开发是一个可以控制的阶段性学习过程，并且能找寻到最佳的学习方式来完成与机会开发有关的阶段性学习任务。因此，企业需要有能力挖掘创业学习所面对的创业情景，采取"有主有次"的方式，通过把握企业成长不同阶段创业学习的动态变化规律，合理选择最佳的学习方式。通过调查研究，由于校园情景的独特性，大学生创业者具有创业或相关行业工作经验的非常少，即绝大多数大学生都没有过直接的创业经验（曾建国，2014）。创业前期知识的来源以高校教育为主，因此，基于文献梳理，本文将创业学习方式分为创业教育学习、认知学习和实践学习三种。

（三）创业学习与创业机会的识别和开发

机会识别是一个个体努力地在技术、人口特征、市场、政府政策等变化、事件和趋势之间连线以生产新产品或新服务的创业的认知过程。而创业学习最直接的目的就是成功地识别和开发机会。Politis（2005）构建了一个创业者利用经验转化为创业知识从而克服机会识别与开发的新进入者劣势的概念模型，基于经验学习理论，该模型深入剖析了创业者如何利用经验来识别机会、克服新进入劣势的问题。Lumpkin 和 Lichtenstein（2005）从组织层面考察了创业学习对创业机会识别的影响，研究发现：经验学习、认知学习和实践学习在机会识别过程中的不同阶段具有不同作用。另外，很多学者表示，获取创业知识的目的就是在新企业创建或成长过程中识别机会，合理配置资源，运营管理企业，创造企业的经济效益（蔡莉、单标安，2013）。因此，将创业学习与机会识别、开发的结合，不仅能反映创业学习的重要性，还能更加有效地识别机会、开发资源。也有不少学者的研究表明，利用经验、观察他人的创业行为并且通过自身实践来获取创业知识的创业者，能够有效克服新企业创建中存在的"新进入"的先天性不足，成功识别和开发创业机会。公益创业活动实质上也是创业者对公益机会的识别与开发过程，公益创业作为创业的特殊类型，既具备一般创业的特征又有所不同，公益创业强调社会价值与商业价值的统一。

创业学习还是一个较新的研究领域，现有的研究大多数是从静态的角度来探讨创业学习的内涵和方式，探讨创业学习在企业不同生命阶段的动态影响机制的文献还比较少，缺乏针对大学校园情境的创业学习与机会识别、开发的动态匹配的研究。另外，在校大学生创业企业与社会创业企业相比，在社会支持、创业者自身能力、创业经验等方面均存在明显弱势，更不用说对公益创业机会的识别与开发（夏利，2014）。我国公益创业起步较晚，至今还没有形成完整的法律体系和政策支持，大学生创业企业如何提高创业效率，特别是在创业初期和起步发展这一创业者面临创业问题的集中爆发阶段，大学生创业者如何通过创业学习方式的转变克服新进入缺陷，实现生存和发展，尤为重要（韦小双、关明，2014）。为了弥补此不足，本文构建了研究模型（见图1）。

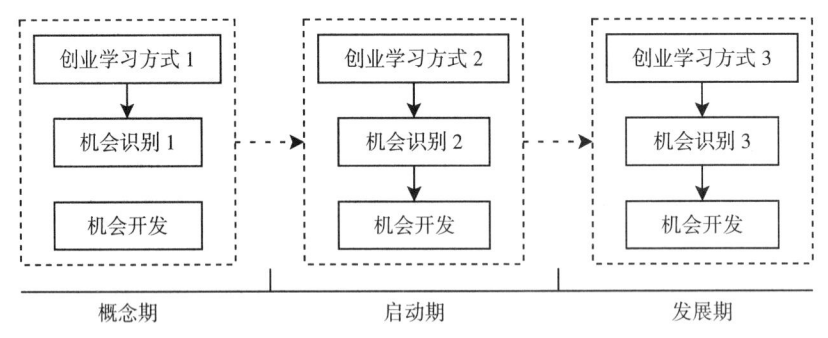

图1　创业学习、公益创业机会识别与开发的动态匹配过程模型

如图1所示，横轴代表的是新创企业的生命周期，创业学习、机会识别与机会开发各自在创业的过程中如何演化，纵轴代表的是生命周期的每一个阶段，创业学习、机会识别与机会开发三者之间的匹配关系。

创业学习会随着创业生命周期的演化而发生演化，在不同的生命周期阶段，根据创业学习方式的不同获得不同的创业知识从而识别新的创业机会并开发。我们研究的大学生创业企业的生命周期侧重于初创企业，以创业机会的识别与开发为核心，分为三个阶段：概念期、启动期和发展期。每个阶段的创业学习方式会有不同的组合和侧重方向。

概念期：大学校园不同于工作环境中的社会，校园情境对大学生创业活动具有重要影响。大学生创业知识的重要来源之一是高校教育，由于不同的大学生创业知识储备、对环境的感知、创业能力等的异质性，机会是否成功识别或开发的程度都存在差异。处于概念期的公益创业机会类似于企业开发的概念产品，新颖、独特、能够引发消费者兴趣，成功打入市场会带来巨大的经济效益，而公益创业在我国是新事物，存在实践活动落实不够、创业选择率低、活动开展形式单一等缺陷，有学者通过调查发现，我国大学生公益创业成功率普遍较低，创业能力不足，直接影响大学生对创业机会的识别与开发，其中一个重要原因是高校创业教育体系不完善，大学生公益创业能力的培育离不开高校教育（唐亚阳、杨超，2015）。因此，在该阶段主要以创业教育学习为主、认知学习为辅。大学生创业者以主动或被动的方式学习和接受创业知识，形成一定的知识储备从而转化为创业能力，创业教育学习为大学生创业者提供创业程序、管理、运营等方面的知识，从而促使大学生创业者形成创业动机并尝试识别和开发商业机会。

启动期：该阶段的创业学习方式主要是认知学习为主，创业教育学习为辅。概念期的创业构念经过创业者初步开发和评估，多数创业者会意识到自身创业能力的不足，这是新企业初创阶段呈现的新进入缺陷，该阶段的创业者会致力于更新创业知识体系从而提高创业能力，主要包括：自我学习，包括阅读、搜寻相关知识；或者通过社会网络，向网络中的成员包括教师、同学、家人请教；模仿成功的创业方式；等等。随着创业者创业能力的进一步提高，对创业环境的感知、识别机会的敏感度随之增强，会根据实际情况选择更换创业方向或者在原来创业方向的基础上采取更合适的开发模式。启动期的公益创业机会的识别与开发需要大学生创业者深刻了解公益创业的内涵及运作模式，与传统创业最大的不同之处在于公益创业肩负的社会责任，这就要求大学生创业者具备较高的素质和社会责任观，通过不断学习实现道德的培养及创业技能的提升（张龙等，2016）。随着创业者知识储备的日益增多，深度识别和开发创业机会的脚步又向前迈进了一步。

发展期：该阶段的创业学习方式是创业教育学习、认知学习和实践学习的组合，但以实践学习为主。无论利用多少储备的创业知识形成的创业构念，只有落实到行动中才算是真正的创业。创业者通过实践学习，对创业过程中重要事件进行反思和总结，不仅能检验所储备的创业知识的有效性，同时，也能提高创业技能，扩大创业网络，储备更多的人力、物力和财力资本，从而进行新机会的识别和开发。公益创业机会作为创业机会的特殊方式，受到学生关注不多，成功的实践案例甚少，所以，创业者必须以实践强化理论，将理论知识与现实问题相结合，以体验代替灌输、以自身领悟代替传授，才能充分调动创业者的主观能动性，从实践经验中反思和总结，实现创业的可持续性。

二、案例简介与研究过程

本文采用文献分析法和案例研究法。文献分析法是通过对相关文献、学术专著、硕博论文等研究成果的收集和整理，形成对研究问题的新认识。通过对社会创业以及创业团队方面的文献做整理和分析，在理论的基础上来解释大学生公益创业的可行性。

Yin（1994）和 Berg（2005）系统阐述了案例研究方法的合法性。近年来大量管理理论的创新都来自案例研究。安徽财经大学创业孵化基地的"别具一格"公益寄卖租赁平台，不仅符合社会创业的特征要求，而且其创建也获得了学校认可，该团队的公益创业在当今大学生创业类型中具有代表性。因此，本文选取该公益寄卖租赁平台为主要研究对象，追踪考察其团队的发展与创业理念发展的互动。本研究通过与"别具一格"相关负责人进行访谈、在线沟通、翻阅创业策划书等多种方式获取资料，以保证信息来源的可靠性和一致性。

（一）案例简介

安徽财经大学创业孵化基地的"别具一格"寄卖租赁平台采用格子铺运营模式，帮助大学生处理闲置物品，定期举办公益捐赠活动，将大学生手中卖不出去又舍不得扔的闲置物品统一回购，捐赠给需要帮助的贫困山区留守儿童、孤寡老人等。旨在将公益与创业相结合，充分利用闲置资源，响应国家环保节约的号召，打造一流的公益寄卖租赁平台，创建低碳消费平台，保护环境，服务社会。

"别具一格"公益寄卖租赁平台恰如其名。该平台与其他二手交易实体店或网店的最大不同之处在于，该平台可以在接到商品后，对商品进行全方位包装，包括添加文字介绍，重新拍摄商品图片，以此为商品增值。该平台采用公益与创业相结合的方式，以创业来达到公益的目的。随着互联网在校内的普及和应用，该创业平台的经营模式为线上和线下同时运行，线下利用"格子铺"的形式进行寄租、出售并辅之以捐赠活动，线上通过手机 APP、网站、微信公众号的途径来经营店铺。拥有闲置资源的大学生只需支付一点相关费用将个人物品放到寄卖处即可，不仅摆脱了自己出摊销售的烦琐，还节约了时间并赚得实惠。

"别具一格"公益寄卖租赁平台已经做好相关的准备工作，包括从线下的创业孵化基地店铺的装修整理到正式开业，线上各种推广途径如 APP、微信公众号等的开发，项目品牌与形象设计，形成基本盈利模式等。该平台处于起步发展期，平台内寄卖的物品主要来自校内大学生，盈利主要来自交易额提成、广告收入和会员费。面对资金短缺、团队人员不足、经验缺乏等困境，"别具一格"将继续加大平台的推广力度，以更好的服务吸引更多消费者和投资者，在自给自足的同时力求争取更多的合作伙伴，实现平台的稳步发展。"别具一格"成长的三个阶段和重要活动如表1所示。

表1 "别具一格"寄卖租赁平台成长阶段和重要活动

阶段	重要活动
概念期 2014年9月至 2015年10月	• 参加区、学校、学院组织的志愿服务活动 • 三次龙子湖区的居家助残活动 • 十余次李楼小学爱心支教活动 • 获得安徽财经大学优秀青年志愿者称号 • 获得蚌埠市龙子湖区十佳青年志愿者组织称号 • 获得安徽省青年志愿服务项目大赛二等奖
启动期 2015年10月至 2016年3月	• 按照"学院申报—评审—考核—学校批准"的流程，入驻安徽财经大学大学生创业孵化基地 • 参加创业课程培训，获得SYB创业模拟实训，政府补助5万元的大学生免息贷款 • 通过众筹进行前期物资筹集 • 参加"创青春"挑战杯大学生创业大赛并获二等奖 • 参加第二届"互联网+"创新创业大赛并获二等奖 • 参加第七届企业模拟运营大赛并获一等奖
发展期 2016年3月至 2016年10月	• "别具一格"项目正式启动，迎来第一笔生意——3本书籍，当天客流量达500余人 • 正式与"维达"合作，2016年4月实现销售额5873元 • 截至2016年10月，实现交易7895笔，营业额93896元 • 参加"学创杯"2016全国大学生创业综合模拟大赛并获安徽省二等奖 • 参加第七届中国大学生服务外包创新创业大赛并获一等奖 • 参加第二届"中国创翼"青年创业创新大赛并获全国银翼奖

（二）研究过程

为了深入了解创业学习方式在生命周期不同阶段的转化，以及与机会识别和开发的动态匹配过程，本文采用了表2中所列的阶段性研究过程和任务。主要采用文献阅读、案例研讨、访谈、文档分析等方式，收集相关文献和案例资料，以保证研究的信度和效度。

表 2 案例研究的阶段性过程与任务

案例研究过程	主要活动任务
第一阶段 （2016年5~7月）	• 参加创业案例编辑辅导会，明确文章整体规范和注意事项 • 通过面谈、QQ等方式，与案例负责人接洽，初步了解企业建立和运营的情况 • 研读相关文献，寻找案例分析的切入点
第二阶段 （2016年7~8月）	• 展开内部讨论会，确定研究主题 • 寻找并研读关于创业学习的学术文献 • 收集相关的案例文档资料，并进行分析 • 构建文章理论框架
第三阶段 （2016年9~10月）	• 采取面对面、QQ等方式，深度访谈"别具一格"案例负责人，对案例资料做进一步补充 • 就案例中一些争议性实践，通过网络联系的方式，与负责人进行核实 • 阅读相关文献，展开内部讨论会，对理论框架做修改 • 形成论文初稿

三、案例分析

在企业生命周期的不同阶段，创业学习方式组合方式不同、侧重方式也不同。通过对案列的分析，我们来具体探讨创业方式在不同生命周期的演变过程以及与机会识别、机会开发的动态匹配。

（一）概念期：创业教育学习为主，认知学习为辅

"别具一格"寄卖租赁平台的前身只是一个二手交易平台。通过对平台负责人的访谈，我们从中了解到，起初负责人并没有形成完整的创业构念，而只是出于对创业的兴趣，认真听取有关创业课程，通过参加各种志愿者活动、参加创业培训机构的创业指导、参加校内各种活动等，从而渐渐萌发创业的想法，但负责人的想法如昙花一现，并没有受到重视。负责人通过对校园情境的学习了解发现，尽管大学的商业气息不是特别浓厚，但是，在其生活场所的周围比如食堂、教学楼或者宿舍楼下都能看到一些小广告："因为毕业便宜出售电脑一套"、"好书便宜卖"等。这些广告的出现，在客观上反映了学生的某些需求。创业者还发现，校内还没有出现一个寄卖租赁的平台，学生只能花费大量的时间来出卖自己的物品，不仅浪费时间，有时候还没有任何收获。于是，构建一个二手交易平台的创业机会被有效识别，随后创业者针对未来二手交易平台的成立做出许多开发性工作，例如做一些市场调研、网上搜寻交易平台成立需要具备的条件等。经过分析发现，为了有效识别创业机会，

创始人在经过创业教育学习、认知学习后，从校园日常的生活环境中敏锐地捕捉到了开发二手交易平台的商机。

（二）启动期：认知学习为主，创业教育学习为辅

"别具一格"公益寄卖租赁平台从起初的二手交易平台华丽变身为公益寄卖租赁平台。一方面源于创业者对识别创业机会一直学习的不懈坚持，另一方面源于相关教师的指导和建议。负责人回忆说："开始没有想过要做公益创业，因为没有多少人做，经过指导教师的点拨，发现可以将创业与公益结合起来，于是我就开始搜索公益创业方面的知识，学习如何开展公益创业活动，但是公益创业的案例太少了，在课堂学习到相关的创业知识时，我就将教师教导的创业知识应用到自己的二手交易市场平台上，想着用哪种运营模式，怎么经营店铺，组建团队等。"

为了弥补创业知识和创业技能的不足，深入了解公益创业的内涵，同时扩大关系网络，该平台负责人经常参加各种创业大赛，如"互联网+"、青年志愿者大赛等，经常参加校内组织的各种志愿者活动，在关系网络中与团队成员内部的沟通、评委教师的点评、与其他创业小组的交流都让平台负责人获益匪浅，见贤思齐的学习方式使得创业构念越发充实。为了能让该公益寄卖租赁平台成功入驻创业孵化基地，负责人通过创业学习，学会多种分析方法，例如用 SWTO 分析法、4P 理论等来评估平台构建的可能性。最终发现，公益与创业相结合，不仅能够巧妙地解决大学生闲置物品的处理，还能将大学生愿意捐赠的物品进行回收，捐赠给慈善机构或者需要帮助的人，创立这样的平台是一举两得的事。另外，高校政策的支持、学生有做公益的意愿倾向、社会倡导公益事业的风气越来越盛行、微信及 APP 营销技术的支持等情境良好，不能错失这么好的机会，于是"别具一格"公益寄卖租赁平台应运而生。

经过分析发现，创业者在积极交流、主动向别人学习的基础上，充分利用关系网络，以认知学习的方式，经过教师点拨捕捉到将创业与公益相结合的商机，并通过积极进驻创业孵化基地来有效开发该商机，不仅提高了创业成功的可能性，还弘扬了大学生积极做公益的美好品德，达到了双赢的效果。

（三）发展期：实践学习为主，创业教育学习、认知学习为辅

法国思想家帕斯尔卡曾说："人是一支有思想的芦苇。"只有新想法被提出，被试做，我们才能知道它合不合理，可不可行。通过对该平台文档资料的整理，我们

发现该平台实践的方式主要包括市场调研、筹集资金、开发运营模式、宣传推广、产品与售后服务等。团队成员通过做问卷的方式来了解大学校园二手市场的受欢迎程度，并分析出主要的竞争对手为一些大型的门户网站所开设的二手交易平台，分析消费者想要购买的二手物品有哪些，从而有针对性地陈设闲置商品等信息。线下采用格子铺的经营模式，成功实现了实体店从装修、整理到最后的开张的过程。为了使该平台为广大校友所熟知，团队成员积极招贤纳士，致力于APP开发、网站建设、微信平台的运营，并不定期开展扫码赠送小礼品的活动。为了吸引用户关注，打造品牌知名度，"别具一格"开展了名片设计征集活动，设计独一无二的Logo，筹集资金后，通过购买广告位，在北苑、南苑食堂广场开设跳蚤市场，旨在加大宣传力度，挖掘潜在的目标客户群体。负责人说："所有的想法在真正实践的时候才发现那么困难，比如线下店铺装修如何控制成本，又能装修成理想的样子，实现最大性价比，线上APP推广平台如何建立和运营，寄卖物品如何摆放让店铺空间不会显得拥挤，如何与商家商谈物品价格，如何将闲置物资捐助到需要帮助的人那里去，等等，每一步都充满坎坷。开始团队并不成熟，大大小小的事情蜂拥而至，我萌生过放弃的念头，不过我很感谢遇到的阻碍，让我反思、学习和萌发了更多的创业想法，也很感谢帮助我的队友，以及同学、教师、朋友和家人的支持，让我学习和成长了很多。"

经过分析我们发现，为了成功帮助"别具一格"寄卖租赁平台稳步发展，创业者及其创业团队利用实践学习、认知学习、创业教育学习组合的方式，通过对创业过程中关键事件的反思和总结，例如店铺的成功装修、成功收获第一桶金、第一次成功将物资捐助给贫困地区、参加创业大赛等，不仅获得了更多创业知识，提升了创业能力，还成功识别并开发了新的创业机会，将最初单纯的线下经营模式开发成线下线上同时运营的模式。负责人还强调，未来的运营模式还会根据情境的变动做调整，找到最合适的运营方式。

四、研究结论与展望

（一）基本结论

本文通过对"别具一格"寄卖租赁平台的案例研究，从创业学习的视角拓展了机会的识别与开发过程，并探讨了新创企业在不同生命阶段中，创业学习、公益创业机会识别和开发是如何演化的,并揭示了三者的动态匹配关系。

1. 创业学习和学习方式的多样化对识别创业机会具有重要作用

大学生创业存在经验匮乏和自身能力不足的特点,这是致使创业失败的重要原因。为了提高创业项目成功实践的可能性、有效识别和开发创业机会、实现新企业的生存和成长,创业学习至关重要。另外,创业能力的培养和创业知识的积累也是创业团队获取合法性,争取高校、政府和社会支持的资本。虽然创业学习过程在创业实践前期至关重要,但不代表创业学习过程在后期没有作用。换句话说,创业学习贯穿于整个创业活动过程中。

2. 为了识别创业机会,不仅需要持续学习,创业学习方式也需要随着创业阶段的发展而发生转变

创业学习方式的组合并不是一成不变的,侧重哪种学习方式、由哪几种学习方式组合,所带来的结果有很大差别。创业者获取创业知识的途径存在主动和被动两种形式,创业者储备知识的多与少、创业能力的高与低,都由创业学习方式选择的不同所导致,因此,创业者需要沉着应对环境变化,选择合适的创业学习方式,提高机会识别的效率。

(二)实践意义

本文结合案例研究探讨了不同的创业学习方式对公益创业机会的识别与开发的重要影响,对丰富高校创业教育理论、大学生社会责任感的培育、引导分享经济都具有一定的实践意义。

1. 开展公益创业教育,丰富传统高校创业教育理论

公益创业教育最先起源于发达国家,如英国、美国等,并且已经形成了完善的行业规范和健全的法律制度。我国的公益创业及其教育还处于起步阶段,但公益创业作为一种不仅能实现创业者个人价值,还能解决社会问题的创新模式已经受到高校大学生们的关注。但是,由于大学生创业经验的匮乏、创业知识体系的简单等缺陷,很难成功实践创业项目,更别说成功率更低的公益创业项目了。因此,公益创业教育需要受到高等院校的重视,致力于将公益创业教育发展成高等教育改革的动力。

开展公益创业教育,不仅丰富了高校传统创业教育体系,对大学生进行包括社会使命感、责任意识、创新精神和创业能力以及技术、营运管理等在内的系统教育,还能突出强调创新性、公益性和社会使命感的培育。另外,公益创业教育不仅能在

一定程度上解决大学生就业问题，通过要求学生从实践中学习而丰富创业精神，同时也创造社会价值和商业价值。

2. 以公益创业实践推动大学生社会责任感的培育

公益创业实践除了能提高大学生创业能力、创新意识外，对社会责任感的培育至关重要。通过参与慈善活动、志愿服务、公益创投等实践过程，有利于大学生重视社会责任和使命等，在实现个人价值的同时兼顾社会问题的解决，从而实现公益创业项目的可持续性发展。公益创业实践体现的"公益性"、"社会性"等内涵，将潜移默化地影响大学生创业者，对大学生人生观、世界观和价值观的要求比一般传统创业高，公益创业团队也呈现出更高的团队素质和社会责任意识。

3. 引导并提倡一个分享经济的时代

如今社会的整体素质水平较以往提高了很多，人们的思想和价值观已摆脱传统观念的束缚，分享经济将成为未来经济发展的趋势。无论是个人、组织或者企业，都可以通过社会化平台分享闲置实物资源或认知盈余，实现资源利用的最大化。该案例对公益创业机会开发的模式正是分享经济的典型特征，最大化实现大学生闲置物资的合理分配和利用，在实现公益价值的同时创造商业价值。

（三）局限性和未来展望

本案例通过创业学习视角，为有效识别机会与开发开辟另一条途径。客观上看，通过创业学习，能够提高大学生创业成功的可能性，同时对未来开展高校创业教育具有重要的指导意义。但仍然存在以下一些不足之处，希望未来的研究能够加以改进。

第一，作为单案例研究，所研究的企业正处于起步成长阶段，未来的发展可以继续跟踪研究。因此，未来的研究可以将研究范围继续拓宽到成熟期甚至是衰退期等企业生命周期阶段，继续探讨创业学习对机会识别与开发的作用机理。

第二，国内公益创业起步较晚，并没有一个完善的公益创业市场和制度，大学生公益创业更是少之又少。大学生的创业主要来自学校的支持，但由于大学生普遍存在资金缺乏、经验不足等不容忽视的缺陷，大学生做公益创业虽然可行，但发展比较艰难。随着平台规模的不断发展，当业务范围扩展到社会层面时，平台所面临的市场、人力、资源等挑战将会更加复杂，因此，未来研究有必要对"别具一格"平台的后续发展阶段做追踪式调查，以进一步提高研究的效度。

参考文献

[1] 蔡莉，单标安，汤淑琴等.创业学习研究回顾与整合框架构建[J].外国经济与管理，2012（5）：1-8.

[2] 蔡莉，单标安.中国情境下的创业研究：回顾与展望[J].管理世界，2013（12）：160-169.

[3] 曾建国.大学生公益创业能力现状及培养研究[J].湖南科技学院学报，2014（6）：117-120.

[4] 林爱菊，朱秀微，王占仁.大学生公益创业的现状、影响因素及培养途径[J].高等工程教育研究，2016（4）：99-104.

[5] 唐亚阳，杨超.公益创业教育：大学生社会责任感培育的新抓手[J].国家教育行政学院学报，2015（10）：10-14.

[6] 韦小双，关明.大学生公益创业教育的显示困境与实践路径[J].金华职业技术学院学报，2014（1）：8-11.

[7] 夏利.大学生公益创业平台研究——以零点青年公益创业发展中心为例[J].科技创业月刊，2014（1）：21-23.

[8] 张红，葛宝山.创业学习、机会识别与商业模式——基于珠海众能的纵向案例研究[J].科学学与科学技术管理，2016（6）：123-136.

[9] 张龙，徐秀红，王伟明.当代大学生社会责任教育的机理与对策研究[J].高教学刊，2016（2）：45-46.

[10] 朱秀梅，张婧涵，肖雪.国外创业学习研究演进探析及未来展望[J].外国经济与管理，2013（12）：20-30.

[11] Carswell M, Rae D. Towards A Conceptual Understanding of Entrepreneurial Learning [J]. Journal of Small Business and Enterprise Development, 2001, 8 (2): 150-158.

[12] Corbett A C, Neck H M, DeTienne D R. How Corporate Entrepreneurs Learn from Fledgling Innovation Initiatives: Cognition and Development of a Termination Script [J]. Entrepreneurship Theory & Practice, 2007, 31 (6): 829-852.

[13] Holcomb T R, Ireland R D, Holmes R M, et al. Architecture of Entrepreneurial Learning: Exploring the Link among Heuristics, Knowledge, and Action [J]. Entrepreneurship Theory & Practice, 2009, 33 (1): 167-192.

[14] Lumpkin G T, Lichtenstein B B. The Role of Organizational Learning in the

Opportunity-recognition Process [J]. Entrepreneurship Theory & Practice, 2005, 29 (4): 451-472.

[15] Politis D. The Process of Entrepreneurial Learning: A Conceptual Framework [J]. Entrepreneurship Theory & Practice, 2005, 29 (4): 399-424.

[16] Rae D. Entrepreneurial Learning: A Conceptual Framework for Technology-based Enterprise [J]. Technology Analysis & Strategic Management, 2016, 18 (1): 39-56.

[17] Schumpeter J, Backhaus U. The Theory of Economic Development [M]. Macmillan, 1968: 61-116.

(作者是安徽财经大学2015级企业管理研究生)

【案例点评】

公益性创业机会的识别

肖仁桥

创业机会识别是创业活动开展的基础，如何有效、敏捷地识别创业机会是新创企业建立早期需要掌握的重要知识。在现实中，并非所有创业者都能够识别出创业机会，并成功开发其商业价值，很大一部分原因是多数创业者均忽视了创业学习的作用。创业活动从某种意义上来说也可以理解为是一种不间断的学习活动，通过学习掌握的创业知识能够使创业者减少创业风险，提高其生存发展能力。

本案例以"别具一格"公益寄卖租赁平台为案例，将大学生创业活动细分成不同的生命阶段，探索了创业学习、公益创业机会识别与机会开发三者之间的动态匹配关系，对丰富高校创业教育理论、培育大学生社会责任感、引导分享经济都具有一定的实践意义。此外，案例提出了公益性创业的概念，公益性创业的意义在于提倡大学生在实现个人价值的同时兼顾社会问题的解决，通过慈善活动、志愿服务以及公益创投等形式，培育大学生的社会责任感。

值得注意的是，国内公益性创业起步较晚，公益创业市场环境及制度环境不完善，因此，在识别创业机会之后，公益性创业活动该如何发展还有待进一步研究。

（指导教师是安徽财经大学创新创业与企业成长研究中心博士、副教授）

创业者社会网络对企业成长的影响
——以微影创意工作室为例

张月琪 汪丽娟

一、引言

在高等教育走向大众化的同时,大学毕业生也面临越来越大的就业压力,自主创业正在成为部分大学生的选择。高校大学生作为拥有先进思想、文化和专业知识的高层次、高水平的人才(刘刚等,2016),也是当前受到政府及社会倍加支持的创业群体。为了更好地开展创业教育,培养学生创业能力,各地区高校积极开展相关的教育和扶持活动,来促进大学生在创业方面的发展,包括提供相应的政策与资金支持、建立各类完备的创业实践中心(代君、张丽芬,2014),以及进行创业教育课程改革等。然而,当前我国大学生创业成功率仅为3%(贾天明、雷良海,2016),并且很多创业活动在创业初期就以失败告终。那么,除了高校的创业教育和相关扶持活动外,大学生新创企业得以存活并持续发展的关键影响因素还有什么?在中国特有的"关系"文化背景,以及大学生资金、经验等其他条件的约束下,社会网络成为大学生创业中的强力因素,也成为创业研究中的重要课题。

关于社会网络与大学生创业的关系已经逐渐被学者所认识到。不少研究表明社会网络影响大学生的创业绩效,科技型大学生创业者的社会网络规模越大、异质性越高、密度越强,其创业绩效越好(左晶晶、谢晋宇,2013)。王绍让(2014)以浙江省高校大学生创业为调查对象,通过实证研究发现社会网络对大学生创业的绩效有显著影响。但是从与创业机会结合角度探讨的相对较少,而且主要研究大学生的社会网络对创业机会识别的影响。王飞等(2015)指出大学生社会网络的规模、结构和强度与创业机会的识别都呈正相关关系。机会识别只是创业过程中的一个阶段,很少有学者从动态发展的视角,分析其在大学生创业的不同阶段不同社会网络的作用机制。创业机会的识别、开发和利用是一个动态发展的过程,社会网络动态演化的研究正在兴起（陈忠卫、张琦，2015），而且，以动态发展的视角分析更能解决现实问题。

本文以安徽财经大学创业孵化基地的"微影创意"企业为例，首先将大学生创业机会识别、开发与利用过程中涉及的社会网络分为情感性网络、其他支持性网络和商业网络，然后深入剖析不同类型的社会网络在大学生创业机会识别、开发和利用各阶段的具体作用，旨在解决在大学生创业的不同阶段究竟是何种网络在起作用，进一步丰富现有理论并为大学生成功创业或者学校有的放矢地开展大学生创业指导提供参考。

二、文献回顾与理论框架

（一）基于创业机会的创业发展过程

随着对创业研究的深入，基于创业机会的研究开始引起学者的注意。具有代表性的观点认为，创业过程实质上是发现和开发创业机会的过程（Timmons，1999）。随后，Shane 和 Venkatarmana（2000）提出创业是"创业机会的识别、开发和利用"的过程。也有人将过程更加细分，认为机会视角下的创业过程是围绕着机会着手进行识别、评价以及开发利用的一系列过程（张梦琪，2015）。由此可见，机会视角下对创业过程的定义并不一致，比较全面的观点认为创业是机会识别、评价以及开发利用一系列过程。但事实上，创业机会识别和评价是共同存在的，创业者在机会识别的每一步都需要进行评价（王波涛、刘景光，2010）。据此，本文将创业过程划分为机会识别、机会开发和机会利用三步。

1. 机会的识别

关于机会识别的研究比较多，主要有两种观点：一种观点认为机会是客观存在的，识别机会是创业者对已存在的信息进行搜寻（Kirzner，1997；刘建平等，2011）。另一种观点则认为，机会是创造产生的，机会识别是一个想象与创造的过程（刘建平等，2011）。这两种观点的差异性体现在机会的来源上，从结果来看，机会的识别都是获得了一个值得开发利用的创业机会。因此我们认为大学生创业过程中机会的识别重点强调的是发现商机、产生创业想法的过程。

2. 机会的开发

创业机会的识别与开发虽然在概念上存在着一定的重叠性（Ardichvili et al.,

2003），但是二者具有本质上的区别。一是在时间先后上，创业机会识别要早于机会开发，机会识别是创业的前端，识别机会后，潜在创业者要做出机会开发决策，才有可能将识别的机会转化为切实可行的商业（张红、葛宝山，2014）。二是在结果上，机会识别的结果是要形成具有可行性的商业机会，只是一种可行性，但并没有具体实施；而机会开发阶段需要创业者组织必要的资源，将已识别的机会予以实现（刘佳、李新春，2013；Eckhardt & Shane，2003；陈海涛，2007）。本文将机会的开发定义为实施创业想法，建立企业。

3. 机会的利用

利用是指创业者利用已识别的创业机会，结合现有资源建立企业或其他组织，并通过运营创业组织提供产品和服务、实现价值的过程（白彦壮等，2016）。我们可以发现机会的利用和机会的开发也有重合，但是机会的利用增加了建立之后的运营过程，更加强调机会开发实现后带来的效用。因此本文将机会的利用定义为建立企业后在运营中实现价值、产生效用的阶段。

（二）社会网络的内涵及其分类

社会网络（Social Network）的概念最早是由英国的社会学家拉德克里夫·布朗（Radcliffe Brown）提出的。他将不同的人以及各种团体在社会活动中所形成的复杂关系称为社会网络（Brown，1940）。从社会关系的角度看，社会网络可以视为不同行动者之间通过直接或间接的联系所形成的人际关系集合，并且，这种社会网络既能够约束行动者的行为，又能够为其提供资源，它甚至可以是创业者获得潜在创业机会和知识的主要渠道，在创业过程中发挥着重要作用。谢雅萍和黄美娇（2014）从社会结构的角度指出，社会网络是由具有各种各样关系的子网络（包括个体网络、商业网络、政治网络等）组成的多重复杂网络。白彦壮等（2016）则认为社会网络是一个以个体和组织的关系为中心，依附直接或间接的关系形成的注重成员间相互作用的互惠共同体（白彦壮等，2016）。尽管学者们对社会网络的定义不尽相同，但基本都是从社会关系、社会资源以及社会结构的视角出发，强调社会网络是个体、组织之间存在的相互关系，认为社会网络的本质是互惠共同体。

关于社会网络的分类，众多学者依据各自研究的需要，从不同的角度对社会网络的类型进行了划分。在研究社会网络与创业之间的关系时，一般将社会网络划分为情感性网络与商业性网络（马光荣、杨恩艳，2011）。边燕杰和郝明松（2013）认为个体与社会的联系主要分为两种形式：基于个体情义联系的非正式社会网络和基于团体身份归属的正式社会网络。亲人之间的血缘亲情与朋友之间的友谊形成是非正式网络，个体通过参与某些团体（学校、企业、教会等）形成的是正式社会网络。白彦壮等（2016）在此基础上结合当前社会创业的特点，将社会网络细分为情感性网络、政府支持性网络和商业网络。大学生创业者在个人创业发展中，主要涉及与其亲朋好友、客户及竞争者等市场交易伙伴、学校及兴趣团体等组织这三类网络主体之间形成的社会网络。因此，基于这些主流的分类方式，本文将大学生在个人创业发展中的社会网络分为基于亲朋关系的情感性网络，基于交易关系的商业性网络以及基于社会组织关系的其他支持性网络。

（三）研究框架的提出

情感性网络、商业性网络以及其他支持性网络的网络主体不同，它们在创业过程各阶段中的作用方式也有所区别。基于上文对创业过程三阶段的划分，进一步从社会网络与创业机会的识别、开发及利用阶段的关系进行研究。

创业机会的识别阶段：在大学生创业机会识别阶段，这个时候企业还未成立，商业活动还没有开始，因此不存在交易中逐渐形成的商业网络。此时大学生的社会网络往往由家庭成员、朋友、同学等组成（Schutjens & Stam，2003），是一种通过个体情谊联系的关系密切的情感性网络。而这种规模紧密的网络也被 Aldrich 和 Zimmer 研究证实能使创业者越多、越快地获得信息。而大量信息能够帮助创业者感知、识别和筛选创业机会（白彦壮等，2016）。同时，学生在校园中会受到学校社团等其他支持性网络为学生提供服务，包括一些创业上的指导和扶持，能引导大学生发现社会创业机会，同时拓宽创业者的信息渠道，并为之提供重要信息（Competiton & Kirzner，2015）。但在企业建立之前学生接收到的是学校社团的普遍支持，并不深入，与朋友、同学的交往却更为密切，是信息的主要来源。因此此时的社会网络是以情感性网络为主，其他支持性网络为辅。

创业机会的开发阶段：成功的机会开发过程的结果是新企业的创立（林嵩、姜彦福，2005）。该阶段，企业刚刚组建，商业活动尚未开展，可见基于市场交易关系的商业性网络基本处于还未形成的阶段，大学生创业者所依赖的社会网络包含情感性网络和其他支持性网络。陈丹和解西泓（2011）指出，创业资源的丰富程度与创业机会开发程度之间存在正相关关系。然而，大学生个人所拥有的资源有限，难以迅速地建立企业，还需要得到党、国家、政府、学校和社会等多方面的帮助。学校的创业孵化基地、相关社团等其他支持性网络为大学生创业提供的大量资金、人力资源、经营场所、技术支持、创业活动平台等，使得大学生创业企业在校园环境的庇佑下得以顺利组建，这种庞大的支持系统一般是同学朋友无法提供的。此外，大学生创业团队的形成主要依赖于相对单纯且不存在彼此间经济往来的情感性网络，团队的形成很好地促进实现创业机会的有效开发。因此，此时的社会网络以其他支持性网络为主，情感性网络为辅。

创业机会的利用阶段：该阶段强调的是创业者通过运营相关的创业项目实现创业价值的过程。相比于创业机会的识别和开发阶段，创业机会的利用阶段也需要大量的人力资源和物质资源，情感性网络和其他支持性网络依旧为创业机会的利用提供这些所需的资源。随着创业机会的不断开发和利用，创业者与供应商、客户、合作者以及竞争者等商业伙伴的交往日益密切，商业性网络逐渐形成并得以发展壮大，为创业机会的利用提供资源支撑（白彦壮等，2016），并且商业伙伴的关系行为能够带来一些朋友，扩大了情感性网络（Park & Luo，2001）。因此，在创业机会的利用阶段，情感性网络、商业性网络和其他支持性网络相辅相成，共同为创业项目的有效运营提供资源支撑。

本文通过上述的文献回顾建立了研究的理论模型（见图1）。

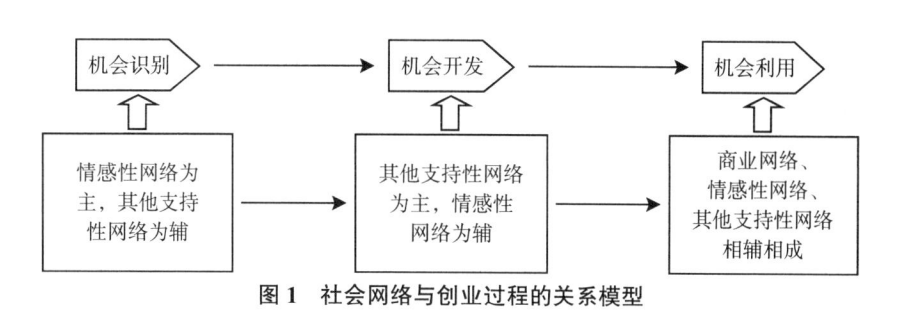

图1 社会网络与创业过程的关系模型

三、案例简介与研究方法

（一）案例简介

鉴于案例的合适性、典型性与案例资料的可获取性，本文选取安徽财经大学微影创意工作室为研究对象。微影创意工作室是由安徽财经大学文学与艺术传媒学院动画专业的左文博发起并成立的。2015年12月正式成立，并经申请批准后入驻安徽财经大学创业孵化基地。微影工作室的主营项目有：第一，视频拍摄，包括学校各种活动中需要播放的视频素材的制作、录制活动视频以及毕业班级的毕业视频拍摄服务等，偶尔也接拍校外的个人或组织需要的视频。第二，设计类业务，包括拍摄视频的后期制作、校内学生照片相册的排版设计以及校外公司网站的设计制作等。第三，APP（手机软件）的开发，也是工作室未来主要发展的业务，目前主要是本校服务性软件的开发，属于非营利性的营业项目，方便校内学生的使用。

虽然微影创意工作室刚成立不到一年的时间，但在经营的过程中取得了一系列成绩，越来越广泛地为校内师生以及校外人员提供服务，影响力不断扩大。2016年上半年，工作室发布了安财首个航拍视频，在发布的72小时内点击量达到3万多次；完成了23个毕业班级毕业季视频的拍摄和制作；设计并制作了安徽意恒科技有限公司的宣传视频。2016年下半年开发的"安财pu小助手"APP已经上架，该手机软件将学校微信端"爱安财"的内容整合发布在此软件上，界面更加美观，网络更加稳定，使用更加方便。第二个APP"AT安财"正在开发，并且已完成了80%。

（二）研究方法

本文的主要研究方法是文献分析法和案例研究法。文献分析法是指通过对相关的学术期刊、专著、硕博论文等研究成果进行梳理，了解学术界对大学生创业者的社会网络，以及它在创业发展中的作用机制，对社会网络和创业机会的识别、开发和利用之间关系的研究进展，从而构建大学生创业者的社会网络与创业机会识别、开发和利用的关系模型。

案例研究法是一种定性研究的方法，比较适用于仍属于探索阶段的问题。由于本文是从动态的视角，分析大学生创业各阶段不同社会网络的具体作用机制，因此研究的是"How"的问题，可见案例研究法是一种可行的选择。本文的案例研究方法主要包括深度访谈、文件调阅等。其一，我们通过面对面对负责人左文博进行了多次访谈并录音，深入了解其整个创业过程及工作室的相关情况，并通过在线QQ交流对整理过程中产生的问题继续询问补充资料，在每次访谈前，都组织一次小组讨论，使问题更加全面、相关。其二，收集相关文件，包括负责人提供的2016年创业项目年终答辩PPT，网络搜索到的关于其参加的学校创业比赛具体通知文件，以及有关创业机会、社会网络和大学生创业的中英文文献。

四、案例分析

（一）创业机会识别阶段：情感性网络为主，其他支持性网络为辅

左文博在大一的时候，就对视频制作产生了浓厚的兴趣，加上是文学与艺术传媒学院动画专业的学生，他通过艺术绘画训练所具备的审美创意和软件操作能力，使他对视频设计制作更加得心应手。但是，他的专业课程并不包含视频制作，左文博特意选修了视频软件课程进行学习，刚好他的室友也对这方面感兴趣，两个人就利用业余时间一起制作视频，互相学习交流。当时，他并没有想着以此来赚钱，而只是想通过视频的制作，不断地认识志同道合的伙伴，左文博就很开心和满足了。

有一次，室友在网络上偶然发现了一家企业在寻找人制作企业网页，在室友的提议下，两个人一起合作完成了网页的制作并获得了可观的报酬。左文博才发现这些制作和设计是可以赚钱的，但之后只是把它当作一个兼职，平时赚一点零花钱，像众多普通大学生一样，没有勇气创立一个企业。

直到大三的时候，左文博从朋友处得知学校创业孵化基地所有大学生均可以申请，只要项目合适便可得到批准入驻，获得免房租水电的政策支持。他周围也有同学已经申请成功，成立自己的企业并且经营得越来越好。他觉得这是提高自己能力并且将好朋友召集在一起的好办法，这个时候他就想着自己也要通过申请创办关于视频制作的工作室来盈利。当被问及是怎么想到做与视频相关的项目时，左文博也提到是在与室友、朋友一起进行视频制作交流中产生的想法。

在这个阶段，我们可以看出：左文博已经识别到了一个可行的创业机会，提供制作和设计服务有利可图，但是没有实施创立企业。在这个创业机会识别的过程中，我们发现主要是他的室友所在的情感性网络与他分享了信息，并为他提供必要的情感技术等的支持与人力，赚得的第一桶金是使左文博意识到能获利的服务项目的直接因素，朋友、同学所在的情感性网络为他提供了获得资源的信息，让他意识到在学校创办视频工作室是一个可行的商业机会。另外，在这个过程中，学校所在的其他支持性网络提供的视频选修课也使左文博可以享受到教育并具备了视频制作的技术能力，成为他想到建立与自身所长相关的工作室的影响因素，虽然学校的资助暂时还没有直接作用于他，但是这种可能性会降低他的风险预期，增强他的创业意愿。说明在创业识别的过程中，大学生拥有情感性网络和其他支持性网络，这个时候信

息是重要因素,而同学之间交往频繁更增加获取信息的可能,这个时候的信息主要来源于情感性网络。所以,在企业机会识别阶段,情感性网络起到主要直接的推动作用,而其他支持性网络也产生一些影响。

(二)创业机会开发阶段:以其他支持性网络为主,情感性网络为辅

2015年12月,左文博正式去办理工商注册税务登记,成立了微影创意工作室,并通过校团委的评估审核批准,入驻了校创业孵化基地,拥有了属于自己的工作地点。由于从事的是专业技术的项目,相较于其他项目的优势在于建立期投入比较小,不需要资金去进货,更不用担心库存积压的风险,只需要配备电脑和相机。电脑在大学生中比较普遍,但专业单反相机还是一笔不小的投资,左文博通过在校摄影协会的朋友联系到了会长,得到了校摄影协会的支持,可以提供设备和人力。建立视频制作这样的工作室最大的投入就是门面和设备需要的电费,作为一个大学生,很难支付高额的门面房租,学校为他提供了免费的办公地点和免除水电的政策,为他解决了建立工作室的一大问题。

在成立工作室的过程中,由于是个人创业,从商业模型的构建到申请注册成立企业都是他一个人完成的,左文博个人根据政策规则填写各种申请,与政府、学校相关部门团体所在的其他支持性网络接触,并且,这个网络为他提供了这个企业所需的资源,这些财力物力是他个人不具备的。虽然他的朋友所在的情感性网络没有为他提供物质,但仍然为他提供了一些需要的信息,顺利联系到了摄影协会会长。在机会开发的过程中,资源发挥着重要的作用,这个过程需要频繁地与其他支持性网络接触,这个网络的作用逐渐体现,其他支持性网络更有能力提供个人不具备的企业建立所需资源。情感性网络也是可以提供信息和其他人力财力的,但是在有支持性网络存在并且能够提供支持的情况下,以支持性网络为主,情感性网络为辅。

(三)创业机会利用阶段:情感性网络、商业性网络和其他支持性网络相辅相成

微影创意工作室最初经营视频制作业务,视频项目组是由左文博吸收同专业室友以及管工院的几位同学组成的。为了将视频制作业务进行宣传和推广,他们也做出了很多努力。第一,视频项目组成员合作完成了首个安财航拍视频,之后一方面通过各自的社交网站推送安财航拍视频,另一方面借助"安财精灵"的微信公众号进行宣传,3天内的视频点击量达到3万多次。第二,在毕业季来临之际,工作室安排专人负责到各毕业班级推销其视频制作业务,并支付其一定的酬劳,这些推销人员基本是视频项目组成员的同学和朋友以及他们认识的在校学生。毕业季工作室的业务量很大，视频业务的客源基本上是安财的本校学生。安财2016年共有106个毕业班级，参与这些班级毕业季拍摄的摄影工作室有16个，与其一同竞争的大学生创办的工作室也有2个，竞争比较激烈。微影创意最终得到了23个班级的青睐，由此也取得了一笔可观的报酬。第三，一些学生顾客也会将微影创意推荐给自己的同学和朋友，这在一定程度上为微影创意增加了客源量。可见，在业务的宣传和推广上，以创业者的个人社交网站为主的情感性网络、以学校相关微信公众号为主的其他支持性网络，以及以用户为主的商业性网络都对其起到了很大的促进作用。

在视频制作的实施过程中，大学生创业者的社会网络也发挥着积极的作用。第一，鉴于毕业季照片拍摄和视频制作的双重需求，微影创意工作室与猫腻工作室进行合作。左文博是基于创业孵化基地的平台与猫腻共用一个工作室，由此认识了猫腻工作室的负责人。猫腻主要经营团体照拍摄和个人写真业务，这与微影创意工作室的视频拍摄业务形成互补，同时猫腻工作室还能够为微影创意提供较多的设备，这为微影创意接收更多的订单提供了条件。第二，视频的拍摄和后期制作需要花费大量的时间和精力，此外这种重复性的工作也容易让人产生乏味感。左文博的视频制作团队是基于友情和兴趣组建起来的，这种强联系的情感性网络能够有效地团结和组织其团队成员完成视频拍摄、素材选择、视频剪辑，以及调色等工作。第三，在设备和人手不够的情况下，摄影协会可以为工作室提供相应的帮助。微影创意临时雇用摄影协会的成员，双方之间基于劳动交易达成合作，完成相应的工作任务。可见，在视频制作过程中，以猫腻工作室和摄影协会成员为主的商业性网络，以及以视频制作团队成员为主的情感性网络起到重要作用。

鉴于视频制作业务的季节性比较明显，在非毕业季时期工作室的订单较少，工作室着手开展软件开发活动。左文博曾经为"安财精灵"做开发服务，并通过"安财精灵"认识了一些软件开发的朋友，基于自己对软件开发的热爱，以及锻炼自身能力和服务学校学生的想法，他开始组建软件开发团队。2016年8月已开始提供下载使用的"安财pu小助手"APP，以及后期即将完成的"AT安财"APP都将通过"安财精灵"的微信公众号进行宣传和推广，同时也得到了学校网络中心的大力支持。此外，以左文博为核心的软件开发团队成员通过学校的创业孵化基地、相关社团等公共平台为其提供的信息、资金、培训等资源，顺利参加了第二届中国"互联网+"大学生创新创业大赛，以及一些省级和校级比赛活动，并取得了不错的成绩。可见，在软件开发活动中，以团队成员为主的情感性网络和以学校为主的其他支持性网络发挥着重要作用。

因此，我们认为：在微影创意工作室创业机会的利用阶段，情感性网络、商业性网络以及其他支持性网络相辅相成，共同支撑企业经营价值的实现。

五、结果讨论

微影创意工作室作为个人创立的新企业，且刚刚成立仅十个月的时间，但却成功地进行了机会的识别、开发与利用，除了左文博个人的能力和努力外，社会网络发挥着重要的作用。通过案例研究我们发现：

第一，在大学生个人创业发展的过程中，社会网络种类不断增多。在机会的识别和开发过程中，有情感性网络和支持性网络；在机会利用阶段，有情感性网络和支持性网络，还产生了商业性网络。

第二，社会网络对发展过程产生影响，但是相同的网络在不同的阶段，重要性是发生变化的。在机会识别的阶段，情感性网络比支持性网络更重要；而到了机会开发阶段，其他支持性网络将优先于情感性网络。在机会利用阶段，情感性网络和其他支持性网络还有新出现的商业网络不分主次，共同作用。

第三，其他支持性网络在大学生个人创业机会开发中起着很重要的作用。如果没有这些政府学校和相关团体的支持，大学生个人很难凭借自己的力量，或者从情感性网络中获取免费的资源。蒋开东和朱剑琼（2015）指出要想从根本上改变大学生创业难的现状，需要构建以大学生创业为导向的高校协同机制，加强高校、政府以及企业对大学生创业的协同联动作用。可见高校、政府以及企业等其他支持性社会网络对大学生创业的重要意义。从微影创意工作室的案例中我们也可以发现，其他支持性网络在创业机会的识别、开发以及利用过程中都起到一定的支持作用。因此，学校应该重视其他支持性网络对大学生创业的促进作用，为大学生创业群体提供相应的支持。

第四，创业过程中需要多种网络的共同作用，单单依靠某一种社会网络具有局限性。创业者要能最大化地利用身边存在的多种网络，并且，要不断地发展新的关系。大学生在创业的过程中，可能更容易注意到情感性网络，会主动与朋友、同学等周围关系亲密的人交流创业想法和信息，遇到困难也是寻求朋友、同学的建议和支持，不太关注学校的创业活动和政策，往往失去很多获得信息和资源的机会。大学生在日常生活中，应该多通过学校官方网站主动查询学校信息以及与相关部门交流咨询。在平时的学习生活中或者在企业成立后的交易行为中，应有意识地与别人交流，多结识朋友，扩大网络。

第五，有效发挥在创业利用阶段所形成的商业网络的纽带作用。以某个任务建立的工具型网络，一旦没有了经济利益的激励，这种工具性的关系可能就难以维持。但是，商业网络为我们增加了认识朋友的可能性，商业网络中的部分人，可以进入情感性网络，两个主体之间的情感互动越多，那么主体间为对方花费时间、精力等的意愿就越强（Reagans & Mcevily，2003），这种强联系会产生更多的提供帮助的激励，并具有更容易获得的特征（Granovetter，1982）。这种激励来源于社会化的考虑，如互惠性的需求所在商业网络中形成的关系，应该不是交易后或完成任务后就终止了，可以通过多次的接触和了解维护转化为情感性网络，这种强关系有很多好处：可以传递信任感，带来情感支持，有利于建立长久合作关系（陈忠卫等，2015）。

六、研究价值和局限

本文将社会网络与个人创业过程结合，使创业者意识到社会网络在创业发展过程中的重要性，并且将社会网络细分，在不同阶段不同社会网络的作用是提供资源和信息等的获取途径，能够使创业者更好地实施创业，也为学校、政府等更好地为创业者提供针对性的支持提供理论基础。与此同时，本文也存在一些局限性：

第一，案例对象微影创意工作室社会网络的时间和空间都有局限性。在社会网络的空间上，主要还是局限在蚌埠甚至更多是在校园内；在社会网络的时间上，该工作室刚刚成立不到一年，通过商业性网络结识的人还不够多，未来可以继续进行追踪，对更大范围的社会网络进行研究，继续探究商业性网络会不会逐渐成为主要的网络。第二，本文简单地采用单案例研究法，有可能因为个体差异，不太容易得到普适性的结论，未来将选取多个案例进行对比，验证结论的普遍性。第三，本文没考虑内在机制，即不同网络是如何作用的，在未来研究中，我们可以引入更多的变量去深入挖掘内在机制。

参考文献

[1] 白彦壮, 张璐, 薛杨. 社会网络对社会创业机会识别与开发的作用——以格莱珉银行为例[J]. 技术经济, 2016 (10): 79-85.

[2] 边燕杰, 郝明松. 二重社会网络及其分布的中英比较[J]. 社会学研究, 2013

(2)：78-97，243.

[3] 陈丹，解西洸. 企业家社会资本与创业型企业绩效的关系研究 [Z]. 中国管理现代化研究会，2011.

[4] 陈海涛. 创业机会开发对新创企业绩效的影响研究 [D]. 吉林大学学位论文，2007.

[5] 陈忠卫，张琦. 社会网络中信任关系对大学生创业的动态影响——以闹闹音乐栈为例 [J]. 管理案例研究与评论，2015（5）：483-499.

[6] 代君，张丽芬. 大学生创业孵化基地的建设模式 [J]. 江西社会科学，2014（11）：248-252.

[7] 贾天明，雷良海. 构建创业失败补偿机制的探讨——以上海市大学生创业现状为例 [J]. 上海经济研究，2016（2）：56-63.

[8] 蒋开东，朱剑琼. 大学生创业导向的高校协同机制研究 [J]. 中国高教研究，2015（1）：54-58.

[9] 林嵩，姜彦福. 创业研究进展综述与分析 [J]. 管理现代化，2005（6）：22-24.

[10] 刘刚，张再生，吴绍玉. 中国情境下的大学生创业政策：反思与对策 [J]. 中国行政管理，2016（6）：120-123.

[11] 刘佳，李新春. 创业机会开发：理论前沿与研究动态 [J]. 学术界，2013（12）：216-225，312.

[12] 刘建平，宋朝霞，朱燕空. 创业机会理论回顾与客观性假定 [J]. 技术经济与管理研究，2011（2）：30-33.

[13] 马光荣，杨恩艳. 社会网络、非正规金融与创业 [J]. 经济研究，2011（3）：83-94.

[14] 王波涛，刘景光. 当前国内外创业机会研究述评 [J]. 企业活力，2010（5）：83-86.

[15] 王飞，徐占东，顾瑜婷. 社会网络对大学生创业机会识别的影响研究 [J]. 黑龙江高教研究，2015（9）：145-148.

[16] 王绍让. 社会网络对高校大学生创业绩效的影响 [J]. 教育评论，2014（9）：84-86.

[17] 王雨，王建中. 大学生创业意愿影响因素研究——基于社会网络关系视角 [J]. 经济与管理，2013（3）：64-68.

[18] 谢雅萍, 黄美娇. 社会网络、创业学习与创业能力——基于小微企业创业者的实证研究 [J]. 科学学研究, 2014 (3): 400-409, 453.

[19] 詹姆斯·柯林斯, 杰里·波拉斯. 企业不败 [M]. 刘国远等译. 北京: 新华出版社, 1996.

[20] 张红, 葛宝山. 创业机会识别研究现状述评及整合模型构建 [J]. 外国经济与管理, 2014 (4): 16-24.

[21] 张梦琪. 创业者社会资本、创业机会开发与新创企业成长关系研究 [D]. 吉林大学学位论文, 2015.

[22] 左晶晶, 谢晋宇. 社会网络结构与创业绩效——基于270名科技型大学生创业者的问卷调查 [J]. 研究与发展管理, 2013 (3): 64-73.

[23] Aldrich H, Zimmer C. Entrepreneurship through Social Networks [C]. University of Illinoisat Urbana Champaigh's Academy for Entrepreneurial Leadership Historical Research Reference in Entrepreneurship, 1989: 3-23.

[24] Ardichvili A, Cardozo R, and Ray S. A Theory of Entrepreneurial Opportunity Identification and Development [J]. Journal of Business Venturing, 2003, 18 (1): 105-123.

[25] Brown R. On Social Structure [J]. The Journal of the Royal Anthropological Institute of Great Britain and Ireland, 1940, 70 (1): 1-12.

[26] Eckhardt J T, Shane S A. Opportunities and Entrepreneurship [J]. Journal of Management, 2003, 29 (3): 333-349.

[27] Granovetter M. The Strength of Weak Ties: A Network Theory Revisited [C]. Sociological Theory, 1982: 105-130.

[28] Kirzner I M. Entrepreneurial Discovery and the Competitive Market Process: An Austrian Approach [J]. Journal of Economic Literature, 1997 (35): 60-85.

[29] Kirzner I M. Competiton and Entrepreneurship [M]. Chicago: University of Chicago Press, 2015.

[30] Park S H, Luo Y. Guanxi and Organizational Dynamics: Organizational Networking in Chinese Firm [J]. Strategic Management Jornal, 2001, 22 (5): 455-477.

[31] Reagans R, Mcevily B. Network Structure and Knowledge Transfer: The Effects of Cohesion and Range [J]. Administrative Science Quarterly, 2003, 48 (2): 240-267.

[32] Schutjens V, Stam E. The Evolution and Nature of Young Firm Networks: A Longitudinal Perspective [J]. Small Business Economics, 2003, 21 (2): 115-34.

[33] Timmons J A. New Venture Creation: Entrepreneurship for 21 Century [M]. Illinois, Irwin, 1999.

(作者是安徽财经大学2015级企业管理研究生)

【案例点评】

创业者网络是创业的助推器

李宏贵

创业型经济已经成为许多国家和地区竞相追逐的一种经济类型。通过全世界范围内创业活动的开展，不仅为创业者带来了事业和财富方面的成就，也为社会提供了更多的就业岗位和经济的增长。而创新机会作为企业得以生存和发展的关键，为什么有些企业能顺利地进行创新机会的开发、创立新企业直至企业发展壮大，而有些则在这一过程中却就此夭折？有研究表明，这与在创业机会识别、开发和利用过程中创业者个人网络构建有着重要的关系。

在创业机会识别、开发和利用的过程中均涉及关系网络的构建和应用。在此过程中，个人关系网络也会伴随创业机会的成功转化为产品而得到不断的完善和强化。创新机会的成功转化离不开可靠的信息和创业资源的获取。在公开市场上可能难以获得的有效信息，大学生创业者可以充分利用社交活动，并使之成为获取信息、积累资源的重要途径。社会认知理论和资源基础理论认为，创业者要想保证创业机会的顺利实施，必须利用不同的社会网络以保证资源的有效获取。不仅如此，社会网络对创业者而言还可以起到促进心理健康的作用，为实现创业目标发挥了重要作用。

自李克强总理在2009年夏季达沃斯论坛上明确提出"大众创业、万众创新"的发展理念以来，大学生成为被各级政府着力培育并寄予厚望的潜在创业者群体，也是未来促进中国经济发展的生力军。同其他创业活动一样，大学生创业也是一个将商业机会最终转化为新产品的过程，创业者能否准确地识别创业机会并获得可靠的资源，是他们在创业过程中需要攻克的一个难关。因此，作为创业资源的关键来源，大学生创业者个人网络也得到了大量的关注。然而与企业相比，大学生面临网络关系不稳定、信息不对称等诸多问题，为其创业机会的顺利实施带来了很大的不确定性。另外，在创业机会实施的不同阶段，不同的关系网络也会对结果产生不同的影响。

该案例以大学生创业为研究对象，在将社会网络做具体细分的基础上，对创业机会的识别、开发和利用过程中构建不同的网络关系进行了详细阐述。将社会网络分为情感性网络与支持性网络，这种"双重网络"在创业机会的实施过程中的不同组合形式有效地保障了大学生创业资源获取效率与效果。通过微观视角研究宏观现象，有助于克服传统研究中只关注企业关系网络而忽视大学生创业的独特性现象，进而能更细致地揭示大学生创业关系网络构建与社会企业关系网络构建的不同之处，进而为大学生创业者规划、拓展以及优化个人的网络关系提供了具体的理论指导，有助于他们成功创业！

（指导教师是安徽财经大学创新创业与企业成长研究中心秘书长、博士、副教授）

创业机会的识别及其影响因素的研究
——以伊朵海淘为例

余志香

21世纪是一个互联互通的时代。由于电子商务、购物网站、搜索网站与视频分享网站等相关媒体平台的兴起，互联网金融也应运而生。如今的百度、优酷、淘宝、微信、微博等B2C或者C2C方式的电子商务的发展，导致创业领域也发生了一系列的变化。比如，"粉丝经济"一词近期经常处在热搜的头条。对于互联网创业者或者创业企业来说，积极寻求创新机制、提升自身核心竞争力才是明智之举。随着对创业研究的不断深入，人们发现有关创业机会识别的研究总是创业领域的核心议题。创业者利用自身特质，从纷繁复杂的创意中识别出创业机会，并随之不断地开发和利用这一机会，最终获得预期的效果。Shane和Venkataraman认为创业的本质就是发现与利用具有商业价值的机会。在瞬息万变的创业环境面前，一些创业者与创业机会擦肩而过，另外一些创业者却利用环境变化的复杂性创造出极好的机会。学者们试图通过建立各种理论模型，寻求有关创业机会的识别影响因素，以阐释创业者的创业过程。本文通过对伊朵海淘创业进行案例分析，综合考察创业者的个人因素、环境因素、社会网络与机会因素，探寻创业机会的识别过程，建构起关于创业机会识别的理论模型。

一、文献综述

（一）创业者的个人因素

从总体上看，可以发现，创业警觉性、创业者性格特质、先前的知识与工作经验，是影响创业机会成功识别的关键因素。

1. 创业警觉性

创业者创业机会的识别受到许多因素的影响，而创业警觉性是创业机会识别过程中的关键影响因素之一。较具代表性的观点有：Kirzner（1979）认为创业者的创业警觉性来自创业者对于市场环境和技术的独特知识，而无须刻意进行搜寻。大多数创业机会都是偶然间发现的，警觉性高的、拥有更多市场信息的创业者更有可能警觉到人们忽略的机会并对机会加以成功利用。Ardichvili等（2003）认为，具有较高创业警觉性的创业者更有可能成功地识别和开发出创业机会；当然，该模型还同时强调了社会网络、创业者的特殊爱好以及创业者所拥有某些特定市场的知识等因素；并强调了较高创业警觉性与个体所具有的较强创造力以及开朗、乐观的个性息息相关。张秀娥和王勃（2013）则采用实证的研究方法，以吉林省180家中小企业创业者作为样本，检验了创业警觉性对创业机会识别的影响以及创造性思维的中介作用。研究结果表明，创业警觉性对创业机会识别及其机会的盈利性和机会的可行性两个子维度均有显著正向影响，创业警觉性对创造性思维有正向影响。检验了创造性思维的中介作用。这从根本上解释了创业警觉性影响机会识别的过程是怎样发生的，即创业警觉性通过创造性思维这种认知思维方式对创业机会识别产生影响。王沛和陆琴（2015）采用"新手—创业经验丰富者"对比范式，分别以114名在校无创业经历大学生和94名创业大学生作为被试者，通过不同被试者对自编复杂机会情境的反应，收集其对机会识别的表现，同时探讨了大学生创业警觉性、既有知识对创业机会识别的影响。

2. 创业者性格特质

创业者的个人特质包括很多方面，如创业者的年龄、性别、创造力、风险感知度、创业效能感等。Keh（2002）运用实证方法研究，发现创业者对创业机会的评价跟自身的风险感知能力显著相关，这种风险感知能力与创业者的自信、行事不依赖于计划的灵活性、较强的控制欲等方面特征密不可分。Venkataraman（2000）认为创业者具有较强的自我效能感将会影响其在机会识别过程中的决策和具体行动。田毕飞和吴小康（2013）从特质论视角出发，创造性地构建了创业者机会识别方式选择模型。以PSED Ⅱ的横截面数据为样本，采用多元和二元Logit回归方法，检验了美国创业者创新导向、成就动机、自我效能、控制源、模糊容忍能力、自主性等性格特质对搜索、发现、浮现三种机会识别方式选择的影响。结果表明，成就动机、控制源、模糊容忍能力及自主性等特质对创业者在搜索与发现，发现与浮现之间的选择有显著影响。

3. 先前的知识与工作经验

Shane（2000）认为创业者更加关注与他们已经拥有的信息、知识相关的机会，并且创业者拥有的知识将在技术开发、机会识别、机会开发三个方面影响机会的发现。张玉利等（2008）考察了创业者社会资本构成与创业机会创新性之间的逻辑联系，并探索了创业者先前工作经验和创业经历对该作用过程的影响。周立新（2014）利用重庆市微型企业调查数据，采用二元 Logistic 回归分析方法，实证检验了微型企业创业者家族社会资本和先前经验对创业机会识别的影响以及环境动态性在家族社会资本与创业机会识别关系中的调节作用。王竞一等（2016）基于创业相关理论、情绪相关理论及激励理论，提出先验知识与创业机会识别正相关及风险感知对二者的关系具有负向调节作用的研究假设，并在浙江、天津、山东等几个省市进行抽样调查，采用多元线性回归分析方法对获得的 216 份有效问卷进行统计分析，实证分析结果支持了文章的研究假设。

（二）创业者的社会网络

社会网络可以理解为社会活动参与者由于信息、知识、情感等各种社会资源的需求关系而发生的相互联系，进一步形成的有机统一体。Simon（1976）认为，个体可以通过社会网络以扩大自身创业所需的知识边界，促成创业行为的形成。Hills 等（1997）认为，善于积极探索与利用社会网络资源的创业者（Network Entrepreneurs）能够识别出更多的创业机会。他们认为拥有广泛的社会网络的创业者与孤立的创业者在机会识别方面存在显著性差异，同时发现在机会识别过程中，弱链条、网络大小以及结构洞均有一定的重要性。张玉利等（2004）从企业的角度出发，认为社会网络是一个以创业者为核心，以增加企业收益为目的在个体与个体、个体与组织以及企业组织之间形成的关系网络。任胜钢、舒睿（2014）提出创业者网络能力的概念，将其划分为网络愿景、网络构建和网络管理三个维度。作为社会资本的重要来源，创业者网络能力通过不同的外部社会资本（网络位置、网络跨度）对创业机会识别和开发产生影响。陈忠卫和史振兴（2010）还以谷歌与微软为研究对象，从个人特征、创业者网络、战略匹配、愿景与文化四个方面，充分揭示出影响机会识别和开发的四大关键因素。苗莉等（2015）探讨草根创业者的社会网络对创业机会识别的影响，并分析了其影响路径。结果表明，草根创业者的强弱联系社会网络对创业机会的识别具有显著促进作用，其中，弱联系社会网络对识别创业机会的影响程度要高于强联系社会网络的作用，而创业警觉性在社会网络影响创业机会的识别过程中起部分中介作用。

(三) 创业者的环境因素

环境因素包括技术创新、制度变革、经济走势、社会习俗、文化法律等多项内容。不同的研究者会基于差异化的研究视角来进行研究。Duncan (1972) 认为，创业活动的外部环境常常变现出明显的不确定性特征，恰恰是创业机会识别的重要契机。Barney 和 Busenitz (1996) 的研究指出，我们需要从外界环境中获取创业机会识别的相关信息资源，而影响创业机会识别的环境因素主要包括技术、市场、社会价值与政府的政策法规因素等 (Stevenson & Gumpert, 1985)，一项新技术能否成为创业机会取决于技术属性、产业技术环境以及二者之间的良好匹配。田莉和薛红志 (2009) 则基于技术属性与产业技术环境匹配的视角，从新技术属性的主观角度来看，将每个技术属性对构成新技术企业创业机会的影响看作一个连续谱，一端是有利于新企业创建的技术属性集合，而另一端则视为不利于构成创业机会。从产业技术环境的客观角度来看，可划分为创业型与惯例型两大类。在四个象限中，深入探索新技术企业创业机会来源。仲伟仁和芦春荣 (2014) 以实证研究的方式发现，从创业环境动态性到创业机会识别可行性的关键影响通道是：创业环境动态性→创业者个人特质→创业机会识别可行性，即创业者的个人特质在创业环境动态性对创业机会识别可行性的影响路径中具有重要的传递作用。吴小立等 (2016) 从环境特性、个体特质与农民创业行为的关系角度回顾和评析了以往研究成果，并对环境特性、个体特质交互作用与农民创业行为关系的国内外研究进行了比较，对农民创业研究的不同背景与发展现状等问题做出了解释，提出了农民创业方面的两个研究框架：基于创业资源的多要素创业研究与基于创业机会的创业过程研究。

(四) 创业者的机会因素

Smith (2009) 认为创业机会可分为编码型机会 (Codified Opportunity) 和默会型机会 (Tacit Opportunity) 两种，其中编码型机会是指明确、规范表达的，可以通过结构化程序搜寻获得；而默会型机会难以表达和言明，是下意识的和无意识的，大部分通过个人敏锐的洞察力和领悟能力获取。Gregoire 等 (2012) 提出，如果创业者自身所掌握的技术能够高度与市场机会相契合，那么形成创业的可能性更大。Ardichvili 等 (2000) 根据创业机会的来源和发展情况对创业机会进行了分类，他提出了创业机会矩阵，包括梦想 (Dreams)、尚待解决的问题 (Problem Solving)、技转移（Technology Transfer）、业务或者企业形成（Business Formation）四个象限，并且，不同象限的机会价值与机会创造能力都不一样，导致其成功获取机会的可能性也不同。Sarasvathy（2003）等认为创业机会本质上是供求关系的不同组合，并根据供求关系的明确程度将创业机会划分为识别型（Recognition）、发现型（Discovery）和创造型（Creation）。张玉利和陈寒松（2008）以创业机会的性质为分类标准，将创业机会分为问题型、趋势型和组合型三种。张爱丽（2009）认为个人因素与机会因素的匹配，对创业机会的识别产生重要的影响，并基于成员—组织匹配理论和认知领域的结构匹配理论，探索性地提出第三人机会识别过程中的个人因素与机会因素匹配，包括增补性匹配、互补性匹配和结构性匹配三种。杜晶晶和丁栋虹（2013）以母婴用品行业两家成功的企业为案例，得出在复杂动荡的外部环境下，不同知识属性的创业机会的价值创造潜力是不同的，外显性机会要真正内化成企业独特的内隐性机会才能实现其价值。同时结合机会的识别与开发过程说明人与机会、组织条件等的深层次匹配，是产生创业绩效差异的重要因素。

综合以上学者们的研究，本文对创业机会的识别影响因素进行了理论逻辑梳理，并尝试性地构建如图 1 所示的创业机会识别的概念性模型。

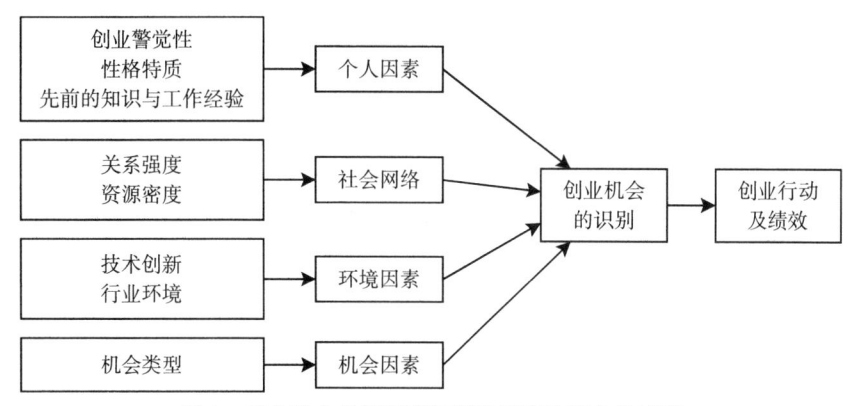

图 1　创业机会的识别及其影响因素的概念性模型

二、研究方法与案例选取

（一）案例研究方法

在被研究对象本身难以从研究情境中分离出来时，案例研究方法是一种行之有效的研究方法，它可以获得其他研究方法得不到的数据和经验知识，在此基础上分析不同变量之间的逻辑关系，进而检验和发展已有的研究发现和理论构建。Yin（1994）认为，案例研究法是在实际生活环境中研究当前的现象，但是现象与环境之间的界限并不十分明显，研究者只是采用大量案例进行研究，从现象探究事物发展的本质规律。本文认为案例研究是一种将研究注意力集中于某种特定环境下所可能发生的各种变化的研究方法，着重探讨"Why"（为什么）和"How"（怎么样）的问题。案例研究能够将理论与实践相结合，更加贴近现实生活，并从总结创造性实践活动中发现理论。

（二）案例选取

本文选择的伊朵海淘科技有限公司坐落于安徽省蚌埠市，是安徽财经大学大学生创业孵化基地第二批大学生自主创立的企业，也是安徽省大学生创新创业促进会成员。2015年10月，伊朵网络科技工作室成立，并以团队工作室的形式运营了两个月的时间，期间工作室主要依据创始人人脉网持续经营平台，月销售业绩保持在4万元左右，销售商品范围遍布全球。2015年底，伊朵网络进驻蚌埠人才金巷和金业产业园，并正式进行企业工商注册和税务登记，开始进行企业化管理和运营。在此之后，伊朵网络经历了由产品经销向服务提供的转变。

伊朵跨境电商零售平台是以为广大年轻用户提供最优惠、最优质的海外代购品为目标的互联网销售平台。伊朵跨境电商零售平台主要包括两个板块，即UGC（用户原创内容）模式的海外购物分享社区以及跨境电商福利社。对即将出国的人来说，可以借助这个平台制定自己的购物清单，而暂时没有出国打算的人，可以通过逛社区来增长经验，或者去福利社完成一次海淘。伊朵福利社采用B2C自营模式，直接与海外品牌商或大型贸易商合作，采用保税仓和海外直邮方式。"伊朵"以微信订购平台"伊朵工作室"及淘宝小店伊朵商城搭建线上分销渠道，辅以伊朵商城网上主页（http：//www.acxinyuan.com/）为宣传及交流反馈的平台，为主要以"80后"为主体的用户提供正品且优惠的海外代购。"伊朵"Logo设计原则为卡通版的两个人撑起一把五颜六色的伞，寓意"伊朵"和用户将会携手共进，满足彼此的需求，从而创造五彩缤纷的生活。伊朵跨境电商零售平台将采用B2B和B2C相结合的销售模式，如微信，新浪微博，淘宝店营销，并对买手进行身份认证、审核，为海购顾客提供安全低廉的海淘环境；通过收取保证金和记录买手成长度（信誉度、级别、评价记录）的方式，建立完善的保障体系，以及在线下建立实体的伊朵海淘体验馆。

(三) 数据收集

案例整理分析的数据来源于：①案例公司相关历史材料的整理与归纳；②创业者工作日志、访谈总结素材；③通过面对面访谈进行先验性信息验证；④BBS 论坛、网络广告、搜索引擎推广、微信、微博等推广渠道的汇总材料；⑤通过与新创企业团队人员 QQ 交流、电话联系等多种方式来获取案例分析的资料。

笔者主要采用以下几种方式获取案例所需的数据：首先，在 2016 年 4 月创业创新与企业成长特区组织了一次案例论文撰写的交接会，该案例是由安徽财经大学的本科生提供自身实践创业的案例，再让该特区的研究生负责撰写。其次，笔者与伊朵海淘的负责人许同学进行面对面的交流，了解伊朵海淘目前运营的基本情况，包括该项目简介、市场调查与分析、STP 战略与营销战略、项目规划与运营、项目实施推广策略、盈利及财务分析、风险分析及控制等，来更好地了解伊朵海淘这个跨境电商平台创业机会的识别因素。同时，在平时的论文资料收集中，经常去安徽财经大学创业孵化基地与许同学或者该创业团队的其他成员进行面对面的交流，也会使用 QQ 或者电话进行交流。最后，在本文成稿之后，也让伊朵海淘创业团队成员阅读本文，以确保本文的真实性与完整性。

三、案例分析

伊朵海淘创业取得初步的成功并保持一定的销售盈利。创业者在此期间虽然经历了创业的困惑与曲折，但是最终经受住了重重考验。其成功一方面离不开创业者的创业警觉性、性格特质、先前的知识与工作经验等要素；另一方面创业者具有广泛的社交人脉，积极利用互联网的电子商务平台，其父母在其创业过程中的默默付出与资金支持也增加了创业者识别创业机会的可能性。

(一) 个人因素对创业机会的识别影响

当今的海外代购风潮激起了创业者的浓厚兴趣，并且许同学认为抓住此次机会，应该能够成功进行创业。而通过对在校大学生以及社会群体消费者的调查，国内代购的人虽然很多，但存在着以次充好或者代购费高昂等种种弊端，使得消费者在选择代购时，特别小心谨慎。甚至因为代购者的诚信问题，而尽量不选择代购。但是国外的产品却一直备受大家的喜爱。许同学是安徽财经大学税收学专业在校本科生，他勤奋学习，上课认真听讲，在一次上税法的课堂上，老师在讲到国外奢侈品需缴纳消费税时，也进一步介绍了海外代购情况。许同学认为他先前经营过网店，基本上也明白实体销售与网上销售的利弊，海外代购的市场并未饱和，因为海外代购可以节约时间成本，使人足不出户就可以买到国外各类产品。创业者将线上宣传与线下销售相结合，线上宣传推广主要包括微信公众号、新浪微博、搜索引擎登录、邮件营销、QQ群营销、论坛发帖、软文宣传、网络广告投放等依托互联网平台进行的宣传推广，线下宣传推广主要通过报纸杂志、电视广播、传单、海报以及人们口口相传的方式来推广，将海外产品展示在消费者的面前。

（二）社会网络对创业机会的识别影响

在许同学选择自主创业时，首先，得到他父母的资金支持与无私付出。尤其是他有多年经商经验的父亲，在伊朵网络科技工作室的整个运营过程中，包括与供应商谈判、制定定价策略、售后服务保障、库存管理方面，父亲都给予了建设性的建议。其次，他在课余时间喜欢参加各类社会实践活动，结交了一群志同道合的朋友。他就把自己海外代购的创业想法告诉他的伙伴，他的伙伴都积极支持，从伊朵网络科技工作室的创办、宣传、运营到销售等一系列过程都参与其中。互联网已经成为人们生活中必不可少的一部分，而互联网的便捷为许同学推广海外产品提供了最佳的平台。将店铺里的海外产品制成广告的形式，在个人微博、微信朋友圈、QQ空间等网络社交平台公开发布，再利用朋友同学的转发和点赞让更多的人知道伊朵海淘公司，从而提升该公司的知名度。最后，安徽财经大学响应国家"大众创新、万众创业"的号召，创建大学生创业孵化基地，支持并鼓励每一位有着创业梦想的青年。只要你想创业，学校会给予资金支持，也会请资深的老师帮助创业者，解决他们创业中的困难与疑惑，让创业者都能实现创业的梦想。

（三）环境因素对创业机会的识别影响

海购市场发展尚不完善，行业规范尚未健全。市场上还存在大量私人性质的海购团队和个体店铺，真假货掺杂难以分辨。国际物流和全球零售供应链在线零售的全球化进程中间环节多，库存过高，市场门槛高。专业的海外代购网站、传统微商代购、传统电商平台参与激烈的市场竞争。随着国际零售互联网化，跨境电商得天独厚的优势（社群化、碎片化）符合一款互联网产品的开发。伊朵海淘正是跨境电商零售平台，能够在复杂多变的市场环境中，积极探求适合自身发展的创业机会。

与此同时，这两年国内消费水平全面升级，境外消费规模快速增长，高质量的家电、日用产品等开始成为主要的境外购买对象。许多中国消费者对于购物存在很大的信息需求，因为他们不知道哪些产品值得买，又该花多少钱买等。从2013年开始，出境旅行对于中国人而言变成了一件高频发生的事，而随着消费不断升级，大家要买的东西也更多元，比如马桶盖、电饭煲等。但因为地域差异、语言差异，很多人不知道要买什么，在该经济背景下，许同学上网查找了相关行业环境与技术创新发展等资料，用SWOT与STP方法详细分析了目前跨境电商面临的机遇与挑战，他笃定认为这是一片具有巨大潜力的竞争蓝海，毕竟绝大多数海购都是通过微信朋友圈、熟人朋友、淘宝网站等方式，消费者真假难辨。而许同学为了保证产品的质量与信誉度，在前期利用自己的人脉经营伊朵海淘平台，让许多熟人朋友享受伊朵海淘带来的货真价实的便捷体验，然后再利用微信朋友圈、QQ空间等网络社交平台适时更新海外产品，让消费者能够获得产品的信息，进行产品相关的交易活动。

（四）机会因素对创业机会的识别影响

自2015年以来，越来越多的传统外贸企业选择"互联网+"的经营模式，客户订单由传统量大集中型转变为现在量小分散型，这直接推动了我国跨境电商的发展。

伊朵海淘在创办之前，许同学运用自身学到的税务、营销、物流等方面的知识，分析了国家统计局的结构化数据以及国际组织的调查数据，并且结合了行业发展趋势的半结构化数据，以期获取创业机会，开拓新的创业发展空间。跨境电子商务在世界金融危机之后的重要作用也日渐显现，成为国际贸易发展的一种新趋势。中国跨境电子商务已经集营销平台、支付方式、物流服务以及金融服务等于一身，行业格局日渐清晰，产业链日渐完整。

伊朵跨境电商零售平台构建了一套完整的消费保障体系，包括全球货源保障、海外物流保障、本土售后保障等。在全球货源保障方面，构建标准的伊朵商家/买手认证保障。伊朵海淘的商家可以借助手机端或者电脑端的APP全程监控商品从源头发货到消费者手中的全部信息（见图2）。在海外物流保障方面，伊朵承诺清关合法合规，保障消费者的权益。提供海外直邮发货方式，已覆盖20多个国家，在紧急特殊的情况下，也提供安全、标准的专业航空运输。同时，采用"保税+直邮"模式，使企业可先凭货物舱单信息提货进区，再在规定时限内办理海关申报手续，允许企业把提货入区作业与申报备案手续并联进行，货物入区的平均时间缩短了2~3天，物流成本平均下降10%。自贸区也提供国外出口商和国内进口商在区内适当囤货，采取批量保税进出关的方法，实现前店后库的贸易模式。在本土售后保障方面，伊朵带有"本土退货"标志的商品在中国提供退货服务，确保商品未经使用和完好的前提下，接受7天无理由退货。作为平台类电商，因为时差等原因，买家不能及时联系到卖家，因此在消费者遇到问题时，伊朵客户管家先行协助解决，避免因时差、距离带来的买家与卖家沟通不畅。

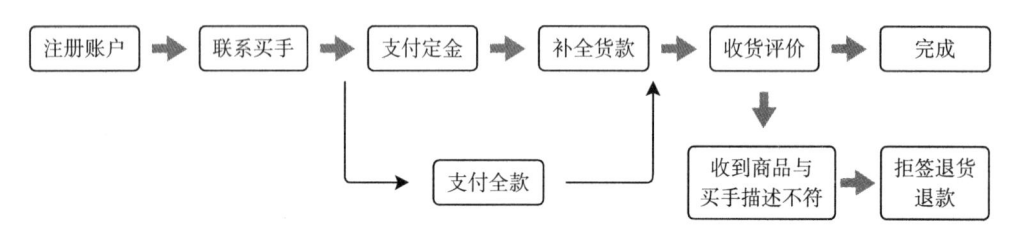

图2 伊朵跨境零售电商平台的运营流程

四、研究结果与启示

（一）研究结果

伊朵海淘创业是在校大学生创业成功的范例，其成功的创业机会识别为我们分析研究创业机会的识别及其影响因素奠定了坚实的基础。本文基于创业机会理论的整理以及对伊朵海淘创业案例的深入挖掘，得出以下结论：

1. 创业者的个人因素是创业机会识别的基础

"互联网+"时代的到来，为传统产业转型开辟了新的机遇，也为大学生创业创新潜能的发挥提供了施展的平台。市场中的创业机会很多，为什么有的人能够识别到潜在的创业机会，有的人却无动于衷？究其根源，从特质论的角度出发，创业者在某种程度上，应该是机会主义者，如果能提高自己的创业机会识别能力，就能够抢先一步抓住市场的机会，攫取创业成功的硕果。

伊朵海淘的创业者许同学是一个敢于冒险、乐观积极的人，有经营网店的经历，对海外代购的市场持有积极的心态，他认为跨境电商零售平台是一个值得投资的创业项目，它的未来市场是一片潜在的蓝海。正是由于他对该创业机会的执着坚守与不懈的努力，才使得他一步步迈向创业的成功之路。

2. 创业者的社会网络是创业机会识别的保障

社会网络是通过强关系与弱关系的关系强度、资源密度等来影响创业机会的识别，社会网络是获取信息和资源的重要渠道，并且获取有意义的信息为创业机会的识别创造有利的条件。伊朵海淘的许同学在创业初期首先是父母的支持，其次是创业团队之间的互助协作，最后是学校政策诱导激励。这种社会关系网络的实现过程本身完全可以是一个"有组织的"过程。他通过这样的方式构建自己的人际关系网，团队成员构成中具有多元化专业背景与经验，知识和技能互补性强，同时还能发生彼此之间的交互关联，产生"1+1>2"的资源整合协同效应。

3. 创业者的环境因素是创业机会识别的关键

当前的市场经济环境是动态复杂的，存在着巨大的不确定性。这就要求大学生创业者必须学会处理模糊性，提高自己的市场发掘能力，不断开拓自己的眼界，努力锻炼自己的独立思考能力，使自己能够比别人捕捉到更多潜在机会。当然好的市场机会总是很难发现和识别的，甚至察觉了也很难把握。同时许多好的商业机会并不是突然出现的，机会总是光顾有准备的人。在创业环境边界不清晰时，创业者应具备一定的适应性，灵活多变地应对突如其来的变革与创新。随着国际零售互联网化，跨境电商具有明显的竞争优势。伊朵海淘瞄准了海外市场，掌握了行业动向，识别尚未发现的创业机会。

4. 创业者的机会因素是创业机会识别的核心

在动态模糊的创业情境中，创业机会本身也会凸显出异质性，有些创业机会是明确规范表达的，可以通过结构化程序获取，而有些创业机会是无意识的，大部分是通过个人敏锐的洞察力与领悟能力来识别，这需要创业者自身具备的技能素质能够高度地与市场机会相契合，选择与机会匹配的合适的创业发展战略，则创业机会识别出的可能性更大，在一定程度上，也可以保持创业初期阶段组织的凝聚力与竞争活力，降低创业失败的风险。

（二）研究局限与启示

创业机会的识别作为创业研究的核心领域之一，深入研究各主要影响因素及其相互关系，有助于形成创业管理研究领域的独特范式和分析框架。本文利用案例研究的方法，在总结现有代表性研究的基础上，对机会识别模型进行了一定的拓展，提出了一个综合性的理论分析框架，希望为后续的理论和实证研究提供一定的借鉴和参考。

本文存在的不足之处：第一，采用单一案例为研究对象，只对伊朵海淘创业进行分析，尽管本案例具有鲜明的代表性，但是未详细分析其他跨境电商零售平台的创业机会识别影响因素。毕竟创业型企业都有自己的创新理念、规模结构、市场定位、销售渠道和顾客群体等，因此本研究的结论有待进一步的考究。需要与其他不同类型的研究范式做比较，以进一步丰富和完善本研究得出的结论，提高研究的普遍适用性。第二，基于特质论、资源论、生命周期论等研究视角，创业机会的识别影响因素可能发生变化，研究结论也会呈现多元化趋向，本文并未在纷繁复杂的研究视角下，进一步探析创业机会的识别过程中各种因素的影响，将创业机会的演化路径清晰化是未来机会研究的重要方向。

参考文献

[1] 张秀娥，王勃. 创业警觉性、创造性思维与创业机会识别关系研究 [J]. 社会科学战线，2013（1）：78-84.

[2] 王沛，陆琴. 创业警觉性、既有知识、创业经历对大学生创业机会识别的影响 [J]. 心理科学，2015（1）：160-165.

[3] 田毕飞，吴小康. 创业者性格特质对机会识别的影响：基于PSED Ⅱ的实证研究 [J]. 商业经济与管理，2013（6）：29-38，47.

[4] 张玉利，杨俊，任兵. 社会资本、先前经验与创业机会——一个交互效应模型及其启示 [J]. 管理世界，2008（7）：91-102.

[5] 周立新. 家族社会资本、先前经验与创业机会识别：来自微型企业的实证 [J]. 科技进步与对策，2014（19）：87-91.

[6] 王竞一，张东生. 先验知识对创业机会识别的影响研究——风险感知的调节作用 [J]. 工业技术经济，2016（10）：94-101.

[7] 张玉利，李乾文，陈寒松. 创业管理理论的最新评述及研究趋势 [J]. 预测，2004（4）：20-25.

[8] 任胜钢，舒睿. 创业者网络能力与创业机会：网络位置和网络跨度的作用机制 [J]. 南开管理评论，2014（1）：123-133.

[9] 陈忠卫，史振兴. 创业机会的识别与开发研究——以微软与谷歌的案例比较 [J]. 管理案例研究与评论，2010（4）：273-284.

[10] 苗莉，何良兴. 草根创业者社会网络对创业机会识别的影响及机理 [J]. 财经问题研究，2015（8）：117-123.

[11] 田莉, 薛红志. 新技术企业创业机会来源: 基于技术属性与产业技术环境匹配的视角[J]. 科学学与科学技术管理, 2009 (3): 61-68.

[12] 仲伟伫, 芦春荣. 环境动态性对创业机会识别可行性的影响路径研究——基于创业者个人特质[J]. 预测, 2014 (3): 27-33.

[13] 吴小立, 于伟. 环境特性、个体特质与农民创业行为研究[J]. 外国经济与管理, 2016 (3): 19-29.

[14] 张玉利, 陈寒松. 创业管理[M]. 北京: 机械工业出版社, 2008.

[15] 张爱丽. 试析个人因素与机会因素的匹配对创业机会识别的作用[J]. 外国经济与管理, 2009 (10): 59-65.

[16] 杜晶晶, 丁栋虹. 异质性创业机会的识别与开发——两家母婴用品企业的案例研究[J]. 管理案例研究与评论, 2013 (5): 369-379.

[17] Shane S, Venkataraman S. The Promise of Entrepreneurship as a Field of Research [J]. Academy of Management Review, 2000, 25 (1): 217-226.

[18] Kirzner I M. Perception, Opportunity and Profit [M]. Chicago: Chicago University Press, 1979.

[19] Ardichvili A, Cardozo R, Ray S. A Theory of Entrepreneurial Opportunity Identification and Development [J]. Journal of Business Venturing, 2003, 18 (1): 105-123.

[20] Shane S. Prior Knowledge and the Discovery of Entrepreneurial Opportunities [J]. Organization Science, 2000 (4): 448-469.

[21] Simon H A. Administrative Behavior (3rd edition) [M]. New York: Free Press, 1976.

[22] Hills G E, Lumpkin G T, Singh R. Opportunity Recognition: Perceptions and Behaviors of Entrepreneurs[J]. Frontiers of Entrepreneurship Research, 1997 (17): 168-182.

[23] Busenitz L W, Barney J B. Differences between Entrepreneurs and Managers in Large Organizations: Biases and Heuristics in Strategic Decision-making [J]. Journal of Business Venturing, 1997 (12): 9-30.

[24] Stevenson H, Gumpert D. The Heart of Entrepreneurship [J]. Harfard Business Review, 1985 (63): 85-94.

[25] Duncan R. Characteristics of Organizational Environments and Perceived En-

vironmental Uncertainty [J]. Administrative Science Quarterly, 1972 (17): 313-327.

[26] Smith B R, Matthews C H, Schenkel M T. Differences in Entrepreneurial Opportunities: The Role of Tacitness and Codification in Opportunity Identification [J]. Journal of Small Business Management, 2009, 47 (1): 38-57.

[27] Gregoire D A, Shepherd D A. Technology-market Combinations and the Identification of Entrepreneurial Opportunities: An Investigation of the Opportunity-individual Nexus [J]. Academy of Management Journal, 2012, 55 (4): 753-785.

[28] Ardichvili A, Cardozo R N. A Model of the Entrepreneurial Opportunity Recognition Process [J]. Journal of Enterprising Culture, 2000, 8 (2): 103-119.

[29] Sarasvathy S, Dew N, Velamuri S, Venkataraman S. Three Views of Entrepreneurial Opportunity [C]. Handbook of Entrepreneurship Research, 2003: 141-160.

[30] Yin R. Case Study Research Design and Methods [M]. California: Sage Publication, 1994.

（作者是安徽财经大学2015级企业管理研究生，本文曾刊于《重庆科技学院学报》（社会科学版）2017年第3期，稍加修改）

【案例点评】

"互联网+"的创业机会
肖仁桥

在"互联网+"的时代背景下，电子商务逐渐兴起，各种各样的购物网站层出不穷。互联网具有庞大的消费群体，并且不受地域的限制，意味着互联网创业具有巨大的市场潜力，这为大学生互联网创业活动提供了良好的机会和平台。创业机会的识别作为创业研究的核心领域之一，深入研究其影响因素和相互关系具有重要意义。在瞬息万变的创业环境面前，创业者能否主动识别并积极把握创业机会，直接影响到创业活动的成功与否。阿里巴巴已旨在使全球的商品和客户实现互联，在当前电子商务购物网站已经趋于饱和的情况下，如何寻找跨境电商零售平台的创业机会，值得深入研究。

余志香同学以伊朵海淘案例为研究对象，从创业者的个人因素、环境因素、社会网络以及机会因素四个方面探寻创业机会的识别过程。认为创业者的个人因素是创业机会识别的基础，社会网络是创业机会识别的保障，环境因素是创业机会识别的关键，而机会因素则是创业机会识别的核心。

其实，对于跨境电商零售平台的创业机会的识别还包括其他众多影响因素，如将中国的某些商品销售到欧美等国家时，可能涉及一些知识产权纠纷等问题。因而，需关注这些跨境电商零售平台中对产品的选择所带来的创业机会以及挑战。

（指导教师是安徽财经大学创业创新与企业成长研究中心博士、副教授）

新媒体下大学生创业商业模式创新的探索性研究

——以禹茂信息科技公司为例

郝红姜

一、引言

始于20世纪末的互联网大潮不仅催生了数以万计的新企业，而且，也使互联网背景下商业模式逐渐成为创业热点问题。大学生创业数量比较大，但成功率比较低，和是否拥有成功的商业模式存在密切关系。据教育主管部门统计数字显示，2003年我国普通高校毕业生人数为213万人，2007年增加到495万人，2011年为671万人，2014年人数达到727万人，2015年普通高校毕业生人数增加到749万人，毕业人数与日俱增。在"大众创业、万众创新"的大环境下，越来越多的大学生选择了创业这条道路，但是由于商业模式缺乏创新性，竞争力和持续发展能力后劲不足，导致许多初创企业最终以失败而告终。因此，对大学生创业中商业模式的深入研究迫在眉睫。近年来，随着信息技术的快速发展，新媒体不断涌现，大学生的学习、生活、交往方式都深受影响，亟须重新塑造，相应地，新媒体对大学生学习和生活的影响极为深刻，既创造了机遇，也带来了巨大挑战，众多大学生在新媒体领域展开了创业的角逐，但对新媒体行业中商业模式的认知和把握都非常缺乏。本文以入驻安徽财经大学创业孵化基地的禹茂信息科技公司为案例，开展对新媒体下的大学生创业的商业模式创新的探索性研究，为大学生创业的商业模式的理解和采纳提供借鉴和参考。

二、理论回顾及基础

（一）商业模式理论

Lang 在 1947 年的研究文献中最早提出"商业模式"这一名词，Jone（1960）在发表的论文中首次把商业模式作为正式标题，之后商业模式先大量出现在计算机系统的著作中，后在电子商务的领域被广泛提及，但是，商业模式的具体解释和定义没有被广泛接受。直到 21 世纪，学者们开始认识到，商业模式的概念并不仅仅局限在电子商务领域，任何企业都有其商业模式，由此，在 2000~2005 年，一些学者从企业的运营方式角度给出了商业模式的定义。Mahadevan（2000）把商业模式定义为企业价值流、收益流和物流的组合；Amti 等（2001）认为商业模式是对公司、供应商、候补者和客户之间交易运作方式的描述，强调能使交易得以顺利进行的产品、资源、参与者结构以及交易机制；Magretta（2002）则把商业模式定义为对企业如何运转的描述和归纳。还有一些学者则认为，商业模式的定义大致可划归为侧重运营模式的商业模式概念，指出商业模式的构成要素包括组织形式、商业流程、公司管理、价值流、资源系统等。

2005 年以后，学者们开始注重于商业模式分析、构成要素内在逻辑的研究，而不仅仅局限于商业模式是什么，更多地关注商业模式的逻辑分析，即关注企业的商业模式为什么是这样、商业模式各要素之间如何联结、商业模式的具体情境因素以及与商业模式构成相关的组织或个人等问题。罗珉（2009）对商业模式的理论进行了述评，指出商业模式的构成要素包括市场提供、企业、客户和盈利模式等，并提出了商业模式设计的结构性维度；成文等（2014）从商业模式演化的角度，对商业模式进行了分析，归纳出商业模式的内涵应该是企业价值网络以及交易规则的要素有机组合。商业模式涵盖了在创造价值和传递价值过程中商业战略和运营管理的所有核心要素。从商业战略层面分析商业模式，主要体现在商业模式对提升企业竞争优势的作用；从运营管理层面分析商业模式，体现在商业模式如何优化运营流程、提高生产率。

（二）大学生创业商业模式选择

大学生创业中的商业模式如何选择，对于创业的大学生来说至关重要。吴伯凡

(2007)在《商业模式是什么?》一文中认为商业模式可以从价值主张、消费者目标群体、分销渠道、客户关系、价值配置、核心能力、合作伙伴网络、成本结构和收入模型9个方面来实现企业价值。李曼(2007)在《略论商业模式创新及其评价指标体系之构建》中指出商业模式由运营方式和战略选择两方面决定，企业商业模式的选择构建就是根据企业内外环境对商业模式具体构成子要素进行选择并实现有机组合成为一个整体的过程。

对于大学生来说，影响商业模式选择的因素可以从四个角度来看，即大学生自身能力和实践经验、大学生的创业环境、大学生拥有的资源状况、现有商业模式的价值链和生命周期的考量等。大学生在选择创业的商业模式时，一定要结合所处环境的特点以及现有资源状况，从经济性、适应性、有效性以及价值创造的角度考虑。对于高校的创业孵化基地而言，更加注重的大学生的创意想法，具有差异性并不易被模仿，因此商业模式的选择是大学生进行创业的关键一步。

(三) 商业模式的创新

20世纪90年代以来，随着互联网的飞速发展，网络经济开始崛起，有关商业模式的研究成为企业家和学者共同关注的焦点，商业模式创新也在全球商界引起了前所未有的重视。从企业价值创造的逻辑来刻画商业模式，重点关注的是企业如何通过价值链中的具体定位来获取利润，为通过商业机会创造价值而对交易内容、结构和管理所进行的设计。

针对商业模式的创新研究，主要从以下几个角度来进行研究和阐述：在技术创新学视角下，商业模式创新是一种不同于技术和产品等传统创新的全新创新，通过与技术创新进行比较阐述了商业模式创新的特点，它的源头在于新理念的提出，或者是对问题和游戏规则的重新定义和重构，Chesbrough(2006)提出了开放式创新理论，他认为企业必须创立与其核心技术相匹配的商业模式。而在战略学的视角下，商业模式创新是一种企业层次的战略变革行为，在层次上远高于一般的产品创新、渠道变革、品牌塑造等业务层次上的变革行为，具有较强的颠覆性，是对行业既有假设的突破，也是对行业思维定式的颠覆，不仅是一种简单的变革行为，更是一种组织为应对外生不连续性而做出的非常规、激进式变革过程。比如Schlegelmilch等(2003)认为，商业模式创新是一种战略性创新，通过颠覆既有规则和改变竞争性质来重构企业既有的商业模式和市场，在大幅度提升顾客价值的同时，实现企业自身的高速增长；在营销学的视角下，商业模式创新的起点是顾客，是企业对顾客和顾客价值主张的重新理解和定义，是一种主动性市场导向型创新，Eisenmann 等（2008）指出，双边市场是商业模式创新的重要特征之一。

综上所述，商业模式创新是企业对商业模式实施的创新，是对商业模式构成要素进行的变革，是一种系统层次的创新。它要求企业在顾客价值主张、运营模式、盈利模式、营销模式等多个环节上实现新的突破。企业可通过商业模式创新来建立以自己为核心的商业生态系统，从而构建系统层次的竞争优势。所以，Ricart（2010）把商业模式看作企业的行为逻辑或者反映企业如何运营并为利益相关者创造价值的因果关系。现有的文献侧重于从组织模式、运营模式、盈利模式的视角来解析商业模式的变化，而大学生创业的商业模式探析缺乏针对性。因此，更加深入探讨大学生创业的商业模式创新非常必要，特别是新媒体下大学生创业商业模式的解析有待进一步加强。

三、研究方法与设计

探索性案例研究方法适用于以下情况：一是对一个现象的所知较少，少有人深入探索过；二是现有的理论不足以解释它，仍存在未解决的问题；三是此课题的研究处于早期阶段，或对已经研究的课题需要提供新鲜的观点；四是无法依赖先前的文献或实证结果，而本研究符合此种方法的适用条件。因此，本文采用探索性案例研究方法来深入地挖掘和系统地分析新媒体下大学生创业商业模式并从价值模式、运营模式、营销模式和盈利模式四个方面，构建起大学生创业的商业模式分析框架（见图1）。

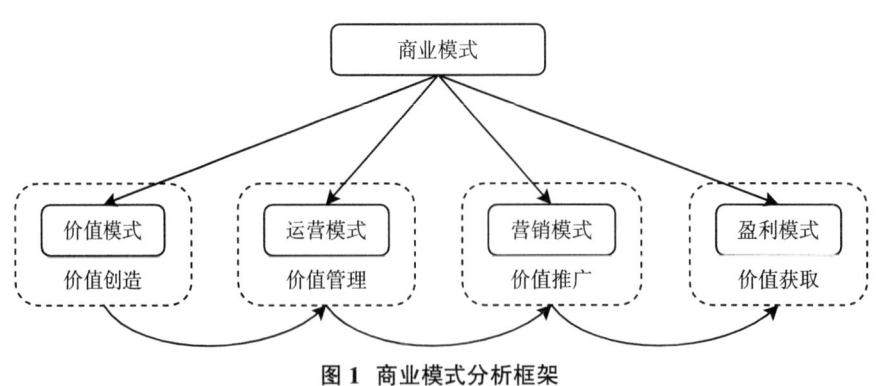

图1 商业模式分析框架

（一）典型案例选取

单案例研究选择对象的标准比较新颖，选择极端的、具有代表性的个案，这样更有利于理论的挖掘和探索性的理论构建。本研究选择了从事新媒体工作的禹茂信息科技公司，新媒体是一个相对"旧媒体"来说的相对概念，是利用数字技术、网络技术，通过互联网、宽带局域网、无线通信网、卫星等渠道以及电脑、手机、数字电视机等终端，向用户提供信息和娱乐服务的传播形态，这种创业对于研究大学生商业模式的创新具有典型的代表性意义。

（二）数据收集

案例数据主要来源于包括采访、档案、调研、人物志以及观察等方面，片面地运用单一的资料会大大降低研究的可信度。因此本研究通过对禹茂信息科技公司人员的深度访谈以及对该公司成立以来所有档案资料的整理和实地采访中获得的第一手资料，对该公司的 12 名成员做了深入的访谈，了解其创业初期的创业动机和创业的想法，以及对初期创业模式的选择等，之后对查阅的相关文献和收集到的资料进行了整理分析，通过各种可行的方法降低研究偏差。

四、案例分析

（一）公司背景

安徽省禹茂信息科技公司成立于 2015 年 10 月，主要从事新媒体工作，通过搭建全方位的新媒体平台帮客户进行推广宣传，利用媒介有效汇聚优秀品牌，高效运行，实现资源互通，利用新媒体传播技术来提高企业品牌文化，达到科技手段与艺术思维的完美结合。公司现有成员 12 名，都是在校大学生。多数学生有较高的专业水平，主要负责播音、微信运营、绘画、设计等。公司是集咨询、策划、创意、执行、代理、传播为一体的新媒体推广公司，是以新媒体为工具给企业做营销服务的媒介性合资公司，目前公司推出的主要产品有公众号和社群两大类。

虽然公司刚刚成立不久，资金、技术、经验以及人脉缺乏，但是他们拥有新颖的创业想法。公司的产品具有创新性，如公司推出的微信公众号——闽南头条、山国茶缘、人生语录、逗比宝贝等，利用各类人群的碎片化时间，推出各类信息服务，并且此类服务性价比高，门槛低，传播方便、迅速、有效、渗透力强。以闽南头条为例，2016年11~12月，闽南头条公众号的会话人数为30296人，好友转发人数24602人，转发次数31790次，总阅读人数106928人，总阅读次数169693次，从月度数据可以看出，闽南头条的粉丝量比较庞大，它可以有效地帮助中小企业建立起围绕业务和生意机会的信息圈，最终产生裂变效应。

企业后来不断地扩大规模做起了网络整合营销，在线上线下提供优质的服务。企业的优势主要有：①相对于那些综合性的广告公司而言，该公司只专攻新媒体的推广，这样就能保证其全部的精力用在新媒体推广上，也保证了质量；②目标客户是中小型企业与个体户，这是现有知名广告公司发掘得比较少的市场，这样选择避免了与其正面争锋；③工作大多是在网络上完成的，不必需要太大的资金投入，适合想创业却又没有足够资金的在校大学生或刚毕业的大学生。

当代新媒体的最主要特征就是面向移动互联网。禹茂信息科技公司目前专注于微信公众号的推广，公司的产品和服务包括以下几类：①企业新媒体推广的顾问，有问必能答；②帮助客户选择或建立新媒体渠道，为客户选择最佳的新媒体营销方式，并提供建立企业微博、微信等业务的服务；③制定新媒体宣传策划，客户由于不了解新媒体的特性，不知道具体应该怎么应用新媒体媒介，而该公司则能利用手头资源为客户提供具有企业特点而制定的新媒体宣传推广计划；④维护运营企业的新媒体平台，维护运营企业的官方微博、微信等新媒体平台，及时捕捉热点，将公司产品通过新媒体推广出去，并形成和受众的深入互动，达到高效传播的效果，同时，也增加目标受众的黏度，帮助企业了解目标受众的意见、建议、要求等企业需要的资料。

（二）案例分析

针对从事新媒体工作的禹茂信息科技公司，公司的市场定位是利用新媒体为企业做宣传推广，最终整合资源，做网络整合营销，把网上资源进行最大化优化组合。在研究该公司商业模式时，主要从价值模式、运营模式、营销模式、盈利模式四个视角去把握，试图去分析在新媒体下大学生创业的商业模式创新。

1. 价值模式

公司推出的微信公众号以及社群，有闽南头条、山国茶缘、人生语录、逗比宝贝等，具有传播方便、迅速、有效、性价比高、门槛低等特点。在某种程度上承载着企业的核心资产，其虚拟的产品服务适合任何企业，对中小型企业来说更是不错的选择。这是因为所建立的信息圈有助于进行客户关系的维护，可以帮助中小企业建立起围绕业务和生意机会的信息圈，对专属人群具有一定的渗透力，最终产生裂变效应。该公司通过移动营销平台，引导销售，及时快速地把产品或服务信息推送给订阅用户以促成交易，订阅用户不仅可以接收品牌信息，还可以更加方便地参与企业发起的互动活动，而且订阅用户只需记住企业昵称并搜索微信公众号就可以获得企业介绍、产品服务、联系方式等信息。与此同时，可以作为用户的调研平台，包括了服务体验、品牌体验、物流体验等各个环节，帮助客户在本平台上发放问卷进行自主调研，降低用户调研费用，节约时间。同时该公司的微信公众平台可以成为企业移动电商的重要渠道之一，实现选择下单和支付交易，甚至物流查询、客服服务等。

2. 运营模式

大学生创业初期，经验和理论不足，但是，大学生具有的就是创业热情和创意想法。前期公司运作主要是通过模仿，关注并了解一些运营得比较出色的微信公众号以及竞争对手们的微信公众号，不局限在自己的小圈子里面，了解一些好的微信公众号，参考别人的运营方式。大学生创业，想法独到，推出的公共号内容新颖独特。例如："闽南头条"致力于打造闽南地区最好的信息服务平台，每日发布闽南地区突发新闻事件、生活信息、奇闻趣事等头条资讯；"逗比宝贝"专注儿童睡前故事、每晚八点半陪孩子讲故事等。作为在校大学生，该公司的成员来自不同的专业，具有自身的专业技能和个性特征，能够和广大的粉丝群体进行良好的互动，推送优质的内容，更加吸引人的眼球。

3. 营销模式

禹茂信息科技公司目前专注于网络整合营销模式，主要通过网络方法来实现营销的设计与操作。公司将现有资源打包整合，通过网络途径进行发布，营销技术灵活、创新、形象、易传播，能够抓住市场需求点，以最好的方案进行推广，营造需求氛围，并进行针对特定群体的推广，如逗比宝贝针对家中有儿童的人群，实现广告效应、品牌效应，以树立品牌，同时公司推出的公众号内容人性化、个性化、生动化和社会化，即符合和满足人的精神需求，具有自身的特色以及原创性。公司也会通过直销的方式来推出自己的产品，如公司提供用户 VIP 服务以及电商业务。

4. 盈利模式

公司的盈利模式主要有两种：一是向用户收费；二是向广告主收费。对于用户，公司提供用户 VIP 服务，通过提供高质量差异化服务，对 VIP 用户进行收费。比如专业知识的推送或问答等。对于广告主，主要通过以下途径收费：①通过植入广告的方式，在推送的富媒体内容上，植入广告内容，如在文章、图片中提到某些品牌的名字、广告词等；②品牌广告，在文章的最后面，附上一张图和一条链接；③间接投放，不直接在微信官方编辑后台投放广告，而是把用户带到第三方的页面上，在这个页面上投放广告；④软文，如科技类的微信，就可以给一些创业公司、APP 做很好的宣传。

五、结果与讨论

新媒体背景下的创业创新，重要的是把握当下社会热点，吸引用户眼球。新媒体领域大学生创业的商业模式具有自身的特点：

第一，从价值模式角度，新媒体领域更加具有投资价值。价值链延伸面广、可塑性强，用户覆盖面广，在未来的发展潜力上不可估量，通过微信公众号在承载企业的资产、客户关系的维护、营销推广、资源变现的过程中体现其价值潜力。

第二，从运营模式角度，其商业模式独特创新，且具有可借鉴性。引用吸收再创新能力强，并且灵活多变，更能体现自身特色，主要通过模仿创新、提供优质内容、良性互动、塑造品牌形象等来提高运营质量。

第三，从营销模式角度，结合线上线下交易活动。新媒体主要通过网络营销，并能够结合公司所处的环境，推出符合人们喜好和乐于接受的具有本公司特色的产品和服务。

第四，从盈利模式角度，新媒体行业既可以采用传统的线下交易模式，也可以进行线上的交易。盈利空间巨大，成本支出少，且更能够充分利用资源，在产品销售上，作为中间的桥梁，通过公众号直接面向用户推出产品，削减了产品加工与制造的环节，节约了人力、物力和时间成本，且传播具有时效性、便捷性。

价值模式、运营模式、营销模式、盈利模式分别体现着价值创造、价值管理、价值推广和价值获取四个过程，层层递进，相比较传统的商业模式，如商品零售、餐饮、服装、图书、食品批发等实体营销，通过互联网、微信、微博等网络进行线上线下的营销更加具有竞争力。发挥了大学生的创业才能和创新意识，大学生对新媒体的把握和利用，能够推进大学生创业成功的可能性，提高大学生创业的激情。

六、启示与局限性

本文通过案例分析新媒体下大学生创业的商业模式的新特点，而商业模式与市场竞争之间存在着一种挑战和回应的关系。了解大学生创业的商业模式，对大学生如何应对市场竞争具有一定帮助，对大学生创业模式的设计具有一定的参考意义。由于受各种主客观因素影响，本文虽然从价值模式、运营模式、营销模式、盈利模式对大学生创业的商业模式进行了探索，但是只从禹茂信息科技公司这一个新媒体公司的角度出发难免具有局限性，在对商业模式解读上存在着一些认识偏差，在选取分析案例对象时虽然尽量避免由于个人主观原因造成偏差，但是由于选择的是单案例研究，在收集第一手资料时，没有进行对比分析，难免会出现主观臆断成分，因此本文的研究主观性较强，后续的研究会选择多个公司的创业案例进行商业模式的比较分析，以提高研究结论的普遍推广价值。

参考文献

[1] 魏江，刘洋，应瑛.商业模式内涵与研究框架建构[J].科研管理，2012 (5)：107-114.

[2] 陈文基.商业模式研究及其在业务系统设计中的应用[D].北京邮电大学学位论文，2012.

[3] 罗珉.商业模式的理论框架述评[J].当代经济管理，2009 (11)：1-8.

[4] 成文，王迎军，高嘉勇，张敬伟.商业模式理论演化述评[J].管理学报，2014 (3)：462-468.

[5] 王水莲，常联伟.商业模式概念演进及创新途径研究综述[J].科技进步与对策，2014 (7)：154-160.

[6] 崔连广，张敬伟.商业模式的概念分析与研究视角[J].管理学报，2015 (8)：1240-1247.

[7] 吴伯凡.商业模式是什么？[J].21世纪商业评论，2007 (5)：45-48，50.

[8] 李曼.略论商业模式创新及其评价指标体系之构建[J].现代财经，2007 (2)：55-59.

[9] 袁心士.平台型企业商业模式构建路径研究[D].吉林大学学位论文，2016.

[10] 李红霞.企业商业模式选择与评价研究[D].新疆财经大学学位论文，

2009.

[11] 彭小媚，陈祖新. 大学生创业模式的探讨与实践 [J]. 中国大学生就业，2008（18）：54-56.

[12] 张越，赵树宽. 基于要素视角的商业模式创新机理及路径 [J]. 财贸经济，2014（6）：90-99.

[13] 王晶晶，郭新东. 企业社会创业动机的探索性研究——基于三家企业的案例分析 [J]. 管理案例研究与评论，2015（4）：340-351.

[14] 荆浩，刘垭，祁宁."互联网+"时代数据驱动商业模式案例分析 [J]. 商业经济研究，2016（11）：38-40.

[15] 王雪冬，董大海. 商业模式创新概念研究述评与展望 [J]. 外国经济与管理，2013（11）：29-36+81.

[16] 李文莲，夏健明. 基于"大数据"的商业模式创新 [J]. 中国工业经济，2013（5）：83-95.

[17] 齐严. 商业模式创新研究 [D]. 北京邮电大学学位论文，2010.

[18] Lang F. Insurance Research [J]. Journal of Marketing, 1947, 12 (6)：66-71.

[19] Joles G M. Educators, Electrons, and Business Model: A Problem in Synthesis [J]. Accounting Review, 1960, 35 (4)：619-626.

[20] Mahadevan B. Business Models for Internet Based E-Commerce: An Anatomy [J]. California Management Review, 2000, 42 (4)：55-69.

[21] Amit R, Zott C. Value Creation in E-business [J]. Strategic Management Journal, 2001, 22 (6/7)：493-520.

[22] Magretta J. Why Business Models Matter [J]. Harvard Business Review, 2002, 80 (5)：86-92.

[23] Chesbrough H W. Open Business Models [M]. Boston: Harvard Business School Press, 2006.

[24] Schlegelmilch B B, et al. Strategic Innovation: The Construct, Its Drivers and Its Strategic Outcomes [J]. Journal of Strategic Marketing, 2003, 11 (2)：117-132.

[25] Shafer S M, Smith H J, Linder J C. The Power of Business Models [J]. Business Horizons, 2005, 48 (3)：199-207.

[26] Eisenmann T, et al. Strategies for Two-sided Markets [J]. Harvard Business

Review, 2006, 84 (10): 92-101.

[27] Richart J. The Business Model: An Integrative Framework for Strategy Execution [J]. Strategic Change, 2008, 17 (5/6): 133-144.

(作者是安徽财经大学2015级技术经济及管理研究生)

【案例点评】

创业的盈利模式

肖仁桥

  成功的商业模式有利于优化企业的运营流程，提高企业的生产效率和市场竞争优势。而互联网飞速发展的背景下，传统的商业模式受到了极大挑战，在互联网浪潮中，新媒体如雨后春笋般出现，为多数企业创造了新的商业价值。利用新媒体平台、创新商业模式对大学生创业活动成功率的提升具有重要作用。本案例从价值模式、运营模式、营销模式以及盈利模式的视角，探索了新媒体视角下，大学生创业的商业模式存在的新特点。具体来看，新媒体领域更具投资价值，价值链延伸面广，用户覆盖面广，更加灵活多变，盈利空间大，等等。本文还对大学生在创业过程中该如何与时俱进地创新商业模式进行了总结分析，有利于帮助大学生充分利用新媒体平台，激发创业激情，提高创业成功率。该文从理论角度对商业模式创新的相关知识进行了介绍和分析，如果未来还可以结合众多企业数据，利用统计分析方法，对新媒体下商业模式与企业绩效的关系进行实证研究，将能得到更多稳健且有意义的结论。

（指导教师是安徽财经大学创业创新与企业成长研究中心博士、副教授）

基于价值网络视角的新创企业商业模式创新的案例研究

祝亚森

技术变革及商业环境的不确定性，使越来越多的企业认识到商业模式创新的必要性。一定程度上，商业模式甚至是决定企业在变幻莫测的市场环境中保持竞争优势的关键。在目前严峻的就业形势下，为了缓解就业难问题，国家鼓励大学生进行创业，而对于大学生创业来说，创业并没有想象中那么简单，很多被扼杀在襁褓中，能够存活下来的企业，究其原因是在市场上找准了定位，赢得了竞争优势。那么对于大学生创业企业，就要通过商业模式创新来提高自己在市场中的适应能力，控制成本，提高盈利能力，开拓市场。以顾客为核心，增加顾客参与度，创新企业运行机制、成本战略、收益模式。本文以 one-one 独家自制女装为例，研究其商业模式的构建、创新之处，以及如何通过商业模式创新以增强企业活力和竞争力。

一、文献回顾

（一）价值网络

价值网络（Value Network）被定义为公司为创造资源、扩展和交付货物而建立的合伙人和联盟合作系统。1998 年 Adrian Slywotzky 在《利润区》一书中首次提出了价值网络的概念，主要为了解决如何灵活且有效率地满足顾客不断增长的需求。区别于传统的价值链，价值网络的特质体现为以顾客需求为中心、高度协作、快速反应和低成本。市场的高度竞争，使企业认识到了关系的重要性，不仅是企业内部关系的处理，与利益相关者之间关系的处理也格外重要，Gulatietal（2000）认为，企业处于一个由顾客、供应商和竞争对手组成的战略网络中，本质上是企业与其利益相关者联系在一起，共同为顾客创造价值。Wilson（2001）认为价值网络具有很强的客户驱动性。在这样一个价值网络体系中,强调的是价值互补,利益相关者之间是相互依存、共同发展的关系,最终目标是达到"双赢"或者"多赢"。

随着信息技术的发展,学者们将价值研究的每个单元细化,模块化的价值网络理论开始出现。随着价值模块的整合、价值链的解构和重建,基于模块化的企业价值网络逐渐形成,余东华(2005)认为价值网络模块化是从技术模块化到市场模块化进而演化而来的。在其《模块化企业价值网络》一书中以价值模块为切入点,提出了从价值模块→价值链→价值网络的演进逻辑。针对价值网络的研究越来越多,如:价值网络对复杂产品企业竞争优势研究(陈占夺,2013),价值网络对创业绩效的影响机制(吴晓波,2014),企业能力、技术创新与价值网络合作创新(吴晓云、张欣妍,2015)。对于每个企业,既要建立一个内部价值网络,使企业不断取得进步,同时又需要将企业置身于一个大的行业价值网络中,努力在市场中找准定位、积极创新,赢得竞争优势。

(二)基于价值网络视角的商业模式创新研究

互联网的兴起促进了商业模式的发展。最初商业模式是用来回答"企业是如何获取收益的"。马云的成功很大程度上与他创造了一个新的商业模式有关,从而使其取得了空前的成功。新的商业模式具有强大的生命力和活力,这也使商业模式创新开始受到了各国学者的重视。哈佛商学院克利斯坦森教授把商业模式视为一个企业的基本经营方法,包括用户价值定义、利润公式、产业定位、核心资源和流程。商业模式的核心是价值创造,与企业价值链或者价值网络结合,共同为企业创造价值。孟庆红(2011)认为价值网络中价值创造本质是整合客户价值创造系统、集体创新系统以及价值共赢系统。商业模式的创新实际上是对企业的内在运行机制、收入模式、技术模式、产业模式等方面的创新。

商业模式创新要回答几个问题:为什么要创新?创新之处在哪儿?怎样发生创新的?随着科学技术的发展,各个产业跨界融合,商业模式的研究视角从传统的价值链跨越到价值网络视角。吴晓波通过对2011年之前创业板上的62家现代服务业进行问卷调查,将价值网络视角下的商业模式划分为长尾式、多边平台式、免费式、非绑定式、二次创新式和系统化的商业模式。后来学者对商业模式与具体行业结合做了许多研究,具体到现代服务业、零售业(彭虎锋,2014),商业孵化器的模式创新(刘伟,2014)。为什么要创新商业模式?成功的商业模式创新活动能够提升企业价值,帮助企业获得竞争优势(张越,2014)。张新香(2015)认为商业模式创新的主要内容是定位创新、营运创新和盈利创新，商业模式的终极目标是形成企业实力，通过商业模式创新推动技术创新来赢得竞争力。对于传统企业，冯雪飞（2015）认为，其要想进行成功的商业模式创新就要创造独特的顾客价值主张，形成顾客价值主张的关键步骤是企业主动创造和发现顾客潜在需求。

信息化已经成为了商业模式创新的时代背景。李文莲（2013）认为大数据时代，企业的商业模式创新从价值主张创新、价值创造和传递模式创新、收益模式创新，以及外部关系网络和价值网络重构多方面体现。基于以上研究，企业要注重资源整合及利用能力，推动技术创新，革新企业的运行机制，以消费者需求为核心，增加顾客参与，在成本战略上做文章，让企业在竞争激烈的市场环境中保持竞争力。本文基于价值网络视角从客户价值主张、价值创造、价值获取三方面来分析新创企业的商业模式创新（见图1）。

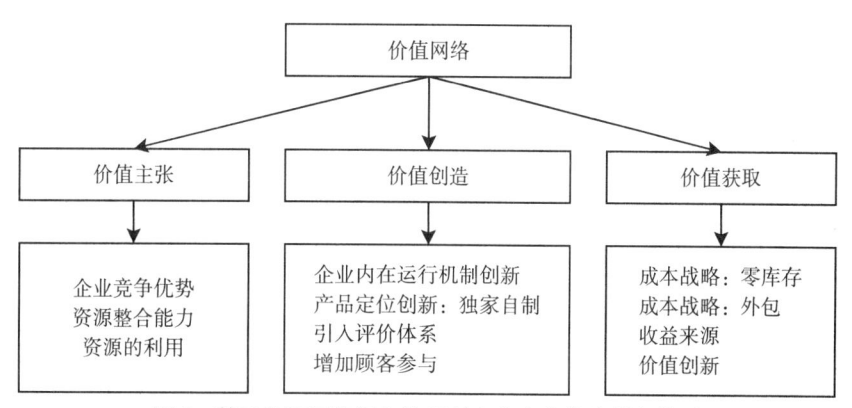

图1 基于价值网络视角的新创企业商业模式创新模型

二、研究方法与案例选取

（一）案例研究方法

本研究采用的方法是单案例研究方法，基于one-one独家自制女装案例分析价值网络视角下商业模式的创新研究。Yin把案例研究方法界定为在实际生活中研究当前的现象，是一种经验主义的探究，现象与环境之间的界限并不清楚，需要使用大量资料。案例研究方法主要回答了"为什么"和"怎么样"的问题。本案例的案例背景、创业者介绍以及该案例商业模式创新事件的描述均是通过对案例公司创业团队成员面对面访谈、电话联系或者微信交流获取的信息,并整理了大量该公司的资料,通过访谈验证已有的信息。

(二) 案例的选取

本文案例选取的是位于安徽财经大学大学生创业孵化基地的 one-one 独家自制女装,成立于 2015 年 12 月 4 日,由 5 位大学生组成的创业团队来负责项目的整体策划运营。

1. 案例背景

该案例企业所具有的竞争优势在于:第一,地理位置的优越性。大学校园是一个广阔的市场,安徽财经大学在校学生 2 万余人,且以财经类专业为主,女生占大多数,消费潜力不可小觑。不用走出校园就可以买到满意的服装。第二,目标市场的选择。大学生是年轻的消费群体,青年人有较强的购买欲,是服装行业消费者的主流人群,追求新颖个性,更愿意尝试不同款式风格。而且校内并没有专注个性的高质量女装服饰实体店,市场有较大空缺。第三,私人订制。每一件产品都有自己的风格,每一款都是限量款。不足之处在于宣传力度不足,主要通过校内发传单,只选择某个时间点定点发送,大部分单页被很多人直接丢弃,很难达到令人满意的宣传效果。one-one 独家自制女装是一家专注个性的高质量女装服饰实体店,它的理念三要素是:时尚、质量、好价格。

2. 产品及创业团队介绍

one-one 独家自制女装主营原创设计服装,主要经营风衣、大衣、外套、裙子、裤子、毛衣、旗袍、围巾、鞋子、饰品。自制并销售独具特色的女装,附带销售一些耳钉、项链等精美配饰。one-one 主打原创服装,每一件衣服都出自专门的设计团队之手,自己选料,送由合作的厂家加工。初期由五位创始人每人投入了 2000 元的启动资金,五位创始人分别来自文学与艺术传播学院和会计学院,年级从大二到大四都有,所学专业的不同也带来了思想上的碰撞,组成了一支具有优秀设计能力、过硬管理能力的创业团队。

除了 5 位创始人,工作室还设有设计师、买手、模特、摄影师、网页美工与销售。设计师根据从报纸、杂志、旅行、街头时尚和多种多样的展销会获得的灵感,制订主流服装趋势计划,综合从买手处反馈的市场信息,保证在设计上注重时尚、风格、独树一帜,以满足目标客户的个性化需求和时尚要求,设计出有特色的产品。买手负责了解服装市场行情及流行趋势,把设计稿分包给合作厂家生产,并对出货的质量进行把关，完成店面和厂家的对接。模特和摄影师主要负责试穿衣物并进行拍照、美图。网页美工是对网店的图片排版和衣物描述的文字编辑，并兼任网上的销售客服。每个团队成员都有自己的专长，根据对时尚和趋势的共同兴趣爱好以及对客户需求的理解组合在一起。团队差异化合作，协同工作，生产最符合时尚概念的服装组合。

3. 供应商及外包业务

主要是杭州的一些料厂以及加工厂。众所周知，杭州是阿里巴巴的总部所在地，电子商务十分发达，通过在杭州选料以及外包给杭州的加工厂进行产品生产，在保证产品质量的同时降低了生产成本。

三、案例分析

（一）找准客户价值主张

企业要想在众多竞争对手中脱颖而出，要创建成功的客户价值主张。"客户价值主张"是公司通过商品和服务能够提供给顾客的价值，对于新创企业来说，找准客户价值主张具有战略意义。one-one 独家自制女装案例从企业竞争优势、资源整合能力以及资源的利用三个方面找准自己的客户价值主张。

1. 企业竞争优势获取

企业竞争优势是企业形成竞争力的基础。对于新创企业，竞争优势的形成源于企业所拥有的异质性资源、企业的能力以及所处的环境。新创企业要想成功，选择合适的目标市场十分重要，企业进入某个市场一定是要有利可图的，要选择具有一定规模或者巨大发展潜力的市场。

one-one 独家自制女装通过地段选择、目标市场选择、产品定位优势来获取竞争力。①地段选择。在双创之风兴起、高校积极推进创业教育建设的背景下，通过创办大学生创业孵化基地，为有创业想法的大学生提供场地，免去水电并且提供一定额度的免息贷款。该案例坐落在安徽财经大学创业孵化基地内，为了鼓励大学生创业，安徽财经大学为创业孵化基地内项目提供免费网络、水电全免等优惠措施。在基地内同行业竞争者有海淘等跨境电销企业，由于项目协议期一年，潜在竞争者以及替代产品的影响没有体现。②目标市场选择。该案例企业将目标市场对准购买力很强的年轻消费者，前期将目标市场主要定位为大学生，大学生是购买力和购买欲都很强的客户群，追求新颖时尚。后期目标市场转向白领并逐渐以白领为主，白领相对大学生有稳定的收入，对价格的承受能力更强，愿意去尝试各种风格的服装。③产品定位优势。one-one 独家自制女装主推私人订制产品，由于团队成员来自不同的专业，都具有敏锐的市场嗅觉和机会识别能力。选择私人订制，打质量牌，价格定位中上等的小众路线，个性化产品更容易满足顾客的需求。

2. 资源整合能力

资源整合能力是企业实现资源优化配置的基础。万科董事长王石曾认为，企业家的成功源于资源整合能力，把各要素整合在一起为企业创造财富是一种能力。对于新创企业，创业资源都是零散的，通过资源整合，使创业资源发挥"1+1>2"的效用。one-one 独家自制女装的创业资源除了有物力资源、人力资源外，还有合作商的选择以及外包模式的选用。

首先，整合人力资源。人力资源是组织发展的第一生产力，企业要想取得竞争优势，其根本在于人，所以创业团队的构建十分重要。①创业团队的构建。公司邀请了优秀的设计类专业的学生帮助进行产品设计，还整合了买手，及时反馈市场信息，网页美工来完善自己网店，在销售过程中进行产品的宣传，每个团队成员各司其职，人岗匹配，创造最大的价值，积极向创业导师寻求指导，虚心求教，发现问题，解决问题，并参加孵化基地组织的创业培训，以提高自己的创业理论以及实践能力。②供应商的选择以及外包模式的选用。由于本案例公司的理念是时尚质量以及好价格，客户群体是学生以及白领。产品定位不是一般淘宝里质量堪忧的廉价货，所以产品原料的选择十分重要。经过走访一些亲戚朋友的店面，层层选择，选用了杭州的一家原料厂。为了成本的最小化，又选用了杭州的一家加工厂，从原料选择到加工厂选择层层把关，建立长期的合作关系。通过把订单外包给加工厂，加工完成后直接按照客户预留地址进行发货，从时间到人力物力都省去了很大一笔成本。

其次，整合物力资源。企业物力资源是指企业从事生产经营活动所需的一切生产资料，包括厂房设备等。该案例位于创业孵化基地内，由学校提供免费房租和设备，且选用独特的外包模式，企业对这方面资源要求不是很大。

3. 资源的利用

整合资源是一种能力，合理利用资源对新创企业尤为重要。企业要尽可能地整合一切能够获得的资源，企业领导者对这些资源进行甄别、了解、决策，用于客户、能力、信息、物流等方面，使资源配置最优化。同时，建立评价监督体系，便于日后舍弃不必要的资源，有目的、更高效快捷地完成资源配置。

通过整合校内外各种资源来宣传企业，并通过促销活动吸引消费者。具体途径包括：①微信公众号，通过建立的自己的公众号，根据顾客喜好以及市场趋势，找准自己的竞争优势，通过微信平台来进行宣传。让顾客更深入地了解自己的团队和产品。②广告宣传，通过赞助学校大型活动，拉横幅，起到宣传作用。在食堂等人流量大的地方派发宣传单，保证有更多的人获取店铺的消息。利用学生会以及学校其他社团的QQ群、微信群来发布店铺消息，并通过赞助他们的活动来获得宣传。③网络宣传，现在是网络时代，利用"互联网+"的契机，在贴吧、论坛上宣传自己的企业，这种方式宣传成本低，效果好，影响范围广。营销手段：①活动营销，举办各类如促销、办理会员等活动，让利顾客，得到顾客的认可。例如，节日送礼活动：在节假日买任意一件店内物品即可获得抽奖机会，只限前20名。②周年庆VIP：给老顾客和长期合作伙伴发放VIP卡，提供长期8折优惠，且提供积分活动，积分达一定数额可兑换小礼品。③团购销售，可以在互联网和学校举行团购活动，让更多的消费者参与并给予一定的低价。④口碑积累，通过一段时间的运营，积累一批客户的认可和喜爱，构建客户忠诚，通过口口相传的方式来宣传工作室。

高度竞争的市场环境对新创企业的创业资源整合利用能力提出了更高的要求，资源整合能力与新创企业创业绩效具有正相关的关系，通过资源整合利用能够使企业所拥有的资源发挥最大的效益。整合创业资源的同时也要学会舍弃低价值的资源，资源整合过程注意资源的匹配性。建立一个资源整合能力强的创业团队能够最大化地发挥创业资源的效用。

（二）价值创造视角

价值创造理论认为，企业若想取得竞争优势就必须在价值创造方面做得比竞争对手更好。在互联网时代，价值创造的载体、方式、逻辑都发生了改变，对企业的融合跨界能力提出了更高的要求。价值创造机制可以帮助企业确定是否存在最优的价值创造机制，以及价值创造的方式。one-one独家自制从企业内在运行机制、产品定位创新、引入评价体系增加顾客参与三点来设计具有高盈利能力的商业模式。

1. 企业内在运行机制创新

企业内在运行机制包括企业经营系统、技术创新系统、财务系统等环节。相比于社会创业，大学生创业更加灵活，能够帮助解决低层次创业占据主流，而高层次创业低迷的现状。企业运行机制包含了生产、经营和管理三大模块。研究表明，新创企业的运行机制模式是利益驱动的，重构企业运行机制应该以利益为基础，保持运行模式的灵活性。企业作为一个功能复杂的有机体，通过创新企业内在运行模式达到人、财、物的有机统一，使企业经营活动高效有序地进行，增强组织活力和灵活性。one-one 独家自制的内在运行机制更加灵活化，采用线上线下结合的销售模式和外包量产的生产模式，通过创建网络平台，设计师把设计的作品放在网上供消费者评价筛选。这种独特的运行模式能够保证企业运行的灵活和高效。

2. 产品定位创新

产品定位创新的目的是要在顾客心中占据有利的地位。服装行业本身就是一个很成熟的市场，在成熟的市场上进行创新对于新创企业很困难。通过选择某一个细分市场，在细分市场上进行再创新，吸引目标客户，建立这部分顾客的忠诚度。通过产品定位创新能够向消费者提供能够满足其物质和精神需求的产品，企业在产品定位创新中不仅要考虑消费者的喜好，还要考虑竞争对手的产品，产品定位可以定位于空白市场，或是利用成本或质量优势在现有市场与竞争对手比拼。对于新创企业，特色产品定位策略是在市场上占有一席之地的好方法。本案例公司瞄准大学生以及公司白领求新的心理，产品定位独家自制，追求新颖创新。个性化定制能够吸引目标客户，建立顾客满意度，同时，产品定位个性化定制也能规避规模化生产带来的高额成本，大大降低产品成本，便于建立竞争优势。

3. 增加顾客参与感

增加顾客参与能够提高消费者的满意度。顾客能够参与产品的研发制造环节，实现了企业与客户的深度对接，规避创业风险。顾客接受某项产品或服务是其效用得到最大化满足的表现，增加顾客参与行为便于企业生产满足消费者期望的商品或服务，使消费者得到最大化满足。Kellogg 和 Youngdahl（1997）认为顾客参与是顾客在交易过程中对更高心理需求的追求，如情感、被别人尊重、认可、自我实现等方面得到满足的结果。

顾客参与到企业提供的各种服务中去，能够提高顾客的满意度以及新鲜感，并且有助于建立顾客忠诚。one-one 独家自制通过建立的网站，将产品的设计图展示在上面，并引入十分制评分系统，由消费者给作品打分、点评。每周从中选出 5~8 件得分最高的作品，根据订单量外包给工厂进行量产销售。并设计有顾客直接参与设计订购的系统。通过这种方法，利用群体的力量进行新品开发，降低了产品滞销的风险，也减少了用于盲目设计产品的成本。

(三) 价值获取角度

价值获取主要在回答"企业在何处盈利？如何实现创新型盈利？"这两个问题。从收入来源、成本战略、价值创新三个角度来说，one-one 独家自制通过提供免费的咨询和设计服务来吸引消费者，进而引起消费者的兴趣，使消费者产生购买欲望。80%的收入来源于网店的销售量，实体店创造的价值更多表现在顾客免费试穿咨询，以及少量的销售业务。而成本控制方面采用零库存成本战略，极大缩小了生产成本，价值最大化。在价值创新方面更多倾向于"红海逻辑"，通过开发现有的市场，在现有的市场中找到目标客户，通过零库存成本战略以及创新性的产品设计获得竞争优势。

四、结果讨论与启示

(一) 研究结论

第一，one-one 独家自制女装作为一个新创企业，它的个性化定制服务是种逐渐兴起的商业模式。个性化定制最初出现在奢侈品行业，随着"互联网+"时代的到来以及制造技术的发展，个性化定制的成本和效率都不断优化，个性化定制商业模式迅猛发展。独家自制女装在财经类校园里是个明智的选择。一方面，大学生是购买力很强的年轻群体，想法新奇。另一方面，竞争对手多数是海淘之类，缺乏个性化，所以 one-one 独家自制女装很容易吸引目标客户。

第二，在增加顾客参与时，要保证与顾客的双向沟通。为了增加顾客参与，one-one 独家自制女装需要做好与顾客的沟通，从消费者的角度出发，设计出符合顾客要求的产品，赢得顾客满意度。在顾客需求识别阶段，要把握好顾客对于产品真实合理的需求，并根据顾客需求确定合理的价格。

第三，必须保证产品按期保质保量完成。定制化服务对企业的整个生产加工配送过程提出了很高的要求，one-one 独家自制女装采用的外包模式大大节约了成本且保证了效率，到目前为止，并没有出现延货问题。按时保质保量交货能够提高企业的信誉和顾客满意度。

（二）研究启示

第一，商业模式创新是一项系统的工程。牵一发而动全身，从客户价值主张、价值创造、价值获取三个角度来说，商业模式创新会使这三个要素发生变化并产生关联性的影响，波及企业的整个生产销售过程以及治理机制。

第二，新创企业进行商业模式创新需提高企业的融合跨界能力。如今的市场充满着竞争，每个企业领导者都要有危机感，及时进行商业模式创新，帮助企业赢得竞争优势。抓住"互联网+"数据时代的机遇，注重资源整合与利用，合理选择目标市场，制定优异的成本战略，进行企业内在运行机制创新，提高自己的融合跨界能力。

第三，保证企业与顾客双向参与。早期的商业模式，企业通过市场调研来设计产品，满足大众化的需求。一些成功的企业能够预知顾客需求。生产大众化产品很快会被市场淘汰，预知顾客需求又存在风险，而增加顾客参与，保证企业与顾客的双向参与，直接面向顾客，为顾客提供定制化服务，能够最大化地提高顾客满意度，进而建立顾客忠诚度。

第四，新创企业，尤其是大学生创业企业，要注意创业团队的构建。团队成员具有共同的创业目标，并愿意为实现企业目标努力奋斗，有很强的资源整合能力。另外，要注重创业团队的专业性、异质性、可控性和创新能力，因势利导，打造一支能吃苦、能力强、有想法的创业队伍。

五、研究不足与展望

本文采用的是单案例研究方法，只对单个案例进行研究。现有的基于价值网络视角、要素视角、新技术背景条件下商业模式的创新研究，没有回答企业在各个阶段进行商业模式创新的影响。研究时企业已处在稳定的成长期，且校园创业环境与社会创业环境大不相同。未来学者可以通过多案例研究，研究分别处于萌芽期、成长期阶段的代表性企业，以完善研究成果；研究企业在不同阶段进行商业模式创新对企业生产销售全过程的影响。

参考文献

[1] 余东华，芮明杰. 模块化、企业价值网络与企业边界变动 [J]. 中国工业经济，2005（10）：90-97.

［2］陈占夺，齐丽云，牟莉莉.价值网络视角的复杂产品系统企业竞争优势研究——一个双案例的探索性研究［J］.管理世界，2013（10）：156-169.

［3］吴晓云，张欣妍.企业能力、技术创新和价值网络合作创新与企业绩效［J］.管理科学，2015（6）：12-26.

［4］孟庆红，戴晓天，李仕明.价值网络的价值创造、锁定效应及其关系研究综述［J］.管理评论，2011（12）：139-147.

［5］李文莲，夏健明.基于"大数据"的商业模式创新［J］.中国工业经济，2013（5）：83-95.

［6］张越，赵树宽.基于要素视角的商业模式创新机理及路径［J］.财贸经济，2014（6）：90-99.

［7］吴晓波，姚明明，吴朝晖，吴东.基于价值网络视角的商业模式分类研究：以现代服务业为例［J］.浙江大学学报（人文社会科学版），2014（2）：64-77.

［8］彭虎锋，黄漫宇.新技术环境下零售商业模式创新及其路径分析——以苏宁云商为例［J］.宏观经济研究，2014（2）：108-115.

［9］刘伟，黄紫微，丁志慧.商业孵化器商业模式创新描述性框架——基于技术与资本市场的创新［J］.科学学与科学技术管理，2014（5）：110-119.

［10］张新香.商业模式创新驱动技术创新的实现机理研究——基于软件业的多案例扎根分析［J］.科学学研究，2015（4）：616-626.

［11］冯雪飞，董大海.商业模式创新中顾客价值主张影响因素的三棱锥模型——基于传统企业的多案例探索研究［J］.科学学与科学技术管理，2015（9）：138-147.

［12］项国鹏，杨卓，罗兴武.价值创造视角下的商业模式研究回顾与理论框架构建——基于扎根思想的编码与提炼［J］.外国经济与管理，2014（6）：32-41.

［13］Xiaojing Zhao, Wei Pan, Weisheng Lu. Business Model Innovation for Delivering Zero Carbon Buildings［J］. Sustainable Cities and Society, 2016（2）.

［14］Bogdan Rusu. The Impact of Innovations on the Business Model: Exploratory Analysis of a Small Travel Agency［J］. Procedia-Social and Behavioral Sciences, 2016（5）: 221.

［15］Prabakar Kothandaraman, David T. Wilson. The Future of Competition Value-Creating Networks［J］. Industrial Marketing Management, 2001, 30（4）.

（作者是安徽财经大学2015级企业管理专业硕士研究生）

【案例点评】

商业模式与价值创造

肖仁桥

技术的不断变革与网络的飞速发展，使得企业的商业模式需要不断创新与发展。商业模式创新和技术创新作为创新的两种重要形式，在推动我国经济建设发展过程中扮演着重要的角色。特别是商业模式创新，如麦当劳流水线生产，就是商业管理的杰作，其带来的经济价值不容小觑。

对于大学生创业者而言，通过商业模式创新来控制成本、开拓市场已经成为大势所趋。本案例提出商业模式创新包括收入模式创新、技术模式创新和产业模式创新，并引入价值网络的概念，将价值网络分为客户价值主张、价值创造、价值获取三个部分，构建了新创企业商业模式创新模型。

通过案例分析，提出企业可以从内在运行机制、产品定位创新以及引入评价体系等方面设计具有高盈利能力的商业模式，从理论上为大学生选择合理的商业模式提供了重要支撑。商业模式的选择还可以考虑企业性质、企业发展阶段等因素的影响，未来可以继续研究企业在创建初期、成长期等阶段的商业模式选择与创新，为企业发展提供更多具有战略意义的参考。

（指导教师是安徽财经大学创业创新与企业成长研究中心博士、副教授）

新创企业商业模式构成及影响因素研究
——以 Seer 数据分析工作室为例

徐 梅

在创新创业盛行的时代，企业纷纷运用创新的理念和方法，来寻求和保持企业的竞争优势。彼得·德鲁克认为，当今企业之间的竞争不是产品之间的竞争，而是商业模式之间的竞争。学者们广泛关注的热点在于大公司和成熟企业的商业模式和商业模式创新问题上，而对新创企业成长初期的研究较少。在创业研究领域中，区别于成熟公司，新创企业是企业发展的初始过程，主要是指从企业创立甚至企业最初创意开始，到摆脱生存困境并基本转变成规范化、专业化管理的过程（张玉利，2006）。新创企业成长的本质与既有企业有着显著的差异，相较于已经具有一定生存能力的既有企业，新创企业不得不面临新进入的缺陷，从而导致其难以生存（王迎军、韩炜，2011）。所以既有企业的商业模式对于新创企业来说较成熟，未必能被新创企业借鉴和沿用。因此，找出新创企业的商业模式构成要素并探讨其演化过程对提升新创企业的存活率、提高经营绩效具有现实意义。

本研究运用单案例的研究方法，以大学生创业案例为对象，基于已有的商业模式理论，从新创企业生命周期的前三个阶段入手，详细分析商业模式构成要素的动态变化，并最终探讨使企业商业模式构成演化的原因。

一、文献回顾与研究框架

（一）商业模式的概念和构成要素

企业如何适应外部环境的变化一直是学术界探讨的问题，当外部环境发生变化时，企业内在特征变化往往备受关注，商业模式就是人们用来概括这些特征时使用的一个概念，它是企业面向特定市场的一种配置，为其客户和参与者创造价值的一种假说，并保证企业创造价值并获得收益（Magretta，2002；Schweizer，2005）。关于商业模式的研究现状总体表现为以下特征：第一，研究集中在基于互联网技术的电子商务领域，通常将商业模式描述为某个方面，如定价模型、收入模式、组织形式、价值创造等（邵鹏、胡平，2016；罗珉、李亮宇，2015）；第二，对于商业模式是什么还停留在模糊描述的层面，大多倾向于整体性描述（荆浩、宝建梅，2012；张敬伟、王迎军，2010）；第三，大多数对于商业模式概念的研究主要停留在企业赚钱的方式上，普遍缺乏理论基础（王水莲、常联伟，2014）。

对于商业模式的构成要素，国内外学者的论述也不尽相同。Hamel（2000）的商业模式四要素模型为核心战略、战略资源、顾客界面、价值网络，该商业模式要素模型主要强调四个要素之间的关系，即企业通过价值网络来制定核心战略，获取战略资源，并将企业价值传递给顾客。Osterwalder（2004）从客户价值视角出发，主要围绕价值主张去安排利益相关者的成本结构和收益模式，形成价值主张、客户细分、分销渠道、客户关系、核心资源和能力、合作网络、成本结构和收入来源的八要素商业模型。Morrisetal（2005）将商业模式构成要素归纳为价值、能力、市场、战略、成本和成长六个要素，他认为企业应当使各个要素在基础、专业和规则三个层面能够互相配合，强调专有层面的商业模式要素可能会为企业带来优势。而Johnson（2008）认为商业模式的构成要素为客户价值主张、盈利模式、关键资源、关键流程。国内学者魏炜、朱武祥（2010）的市场定位、业务系统、核心资源能力、盈利模式、现金流结构、企业价值六要素商业模式强调如何对利益相关者之间交易结构进行有效及合理安排。程愚和孙建国（2013）运用扎根研究方法，通过对案例企业的原始数据调查，抽象出了价值成果、资源和能力、决策三个商业模式要素。方志远（2012）结合企业能力资源和外部环境的战略选择，提出了全新的商业模式要素：产品价值、战略、市场、营销、管理、资源整合、资本运作、成本和营收模式。另外，国内还有很多学者基于不同的角度、采取不同的方法对商业模式的构成要素进行了研究，并得出了各有特色的结论（孙永波，2011；夏清华、娄汇阳，2014；李翔、陈继祥，2015）。

以上关于商业模式的构成，学者们给出的构成要素和解释各有特色，并没有形成统一的结论。需要说明的是，以上对于商业模式构成要素的研究主要产生于对既有企业的研究，由于既有企业经营相对复杂化，因此存在较多的商业模式因素对企业中的活动体系和经营结构进行解释。而新创企业或处于成长初期的企业经营结构较成熟企业来说相对单一，经营内容也较为简单，用成熟企业的商业模式构成要素来解释新创企业的运营机制,反而会使简单问题烦琐化,且不易透析出新创成长过程的阶段性特征。另外,学术界专门针对新创企业进行商业模式构成要素及演化研究的探讨较少,且没有形成统一和合理的方向。

上述文献研究的结论表明,为企业系统地设计和配置一个新的商业模式是不容易的。其原因在于:第一,商业模式在研究领域缺乏一个统一的概念;第二,商业模式的动态特性很难预测,组成要素是相互依存的网络关系;第三,商业模式的量化指标由于行业的差异性使其缺乏标准化。本研究认为 Osterwalder（2004）的从客户价值视角分析得出的八要素模型综合了各种研究的共性,较其他模型来说较为细化且全面,因此本研究拟以 Osterwalder 的八要素模型为基础探讨新创企业的商业模式构成,避免研究因理论模型的不全面性导致的误差。Osterwalder 的 9 要素具体描述（张超、张权,2010）如表 1 所示。

表 1　Osterwalder 商业模式参考

构成要素	描述
客户细分	企业经过市场划分后所瞄准的消费群体,表现为本地区/全国/国际、一般大众/多部门/细分市场等
客户关系	企业与消费群体所建立的联系,表现为交易型/关系型、直接关系/间接关系
分销渠道	描述公司将价值传递给目标客户的途径,如单一/多渠道、直接/间接
价值主张	企业通过产品或服务能向消费者提供何种价值,如产品/服务/解决方案等
合作网络	企业与其他企业之间建立的合作关系网络,如竞争/互补、上下游关系等
核心资源与能力	企业经营所需要的资源和能力,表现为技术/专利优势、质量/成本优势等
成本结构	所使用工具和方法的货币描述,表现为固定和流动成本比例、经营杠杆高低等
收入来源	企业通过各种收入流创造财富的途径

(二) 研究框架

以上研究为构建大学生校园创业商业模式研究模型提供了良好的基础和借鉴。基于 Osterwalder 的八要素商业模式构成理论,本研究的具体研究框架如图 1 所示。

图 1　新创企业商业模式研究过程

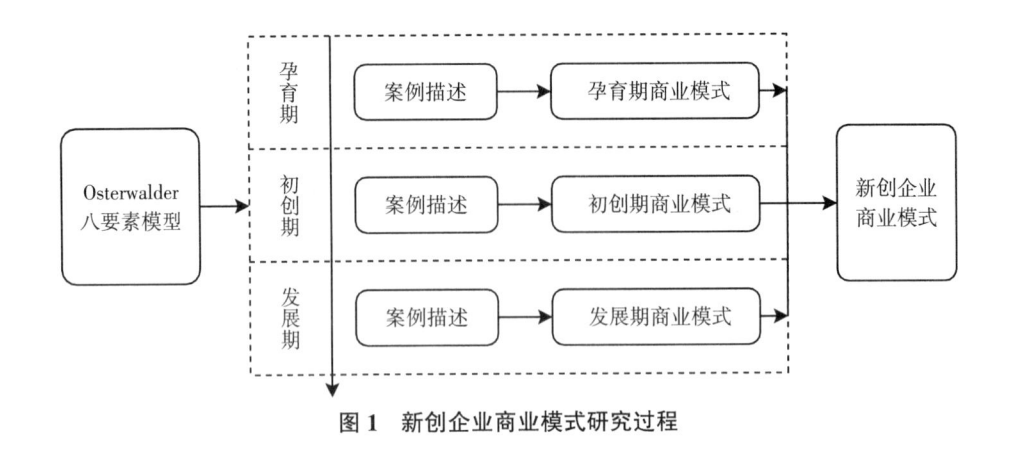

二、研究设计

（一）研究方法与案例选取

本文采用的研究方法主要有文献分析法和案例研究法。文献分析法是一种间接的研究方法，它是通过查阅大量文献与学术专著，据此形成对研究问题的认识，并找出问题研究的切入点。案例研究法是社会科学研究中一种被广泛采用的研究方法，研究者从客观实际出发，选取具有代表性的案例，在结合理论的基础上通过深入分析，着重解决"Why"（为什么）和"How"（怎么样）的问题。由于企业的商业模式是一个集产品、服务和信息流于一体的完整体系，因此将文献分析法和案例研究法结合将是一种行之有效的选择，能够得到通过其他研究方式难以得到的数据和经验知识。

本研究遵循了案例研究的理论抽样原则，选取 Seer 数据分析工作室作为研究对象。主要原因有三个：第一，Seer 数据分析工作室符合新创企业的标准；第二，Seer 数据分析工作室在经营期间来自校外的顾客较多，并且顾客中不乏蚌埠市经营较好的企业，对其商业模式构成要素进行分析具有典型性；第三，Seer 数据分析工作室位于校内，便于研究进行走访与观察，进而获得一手资料，保证了资料的真实有效性。另外，本研究主要采用直接实地观察、访谈、利益相关者评价等方式，借此获得一手资料。

（二）案例简介与描述

Seer 数据分析工作室坐落在安徽财经大学东校区创业孵化基地，于 2015 年 10 月成立，该工作室主要由 4 名统计学专业大三学生组成，成员将本专业知识与创业相结合，利用数据分析这一空缺市场形势，使工作室业务逐渐占据校内的市场份额。首先对案例企业的成长过程进行简单介绍（见表2）。

表 2　Seer 数据分析工作室发展过程及相关事件

阶段	时间	相关事件
孕育期	2014 年 6 月	李杰通过观察发现大学城内非统计专业学生和教师对数据可视性需求较大，因此萌生创办数据分析服务工作室的想法
	2014 年 7~11 月	利用 SPSS，为身边同学、朋友提供数据分析与数据挖掘服务
	2014 年 12 月	Seer 数据分析工作室创业团队开始组建
	2015 年 4 月	在校内开展免费教学活动来提高工作室知名度
	2015 年 9 月	参加安徽省"互联网+"大学生创新创业大赛并获得一等奖
	2015 年 10 月	Seer 数据分析工作室正式成立，成功入驻安徽财经大学创业孵化基地
初创期	2015 年 11 月	在校园内举办工作室宣传活动
	2015 年 12 月至 2016 年 4 月	主要帮助在校研究生所提供数据进行可视化分析，帮助就业处教师进行结业状况统计，并获得一定收入
发展期	2016 年 5 月	参加安徽省人力资源和社会保障厅举办的"安徽省大学生创业"大赛并获三等奖、安徽财经大学举办的电子商务"创新、创意及创业"大赛并获得三等奖
	2016 年 6 月至今	通过蚌埠市人力资源和社会保障局以及学校教师介绍，开始为外部如安徽万宝玻璃有限公司、蚌埠纺织厂等企业提供相关的数据分析服务。同时，为了得到更多在校教师的关系型企业的业务，工作室免费为在校教师提供数据分析与挖掘服务

该工作室成立的初衷是为校园中有数据可视性需求的学生、教师以及少部分的中小企业和事业单位提供数据收集、数据整理、数据分析、数据挖掘与数据报告等服务，并为其提供相关建议。为了深入剖析新创企业商业模式构成的要素及其演化的动态性，本文拟从工作室的三个成长阶段入手，分别用具体业务来探讨工作室的运营方式。但在孕育期，由于工作室的技术都在酝酿阶段，还远远谈不上商品化服务与市场规模，因此本文在孕育期暂不举例。

1. 初创期典型业务描述

对于初创期，本研究选取就业处关于就业情况调查的业务进行描述，并尽可能全面而又详细地对 Osterwalder 的商业模式八要素中发生的内容进行描述。具体情况如表 3 所示。

表 3　初创期典型业务描述

客户	客户要求	工具及来源	顾客与工作室成员的关系	收入与成本管理
安徽财经大学就业处	Seer 数据分析工作室设计问卷调查发放给就业 5 年以上的本校毕业学生，统计就业状况并收集关于专业分类的相关意见	SAS、SPSS 软件；软件主要来源于教师传授、书籍附带	就业处工作人员为团队成员的课程教师	未发生费用；获得的收入在四个成员之间进行按劳分配

本文选取给安徽财经大学学生处提供服务的具体业务，对初创期 Seer 数据分析工作室的工作流程进行具体描述。首先，对安徽财经大学学生处做项目介绍：安徽财经大学学生处是负责制定学校毕业生就业工作的政策、制度及相关就业文件以及就业信息收集、就业指导、就业推荐、就业专业调查等工作的部门；其拥有较大的数据量，并且对数据的可视性要求比较严格；因此，本研究以安徽财经大学学生处为研究对象能够全面地考察 Seer 数据分析工作室在初创期的综合实力和运营机制。另外，安徽财经大学学生处这一客户主要是靠成员与就业处负责人的师生关系而获得，并通过直接交流的方式了解就业处对数据分析与挖掘的具体要求。如表 3 所示，工作室主要运用在校教师所教授的 SAS 和 SPSS 两个软件设计问卷，并对所收集回来的有效问卷进行分类与处理，分析学校现有专业是否合理并给出相关建议。

另外需要补充的是，除了在孕育期购买桌椅等发生的必要费用外，由于本项目为安徽财经大学所扶持的创业项目，享受免房租、免税费、免水电费等优惠政策，所以在初创期并未产生流动费用。

2. 发展期典型业务描述

对于发展期，本研究选取安徽万宝玻璃有限公司，此公司凭借对玻璃及玻璃产品的深入了解于 2006 年 1 月成立，具有完整的经营体系。Seer 数据分析工作室与万宝玻璃有限公司合作的具体信息如表 4 所示。

表 4　发展期典型业务描述

客户	客户需求	工具及来源	顾客与工作室成员的关系	收入与成本管理
安徽万宝玻璃有限公司会计部	万宝玻璃提供以前年度的玻璃供给订单、库存数量、玻璃尺寸和规格销售数，要求工作室成员进行统计分析，给出下个月仓库应生产并存储的玻璃数量（按规格、大小分类）	R 语言、Stata、SAS；软件来源于教师教授、网络下载、书籍附带	创客中心介绍	成本：软件学习 收入：提高技术性服务所取得的收入

关于以上信息需要补充的是，Seer 数据分析工作室通过参加安徽省蚌埠市人力资源和社会保障局举办的比赛大大提高了知名度，并在创客中心、人力资源服务中心留有详细的联系方式，当有数据分析与数据挖掘需求的企业时，创客中心、人力资源服务中心会帮助联系，为工作室介绍业务。另外，为了了解有关玻璃厂产品规格等相关专业知识，最大程度满足客户的需求，工作室成员通过支付学费的方式进行了学习，因而产生了流动成本。

三、案例分析

在大数据的背景下，传统的价值链中以供给为导向的商业模式正在逐渐消亡，以需求为导向的价值创造不断兴起。在大学城内，教师所收集的大量数据、学生经过问卷或市场调查等方式得到的数据在未处理前可视性较低，而数据分析与数据挖掘的目的与顾客的需求相吻合；因此，顾客对数据的可视性需求使得数据分析工作室具有很大的存在价值。

Seer 数据分析工作室的创新之处在于：第一，有效识别大学城内的顾客需求，并抓住机会运用自身的专业知识进入市场，同时为在校教师及学生解决了数据可视性差的难题；第二，大量的数据分析需求都与特定的应用相关，数据分析与数据挖掘任务具有跨学科、跨领域的特点，Seer 数据分析工作室团队利用学校专业多样化的优势，通过向各专业教师、学生的学习，满足了不同专业对数据可视性的需求；第三，在校大学生社会关系网较为薄弱，创业团队通过参加各种创业大赛提高工作室知名度，从而扩大工作室的顾客网络、稳固与顾客合作关系。但在孕育期、初创期和发展期这三个阶段，Seer 数据分析工作室的商业模式也在不断地进行演化。

（一）孕育期的商业模式构成

从表 2 可以看出，早在 2015 年 6 月，李杰通过观察发现，大学城内非统计学专业学生和教师对数据可视性需求较大，因此萌生创办数据分析服务工作室的想法，并在工作室成立之前为身边的同学和教师提供数据挖掘与数据分析服务。此时，Seer 数据分析工作室的客户群比较单一，且运营方式主要是工作团队为身边的同学和教师提供简单的数据分析工作，增加数据的可视性。在这个阶段，工作室中成员与教师的关系使其具有为教师服务的机会，这是公司与客户直接建立关系的作用，属于客户关系的范畴；团队成员利用所学知识和软件满足顾客对数据的可视性要求是工作室的价值主张；为了实现企业的价值主张，企业的核心资源与能力为成员对相关知识和软件的掌握与应用程度；而客户基于团队的服务所给予的报酬为孕育期工作室的收入；在孕育期，工作室在成立时除了店面装修、购买桌椅等设施所发生的支出以及每个月购买纸张的固定开销外，由于本项目为安徽财经大学所扶持的创业项目，享受免房租、免税费、免水电费等优惠政策，所以并没有发生相关的流动成本，因此不存在成本结构。通过以上分析，孕育期工作室的商业模式如图 2 所示。

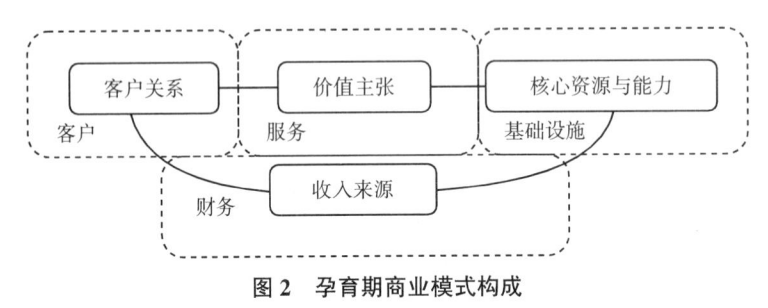

图 2 孕育期商业模式构成

（二）初创期的商业模式构成

通过对初创期 Seer 数据分析工作室的相关事件和具体业务描述（见表 2 和表 3），可以看出工作室从开始只为一般大众（普通教师和学生）服务演化为相关部门服务，因此，在初创期客户细化这一商业模式构成要素开始生成；与此同时，工作室与客户通过信息沟通反馈，形成了直接的交易型关系。另外，学生处为了了解毕业生的就业情况，要求工作室通过问卷调查等形式收集并分析毕业生的就业率与专业分配的合理化，团队成员通过自身的专业知识和技能尽可能满足客户的需求，这就形成了工作室的价值主张；而成员为满足顾客的需求利用自身的专业知识与技能为其提供有价值的信息属于工作室的核心资源与能力，就业处提供的报酬属于工作室的收入来源，并且工作室形成的收入来源与工作室的核心资源与能力有直接关系。因此，通过以上分析可知，工作室的商业模式已经从孕育期的 4 要素构成演化为 5 要素构成（见图 3），同时消费群体的多样化成为工作室成长的显著性标志。

（三）发展期的商业模式构成

从 2016 年 5 月开始，Seer 数据分析工作室通过参加学校和社会举办的各种创业活动，以优异的成绩提高了工作室的知名度。另外，工作室通过创客中心、人力资源服务中心等机构为工作室开通了更多的销售服务渠道，打通了工作室向社会发展

图 3 初创期商业模式构成

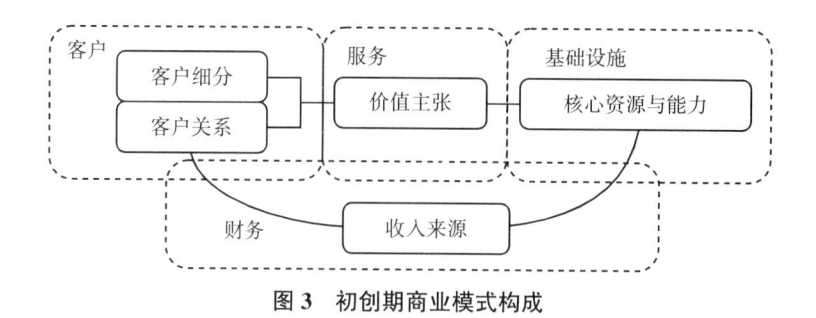

的道路。通过在发展期对工作室典型业务进行分析（见表 2 和表 4）可以发现，与初创期相比，工作室的客户群从一般大众和部门扩大到外部企业和个体消费者；同时，客户关系不仅为初创期的直接交易型关系，还衍生出了直接关系型关系和间接交易型关系。成本结构方面，在为玻璃厂进行玻璃数量及规格的预存计算时，团队成员为了学习相关的玻璃规格知识从而达到玻璃厂的要求，通过支付课程费的方式在校外进行了学习，形成了流动成本，因此在发展阶段，工作室形成了成本构成这一商业模式构成要素（见图 4）。

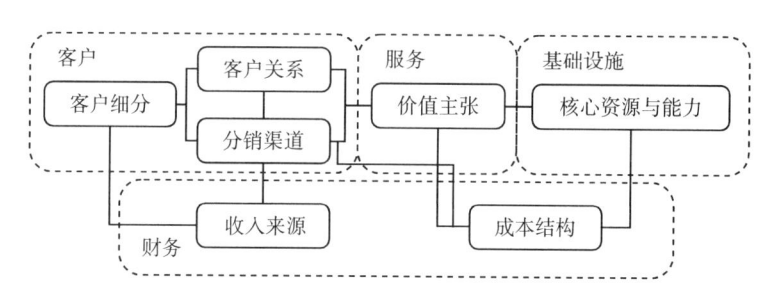

图 4 发展期商业模式构成

四、结论与启示

这些年来，高校内部对于数据的可视性业务量越来越多，质量要求也越来越高，大学生抓住目前市场上数据分析服务空缺这一机会作为突破口，成立数据分析工作室，是一个很明智的选择。在经营期间，创业者通过服务于学生、教师以及校外的企业并积极参加各种活动来扩展工作室的合作网络，加快了工作室的成长。通过理论分析与案例研究，本文得出以下结论与启示：

第一，新创企业的商业模式构成较成熟企业来说比较简单，但伴随着校园新创企业的逐渐成长，企业的商业模式构成也在不断演化。在孕育期，新创企业商业模式构成要素主要是：客户关系、价值主张、核心资源与能力、收入来源。在这个时期，企业生命特征较弱，主要靠团队成员的社交群体来维持生存，客户群单一，因此商业模式构成较为简单且比较脆弱。在初创期，新创企业商业模式构成要素主要是：客户关系、客户细化、价值主张、核心资源与能力、收入来源。此时，工作室通过一定的关系积累，拥有了实践经验，较孕育期来说已经具有一定的竞争能力，但是顾客群依然较多集中在大学城内部，没有充分打开数据分析与数据挖掘的需求市场。在发展期，新创企业商业模式构成要素主要是：客户关系、客户细化、分销渠道、价值主张、核心资源与能力、成本结构、收入来源。通过提高宣传力度，工作室获得了较多的顾客群，使商业模式构成变得相对复杂化，同时也增加了企业的收入来源，但由于市场需求变大，工作室团队的能力也无法满足顾客的要求，因此这个技术型企业也开始了不断学习、拓展的旅程。

第二，客户来源多样化是新创企业商业模式构成发生演变的重要影响因素。通过案例研究发现，在企业起步阶段，工作室的客户局限于学校教师和学生，人脉关系不够强大，很难联系到更多的客户；但新创企业知名度得到提高后，客户关系网络开始变得复杂化，服务销售渠道变多，同时团队成员的知识和技能也难以满足顾客的需求，必须通过学习来完成任务，客户细化、分销渠道、成本结构等商业模式构成要素开始出现，新创企业商业模式构成逐渐变得复杂化。

因此，提高新创企业知名度成为企业吸引顾客的一种有效方式。企业应当增强宣传力度，如制作宣传片、为企业设定独特的动漫形象来吸引顾客的视线、为社会无偿提供劳务，树立企业在社会公众心中的良好形象等。在提高知名度的同时，新创企业创业团队的综合实力也不容忽视，服务质量是一个企业的生存之本、发展之道，所以新创企业应当对组织中的成员进行相关的专业培训和考核，并给予奖惩，来刺激成员能力的提升，保证服务质量最优化。

第三，新创企业核心能力的巩固需要以商业模式的不断优化为前提。从初创期到发展期，除了客户来源变得多样化之外，工作室在数据分析与数据挖掘方面的能力已经无法满足客户的要求，工作室通过学习，提升了企业的核心能力，满足客户对数据可视性的要求，才使初创期的商业模式成功地转化为发展期的商业模式。由此看来，新创企业提供的产品或服务是否满足顾客需求，决定了企业能否在目标顾客的心目中占有一个独特的、有价值的位置，而顾客获得服务的满足感逐渐成为企业的核心能力，并且，这种核心能力的巩固则必须以商业模式的不断优化为前提。

因此，新创企业在成长阶段应当足够的重视企业的核心竞争力和团队能力，并使核心能力的可复制性和可转移性尽可能降低。企业应当对组织成员进行相关的专业培训，并制定合理的考核制度来刺激组织成员能力的提升，使成员能够按时、保质保量地完成工作。

五、研究不足与展望

本研究的不足之处在于选取的是个案，并且，所选取的案例企业为技术型企业。对于服务型、产品销售型等其他新创企业是否适用，存在一定的疑问。因此，在未来的研究中应当尽可能地选取产品多样化的新创企业进行研究，使结果更加全面并增加实用性。另外，案例企业成立在大学城内，因为学校的扶助、顾客群单一、竞争较少等原因，大学生于校内的创业实践有别于在社会大环境下的创业实践；因此，在以后的研究中，应将校园内成长的新创企业与校外的企业相结合，进行对比研究，找出企业间的异同点，通过综合得出结论。另外，本研究选取的案例经营时期较短，很多特征和问题还没有表现和暴露出来，未来可以进一步做些跟踪研究。

参考文献

[1] 张玉利，李新春. 创业管理 [M]. 北京：清华大学出版社，2006.

[2] 王迎军，韩炜. 新创企业成长过程中商业模式的构建研究 [J]. 科学学与科学技术研究，2011（9）：51-58.

[3] 邵鹏，胡平. 电子商务平台商业模式创新与演变的案例研究 [J]. 科研管理，2016（7）：81-87.

[4] 张敬伟，王迎军. 基于价值三角形逻辑的商业模式概念模型研究 [J]. 外国经济与管理，2010（6）：1-8.

[5] 罗珉，李亮宇. 互联网时代的商业模式创新：价值创造视角 [J]. 中国工业经济，2015（1）：95-108.

[6] 荆浩，宝建梅. 绿色商业模式的概念框架分析 [J]. 中国科技论坛，2012（11）：34-40.

[7] 王水莲，常联伟. 商业模式概念演进及创新途径研究综述 [J]. 科技进步与对策，2014（7）：155-160.

[8] 魏炜，朱武祥. 基于利益相关者交易结构的商业模式理论 [J]. 管理世界，

2012（12）：125-130.

[9] 程愚，孙建国.商业模式的理论模型：要素及其关系[J].中国工业经济，2013（1）：141-152.

[10] 方志远.我国商业模式构成要素探析[J].中山大学学报（社会科学版），2012（3）：207-214.

[11] 孙永波，陈柳钦.商业模式创新的动力机制及其路径选择[J].发展研究，2011（11）：78-85.

[12] 夏清华，娄汇阳.商业模式刚性：组成结构及其演化机制[J].中国工业经济，2014（8）：148-154.

[13] 李翔，陈继祥.新创企业技术创新与商业模式创新的交互作用研究[J].现代管理科学，2015（3）：109-111.

[14] 张超，张权.快消品电子商务商业模式的构建研究——基于Osterwalder参考模型视角[J].情报科学，2011（9）：1335-1339.

[15] Magretta J. What Management Is How It Works and Why It's Everyone's Business[J]. Business Summaries，2002（73）：256-258.

[16] Schweizer L. Concept and Evolution of Business Models[J]. Journal of General Management，2005，31（2）：37-56.

[17] Johnson Mark W，Clayton M. Christensen，Henning Kagermann. Reinventing Your Business Model[J]. Harvard Business Review，2008（12）：25-31.

[18] Morris M，Schindehutte M，Allen J. The Entrepreneur's Business Model：Toward a Unified Perspective[J]. Journal of Business Research，2005（58）：726-735.

[19] Mark W. Johnson，Clayton M. Christensen. Reinventing Your Business Model[J]. Harvard Business Review，2008（12）：25-31.

[20] Osterwalder A. The Business Model Ontology a Proposition in a Design Science Approach[D]. Lausanne：University of Lausanne，2004：20-55.

（作者是安徽财经大学2015级企业管理研究生，本文节选自
《重庆科技学院学报》（社会科学版）2017年第7期）

【案例点评】

新创企业商业模式的构成
肖仁桥

商业模式构成是创业企业利用机会和资源实现价值创造的关键。当前企业之间的竞争不只是技术、产品或服务的竞争，而是商业模式之争。新创企业与成熟企业商业模式之间又存在一定差别，这是因为，新创企业还没有摆脱生存困境，职能性管理活动也不够专业化和不够完善。在面临众多不确定性情况下，新创企业要考虑如何配置现有资源，如何为顾客和参与者创造价值，形成独特的商业模式非常困难，要形成具有竞争力的商业模式则难上加难。

徐梅同学以 Seer 数据分析工作室为例，对新创企业商业模式的构成进行深入分析。从新创企业生命周期的不同阶段入手，深入分析三个阶段的商业模式构成要素的动态变化，并探讨商业模式构成演化机制，具有一定的理论和现实意义。该文中以技术服务企业为例，在未来的研究中可选取产品或普通服务型的新创企业进行对比分析。另外，由于案例主体为在校大学生创业企业，与社会大环境下的创业企业存在很大差异，未来可将大学生校内新创企业与校外的社会创业企业进行多案例对比研究，可得到更多有意义的发现和结论。

商业模式创新是一个持续探索且意义深远的过程，将商业模式创新与新创企业产品或服务创新结合起来，可实现创新的最大经济和市场效应。

（指导教师是安徽财经大学创业创新与企业成长研究中心博士、副教授）

第三篇

创新创业教育

创业教育实践机制研究
——基于社会认知的视角

李宏贵

一、引言

为了成功创建新企业，并且能够健康地生存发展下去，对创业者至关重要的是，必须具备三方面的要素：第一，对自己的能力有信心；第二，能够识别创业机会；第三，具备企业家的角色能力。这三个要素来源于创业社会认知，而创业社会认知产生于创业实践经验。由于创业和创新已经被认为是获得持续经济发展和竞争优势的极其重要的驱动力，因而不断地有一种呼声要求大力发展高质量的创业教育。也有人认为所有人都必须通过创业教育，对他们进行创业培训和实践，因为研究发现，相较于没有创业教育，受过创业教育的有超过3倍的人创办了新企业，超过了3倍的人实现了自我雇佣，超过27%的人拥有高薪收入，超过62%的人拥有个人资产，更多的人对自己的职业较为满意。

尽管全球开展创业教育兴趣不断高涨，然而高等院校创业教育质量实践模式应该包含哪些构成内容并没有确切的标准。综观全球各大高等院校的创业教育，确实存在着各式各样的创业教育规划和教育方式，它们之间并没有一致的创业教育内容和方法。尽管存在着巨大差异性，许多创业教育还是倾向于强调创业教育的实践经验学习方式，来自根植于全球许多课程中的传统商业计划活动的实践经验学习构成可创业教育的开始。为了评估转入这些理想的创业教育模式，需要进一步研究创业教育的效力，因为已有研究表明，创业教育对学生创办新企业或运营新企业的感知识别能力有着积极的影响作用。也有研究发现创业教育对于学生创业倾向或意图有着积极的影响，同时发现，完成创业教育计划的学生更有可能成为创业者。然而，也有研究发现创业教育计划的消极作用，此外，现有研究也没有明显表明高校创业教育影响创业意向与学生实际创业行动关系的理论联系。

虽然研究创业教育不少，但极少有基于社会认知视角研究探讨影响个体成为创业者的自信和认同的形成与发展的创业教育。迄今为止，课堂上的创业知识学习与真实世界里的创业实践仍然存在着巨大的反差，多数高校的创业教育仅限于课堂教学，并没有超出学生学院式体验的范畴，缺乏创业实践社会认知。在社会认知过程中，个人虽未具体意识到以往的相关经验，但此经验会潜在地对个人的行为和判断产生影响。因此，本文将在文献研究的基础上，探索创业教育实践经验影响学生创业动机和创业认同感的机理，提升创业自我效能感和创业结果期待，激发学生创业意图和创业兴趣，实现创业教育目标。

二、理论回顾

社会认知理论为本文研究提供了一个理论分析框架，为学生的创业实践经验与创业行为导向的动机过程之间建立了理论联系。究其本质来说，社会认知理论是由自我效能感、结果期待与目标导向活动三个核心概念构成的动机理论，这些构念在个体、环境实践经验与结果行为三者关系中担当了中介作用。

自我效能感关注的是拥有技能的人能做什么样的判断，而不是拥有什么样的技能。因此，一般来说，自我效能感是指完成某种独特行为或行动过程能力的自信程度。自我效能感能够影响一个人选择去行动的行动方案，影响投入特定行为中的努力程度，影响面对困难和挫折能够坚持多久，影响逆境韧性，影响是自我设阻还是自我帮助的思维方式，也会影响一个人在应对环境限制与实现完成目标水平时所承受的压力。正如 Bandura、Judge 和 Bono 与 Stajkovic 和 Luthans 的研究表明，自我效能感影响一个人的认知、动机和行为，自我效能感的人在目标实现过程中表现为高坚韧性，倾向设定高挑战性目标，能够从失败中快速恢复过来。而且通常会展现出高绩效。人们基于自我效能感来决策的，通过采取行动和选择他们认为在能力范围内的环境来达到成功。

相较于其他两个构念来说，自我效能感在动机行为中扮演着关键角色。在已有的研究模型中，自我效能感被设定为直接影响行为目的或行为意向。Betz 和 Voyten 研究发现，职业自我效能感与职业探索（选择）意向之间有一种显著的、积极的相关关系。

Bandura 对结果期待这一概念进行了界定，Lent、Brown 和 Hackett 又做出了进一步的引申，认为结果期待是指随着某个确定的行为就有确定结果的期待（预期），或者是指随着某个确定结果就有确定行为的期待，以及包括关于外在报酬、自我导向的结果（如成就感、社会认同或认可等方面）的信念。正如自我效能感一样，结果期待也已经在不同领域中得到广泛应用，比如，职业兴趣、学术兴趣和职业探索。从这个角度来看，它们反映出确定行动将会导致确定结果的发生，因此，结果期待可以定义为期待的结果，或者个体所选择从事的意向行动的结果。

结果期待理论上来说会影响行动意向或目标。结果期待将会激励个体行为，是对自己行为可以想象的结果的一种信念，有点类似于 Wigfield 和 Eccles 所提出的效用价值（Utility Value）。在事业发展情景中，结果期待涉及一些信念，包括在具体创业或事业决策行为中成功的长期结果的信念。学术结果期待涉及直接的学术成就结果，并且会建立好的学术成绩（绩效）与未来事业发展以及生活质量提高间的关联。换句话说，就是现在花费更多时间在职业、兴趣与能力方面，将会帮助在未来做更好的事业的决策。Betz 和 Voyten 研究发现，结果期待与目标或意向之间存在显著的稳定相关关系。不像自我效能感关注的是个体多大程度上做好一件事，结果期待强调的是任务结果的信念，比如"如果我创业，我将会富有"的信念。

所谓目标是指有意识清晰的个人相关目的，它反映出了一个人执行某具体行为或行动以获得一个可观结果的决策。Betz 和 Voyten 将目标操作化为一个人从事事业探索行为的意向，从事事业探索行为的意向有助于动员和维持行为。目标可以提供行动的目的感和行为方向，它是现代心理学理论的基础构成，有助于理解人的动机和发展。

简言之，社会认知理论所提出的自我效能感、结果期待、意向、兴趣以及目标等构念会调节个体自身因素与结果或行为的关系，同样也会调节背景环境因素与结果或行为的关系。更具体地说，学者们认为个体自身因素，如人口统计变量因素、个体差异性和心理倾向性，以及背景环境因素，比如环境的影响，都会塑造自我效能感和结果期待，反过来这些也会影响人们的意向和兴趣的形成，随之这些意向和兴趣会影响到个体的目标、行动和达成的绩效。

三、基于社会认知的创业教育实践理论框架

一个人的职业选择受到个体自身、所处的环境以及情境等因素的影响，并受到这些因素随着时间推移相互作用变化的影响。现有理论研究已经进行了大量探讨，尽管经验研究的结论还是粗略的。Hackett 和 Lent 认为只有通过理论建构把相关构

念（如自我概念、自我效能）建立在一起，才能更好地解释一个人职业选择结果期待（如满意、稳定），说明表面看起来不同构念（如自我效能、兴趣、能力和需要）之间的关系。他们在 Bandura 社会认知理论的基础上，提出了职业兴趣发展、职业相关选择形成建立以及绩效结果获得关系动态过程机制的一个理论框架。该模型特别强调了自我信念和自我思想对个体动机形成以及行为影响的重要性。Krueger、Reilly 和 Carsrud 研究发现创业意图或意向对最终选择成为创业者有着积极的影响，他们认为创业意图或意向是预测行为很好的指标，尤其在行为很难观察或者没有先前数据可循的情况下。由此可见，社会认知理论对研究创业家和新创企业有着重要的理论指导作用，而这些研究对高校如何进行创业教育有着重要的理论指导意义。

社会认知理论所涉及的关键构念都影响到个体职业选择，个体创业自我效能感会影响个体创业结果期待，以及创业兴趣和创业意向，而创业结果期待又会影响个体未来创业或创业目标，最终会影响实际的职业目标——自我创业选择；社会认知理论同时也指出了背景情境因素和体验/经验学习会对个体自我效能感和结果期待产生影响，例如个体因素（如创业潜能、一般自我效能感、认知风格、冒险精神、认同，学术训练、职业培训以及性别等）、环境影响因素（如障碍即不利的创业环境、支持即有利的创业环境等）、创业经验或体验学习因素（如创业经历、之前接触家族企业经历等）（见图 1）。

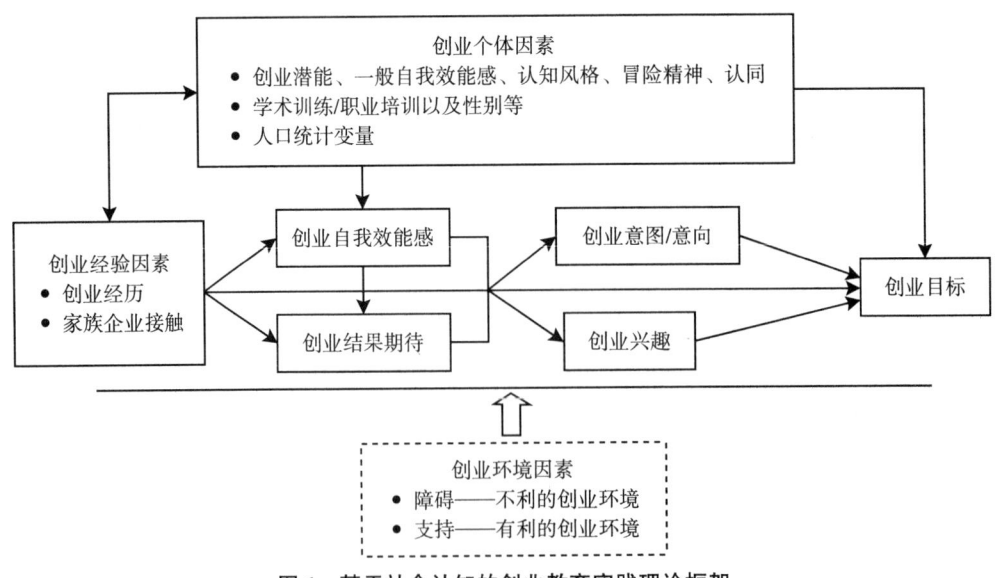

图 1 基于社会认知的创业教育实践理论框架

社会认知观点里，自我效能感并不是单一的、固定的或者脱离语境的，而是在与他人、行为和环境因素相互纠缠作用中动态的自我信念。创业自我效能感能够在个体与环境交互过程中，增强个体获取创业必需的认知、社会以及行为的技术达成创业目标的欲望。Cope 提出了一个动态的、情境化的创业学习观点，它强调了直接的创业体验或经历对创业影响的重要性。创业学习，从社会认知角度来看，指的就是一种认知的、行动的、社会的个人能力，这种能力能在基于目标体系的自我激励框架里，通过模仿和熟练度体验来获得。

同样，人们在实际的工作活动中，结果期待的倾向欲望更为强烈，他们看待自己工作信念也更为有效，换句话说，他们实现自己工作目标的信念更强。根据 Vroom 的研究，一个个体将会根据行为产生的结果期待来决定他的行为选择，结果期待在个体实现目标的动机中扮演着重要角色。社会认知理论揭示了创业结果期待是创业兴趣和创业目标的重要决定因素。通常来说，如果创业结果期待很诱人，人们就会有很强的创业兴趣来进行创业（目标）。人们对自我创业还是为他人工作（就业）的选择过程其实就是一个认知的过程，在这个过程中，人们会对各种职业可能结果进行比较。如果创业者认为自我雇佣（创业）比就业能够导致结果回报更有价值，那么他或她就会选择创业（自我雇佣）。

同时，环境因素和个体经历以及自身因素会有助于个体行为的塑造，影响创业兴趣、自我效能感和职业选择。个体的认知机制、元认知机制以及外部支持机制能够持续地帮助个体监控创业发展和不断地修正创业目标。个体的创业动机受到个体因素（异质性）和情境（环境）的影响，尤其重要的是年龄、性别等人口统计变量因素以及先前的创业经历和创业或家族企业接触。长期暴露于创业环境对个体创业意图/意向有着积极的促进作用，对创业自我效能感也有着积极的调节作用。如果学生准备创业时，先前的创业经历会对学生潜在的创业认知感系统产生较强的影响作用，有无创业经验会对学生创业认知和创业行为有不同的影响。

高校创业教育的目标就是通过提供必要的理论知识、技能、经历体验和自信，促进学生毕业后具备成功地进行自我雇佣（创业）的潜力。由于创业并不是线性的过程，而是一个迭代的过程，高校应提供各种创业教育教授方法帮助学生体验创业实践，提高学生创业熟练度经验。因此，基于社会认知理论的创业教育理论模型，对高校创业教育有着很大启示，在创业教育传授中，高校创业教育有很多教学方法和教学技能可以采用和使用，来提升学生创业自我效能感和创业结果期待，促进和加强大学生毕业创业欲望。

四、基于社会认知的创业教育实践机制

(一) 基于创业自我效能感的创业教育实践机制

高创业自我效能感导致高创业意图/意向，对于高校创业教育有着重要的实践启示意义。其实，创业自我效能感本质上就是创业目标驱动的自我动机激励的构念，对成就获取、任务选择、努力程度和坚持等创业特征具有很强的预测作用。根据Bandura 的研究，诸如创业等活动中的自我效能感的产生有四种机制：创业熟练度提升；创业替代性经验学习；创业言语劝说；创业自主觉醒/生理激发。

1. 创业熟练度提升

熟练度最终的结果（好或坏）将直接影响个体的自信系统，因为先前事业结果会对自己能力判断有很强的暗示。因此，创业教育在早期阶段就应该认识到创业自我效能的重要性。正如战斗中的将军一样，早期的胜利对未来战争结果影响至关重要，同样，高校创业教育应该认识到早期商业成功也会对未来创业挑战产生积极的作用。树立较强创业效能感最有效的途径就是聚焦于为创业教育提供实践操作的机会，才能获得完成具体事务的经验，提升和聚集创业经验。研究表明，反复的经验和再三的成功做事会导致较高的自我效能感。相应地，失败能够导致较低的自我效能感，换句话说，做某件事的熟练度不高，他/她的创业自信就很低，创业自我效能感很低，因而就很有可能不去创业。Bandura 研究发现，当个体的经验消除了他/她的恐惧，以及个体所获得的技能使他/她的熟练度超过所面临威胁挑战的状况，个体的自我效能感就提升了。另外，尤其需要引起重视的是，如果个体在完成任务的过程中遭遇意外威胁的状况，或者如果突出个体技能的缺陷不足，那就会大大地挫伤自信心，自我效能感就会降低，即使最终整个任务表面上看是"成功的"。只有通过不断的实践，增强对威胁管理和预测的能力，才会真正树立稳固的自信心，掌控今后的挑战。对于高校创业教育来说，有必要设计学习创业的机会，事先让学生知道什么将会被教授，并且让学生积极主动地参与项目实施，亲身体验成功完成任务。

高校可以实施学生自由企业计划，该计划是为参与该计划的学生在学院导师指导下开办或经营新企业提供一个平台载体。这些计划可以为学生提供一个安全环境进行创业实践，提升学生创业实战的熟练度，培养建立学生的创业自我效能感。高校通过这些实用的"真实世界"创业体验的创业教育方式来促进创业决策技能发展，并通过这些实战创业体验增强和检验学生掌握这些技能的熟练度。因此，创业熟练度提升可以通过完成低水平风险挑战的小规模创业活动实践来获取。同样，高校也可以通过模拟"虚拟实景"，以低成本和低风险的课堂创业教育教学方法提升学生创业熟练度，比如创业案例讨论方法、创业角色扮演，以及计算机模拟等创业教育教学方法。创业熟练度提升是创业自我效能感最重要的来源，实际上好的绩效和不断的成功能够增强个体的自信，因而会产生恰当的行为，从而导致期望的结果；积极的任务反馈会提高自我效能水平，失败则降低个体的自我评价。

2. 创业替代性经验学习

替代性经验或模仿别人行为能够提高和促进创业自我效能感，就如同当我们还是孩童时，我们通过亲自触碰火炉来学习判断火炉它有多烫。个体通过观察别人展现出来的成功做法来提高自己的自我效能，尤其是那些学生非常认同的成功创业人士的行为。研究表明，在各种情景下，行为模仿可以提高表现或绩效。Burke 和 Day 通过对 70 名学生管理训练效果的 Meta 分析后发现替代性经验，也就是行为模仿，是所有培训技能中最有效的。

因此，高校在创业教育过程中，利用这些可以增加替代性经验学习的教学活动来提高学生的创业自我效能感。例如：①邀请成功创业家作为演讲嘉宾或客座教授来学校分享他们成功的关键创业经验；②课堂播放著名创业家的视频简介也能提供替代性经验学习；③案例研究也是创业教育的教学工具之一，在丰富的书面材料中提供一个可视化的创业视图；④创业指导计划，为学生安排创业者作为创业导师指导学生创业管理学习，学生通过与成功实践创业者一对一互动学习来观察或模仿创业经验；⑤学生见习或实习，这种方式可以通过学生与实践创业者的紧密联系来激发学生创业欲望；⑥参加商业计划竞赛也可以通过其他竞赛团队的创业陈述来替代性经验学习。

3. 创业言语劝说

创业言语劝说是他人在创业方面对个体言语上的支持和鼓励，增强个体的自信心。说服性言语可以使人相信自己具备成功达成任务所需的能力，但此方式所引起的效能感通常是微弱且短暂的。高校创业教育可以言语强调和劝说学生能够成为成功的创业家，比如积极的反馈和表扬等两种言语劝说类型。来自教师积极的、鼓励的评论可以提高学生的创业自我效能感。的确，创业支持系统在能够为建立学生创业事业自我效能感提供必要的、积极的劝说中扮演着重要的角色，比如提供同龄人支持的学生创业自组织、与提供支持和鼓励的校友的联系、与区域创业家的正式指导关系，以及学院学生建议等。

当然，积极的言语劝说并不一定限定于外部来源，学生也可以通过进行可担当的创业研究的机会来提供内在说服，进行自我激励。学生通过收集数据，研究如何才能成为一个成功的创业家，从而能够确信自己也有成为卓越创业家的能力。正如中国古老的谚语所言，"不积跬步，无以至千里"。作为创业者在创建和经营企业的过程中，一定会经常面临挑战，似乎就像令人难以应对的长途跋涉。然而，通过帮助学生识别前进中的每一步，就可以实现千里之行，学生就能够自我劝说成为创业者的挑战并不是令人难以应对的。因此，高校创业教育中的创业计划书在一定程度上就显得尤为重要，创业计划书为学生的创业设计了清晰的创业路线图，可以减少不确定性给学生带来的恐惧，增强自信，从而提高学生创业自我效能感。

4. 创业自主觉醒

高校创业教育应该讨论围绕创业可能产生的焦虑和恐惧。在这个高度不确定性和危险性的环境里创办新企业失败的代价很高，能够导致产生学生创业恐惧功能性失调。综观整个创业过程，创业者一定会遭受消极的、负面的心理状态，比如焦虑、挫折感和自我怀疑，这些消极情感的结合状态能够导致创业自我效能感的降低。

因此，高校创业教育应该有包括自我管理的教学课程，探讨处理创业内在恐惧的措施方法。创业教育中应该警示和指出学生应该预料创业中这些消极心理状态和反应。培养创业潜力的信心意识可以帮助平衡创业恐惧，在创业教育中，可以提醒学生一些生理觉醒能够导致更好的绩效，当然过多的生理觉醒也会引起功能失调。这就需要在创业教育中进行压力管理技巧的讨论，如饮食改善、适当运动、合理性沉思、生物反馈以及幽默等。

Edwards和Edwards的研究认为，创业家可以利用六个步骤来克服创业恐惧和获取创业自信：①因为恐惧是对未来可能发生的情况的一种反应，因此注意力要集中在当前；②接着识别是否存在创业风险；③如果有点焦虑，马上思考现在能够做些什么可以消除恐惧；④回忆面对挑战你过去是如何应对的，直到知道自己有能力解决为止；⑤思考自己应该采取什么必要的措施应对挑战和威胁，且相信自己有能力成功实施；⑥提前预演应对创业过程的挑战，成功地体验挑战。另外，Kanfer和Ackerman研究表明，帮助个体获取承诺以及自设目标达成对于应对克服诸如恐惧和焦虑等消极情绪反应具有积极的作用，那如何才能帮助个体获取承诺和自设目标达成呢？①评估问题；②根据面临的问题，设定具体的目标；③监控环境，掌握促进或阻碍目标实现的环境因素；④自我管理自设目标的进程。同样地，这些技巧对于初次创业者克服创业的消极情绪反应也非常有效。

（二）基于创业结果期待的创业教育实践机制

结果期待是社会认知理论中的一个核心概念，它就是个体对于特定行为产生特定结果的一种信念。这些结果所指的对个体来讲是有价值的，如报酬、社会声誉、社会认可和情感。但是有价值并不意味着结果期待总是可以被认为是积极的和想要的。创业行为也可能导致个体恐惧或不喜欢的结果，如难堪、太长的工作时间、报酬的减少和破产等都是潜在的、不受欢迎的结果期待。

因此，高校创业教育应该采取适当的教学方式来影响学生的结果期待。创业既可以被描述为无限地追逐你的梦想，也可以被描述为冒着失去终生储蓄的风险进行长期的工作。高校创业教育应该突出创业问题重点，清楚创业中什么出错、什么正确会对学生创业结果期待产生重大影响。高校创业教育在提供创业案例和创业教育方式引导学生产生积极的创业结果期待中扮演着重要的角色，促进学生的创业社会认知。

1. 创业有形结果

有形的物质结果回报最容易被认同和想到，比如薪酬、生活标准、退休保障、工作时间，以及其他的福利机会等。但是，有一种普遍的误解认为大部分新创企业在它最初的时光里都会失败夭折，然而，Kirchhoff对那些已存活8年的新创企业进行大量研究后发现，仅有18%的新创企业由于不能够偿还到期债务导致商业失败，相比较于28%的新创企业保持了原有的债权结构存活下去了，26%的新创企业改变了企业原有的债权结构继续发展下去了。因此，为了鼓励创业，高校创业教育应该强调创业能够带来潜在的巨大物质回报的可能性，比如全球最畅销的《隔壁的百万富翁》(*The Millionaire Next Door*) 一书作者Thomas Stanley1999年在调查了美国百万富翁以及千万富翁之后发现，美国350万百万富翁中的2/3是自我雇佣的（创业）。作为创业教育教授方法的一部分，高校创业教育应该含有对成功创业家的介绍以及传播成功创业家的故事。聘请当前的和退休的成功创业企业家为创业教育的客座教授，建立创业顾问（咨询）委员会以及利用各种手段为学生在关于创业方面提供可视化的示范指导，提高学生关于有形的事业选择有利结果的创业结果期待。高校应该把学生创建和运作自己的商业活动作为创业教育的一部分，这种方式也能导致创业成功的有形结果，起到示范作用从而提高学生创业结果期待。在一个更基本的层面上，高校通过计算机模拟创业、课堂创业案例讨论等活动进行课堂创业教育，而作为创业成功指标的这些活动结果的等级是有形的、可测量的创业结果指标，能够产生持续的创业结果期待。

2. 创业社会认可

对于创业者来讲，尽管有形的结果期待很重要，但有意义的高度赞许也是其想要的。这些包含了与创业相联系的社会相关的创业结果，如尊重、认可、参与市民或社区团体、受邀成为学校或其他场合的客座演讲者等。因此，高校创业教育应该注意聚焦于那些得到社会高度认可的著名校友、顾问委员会的成员等成功创业企业家，邀请他们来校与学生进行互动，这些创业教育活动能够提高学生创业结果期待。正如 Kelly 研究所示，个体需求欲望会随着时间、经历以及需要的满足等变化而改变。因此，高校创业教育如果仅仅关注有形报酬可能创造不出所需要的创业结果期待来激发学生追求创业事业。

3. 创业自我评价

根据马斯洛需求理论，个体最高层次需求是聚焦于内在的自我成就感即自我评价结果部分，如自豪感、成就感、社会的贡献、独立和自我实现等。高校创业教育应该意识到自我评价结果在创业过程中起到非常重要的作用，高校创造各种学生与创业企业家问答互动的机会，了解创业过程和经历，帮助学生建立自我评价结果的角色，提高学生创业结果期待。研究表明，学生创业、商业计划竞赛、社交机会、创业见习（实习）、创业企业家课堂演示或演讲和与学院或创业课程相关的奖励荣誉等创业教育方式可以为自我评价结果实现奠定重要的基础。高校创业教育应该突破学术架构支撑的创业教育，把这些创业教育方式纳入到创业教育课程体系中。

五、结语

已有研究表明，高的创业自我效能感和创业结果期待对形成创业意图/意向、创业兴趣以及创业目标具有积极的促进作用。这些对高校进行创业教育具有重要的理论指导意义。现有研究表明许多创业教育技能能够促进和加强学生创业意图/意向，高校在创业教育过程中应该采取多种教学方式和教学活动，提供各种机会实现创业自我效能感机制以及创业结果期待机制，提高学生创业社会认知。高校创业教育的目标就是在学生完成创业教育课程作业和参与创业教育活动中能够提升创业自我效能感和创业结果期待，实现创业目标。

通过较高的课堂教学相关的创业教育方式的运用，以及创业教育的创业体验，较高的创业自我效能感和创业结果期待就会被培养出来。研究揭示纯课堂创业教育讲授对培养学生创业自我效能感和创业结果期待的效果是最差的，另外，普遍使用的案例课堂创业教育效果也不是太好。研究认为只有基于社会认知进行"真实世界的体验"的创业教育才是最有效的。

高校创业教育通常过多地关注学生的理论知识对创业能力的影响。当然，知识和能力对创业是必要的，但对实现创业还是不够的。而亲身实践的体验学习对于获得创业认知和创业感性认识同等重要。创业知识和能力对创业结果的作用受到创业自我效能感和创业结果期待调节作用的影响。换句话说，就是拥有必要的创业知识和技能的学生可能缺乏创业自信或缺乏想得到的创业结果的认知。

因此，高校创业教育需要在创业课程中建立整合性创业教育活动框架，构建学生与外部创业真实环境联系的通道，这对于创业教育是非常重要的。例如，走出课堂开办商业（创业），或与创业企业家一道紧密地合作或工作等。毋庸置疑，创业必然受到情境的、社会的、环境的因素的影响，高校最有效的与课堂相关的创业教育方式就是把学生与外界真实创业和风险联系起来的创业教育活动。

（作者是安徽财经大学创业创新与企业成长研究中心秘书长、博士、副教授，本文节选自《技术经济与管理研究》2016年第12期）

高校创业教育与我国新兴产业发展研究

胡登峰　王贺武

自改革开放以来，我国已有不少大学进行创业教育方面的尝试和实践，为我国的产业技术进步和经济发展做出了贡献。进入"十二五"时期，我国战略性新兴产业将迎来新的发展机遇。根据"十二五"规划纲要，未来我国将"以重大技术突破和重大发展需求为基础，促进新兴科技与新兴产业深度融合，在继续做大做强高技术产业的基础上，把战略性新兴产业培育发展成为先导性、支柱性产业"。在此形势下，积极推动高校开展创业教育对于发挥高校服务社会经济作用、促进新兴产业发展具有重要意义。

一、高校创业教育与新兴产业发展的联系

随着"科教兴国"战略口号的提出，我国加快了以企业为主体、以市场为导向、产学研相结合的技术创新体系的构建。特别是以高新技术为基础的战略性新兴产业规划的出台，为我国高等学校教育和研究领域提供了很多新的课题，而高校在促进新兴产业发展中也肩负着重要责任。胡锦涛总书记在庆祝清华大学建校100周年大会上，从增强科学研究能力、大力服务经济社会发展的角度，明确提出高等学校"要积极推动协同创新，通过体制机制创新和政策项目引导，鼓励高校同科研机构、企业开展深度合作，建立协同创新的战略联盟"，并"自觉参与推动战略性新兴产业加快发展，促进产学研紧密融合"。

新兴产业发展所带来的人才素质及其培养方式的改变，需要高校积极开展创业教育，并加强与产业界的合作研究。从世界高等教育发展的历程可以看出，大学自诞生以来经历了两次学术革命。第一次是19世纪初德国洪堡大学的改革，将"研究"作为一项学术任务引入大学，引发了第一次学术革命，研究型大学应运而生。大学经过第一次革命的洗礼，完成了由教学型大学向研究型大学转变的使命。第二

次是 20 世纪后期,欧美乃至亚洲和拉丁美洲逐渐涌现出一些出色的研究型大学,利用自己的知识创新成果,引资创办高技术公司,加速原创性科技成果转化,孵化催生、兴办新兴产业,创业逐渐成为大学的又一项新功能,形成了一种新的创新型教育模式,即创业型大学。从世界范围看,对推动全球创业型大学新兴产业的形成和发展、引导新兴产业的前进方向起到了推波助澜的作用,例如美国的斯坦福大学造就了"硅谷",新加坡南洋理工大学则是亚太地区推动新兴产业集群化发展的典范。

二、我国高校创业教育发展现状

从 20 世纪 80 年代开始,随着全球高科技产业的兴起,我国高校已经意识到大学的技术扩散对产业发展起着至关重要的作用,学术界对技术扩散的机理进行了有益的探讨,产业界也一直对技术扩散的组织模式进行尝试。早期我们认为技术扩散是一个自然发生过程,通过大学教育方式,知识和技术就会必然发生扩散,在组织管理模式上,也主要是通过政府组织的有关研究基地的示范带动。

"产学研"成为指导高校开展科研教学和服务社会的基本模式。这种模式虽然拉近了高校和企业之间的距离,但是高校在知识传播和技术转移过程中并没有处于主动地位,高校人才培养模式和高新技术产业化模式存在有待改进之处。如何加强高校创业教育,以推动高校技术转移扩散,加快我国新兴产业发展已是当务之急。

1998 年教育部公布《面向 21 世纪教育振兴计划》,提出了"高校高新技术产业化工程",并要求"加强对教师和学生的创业教育,采取措施鼓励他们自主创办高新技术企业",此后我国高校的创业教育逐步开展起来,并在培养创业型科技人才方面取得了一定的成就。当然,我国高校创业教育仍存在着创业理念落后、师生参与能力不足、创业能力有待提高等一系列问题,无法充分发挥高校创业教育在新兴产业发展中的助推作用。主要体现在:

(一)创业教育的内容与新兴产业发展的实践尚未有效结合

有些高校开展创业教育时只是增设了若干与创业理论相关的课程,然而,创业教育若想真正得到落实,关键是要将其与教学、科研环节紧密挂钩,深入学生培养的各个方面,根据现实的情况培养社会所需要的创业型人才。与此同时,部分高校关于产业化知识的传授较少。例如,在精细化工中,芳纶、聚酰亚胺、聚苯硫醚作为基本的化工产品,产业化利润不是太高,但是发展硝基氯苯下游加氢催化产品,如邻氯苯胺、间苯二胺、邻苯二胺等，开发耗碱产品如层硅、白炭黑等，将极大提高企业利润，并能够带动相关产品的开发；此外，如果进一步做好中间体的深加工工作，根据产业化要求延长产业链，生产具有更高附加值的产品，如香兰素、扑热息痛及香料等产品，那么产业化前途将更为广阔。如果授课教师缺乏与企业深层次的接触，没有从事技术产业化的相关经历，很难将这样的产业化知识传授给学生。因此，未与实践有效结合的创业教育，在提高学生创业能力方面难以达到期望的效果。

（二）创业教育管理体制不完善，难以跟踪新兴产业的发展动态

创业教育与实践学习相脱离，部分高校仅将其当做就业指导的性质来管理。国内很多高校的创业教育工作是由学工处、就业指导中心或团委负责的，而这种创业教育模式主要是为了应对学生就业问题，并没有真正解决学生的能力培养问题。目前很多高校也认识到创业教育的重要性，并设置了相关课程，但大多仅限于某个或少数几个部门具体实施创业教育工作，而部门之间也缺乏互动的协调性和系统性。这种情况使得学生创业能力的培养事倍功半，也不利于高校自身的发展。此外，开展了创业教育的部分学校，在具体创业教育过程中，很多情况下仅仅是针对科学知识的学习，缺乏对科技创新、新兴产业前沿知识的系统性了解。而对于产业前沿动态的熟悉与跟踪，将为创业者提供更多知识及创业机会。例如，在精细化工领域，高校教学中可能涉及这样的知识要点：精细化学品的最大特点是生命周期短，需要根据相关应用领域的技术进步不断提升产品的性能，但是却没有告诉学生在哪些领域需要开展技术进步，并能形成有效产品研发。如果高校在传授知识过程中，系统性地介绍相关的知识，并组织大家开展研究和思考，那么效果必然不同。再如，随着一些新的安全环保法规的实施，如 REACH 法和 POPs 等公约的实施，一些产品将被限制或停止使用（包括电子信息产品中不允许使用含金属铅的化学品，儿童塑料玩具中不允许使用邻苯二甲酸酯类增塑剂，等等），因此需要开发新的替代产品。这些动态知识的跟踪和介绍，对于有志于在精细化工领域创业的学生来说是必需的。

（三）在高校创业教育过程中师生的参与力度不够，直接面向产业发展实践的能力有待提高

创业教育是一种注重实践的教育方式，如果高校开展的竞赛性的创业活动只是集中在小部分的学生中，那么将会导致学生参与力度明显不够。2011 年，清华大学

中国企业成长与经济安全研究中心、南开大学创业研究中心等7所高校的有关机构对17所高校进行调研，对受访学生的创业态度、创业倾向和影响因素进行了统计分析，结果显示，只有10.3%的大学生有创业实践经历，仅有3.5%的学生曾经多次参加创业计划竞赛。另一个需要我们关注的创业群体是高校教师，教师在创业教育中通常是作为教育者面对学生的，如果从事创业教育的教师能够结合相关的实践活动，以身说教，就会取得事半功倍的效果。

（四）创业链建设滞后，基于新兴产业技术及产品开发的创业链教育有待培养

高校对于创业教育仍局限于对学生的创业培养中，如开展创业设计大赛、设立创业指导中心等。就实际而言，这种创业实践教育与产业实践仍存在一定的差距。从高校知识传授到技术在产业中应用，显然存在知识链—技术链—产品链—创业链四条主线，但在传统的教育过程中，主要加强的仅仅是知识链—技术链之间的互动和提升。从产业层面上说，知识链—技术链—产品链—创业链互动一方面给高校科研带来了新的课题和研究方向，另一方面也促进了产业链的建设和发展。例如在生物制造领域，简单的微生物发酵是一个学习和创造科学知识的过程，但是各种化工中间产品，如氨基酸、维生素、有机酸、可降解塑料，其中氨基酸中的赖氨酸、谷氨酸，有机酸中的柠檬酸、乳酸，维生素中的维生素C、维生素B_2，可降解塑料中的聚乳酸等，都是建立在一定知识基础上的技术产品关系，也是建立在一定技术产品上的产业化产品关系，同时我们认为现存的这些产业化产品虽然技术上相对已经成熟，但是在具体工艺、方法上还有待于进一步研究和开发，这就为高校科研带来新的命题，也为基于一定技术和产品上的创业教育提供了实践舞台。

三、以高校创业教育促进新兴产业发展

以科技作为第一生产力，高校科研与工业生产紧密结合、相互促进已经成为全球知识经济发展的趋势和内在要求。创业理念与学、研相结合的教育方式是加强高校创业型科技人才培养、促进我国新兴产业发展的重要途径。《国家中长期教育改革和发展规划纲要（2010~2020年）》强调要"加强就业创业教育和就业指导服务。创立高校与科研院所、行业、企业联合培养人才的新机制"，这就为今后我国高校创业教育的发展提出了明确目标。今后，我们必须牢牢把握新兴产业快速发展的契机，提高高校创业教育的水平和质量，培养优秀的社会主义建设人才。

（一）创新高校创业教育理念

高校的创业教育理念革新，从思想和行为上影响了学生的创业和创新素质。作为国家人才的摇篮，高校不仅要培养出具有较强学习能力的学生，也要创造有利于创新和创业的环境，并通过创业教学行为教育出一流的学生，让他们从思想上到知识上都具有创新的能力和开放的思维方式，这样才能更好地将知识转化为创新的产品，从实践中发现机会。特别是在经济全球化环境中，大学的知识产生和工业界技术产品创新的边界越来越模糊，大学创业教育的形式和内容必须跟上企业发展实际，以符合学生的教育需求和社会的发展需要。

（二）优化高校创业教育方式

在高校发展创业教育，不仅要鼓励学生积极创业，同时也应该让教师"走出去，请进来"。创业教育，学生是主力军，教师是引路人。从事创业教育的教师不仅要把研究和产业结合起来，更要把学生与社会联系起来，走出校门，深入产业，关注产业发展动向，切实把教学、科研、人才培养和产业发展实际紧密联系起来。在引导学生创业方面，教师应该从自己所熟悉的产业门类出发，引导学生学习新兴产业方面的知识，积极参与产业前沿的技术研究。从高校创业教育发展来看，不仅要教育学生掌握专业知识，还需要教育学生了解相关实践知识，系统提高学生的创业素质。

（三）加强实践基地建设，全面打造高质量创业平台

如何培养出具有良好创业素质的人才？结合中国的社会经济以及高校的实际，我们认为需要从硬件和软件两个方面着手。硬件，即基础教育设施。创业教育最好的老师就是企业本身，在企业学习得到的知识，都是一些实用的知识。所以在硬件方面，学校可以建立自己的创业实习基地和创业园区，并与优质的企业建立长期合作关系，借用其现有的资源，切合实际地进行创业教育。同时，高校之间也可以加强合作，互相利用对方的创业教育资源，取长补短，这样更加有利于全面地培养学生。在软件方面，高校应在创业教育上加强自身的基础研究，建立良好的培养体系，做好理论和实践的结合、教学与科研的统一，同时组建一支强有力的教育团队，在做好学生教学工作的同时加强创业教育理论的研究，不断发展和健全自身的创业教育水准。

(四) 积极推动技术转移扩散，充分发挥高校作为高新技术产业化推动者的作用

创业型大学的出现反映了知识在国家和区域创新系统中的重要性日益突出，创业型大学是知识技术的有创造性的发明者，也是其成果的转移中介。大量的技术创新尤其是那些"基础创新"、"轨道创新"需要大学原创性工作来完成，即使是一些"增量创新"，通常也是通过高校大量创新性人才培养或者直接与创新型企业合作来完成的，所以尽管工业和学术系统处于变化阶段，但世界上很多国家都将大学作为培养创新环境、推动知识创新的内在动力。我国高校在前沿研究方面具有先天优势，应建立健全优良的技术转移模式，从而促进创业教育的良性循环。

总之，我国高校在发展创业教育过程中，必须结合自己的优势，选择具有自身特色的创业教育发展道路。在当今新兴产业发展的浪潮中，高校需要将教育、科研与服务社会进行有效结合，从而实现知识产生、技术扩散、产品研发和创业要素的有效嫁接。

(第一作者是安徽财经大学创业创新与企业成长研究中心博士、
教授，本文节选自《经济理论与实践》2012 年第 3 期)

基于隐性知识视角的高校创业教育模式研究

梁 中 潘 丽

在高等学校开展创业教育，既是我国高教领域主动深化教学理念和教学模式改革的重大举措，也是其服务于创新型国家建设和培养当代大学生创新精神及实践能力的重要途径。从理论研究和实践层面上来看，欧美发达国家的创业教育已经进入成熟阶段，基本形成了多学科相交叉、多资源相整合、多主体相互动的运行系统。相比较而言，我国高校创业教育尚处于发展初期，还未确立系统化、科学化的教育模式，因此仍需要更深层面的研究与拓展。本文将从隐性知识的研究视角出发，在进行隐性知识和创业教育关联分析的基础上，着重探讨当前我国高校创业教育发展中存在的问题，以及如何构建基于隐性知识转移规律的创业教育模式，以期为我国高校创业教育的研究与发展提供一种新的理论参考视角。

一、隐性知识与创业教育的关联分析

隐性知识的概念最早由迈克尔·波兰尼（Michael Polanyi）在1958年提出，他认为人类的知识有两种：一种是显性知识（Articulate Knowledge），即以书面文字、图表和数学公式加以表述的；另一种是隐性知识（Inarticulate Knowledge），即未被表述的知识，正所谓"我们知晓的比能说出来的多"（We can know more than we can tell）。按照波兰尼的理解，隐性知识在知识客体中占据主导地位，约占知识总量的80%以上，其本质是一种理解力，是一种领会、把握经验、重组经验，以期实现对它的理智控制的能力。更重要的是，显性知识的接收、理解、记忆、整理、深化等效果也要依靠隐性知识的运作，如果隐性知识缺乏则会深刻影响显性知识的吸收和组合，并继而直接影响认知活动的水平。根据隐性知识的内涵，其与创业教育的关联主要体现在以下三个方面：

（一）隐性知识的特征与高校创业教育的本质紧密切合

高校创业教育的本质与核心是创新教育，个体性、综合性、创新性和实操性是其根本属性，不强调既有理论的灌输和系统学科知识的传授，而是更加强调受教育者创新意识、创新能力与创新素质的综合培养与生成。隐性知识的特质则与这一教育目标高度切合，其内含的默会性、个体性、情境性、整体性和文化性，使得隐性知识无论是从知识的获取阶段，还是组合与转换阶段，都需要学习主体以参与特定情境下的综合性实践活动为支撑平台，并使得个体可以借助个人独特的经验和方式来体悟、改造世界。恰如 Ikujiro Nonaka 所认为的，隐性知识是高度个人化的知识，很难规范化也不易传递给他人，主要隐含在个人经验中，同时也涉及个人信念、世界观、价值体系等因素。鉴于当前以显性知识传播为主的大学传统教学模式已经难以满足新的教育要求，而这种与创业教育本质紧密切合的特性，也使得基于隐性知识获取和转移规律的创业教育模式越发凸显出其独特的应用价值。

（二）隐性知识的获取是创业能力的形成基础

Sternberg 认为知识与能力存在重叠，而重叠部分就是隐性知识，它反映了个体从经验中学习的能力以及在追求和实现个人价值目标时运用知识的能力。从这个意义上说，隐性知识的本质就是一种复合能力，其获取方法与显性知识也明显不同。正如 Durcker 所言："隐性知识，就如某种技能，是不可用语言来解释的，它只能被演示证明它是存在的，学习这种技能的惟一方法是领悟和练习"。高校创业教育的一个核心目标就是培养大学生的创新与创业能力，这种能力在内涵层面上是一个由隐性知识和显性知识非线性相互作用的网络，其中"未明言的知识"则发挥着最为重要的整合、吸收和创新作用。而创业能力的学习过程则更多的是一种亲历学习的过程，学习者通过持续的经验累积、吸收和体悟，最终内化为具有个体色彩的自我隐性知识。因此，在创业教育中，必须要摒弃那种只能给学生以显性知识碎片的教育模式，而着重构建有利于创业隐性知识生成和转移的教育模式，以促进教育对象对创业隐性知识的获取与共享。

（三）隐性知识的转移是创业能力的提升途径

Hirotaka Takeuchi 曾提出一个著名的 SECI 模型理论，即隐性和显性知识相互转换的历程包含四个阶段：群化（Socialization）—外化（Externalization）—融合

（Combination）—内化（Internalization）。以上四种不同的转化阶段是一个有机的整体，通过这个过程，高度个人化的隐性知识通过共享化、概念化和系统化，在整个组织内部进行传播，并最终被组织成员吸收和升华。SECI模型表明，不管是人的学习成长，还是知识的创新，都是处在社会交往的群体与情境中来实现和完成的，而这也是创业能力提升的必经之路。在这个过程中，完成一次螺旋上升的每一个阶段都有一个相应的"场"（Ba）存在。这种创业隐性知识转移的过程本身就是提升创业能力的过程，通过营造各种具体的创业情境，创建场所，以确保四个阶段转化程序的循环往复，使得教育对象的创业能力不断自我超越，并呈现一种螺旋式上升的趋势。

二、隐性知识视角下的高校创业教育模式问题分析

不同国家的大学创业教育由于在资源、制度和文化环境等方面的差异，使得创业教育模式呈多元化发展趋势。如美国大学创业教育的典型模式有聚集模式、辐射模式、磁铁模式；新加坡高校创业教育采取文凭教育模式，如新加坡南洋理工大学就把创业教育定位在专业教育的范畴；澳大利亚高校创业教育则采取分层次模块化课程结构，设置了通用模块和选修模块两个学习层次。经过多年实践，我国高校的创业教育逐步形成了三种典型模式：一是校企合作在校内共建创业教育基地，企业提供初始启动资金或设备，学校成立创业教育团队，通过合作协议的模式共同创业；二是借助企业真实情境开展创业培训，学校组织师生参与经营过程，在具体的市场情境下对学生进行创业知识的传授和创业技能的培养；三是依托科研项目搭建创业教育平台，学生参加教师与企事业单位或研究机构签订的科研项目，利用自己的专业技能参与创新创业过程。

上述探索有效推动了我国高校创业教育的发展，但从总体来看，我国高校创业教育还处于摸索阶段，尤其是基于隐性知识转移规律的创业教育模式仍没有得以确立和实施。从隐性知识的视角来看，目前我国高校创业教育模式还存在着以下四个方面的典型问题：

（一）创业教育培养目标与培养方式脱钩，轻视创业隐性知识获取的规律

当前我国大部分高校都针对创业教育进行了或多或少的改革，在培养方案上也基本都把创新与创业能力培养作为核心培养目标，但由于对创业教育本质认识上的

偏差或教学资源方面的限制，导致很多高校在具体的培养方式上常常与能力导向严重脱钩。例如，在创业教学内容中依然偏重于理论的灌输，在教学方法上依然以讲授传播为主导，在考核方式上依然以试卷答题为基本模式等。事实上，很多高校在创业教育的培养方式上，仍把创业知识与技能作为显性知识来对待，而轻视或者说忽略对创业隐性知识的生成、获取和转移等内在规律的研究。正如前文所述，显性知识可以通过被动灌输的方式获得，而创业隐性知识由于主要来源于特定的经验，体现了个体对外部世界的个人化的判断和体悟，仅仅依靠课堂和有限的社会实践难以完成。因此要实现创新与创业能力这一培养目标，必须深入研究创业隐性知识的结构特点，遵循创业隐性知识和技能生成和转移的规律，并借此设计和实施相应的培养方案，才能收到应有的教育效果。

（二）创业教学方式仍以接受式为主导，体验式教学没有真正实施

从知识的获取方式上看，教学方式可以分为接受式与体验式，前者需要的是记忆及解释性理解，后者需要的是探究式理解。当前我国很多高校在实施创业教育的过程中，已经开始注意到体验式教学的重要意义，如组织学生到企业进行实地考察或实习等，但参与的广度和深度都不够，教学的主体形式仍是接受式。创业隐性知识的个体性和情境性特征，决定了其知识结构中内含有大量个性化的经验与感悟，是个体的独特经验与独特思维组合之后的产物。而学生从接受式教学中获得的显性知识基本是分散的，能否构成创业技能的支撑元素，还要取决于隐性知识对显性知识的整合和转换能力，而这种能力又取决于个体参与体验式活动的质与量。因此，我国高校在创业教育中的体验式教学缺失问题，将导致大学生创业隐性知识的积累和获取严重不足，同时也无法保证他们在实践环境中实现从"知识到能力，能力到素质"的转变与内化，因此必然影响创业教育的整体实效。

（三）创业课程体系以学科独立型为主体，开放式的多维课程体系尚未建立

创业隐性知识的整体性、多元性和复杂性，决定了创业教育课程体系中不仅需要有学科课程，还应该包括活动课程、实训课程等非学科课程，仅仅依靠学科独立型的课程体系将很难实现创新创业型人才的培养。而从我国高校创业教育的课程体系设置来看，依然是以独立学科为主，过于强调创业知识教育的统一性、强制性和封闭性，相应的师资配置也比较单一化，导致创业教育与专业教育、基础知识学习严重割裂和脱离。上述现象即使在一部分已建立创业人才教育学院的综合性大学里

也较为普遍地存在，这都严重影响了学生对创业隐性知识的获取。近年来，国内部分高校开始意识到开放式课程的重要性，并尝试引入外部多元化教育资源，对学生进行创业能力的综合培养和训练。但总体来看，我国高校创业教育的课题体系设计依然没有实现创业教育与专业教育的融合、科学教育与人文教育的融合以及课堂教育与实践教育的融合，开放式的多维课题体系亟待建立和完善。

（四）创业教育的实践环节总体薄弱，缺乏系统、稳定的实践平台

创业教育的根本目标就是培养具有创新和创业能力的新时期人才，而这种能力的获取和内化主要渠道就是实践平台。但我国大多数高校的创业教育仅在校内进行，大部分学生缺乏实践机会，使其难以在具体的情境下通过实践活动获得个体化的感悟和经验，从而导致创业隐性知识的获取渠道受阻。正如部分学者所言："实践是我国创业教育与西方发达国家差距最大的地方，是我国创业教育发展的瓶颈之一。"近年来，我国有部分高校开始着手筹建了一些创业实训基地，尝试在真实市场情景下实现学生创业能力的转化与提升，但总体来看规模偏小，且实训对象的数量往往极为有限，仅仅是少数人的创业活动，而不是多数人的创业教育。高校创业实践平台的缺失，使得整个创业教育体系效能严重受损，同时也使学生在其他教育环节所获得的创业显性知识，因为缺乏具体的"场"和情境，而无法实现向创业隐性知识的转移和内化。

三、隐性知识视角下的高校创业教育模式创新路径

基于上述分析我们认为，要解决当前我国高校创业教育发展中所存在的问题，切实提升创业教育的效能，必须进行创业教育理念和教育模式的全面创新，积极寻求符合创业隐性知识转移规律的创业教育新路径。

（一）转变创业教育理念，确立以创业隐性知识教育为主导的培养理念

当前我国高校创业教育的关键问题之一，在于尚未转变以创业显性知识为主要传授目标的教育理念，对创业知识结构中的隐性知识重视不够，尤其对创业隐性知识的获取和转移规律还缺乏深入了解。这种教育理念反映在教育行为上，就是仍然习惯于以显性知识的传递规律为导向去建立创业教育的培养体系，从而导致整个创业教育效能的低下。在这种教育理念的影响效应下，还衍生了一些片面或者说极端

的创业教育观念，如认为高校的创业教育就是为了将每个学生都培养成企业家、创业教育就是老板教育等。我们认为，要切实提升我国高校创业教育的效能，必须转变以传统显性知识传递为主的教育理念，而代之以科学的全面的创业教育理念，即以创新精神、创业意识和创业能力为培育目标，以开放、多维、学科交叉式的课程组合为载体，以体验式教学为手段，在充分整合政府、社会和高校多主体投入资源的基础上，构建符合创业隐性知识获取和转移规律的培养体系。

（二）以分层次教育模式为基础，构建开放式和多维性的创业课程体系

创业教育的本质是个性教育，是以人的自由发展为目标的。教育家卡尔·维特曾指出：人总是喜欢自由的，一切束缚和压迫都会使他产生厌恶和反抗。而当前我国高校的创新创业教育大部分是没有衔接和基础的，在整个教育模式中缺乏对学生个性、兴趣和学习特点的尊重。因此，我们认为高校创业教育首先应以多元化、分层次的教育模式构建为基础，即在低年级学生中根据学生的自身特点及个性进行创业通识培养，重点进行创业意识、企业家精神和创业品质等方面的教育。其次在此基础上，针对高年级学生中具有创业志向的学生，展开创业精英教育。相对应的创业课程体系，则以开放式和多维性为特点，以创新创业通识课程、创业技能课程和创业实践课程三个模块为支撑来进行构建。其中通识课程主要涉及创新创业原理、基本商业知识、企业运营管理流程等方面的创业显性知识传授；创业技能课程则侧重于创业战略管理、融资管理、风险管理和市场战略管理等领域的综合技能训练；实践课程则主要以创业实践平台为载体进行创业知识的转化和提升学习。

（三）以创业孵化区建设为中心，搭建多主体参与的创业实践平台

创业实践活动是创业教育能否有效实现知识内化的关键环节，也是我国高校创业教育中目前最薄弱的环节。由于创新创业教育实践平台建设是一项庞大的系统工程，鉴于我国高校在创业资源、资金和制度等方面的诸多限制，可以实行渐进式的发展战略，先集中力量以校内创业孵化区建设为核心，然后再逐步向外扩展建设，以搭建政府、企业、公益机构和高校等多主体参与的创业实践平台为最终目标。其中校内孵化区主要用于创业团队的孕育、孵化和扶持，通过公开的选拔、竞赛机制，为在创业大赛阶段获得肯定或其他符合基地入驻要求的学生创业团队提供初始风险资金支持和现场跟踪指导，直至项目成熟再完全推向市场。有条件的高校可以充分利用其校办科技产业园，为学生创业团队在项目选择、资金筹措、市场推广和人力

资本等方面提供支持。在此基础上，逐步积累经验和资源，再向校外寻求机构合作，最终搭建以"校内—校外—内外综合"三种基地为主要支撑的创业实践平台体系，为不同复合类型的创业团队提供全方位、多元化的孵化服务。

(第一作者是安徽财经大学创业创新与企业成长研究中心博士、副教授，本文节选自《淮阴工学院学报》2012年第2期，稍加修改)

大学生创业教育对学生创业意向影响的实证研究

杜晶晶　王晶晶

创业作为经济和社会发展的助推器，在产品与组织创新、科技进步、就业增长乃至推进全球化的进程中都发挥着不可替代的作用。在这样的大背景下，创业教育在中国大地上轰轰烈烈地开展起来，并伴随着日渐紧张的就业形势，被赋予更高的社会期望。但经过十几年的发展，我国高校创业教育成效却遭到了质疑。总体而言，我国大学生创业教育声势大、影响小，形式多、内容少，投入多、收效少，尝试多、推进少的尴尬现状有目共睹。一些学者甚至担忧嫁接西方"舶来品"的创业教育存在着误导民众的危险。因此，客观评价我国目前的创业教育，检验创业教育效果，以此明确我国高校创业教育发展目标定位，采取有的放矢地推进措施，是落实创业型经济建设，促进"大众创业、万众创新"的必要保障。

目前国内对于大学生创业教育的研究多从质性描述展开，为数不多的实证研究关注创业知识、创业技能等，并不能很好地概述创业教育的本质与开设价值。对于创业教育效果的检验缺乏有力的度量标准和实证数据。创业意向作为有目的创业行为的重要预测指标，在国内外的研究都不计其数，尤其以创业意向来反映学生就业状况的选择，被看做是行为的最直接前因，从一个侧面反映出创业教育的实际效果。而态度作为意向的重要决定变量，还原了创业意向的作用过程，学生的创业意愿受到其创业态度的影响，这解释了他们应对环境表现的差异。

本文从大学生创业教育对学生创业态度、创业意向的影响出发，实证检验中国创业教育对学生而言的习得效果，拟回答以下几个问题：①中国的创业教育效果到底如何，即学生通过创业教育到底能收获什么？②中国的创业教育对大学生创业意向到底有无促进作用？是如何实现的？希望本研究为丰富创业教育理论、推动创业教育的本土化实践提供反思与启示。

一、文献回顾与假设提出

（一）大学生创业态度与创业意向

大学生创业态度指大学生对创业行为所持有的总体看法，亦指由大学生对创业行为的评价经过概念化之后所形成的态度；而意向反映个体将有意识的计划或决定付诸行动的动机，创业意向即表现为个体注意力和行为指向自我雇佣而非组织雇佣的一种心理状态。态度作为意向的重要决定指标出现在众多的文献中，尤以 Ajzen 著名的计划行为理论（TPB）为代表，他认为三个主要的态度预测意向分别是对行为结果的态度、社会规范知觉和行为控制知觉，这一模型也反复应用于各个领域的研究中。在创业教育研究范畴，国内外许多学者都将创业态度作为创业意向的重要前因变量构筑创业意向模型，实证研究数据也进一步证明了创业态度对创业意向形成的显著作用。如创业态度被证明是影响工科学生创业意愿最重要的因素；通过对新加坡学生的调查研究，从个人背景、创业信念和创业态度考察其对创业意向影响的结果发现，正规教育通过影响学生的创业态度，进而影响创业意向；国内学者郭洪、齐昕和刘家树的研究均发现创业态度对创业意愿的影响显著。由此提出本文的假设 1。

假设 1：大学生创业态度对于大学生创业意向提升有积极作用。

（二）大学生创业教育的效果

国外的创业教育不仅局限于课程，也指与创业相关的一连串活动组合，包括课程设置、商业计划大赛、实践互动、学校的支持性项目等。我国的创业教育除了各高校开展的创业课程外，KAB、SIYB 等创业教育项目相继兴起，并伴随着每年的"挑战者"杯全国大学生创业计划大赛在全社会产生了一定的影响。但总体上看，我国创业教育还处于初期发展的阶段，理论和实践总结都还不够。从创业教育的研究来看，国外目前也处于探索阶段，旨在进行课程描述或是趋势的总结，很少从实证层面检验创业教育的习得效果。而嫁接于国外创业教育的中国本土创业教育研究现状，更多还停留在课程设置、培养目标、实现路径的探讨上，缺乏进一步的理论提升与实证数据。因此，本文希望从实证层面检验大学生创业教育给学生带来的具体收益，以及这些成果收益对大学生创业态度、创业意向的影响。Souitaris 等首次提出大学生创业教育给学生带来的收益体现在知识、鼓舞和资源三方面，并通过量表加以验证。从理论上看，也有学者认为创业教育目的就是去发展创业活动意图，或是促进影响意图的因素，如创业知识、创业活动的渴求或其可行性，这就包含了知识、能力、态度及个人品质的发展。在 Souitaris 等探索性研究的基础上，结合国内现实，本文提出大学生创业教育习得的三方面内容：知识获取、志向鼓舞和意识唤醒。

1. 知识获取

传授创业知识是创业教育的一个重要目标，也是创业教育最直接的效果体现。通过接收创业相关的知识与经验，增强学生对创业活动的全面认识，为今后可能的创业活动开展积累知识储备。有学者认为创业教育能达到的五个层面的知识收益分别是 Know Why（创业动机和态度）、Know How（能力和技能）、Know Who（网络与社交）、Know When（经验与直觉）、Know What（知识）。创业活动强调先前知识对机会识别及创业开展的重要作用。这种先前知识是指个体对某一主题特定信息的掌握，可能源于经验也可能来自教育习得。创业知识的传授使得学生对创业活动有了更加精深的了解，教育习得的知识促进了新知识的整合与吸收，给个体发展带来更大的机会空间。Souitaris 等认为创业教育的知识习得有利于增进学生的机会识别能力，进而提高他们的创业态度与创业意向。通过对美国大学 MBA 学生的调研发现，学生选修的管理课程数量与他们的创业意向积极相关。由此提出本文的假设 2。

假设 2a：创业知识获取程度越高，越能提升学生的创业态度。

假设 2b：创业知识获取程度越高，越能提升学生的创业意向。

2. 志向鼓舞

志向（Aspiration）在心理学中又称为抱负、志趣，是指一个人期望自己在某方面取得的成就。在 Souitaris 等的研究中，将创业教育鼓舞的志向定义为"由创业教育相关的事件或投入引发的，指向成为企业家的心理（情绪）或思想（动机）的改变"。这里指向成为企业家的心理并不一定意味着创业意向，只是一种可能性的考虑。但考虑成为企业家的可能也正是创业态度与创业意向改变的第一步。创业教育通过知识传授、案例引导、实践项目等展示创业意义与企业家价值，改变学生对创业活动的情绪评价，提升学生有志于从事创业活动的主观动机。以学生为样本的实证研究证实了大学期间接受的创业教育以及形成的企业家形象有助于学生毕业后的自我创业。已有研究对四个不同国家理工科学生的调查显示，职业偏好与创业信念很大程度上受到大学期间学生对创业作为职业选择形成的印象以及获得的支持和帮助的影响。由此提出本文的假设3。

假设3a：创业志向鼓舞水平越高，越能提升学生的创业态度。

假设3b：创业志向鼓舞水平越高，越能提升学生的创业意向。

3. 意识唤醒

Souitaris等在实证研究中提出大学生创业教育的另一项收益是资源的孵化，体现为积累资源，把商业想法转化成现实企业的过程。国外的创业教育也的确提供了许多平台促成这一目标的实现。但就中国的现状来说，大学生创业活动得到的社会支持较为贫乏，中国的创业环境对大学生创业的支持与鼓励也远远不足，因此，西方创业教育的此项功能在我国难以得到完全复制。严毛新指出，创业教育绝非是一种可以短期速成的教育，过于重视创业技能训练和创业知识传授，容易使创业教育的本义被曲解。为此，培育企业家精神应当成为我国高校创业教育的发展目标，尤其是必须充分鼓励学生的创新精神。这一思想目前在国内创业教育界受到一致首肯，即创业教育的目标不仅是创业技能的传授，使得人人都成为企业家；从广义的层面上来说，创业教育应该被纳入到整个教育系统中，培养受教育者的创业基本素质和开创型个性。意识的唤醒与提高体现在个人内在品质当中，让学生学会主动思考，提升他们的自我评价，提高个人的自我效能感。李成彦和张坤认为大学创业教育的目的不是要求大学生马上创业，而是创新意识的熏陶与启迪。不少学者认为提高学生的自我效能感也是创业教育的重要目标之一。自我效能感体现出个人的一种自我预期，自我效能感高的人更有可能去追逐和实现创业机会。由此提出本文的假设4。

假设4a：创新意识唤醒水平越高，越能提升学生的创业态度。

假设4b：创新意识唤醒水平越高，越能提升学生的创业意向。

（三）大学生创业教育与创业意向的作用关系

实质上，态度作为个体特质与具体行为表现之间的桥梁，对行为改变具有重要的预测效果。个体特质对创业意向的影响是通过创业态度而间接显现的。通过以上文献回顾我们认为，大学生创业教育的本质不在于培养企业家，或是用创业来替代就业。大学生创业教育的重要之处还在于启发和鼓舞学生，让他们意识到创新与创业对个人乃至国家经济发展的重要价值，对创业活动有着更积极和正向的情绪评价，从而给自己的个性培养以新的发展空间，达成教育的真正目标乃至于影响学生未来的职业道路选择，换言之，即提升学生的创业意向。因此，大学生创业教育对创业意向的影响是通过影响和改变学生创业态度来实现的。实证研究中许多学者也将创业态度作为创业意向影响的中介变量，如郭洪等从创业教育内容的视角构建新的影响我国大学生创业意愿因素模型；李永强等从主观规范、创业态度和感知行为控制三个变量来探讨对中国大学生创业意愿的影响。因此，由此提出本文的假设5。

假设5：创业态度在大学生创业教育习得和创业意向提升中起中介作用。

本文模型如图1所示。

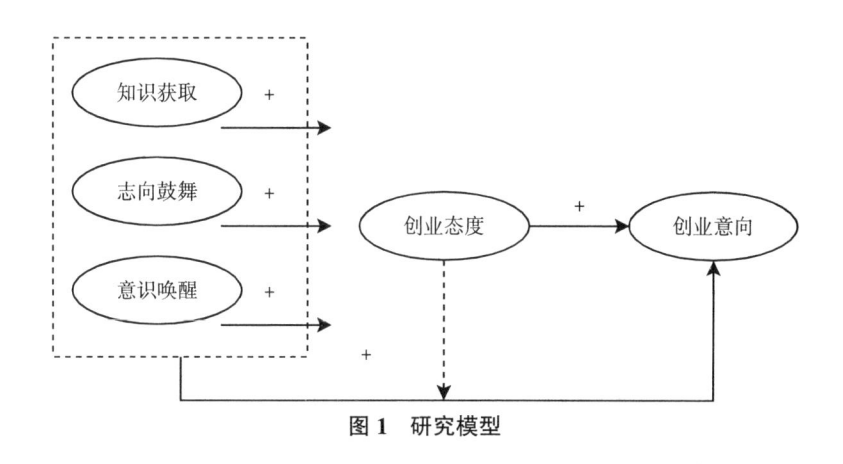

图1 研究模型

二、研究方法

（一）问卷设计、发放与回收

本文调查的对象为接受过创业教育的在校大学生。这里的创业教育不仅是指高校实地开展的创业课程，还包括创业教育相关的所有活动，如短期培训、第二课堂等。为确保问卷科学有效，笔者曾多次征求创业管理教学团队任课老师的意见，对问卷进行研讨，并选择一个刚刚接受过创业课程教育的班级同学进行预测试，修改部分题项，确保问卷具有较高的效度。正式调研时，选取安徽财经大学、中国科学技术大学、安徽师范大学三所学校在校本科生进行问卷发放，这些学生均受过固定学时的创业课程培训。问卷发放350份，收回有效样本302份，有效率为86.3%。其中男女占比分别为43.7%和56.3%，因为调查对象涉及财经类院校，经管专业的学生较多，所占比例达到70%，年级分布集中在大二以上，其中42.7%的人选修了创业课程，另有 57.3% 的同学接受创业教育的性质属于必修。学生中有少量同学有过兼职经历，达到 19.5%，也有一些同学参加过创业和就业社团，比例达到 26.8%。由此看来，总体人口统计特征分布较为合理，样本具有一定的代表性。

（二）变量的测量

大学生创业教育习得在借鉴 Souitaris 等的量表，结合我国创业目标的基础上本土化，采用"意识唤醒"替代原文的"资源孵化"这一维度，强调我们目前创业教育普及意识的教育定位。这里的意识唤醒是指对于学生创新意识的提升与改变，这一变量借鉴王琪琪、王世波等研究创新意识的心理学量表采用 5 个指标进行度量；其他两个维度"知识获取"与"志向鼓舞"袭用原量表分别采用 5 个和 4 个指标进行度量。创业态度借鉴新加坡学者 Phan 等的量表，用 6 个指标进行测量；创业意向借鉴李永强等、郭洪等量表采用 5 个指标进行测量。问卷采用李克特五分量表进行打分。

三、实证结果分析

（一）信度效度检验

本研究首先使用 SPSS17.0 软件对每一个变量的观测指标分别采用主成分因子分析并进行正交旋转，各题项在相应变量上的因子载荷如表 1 所示，其中创业教育习得较好地旋转出三个因子，每个因子的载荷大于 0.5，分别命名为"知识获取"、"志向鼓舞"和"意识唤醒"因子。创业态度和创业意向各旋转出一个因子，且载荷大于 0.8，命名为"创业态度"、"创业意向"因子。因子分析表明，大多数因子载荷集中在 0.7、0.8 左右，说明各变量的结构效度良好。

Alpha 系数反映了数据的内部一致性，由所得的结果可以看出各变量的 Alpha 系数值较高，大部分大于 0.8。为了进一步验证问卷的有效性和可信度，通过计算 AVE 值分析了问卷的判别效度，测量结果如表 1 和表 2 所示。

从表 2 可知，所有潜变量 AVE 值的平方根（对角线上的值）均大于各潜变量之间相关系数的绝对值，表明各潜变量之间具有很好的判别效度。

表 1 变量与观测指标的信度、效度

变量名称	测量指标	因子载荷	Alpha 值	AVE
知识获取	X1 增进我对创业者态度、动机、价值观方面的认识	0.582	0.856	0.575
	X2 增进我对兴办新企业需要从事的基本活动的了解	0.823		
	X3 增加我在创业实践方面的技能	0.813		
	X4 增进我对创业所需关系的了解	0.783		
	X5 提升我的机会识别能力	0.766		
志向鼓舞	X6 听老师讲课时触发了我想成为创业者的志向	0.785	0.796	0.558
	X7 观看创业视频或聆听成功企业家经验时触发了我想成为创业者的志向	0.772		
	X8 聆听同学发言或讨论时触发了我想成为创业者的志向	0.769		
	X9 完成创业练习时触发了我想成为创业者的志向	0.655		
意识唤醒	X10 意识到创新对我个人发展来说是必要的	0.702	0.826	0.50
	X11 意识到创新决定了国家的未来发展与经济建设	0.790		
	X12 意识到也许我也是个充满创新潜能的人	0.710		
	X13 开始对创新一词充满了愉悦和惊喜	0.659		
	X14 提升我对从事创新性活动的动机	0.653		
创业态度	Y1 我喜欢检验自己的创意	0.520	0.845	0.575
	Y2 我喜欢享受挑战	0.800		
	Y3 我很希望能够实现个人成就	0.850		
	Y4 我希望获得更多的金钱和财富	0.787		
	Y5 我希望得到社会的认可	0.839		
	Y6 我希望对国家经济发展做出自己的贡献	0.703		
创业意向	Y7 我认为我将来会创业	0.868	0.874	0.669
	Y8 我曾经考虑过自我雇佣	0.819		
	Y9 如果有机会，我会选择自主创业	0.831		
	Y10 即使在各种限制条件下我仍会选择自主创业	0.809		
	Y11 我认为我在未来 5 年创业的可能性很大	0.759		

表 2 判别效度检验

变量名称	知识获取	志向鼓舞	意识唤醒	创业态度	创业意向
知识获取	0.759				
志向鼓舞	0.401	0.747			
意识唤醒	0.482	0.513	0.707		
创业态度	0.321	0.279	0.426	0.758	
创业意向	0.269	0.468	0.465	0.359	0.818

注：矩阵对角线为 AVE 的平方根。

（二）共同方法偏误（CMB）

本研究使用 Harman 单因素检测来验证是否存在共同方法偏误。首先将所有测量题项进行因子分析，在特征根大于 1 以及未做任何旋转的条件下，获得了 5 个因子，转置后最小因子贡献率为 13.739%，小于 30%，最大因子贡献率为 63.022%，大于 60%。因此我们认为本次研究不存在较大的共同方法偏差。

（三）模型拟合

利用 Lisrel8.7 软件对模型进行拟合，在预设模型下，知识获取到创业意向，志向鼓舞到创业态度的路径系数对应 T 值不显著，假设 2b、假设 3a 不成立，假设 1、假设 2a、假设 3b、假设 4a 和假设 4b 均成立。从拟合指数来看（见表 3），RMSEA=0.082，略高于 0.08，但小于最高上限 0.1，其他指标除 GFI 略低外，均大于 0.9，模型总体拟合情况尚可，如图 2、表 3 所示。从表 4 可以看出，知识获取对创业态度、创业意向的影响很弱，对创业态度的直接影响在 $p<0.05$ 时刚通过显著性检验，对创业意向的间接影响虽然存在（0.03），但影响效果不显著，说明知识获取对创业态度的提升有正向作用（0.17），但通过创业态度的中介变量影响创业意向却不成立；志向鼓舞对创业意向有直接影响，影响系数为 0.32，且跟创业态度关系并不显著；意识唤醒在三个内生潜变量中对创业态度和创业意向的影响最大，影响系数分别为 0.39、0.27，对创业意向的间接影响系数为 0.07，说明意识唤醒既对创业意向起直接作用，也可以通过创业态度对创业意向起到间接作用，即创业态度在意识唤醒与创业意向之间起到部分中介的作用。总体而言，假设 5 成立，即创业态度在大学生创业教育习得和创业意向提升中起到部分中介作用，是通过意识唤醒体现出来的。

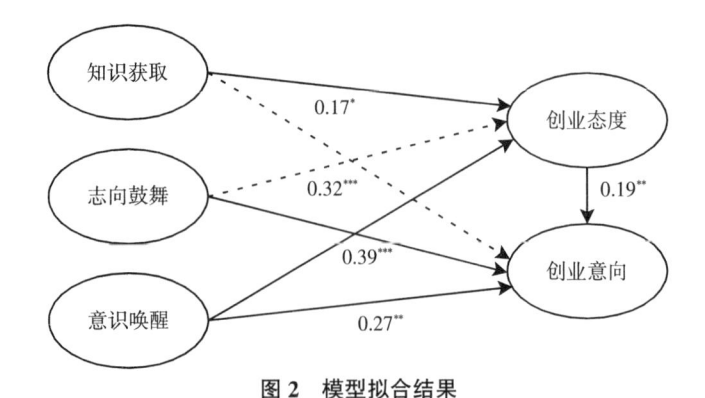

图 2　模型拟合结果

注：* 表示 $p<0.05$，** 表示 $p<0.01$，*** 表示 $p<0.001$。

表 3 路径系数及拟合指数

原假设	标准化路径系数	T 值	拟合指数
H1	0.19**	3.04	
H2a	0.17*	1.99	$\chi/df = 2.8$，RMSEA = 0.082
H3b	0.32***	3.78	NFI = 0.92，CFI = 0.95
H4a	0.39***	4.15	IFI = 0.95，GFI = 0.84
H4b	0.27**	3.00	NNFI = 0.95

注：* 表示 p < 0.05，** 表示 p < 0.01，*** 表示 p < 0.001。

表 4 变量间影响系数

	创业态度			创业意向		
	直接影响	间接影响	总影响	直接影响	间接影响	总影响
知识获取	0.17		0.17		0.03	0.03
志向鼓舞				0.32		0.32
意识唤醒	0.39		0.39	0.27	0.07	0.34
创业态度				0.19		0.19

四、结论及讨论

由模型拟合结果可知，假设 2b 不成立，即知识获取对创业意向影响并不显著，这同已有的研究结论一致，郭洪等的研究得出创业知识可以通过影响创业能力间接影响创业意向。本文的实证结果说明知识获取对创业意向的间接影响结果不显著，对创业态度的直接影响则刚刚显著。这说明作为存量的创业知识，其本身对创业意向的影响并不明显，最多通过增进对创业活动的了解而影响创业态度的形成与改变。总体来看，创业教育的知识获取功能对创业态度、创业意向的作用最弱，新加坡学者的实证结果甚至说明接受正规创业教育的时间越长，创业意向越低，这可能与人力资本高昂的机会成本有关。假设 3a 不成立，志向鼓舞对创业态度影响不显著，但却直接作用于创业意向。这与 Souitaris 等的研究结论也高度一致，他们通过对英国理工科大学生的调查得出，创业教育对于学生最大的收获是激发和鼓舞了他们有志于成为企业家的动机，这一效果也直接影响了学生的创业意向。本文采用中国大学生的样本再次证明了这一结论，情绪的触发、志向的鼓舞能影响学生未来对创业事业的选择。这也为我们的创业教育提出了启示：在未来的课程设计中，应当有意识地加强这一效果的影响，比如，教师在授课的过程中不仅要注重创业知识的传播，更要深入学生心理，从想法和动机上激励学生。这对教师的教学能力、教学方法也出了更高的要求。创业教育在开展过程中，可以邀请更多的企业家、实践者走进课堂，用他们的亲身经历给学生以鼓舞和启发。实证结果还充分说明了创新意识唤醒对大学生创业态度、创业意向的显著影响，不仅直接影响创业意向，还可以通过创业态度的改变间接作用于创业意向。这不仅对我国目前的创业教育效果给出了有力的数据说明，即大学生创业教育对学生创业态度、创业意向的影响相当程度上是通过学生改变自我认知、树立创新意识、增进自我效能而实现的；更为端正我国创业教育的目标定位提供了支持，在今后的创业教育中，要注重学生创新意识的启迪与培养，鼓励学生积极参与各种创业、创新活动，让他们在实践中激发创业热情、启迪创新思想、锻炼创造能力。

本文的理论意义在于，验证了外在因素（创业教育）对特定行为（自我雇佣）所持态度和意向的影响，支持了态度—意向关联。同时，首次提出我国本土化环境下学生创业教育的习得效果，并进行实证检验，对创业教育的开展提供理论支持与实证依据。实证结果表明，创业教育对于学生创业意向的影响相当程度上是通过鼓舞学生的创业志向、增强学生的创新意识实现的，尤其是创新意识的培养与熏陶。创业教育与传统教育的最大区别在于培养大学生独立的人格与自主精神，未来创业教育的开展，不能仅以缓解大学生就业作为目标，而且要从学生创新精神和个性培养出发，转变人才培养思路，改革现有教育，尤其是创业教育人才培养体制，才能为创业教育的持续健康开展、为我国创业型经济的转型提供坚实保障。

（第一作者是安徽财经大学工商管理学院博士，第二作者是安徽财经大学创业创新与企业成长研究中心教授，本文节选自《高校教育管理》2015年第5期，稍加修改）

中美大学生创业实践能力培养比较及启示

许广永

"大众创业、万众创新"将是推动我国经济发展的重要引擎,培育大学生在内的各类青年创新创业人才,将是未来一段时间推动"万众创业"的重要工作。高校对于有效培养大学生创业实践能力,应肩负起应有的责任。相对于美国大学生来说,我国大学生创业热情虽然高涨,但真正付诸行动开展创业实践的大学生比例相对较小。就清华大学来讲,校园创业环境在国内是一流的,但是大多数学生并没有选择创业,而是侧重于深造、留学、就业等其他选择。清华大学自主创业的学生只有2%左右;而像斯坦福等美国著名高校,创业比例能达到10%。

创业是一个发现并捕捉机会,创新技术与方法,创造新产品、新服务,从而实现其潜在价值的过程。大学生创业实践能力在创业能力的基础上突出了实践能力,它强调大学生不仅需要有创业精神、创业知识、创业计划能力,还需要有将创业付诸行动的实际能力。因为,创业能力所包含的内容中,既包含创业的知识、技能、态度等能力,它们为创业实践做好了前期准备;也包含了将某个项目付诸创业、开创新企业或新事业的行为能力,这种行为能力,更多是通过和创业相关的实践活动获取的。

本文试图通过比较中美高校在培养大学生创业实践能力方面的差异,发掘其差异性,进而有针对性地提出改进建议,对我国高校具有一定的借鉴意义。

一、我国大学生创业实践能力培养现状概述

总体来看,我国大学生创业实践能力培养目标还不够明确,培养内容还不够清晰,培养途径还比较单一,培养效果并不显著。具体地说:

(一) 创业实践能力培养目标不够明确

创业实践是通过实际操作或实际体验等方式，尽可能接近真实创业的一种创业行为过程。创业实践能力的培养目标应该偏重于创业行为的塑造和培养，而不应该只停留在创业知识、创业策划上，应在创业构思和创业策划之后付诸创业实践。但是，目前我国多数高校对大学生的创业实践能力培养目标还不够明确，如何将创业知识传授和创业实践有机结合，怎样构建以创业实践能力为核心的创业教育体系等都还不清楚。

(二) 创业实践能力培养内容不够清晰

培养大学生的创业实践能力，应该围绕哪些主要方面开展，目前还处于探索阶段。有的对创业实践能力的内容认识过于简单，认为大学生创业实践能力主要包括市场调研与开发能力、创业心理调节能力、企业管理能力三个主要方面；有的没有区分管理能力和创业实践能力，认为创业实践能力包括经营管理、专业技术、创新等能力。可见对创业实践能力的认识还比较模糊，也没有根据我国大学生的特点制定有针对性的培养内容。

(三) 创业实践能力培养途径不够丰富

从目前高校对创业实践能力培养的方式来看，多数是在采用计算机软件模拟创业的形式，那么是不是可以断定中国高校对大学生创业实践能力的培养采取创业模拟的形式符合当下实际，是值得推广的形式呢？实践的演练及实验多采用模拟创业的形式，具有一定启发作用。真实创业是创业实践的最有效方式，但是由于真实创业所需要的条件较复杂，高校对大学生开展真实创业给予的辅助非常有限。部分高校采用校企合作的形式，搭建实习实践平台，学生利用实习实践的时机，锻炼专业能力，体会实际工作环境。但是这种企业实践的形式，对于学生创业实践能力的培养针对性不强，学生更多情况下只是初步了解了实际工作的情形，却没能体会到企业创业活动要素和过程是怎样的。

(四) 创业实践环节难以落实

我国高校大面积开展创业教育已有十多年，从实际效果来看并不理想，多数大学生还是把找一份好工作放在首位，对创业偶尔有一点想法的多，付诸行动的少，创业人群相对大学生总量来说还是凤毛麟角。我国大学生普遍缺乏创业精神，对创业的认识非常不全面，创业实践的机会少，创业实践能力还很薄弱，这些和高校的培养导向、培养方式、培养力度等方面的不足有很大关系。虽然高校也能认识到创新实践能力的培养需要采用理论与实践教学一体化的方式，如有学者提出，应构建包括创业实践教学目标、创业实践教学载体、创业实践管理、创业实践保障等内容的理论与实践教学一体化的创业实践教学体系。但是，大多数高校没有将创业实践教学环节落到实处，没有将创业实践能力的培养放在中心环节来对待。

二、中美大学生创业实践能力培养比较分析

（一）创业教育理念比较

以百森商学院创业教育专家蒂蒙斯为代表的美国创业教育理念，其价值取向是造就最具革命性的一代。创业教育应当着眼于"为未来的几代人设定'创业遗传代码'，造就最具革命性的创业者"。美国这种创业教育理念具有显著的前瞻性特点，是一种开发人力资源为导向的教育创新理念。

在我国，大多数高校缺乏创业教育指导思想，从而导致对创新实践能力培养理念模糊不清，许多高校将创业教育当作教育任务来完成，同时还带有提高就业率的功利性色彩，没有对创新实践能力给予足够的重视。

（二）创业实践能力培养模式或途径比较

美国高校创业教育模式围绕有效的创业项目的导出机制展开，如创建孵化器和科技园，为拥有评价性较好的创业计划的大学生提供创业导师指导、天使资金援助、免费法律咨询等各种服务，为处于企业创办初期的大学生提供人力、物力、财力上的帮助，为学生创业尽可能地创造条件。斯坦福大学将产学研有效结合，借助"项目—研究中心—关系网络"的有效带动，学生获得了更多的创业实践机会。

我国高校大多强调增加创业实践教学环节，建立创业实践中心，比较注重教学实践环节的设立。例如，中山大学的"创业黄埔班"，该班招生对象为全校各专业二年级以上本科生和研究生，创业实践教学体系以创业项目的设计与运作模块为主要内容，力图培养学生的创业实践能力。建立创业实践基地，例如，南开大学的"玑瑛青年创新公社"，它是南开大学学生创业实践基地二期工程，分为创业交流、创业

服务、创业实践、创业成果展示4个区域。其中，实践区提供给学生项目实践的机会，可以是电子商务、营销策划、产品设计等主题，让大学生在实践中提高自身的创业能力，通过摸索确定自己事业的方向。

(三) 创业实践能力培养的师资来源比较

美国创业实践能力培养师资队伍来源比较广泛，一是高校对教师开展长期有计划的创业教育者培训，同时在实践中培养教师熟悉创业领域的实务，使教师的创业领域的洞察力和指导能力不断提高；二是具有创业背景的一些专业人士作为兼职创业教育教学与实践指导，或直接参与到大学的创业教育研究项目和创业项目中。

我国大学生创业实践能力培养的师资力量比较薄弱，开展创业教育的教师以专业教师为主，辅以部分行政人员或辅导员，这些教师多数都缺少创业经验，有的甚至没有一点其他行业的工作经验。一些高校虽然聘请客座教授和企事业单位的实践导师，但是并没有形成真正有效指导大学生创业实践的常规管理和规范体系。

(四) 创业实践能力培养与企业的关系比较

在美国，许许多多各式各样的基金会组织、中小企业以及评估机构都是创业教育过程中必不可少的支持者，特别是企业界为高校的创业教育提供大量的实习岗位和实践指导人事，同时包括基金会在内的一些社会组织积极资助创业教育中心或者组织创业教育实践教师力量，成为高校创业教育的重要合作伙伴。一方面，美国拥有大量创业孵化器，如TechStars、Y-Combinator等，它们不断挖掘有潜力的大学生创业项目，这些项目往往在早期还未被天使投资人关注，企业孵化器项目为大学生提供了创业实践机会和服务平台。另外，高校自身广搭网络，提供大学生创业实践机会。例如，斯坦福大学的做法是鼓励大学生与新老企业之间广泛交流，搭建关系网，学校尽量为学生创造一个告诉他们如何做到、如何实现技术转移、如何让想法变成产品的环境。

在中国，高校和企业关系比较松散，在培养创新创业人才方面的互动并不多，高校在创业教育过程起主导作用，企业在整个培养过程中参与的机会少，主动性也不够。校企合作的深度不够，可实施的创业合作项目的链接存在很多障碍，企业对于大学生创业实践能力培养方面，真正提供的资源有限。由于创业实践平台缺乏，学生很难有机会进入企业，参与企业的经营和管理，亲身体验创业过程，因而，创业教育理论教学与实践教学脱节，创业实践能力的培养效果较差。

（五）创业实践能力培养开展典型活动比较

开展创业计划大赛是创业实践能力培养的典型活动。在美国，拥有全球顶级的创业大赛活动，得克萨斯大学国际 Moot Corp.竞赛就是其中之一，该赛事从 1983 年开始，以后每年在诸如斯坦福、哈佛等名校都举办这一赛事，通过竞赛，一些大学生对具有较好市场前景的新产品制定相应的创业计划可行性报告，并说服风投出资或入股创办公司，其结果是一批批新企业诞生，创业竞赛起到了预期效果，同时也营造了校园创业气氛并提高了大学生的创业精神和创业实践能力。

中国高校举办大学生创业竞赛最早是在 1988 年，由清华大学开展了校园创业计划大赛，受到社会各界广泛关注。接着在 1999 年又承办了第一届"挑战杯"中国大学生创业计划竞赛。其后，包括北大、人大在内的国内著名大学相继承办了该赛事，为大学生开展创业大赛提供了范本，并积极影响了我国高校创业竞赛的推动。但是，我国的创业大赛和美国的相比，竞赛的投入还不够，开展还不够普及，同时，优秀成果走出校园的少，成果转化的少，投资人相中的少。

中美创业实践能力培养诸多方面的不同，其背后因素较多，现列举部分。其一，美国的教育强调开放和服务学生，学生将自己对创业计划付诸行动的可能性较大；而中国的教育相对封闭以及行政化色彩较重，学生太过于重视学习的过程，而忽视了学习的目的，多数学生善于学习书本知识，但却缺乏社会适应能力和创新与冒险精神，因而，大学生创业从数量和质量上都不理想。其二，美国高校创业教育起步较早，加之创业环境相对成熟，大学生追求创新和个人价值体现，创业可行性相对较高；但在中国，许多大学生对创业只是构思一个大致的方向，产品定位、商业模式、投入产出等方面都比较模糊。另外，美国许多大学生选择高科技行业创业，而在中国，相当部分的大学生开展的是家教、开小店、农业养殖等创业项目。其三，在美国通过创业大赛产生的创业项目，进一步进行孵化并成功的机会比较高，美国高校创业教育是典型的"市场驱动"发展模式，市场导向和社会的实际需要是美国高校教育改革及创业教育创新的重要推动力；但在中国，许多参加创业大赛的目的并不是真正开展创业，而是增加工作经验和结识工商业精英，为毕业后谋得一份理想工作增加筹码（见表 1）。

表 1　中美创业实践能力培养比较

	创业教育理念	创业实践能力培养途径	创业实践能力培养师资	创业实践能力培养与企业关系	创业实践能力培养开展典型活动
中国	指导创业技巧、缓解就业压力	创业实践中心、创业实践基地	以"学院派"教师为主、企事业导师数量太少	与企业联系松散	创业大赛成果转化率低
美国	造就革命性的一代	创业项目的发掘与孵化	创业师资来源广泛	与企业联系紧密	创业大赛成果转化率高

三、提升我国大学生创业实践能力培养效果的建议

（一）树立正确的创业教育理念

我国高校要转变创业是为了缓解就业压力的倾向，培养大学生正确的创业观念、创业精神，培养他们识别创业机会的洞察力和实施创业计划的能力。其实，创业教育并不是高等教育这一阶段该做的工作，由于我国创业教育起步较晚，目前还不可能从小就开始实施创业教育，但是，高校可以利用自有的师资协助中小学校开展一些诸如创新思维、创意空间等拓展课程，从小培养学生的创新思维和创业精神。

（二）丰富创业实践能力培养途径

创业实践能力的培养应该创业实训和创业体验并举。创业实训包括编写创业计划书、企业仿真模拟软件操作、创意创业竞赛、创业者走访、市场调查等环节，创业体验包括建立校内创业工作室、校内外创业实践基地、大学生创业孵化平台等内容。

同时，坚持课堂实践和课外实践相结合。实践经验是培养创业实践能力必不可少的环节，应将创业实践分类进行。创业实践分类如表2所示。在课外实践方面，特别是为一些对企业管理感兴趣的大学生提供暑期实习项目，他们可以有选择地申

表 2　创业实践分类

创业实践分类	课堂实践	课外实践
含义	学校开设专门的课程供学生实践	提供外部环境的创业活动来进行实践
主要内容或形式	体验性课程、特殊性课程，例如创业模拟实训平台、企业家面谈等	开设专门的办公或工作场所，提供创业项目的实施

请参加这些暑期实习项目，主要的项目包括中小企业管理、数据库设计、软件评估、市场营销、办公室组织等。

（三）改善创业实践能力培养的师资

优秀的创业实践导师是实现有效培养创业实践能力的必要条件，高校应联合企业，为学生配备经验丰富的创业导师。建立一支校内外共同组成的复合型创业实践导师队伍，校内的创业导师注重创业理论教育，来自企业、政府、风投、法律等外部组织的校外导师注重对创业实践运作能力的指导。根据创业导师的特征，划分为不同的类型：一是强化意识类，引导学生树立正确的就业创业观念，提高创业热情，坚定创业信念；二是政策指导类，特别是来自政府、法律工作组织的导师，向创业学生提供创业政策咨询和法律法规方面的援助；三是技能辅导类，主要结合自身工作经验，提供创业技能和创业知识的培训和咨询；四是典型示范类，根据导师自身的创业经历为创业学生提供全方位的创业指导，并提供实习岗位。例如，浙江大学2008年的"求是强鹰实践成长计划"，聘请优秀企业家担任实践导师，以"师傅带徒弟"的模式开展多种多样的社会实践活动，这种模式对开发大学生创业素质、提高创新与创业实践能力起到积极的示范作用。

（四）加强与外部组织的联系与合作

高校应主动参与到地区经济建设中，要凭借自身的科研能力和丰富的学科知识，与外部组织形成合作关系，搭建促进大学生创业的关系网络。特别是要构建大学——企业关系模式，大学的科研工作要面向经济发展，要和企业的技术及管理的实际问题相结合，通过与企业合作科研、发展联合科研团队、为企业提供知识培训等方式，巩固与企业的关系。通过加强与企业等外部组织的联系，学生有机会参与到企业实践工作当中，增加创业实践知识和创业技能的体验式学习。

（五）开展有效的创业实践能力培养活动

高校可以借助实践周、寒暑期的时间，引导学生开展创业实践活动。如引导学生从事创业项目调研、市场分析，最好能辅助学生开展短期创业，让学生在实践中充分体验创业项目的选择、分析、决策过程，为其今后进行创业积累经验。高校要努力营造校园创业文化氛围，调动学生从事创业实践的积极性，进而促进大学生创业实践能力的培养。譬如，可以协助学生成立创业俱乐部，针对在校学生开展一系列宣传及活动，每年大一新生入校后就可以向他们派送大学生创业服务手册，开展大学生创业项目成果展等活动，营造大学生创业的校园氛围。

(作者是安徽财经大学商学院博士、副教授，本文节选自《教育评论》2016年第3期)

知与行 行与思
——高校创新创业教育的关键性活动

陈忠卫

是什么动力让我们继续承办第二届大学生创业案例暨创新创业教育研讨会呢？最初的动力其实非常简单，主要来自两个方面：一是作为安徽省高等教育振兴计划重大教学改革项目的主持人，一直以来，我们十分关注高校学术生态危机以及这种生态危机对研究生学术创新能力的影响。提交此次会议的大学生创业案例研究论文，一部分出自工商管理学科硕士研究生之手，并且这些论文必须以在校大学本科生的创业实践为研究对象，从而确保研究型论文能够接到"地气"，最大程度地避免产生学术不端行为的可能性。如此多的专家能够参与到今天的研讨会活动，可以最有效地实现面对面指导，帮助研究生进一步提高论文写作质量。二是作为校级 B 类学科特区之一，创业创新、小企业成长、创业教育是我们中心成员共同感兴趣的研究领域，邀请国内知名专家指导学科建设，与中国企业管理研究会、安徽省学生联合会等单位共同主办此次研讨会，是学科特区对促进高校创业教育的执着追求，也是分内之事。

在此，我们想从以下三个方面对此次会议作简短的总结，未必全面，请予批评。

一、本次创新创业研讨会的鲜明特色

（一）活动参与院校范围更广

此次会议在论文征集阶段，就得到安徽省学生联合会的支持，他们专门制定文件，下发至省内各大高校，得到了广泛响应。包括合肥工业大学、安徽师范大学、安徽理工大学、安庆师范大学、安徽科技学院、合肥学院、滁州学院等高校的团学系统或者教务部门，它们还精心组织了本校范围内的案例论文选题与写作指导。会议召开前夕，安徽省教育厅还专门派大学生创业教育办公室主任前来全程指导本次研讨会活动，校内有关部门还以微信形式向社会推送，引起了大连理工大学、山东理工大学、浙江工商大学、山东财经大学等省外高校专家学者的注意，有的省外高校也提交了高质量的创业案例论文。

（二）案例研究论文质量更高

综观最终被遴选收录此次会议交流的 25 篇案例研究论文，可以发现论文高质量的三大表现：一是主题前沿性。包括涉及大学生社会创业行为研究、富有想象力的 DIY 创业模式以及运用统计学专业知识创办大数据工作室的创业实践等，既有大学生创业行为的特殊性，又极具创业研究的学术前沿性。二是调研充分性。论文作者充分运用多种定性与定量方法，完成了对创业实践的深入调查，案例访谈深入具体，有的案例不只是对创业者实施访谈，还延伸性地访谈了与创业行为有联系的利益相关者，一些作者还进行了访谈录音整理，甚至把论文初稿反馈给创业实践者，共同修正细枝末节，还有一些案例论文实地完成数据收集与问卷调查，这种科研行为本身就是在培养严谨的治学态度，是引导广大研究生形成良好学术道德的成功尝试。三是体例规范性。多数论文能够严格遵循从问题提出、理论与假设、案例选择、案例分析、结果讨论、结论与启示等基本写作框架，从而确保了案例研究论文的学术规范性，不再停留在类似新闻报道层次的故事描述。

（三）主旨报告启发价值更大

西交利物浦大学执行校长席酉民教授、中国企业管理研究会黄速建会长、吉林大学创业研究中心葛宝山教授等一批创业研究领域的知名专家，在上午的主旨报告会上，从不同角度解读了大家共同感兴趣的前沿话题。如果说席酉民教授侧重谈的是互联网时代如何创新与颠覆、如何谋求共生与共赢的课题，黄速建教授侧重交流的是草根创业的时代渊源和发展方向，葛宝山教授则客观而公正地提出了关于中国高校创业教育的若干现实判断，并在借鉴国外高校经验基础上，提出了关于中国未来高等学校创业教育的深度思考。十分巧合的是，如果把三位专家的报告主题串联在一起，正好验证了我们这次研讨会的三大关键词，即"创新"、"创业"与"高校创新创业教育"，还正好体现了宏观与微观相结合、创业实践与创业教育相结合的会议特点。

南开大学商学院杨俊教授、中国科技大学刘志迎教授、合肥工业大学姚多矿教授、浙江工商大学项国鹏教授的报告，演讲主题涉及创业微观与创业宏观的一些重大课题。他们的报告分别从商业模式、众创空间、天使投资、创业生态系统四个方面抓住了大学生校园创业的现实难题，相信对本科生的创业实践具有很强的指导价值，而且这些问题也是当今学术界高度关注的焦点话题，极具启发意义。

除此以外，与首届研讨会不同的是，我们还专门邀请到安徽大生农业科技发展有限公司潘腾飞总经理，他的创业实战经验分享使大家充分认识到校园创业与社会创业的巨大差异性，提出了如何完成从校园创业向社会创业的延伸和拓展、如何延续大学生创业行为的话题，同样富有很强的现实针对性。这也是高校进一步规范和深化校园内创业孵化基地建设中的一大难题。

综合主旨报告阶段各位专家的演讲报告，所具有的共同特征包括信息量大、视野开阔，值得让我们回味很久很久的时间，方能领悟到创业本质特征和前沿理论的真谛。

（四）高校创业教育交流更充分

本次研讨会专门为从事创业教育的高校和社会培训机构提供了一次圆桌论坛的交流机会，这是在上届研讨会基础上新增加的研讨活动。从事大学生创业教育工作的省内外 30 多所高校教务处、学生处、创业学院、实验室以及相关二级教学单位的负责同志，纷纷结合各自高校实际，交流经验、分享收获、述说困惑、共谋发展。根据大家在论坛上的交流话题，可以粗略地概括出大家比较关注的高校创新创业教育问题，主要包括高校创业学院的定位和运营模式、实验实践教学环节的创新导向、创业课程体系设置、高校创业孵化基地建设、高素质创业导师队伍的遴选、组织开展创业训练营以及编写富有特色的创业教材等。

二、打造中国特色的创新创业教育理念

早在 2015 年 5 月，国务院办公厅印发的《关于深化高等学校创新创业教育改革的实施意见》就曾提出要在"2017 年取得重要进展，形成科学先进、广泛认同、具有中国特色的创新创业教育理念"的目标，并且，还要在此创新创业教育理念下，形成一批可复制、可推广的制度性成果。安徽财经大学一直致力于深化创新创业教育改革的探索，此次会议继承了将本科生创业实践、研究生创业研究与创业导师案例指导相结合的"三位一体"创新创业教育模式，并着力将其转化为具有推广价值

的制度性成果。

诚如葛宝山教授在上午主旨演讲中所指出的那样，国内创业教育仍处在前期发展阶段。不过，高校创新创业教育普及速度很快，并且，高校创新创业教育的社会贡献很大。不容否认的一个趋势正在显现：和美国硅谷与斯坦福大学之间具有不可分离的关系相类似，像中国科技大学对合肥高新技术产业发展、浙江大学对杭州市电子商务流通业发展，已经产生了如同"鸡生蛋"与"蛋生鸡"一般亲密的协同创新效果，高校创业教育极大地促进了国内区域创业活动的繁荣。

为什么把高校大学生塑造成为"大众创业、万众创新"的生力军仍任重而道远呢？最近，我们一直在思考产生这一问题的深层次根源，思考如何打造中国特色的创新创业教育理念，现把一些不成熟的思考，与各位与会代表作一次面对面的分享：

（一）要在促进创新创业教育必要性和紧迫性取得共识上下功夫

伴随人类历史上第四次工业革命的不断深入推进，互联网强大的连接（Connectivity）功能正在改变着人与物、物与物、人与人之间的联系方式，3D打印技术正在迅速颠覆着传统的流水线作业方式，智能机器人的出现引发了传统工作岗位的消失，一批未来学大师甚至预言"到2045年，电脑的智慧将超越人类"，等等。这种科技发展新趋势，对创新创业教育提出了一些前所未有的新挑战。然而，国内高校对创新创业教育必要性和紧迫性的认识存在较大差异，一些高校的教师甚至抱守陈旧的知识不愿意作出调整，如在工科院校、财经类院校与师范类高校之间，对创新创业教育的重视程度不一；在从事通识教育类课程、公共基础课程、专业基础课、专业课程的教师之间，对创业教学必要性认识不一。

考察这些年对高校深化创业教育的认识变化，其实也是一个思想认识不断提高的过程。从这些年的实践来看，至少经历过三个阶段：一是把大学生创业作为解决大学生就业问题的补充形式，抓高校创业教育工作往往放在学生处（就业指导中心）统一管理；二是把创新创业作为高校第二课堂活动的重要形式，高校创业教育往往放在校团委统一管理；三是把创新创业教育融入人才培养全过程，高校创新创业教育往往放在校教务部门统一管理。

在各个不同阶段，高校对深化创新创业教育的认识高度是不一样的，而且，不同高校对此问题的认识并没有全部做到与时俱进，由此引发对高校人才培养模式的改革力度也迥然不同。最大的现实问题是，一些高校负责人以及高校中层管理干部，并未将创业创新教育真正地纳入人才培养全过程来思考教学改革与发展，而是仍然停留在将创新创业教育简单地视为就业渠道的层次,将创新创业教育作为学生第二课堂活动,将创新创业教育视为简单地开设一门《创业学原理》课程等,这些都是极其错误的认知。

(二)要在构建具有实践经验或者创业认知的导师队伍上下功夫

创业是一种在不确定性环境下,依赖创新与冒险精神而创造价值的活动过程,更多的时候,它需要的是理性与非理性的结合,而不是简单地依赖于课堂上所传授的经济学中的投入产出分析法、市场营销中的4P理论,或者财务管理中的盈亏平衡点理论,就能够对创业问题加以解决。所以,高校大学生创业教育更需要遴选并引进一支在实践中已经身经百战的创业勇士,可以是成功者,也可以是失败者,让他们参与到高校创新创业教育活动中来已迫在眉睫。否则,让那些毫无实践经验、只有博士学位的高校教师去模拟招聘创业团队成员、去做盈亏平衡分析,创业教育的效果恐怕会与现实有很大一段距离,即使像目前在高校自行创办的创业孵化基地内落户的企业,在校大学生创业型企业的客户多数仍局限于校园内的其他学生,走不出校园的自然边界,这种状况应当尽快予以纠正。

(三)要在推进社会与高校的深度对接并形成协同创新上下功夫

校企合作、协同育人一直是深化高等教育改革的方向,尤其是创新创业教育更是离不开地方政府与社会的支持。本次会议得到了省学联、市人社局、部分企业等单位支持,也是高校与社会形成对接来推动创新创业教育改革的尝试。未来应当关注的是两者对接的深度,而不是简单地草签一个框架性合作协议就算了事。从推进高校创业教育的角度看,高校与社会对接的深度应当体现在创新产品开发的协同度、创业项目的协同扶持度、创业基金的共同参与度、创业政策的协作推进度、创业企业孵化的衔接度等方面。

(四)要在修改和完善专业人才培养方案上下功夫

高校创新创业型人才的培养一定要落实到与专业人才培养方案的结合上,才能够产生实质性的效果。然而,直到今天,部分高校少数专业课程教师仍拘泥于每门课程的课时数不能压缩,甚至不愿意将创新创业意识融入到传统课程知识体系中,也有个别教师害怕基本教学课时压缩会造成个人经济收益的减少,从而导致高校创业教育流于形式或者体外运行。我们认为,在修改专业人才培养方案时,必须重点关注以下四项改革：

1. 让本科学制充满弹性，避免校园内创业企业的短命化倾向

在最近的调研过程中，我们发现了一个普遍的现象：受本科四年学制的影响，个别学生在校园内刚刚创业成功，正常启动，或者开始出现盈利迹象的时候，却因为毕业在即或者出于考研深造的需要，不得不放弃一个好项目、产生放弃一家新企业持续经营下去的念头。

2. 深化创业学院改革，把创业实践纳入学分替代范围

在高校创业孵化平台建设方面，要让优秀的创业项目尽早获得风投的关注。高校创业孵化基地多数是依靠学校财政资金创办而成的，孵化器的运作模式也相对较为单调，很少有企业投资、天使投资基金等外部资金来源。学校对落户孵化基地内的新创企业扶持方式也比较传统，很少考虑创业型企业成长生命周期特点，很少结合相关产业或者相应技术的成熟度，去提供针对性强的帮扶与创业辅导。解决这些问题的一条出路是：可以考虑深化创业学院改革，并把正在从事创业实践的过程纳入学分替代范畴，使其能够真正做到边学习边创业，解决创业学生的后顾之忧。

3. 如何在入学之初或者在比较早的时间段内，发现充满创业意愿的"好苗子"

一些高校喜欢单独招募那些能够子承父业的学生来独立组班，一些高校让一年级学生进校后就有机会到创业学院深造，还有一些学校规定必须在完成一二年级的学业后才可以进入创业学院学习等，这些做法各有利弊，值得关注。我们的主张是：即使是我们发现了真正的创业"苗子"，也要让他们先完成一二年级文化基础和通识教育类课程的学习，然后再去组建创业教育特色班，提供特色的人才培养方案，从而更多地形成机会驱动型创业，而不是满足于生存型创业，更好地提高在校生顺应从0到1颠覆型变革的创业能力，而不是满足于培养顺应从1到n规模扩张的简单复制型创业人才。

4. 打破校园内的学科壁垒，让在校大学生获得丰富的创业知识

可以考虑完善学分制方案，允许学生跨专业学习相关课程，真正让学生有机会实现个性化发展；如允许工科专业的学生选学金融学、会计类专业课程，允许农林类专业的学生选修管理类专业课程学分。各高校要高度重视发挥跨学科实验室在创新型人才培养中可能产生的引导作用，这方面，安徽财经大学作了一些积极探索，同时，要重视搭建创业平台课程，让更多的学生选修或者自学创业类相关课程等。

三、下一步打算

此次会议期间，一些代表给我们提出了许多好的意见和建议，这充分表明大家对高校创新创业教育的重视，也给了我们将研讨会继续办下去的信心。我们认为，高校创新创业教育必须体现两个结合：一是知与行的结合；二是行与思的结合。既要求我们能够认识到"纸上得来终觉浅，绝知此事须躬行"，又要求我们在促进高校创新创业教育时，能够坚持抬头望天、埋头走路与低头沉思的统一。借此机会，我们想表达以下一些打算：

第一，借助新媒体扩大研讨会的社会影响。进一步利用好网站、微信等网络新媒体，扩大创新创业教育的交流范围，继续创办好创新创业与企业成长学科特区和大学生创业案例与创新创业教育网站，争取使之成为同行们互通信息的桥梁。

第二，公开出版会议论文集。在经济管理出版社的大力支持下，首届大学生创业案例与会议成果已经公开出版，并作为会议交流材料分发给了大家，请大家多批评指正。我们会对此次所有获奖论文，要求作者对其作出进一步修改，择机出版第二部，并将它作为下一年会议的交流资料。

第三，希望各位指导教师继续关心研究生论文的修改工作，特别要根据下午分组讨论时专家们所提出的意见和修改建议，认真加以完善，进一步提高论文质量，当然，也可以积极向公开出版物投稿。

第四，继续筹办第三届大学生创业案例暨创新创业教育研讨会。我们期待有更多的单位、更多的学者能够参与其中，尽可能撰写出更高质量的创业案例论文，提供更丰富的创业前沿信息，更深入地共同探讨中国特色的创新创业教育模式。

最后，发自内心地作一些深深的感谢之词：感谢各位专家百忙中抽出时间，前来奉献如此精彩的学术报告，从而使会议上了一个"新"台阶！感谢中国企业管理研究会、安徽省学生联合会、安徽科技学院的支持，给予我们一个联合主办的"好"机会！感谢各位研究生和本科生，认真撰写出如此"高"质量的案例研究论文！感谢兄弟高校的同人们对创新创业型人才培养和创业创新教育经验的无私分享！感谢企业界的创业勇士们，你们的到来会对创业大学生起到最好的示范效应和积极的引领效应！感谢人民网、新华网、《安徽青年报》、蚌埠电视台等新闻媒体的大力支持，有了你们的努力，才能真正让会议产生更久远、更广泛的社会影响力！

还要感谢所有的工作人员,尤其是感谢来自安徽财经大学的志愿者们,是你们提供了如此周到的服务,才让各位嘉宾和参会代表感受到了安财人的真诚和善良,才确保了会议能够如此高效率地完成预期目标!

(本文是作者在第二届大学生创业案例暨创新创业教育研讨会
闭幕式上所做的总结演讲报告)

后 记

习近平同志在党的十九大报告中向全世界郑重宣布"中国特色社会主义进入了新时代，这是我国发展新的历史方位"。在这样一个承接地气、富有底气、带着热气，承载着饱满情感与丰富价值内涵的新时代，如何万众一心地朝着富强、民主、文明、和谐、美丽的社会主义现代化强国目标迈进呢？这是一个值得让每一位高等教育工作者深入探究的新课题。

本书的选题思路源于我们对深化高校创新创业教育模式的行动自觉，源于我们对加强创新创业教育紧迫性的思想自觉。从人才培养角度看，无论是本科还是研究生层次教育都必须正视工业化4.0时代自带的机器人、智能化、物联网、大数据、云计算等一系列标签，它要求我们必须及时地改进课程知识内容、丰富专业内涵、打破学科壁垒，缩短理论与实践的距离。在第二届大学生创业案例暨创新创业教育研讨会上，相当多的案例论文所反映的创业故事充分展示了当代大学生对技术变迁的关注，体现了对抢抓机遇、勇于创业、锐意创新的执着态度，在一定程度上也表明了新时代大学生所具有的社会责任感。

本书收录的多数案例论文有一个共同点：以在校本科生从事的创业型企业为研究对象，在读硕士研究生十分娴熟地结合规范的案例研究方法，深度挖掘出案例背后的学术价值。这种科研反哺教学的做法，让参与指导的创业导师们常常被本科生创业实践所感动，被研究生创业研究能力所感动。习近平总书记在党的十九大报告中指出："青年一代有理想、有本领、有担当，国家就有前途，民族就有希望。"包括出席第二届创业创新教育研讨会的专家在内，大家深深地感觉到，只要全社会弘扬起创业创新精神，致力于将大学生培养成为未来创新创业的生力军，那么，在未来世界经济和科技竞技的舞台上，我们一定能够从追赶、并行直至跃升到领先的地位，一定能够更加快速和有效地接近"人民美好生活"的需求目标。

从终极目标来看，创新创业应当成为一种价值导向、一种思维习惯、一种生活方式、一种时代气息。其实，"90后"的一代学子思维活跃，他们天然地与互联网信息技术具有密切联系，接受能力超强。作为高校教育工作者，我们没有理由去责怪他们"不听话"或者"不懂事"，重要是广大教育工作者要学会如何适应教育现代化，以新发展理念引领高校改革和发展的行动，以创新精神深化探索协同育人的模式。第二届大学生创业案例研讨活动得到了中国企业管理研究会、安徽省学生联合会、安徽科技学院的大力支持，我们期待能够与社会各界一道，共同营造全要素、全系统、全方位、全民参与的生动创业热潮，也期待未来会有更多的高校和学生能够参与到此项"产学研政"联合的学术平台上来。

在此书"第一篇　专家观点"中，收录了在第二届大学生创业案例暨创新创业教育研讨会上的6份主旨演讲报告。各位知名专家所作的演讲具有高屋建瓴、视角独特、观点新颖、回味无穷的共同特点。这些报告的文字稿是由创新创业与企业成长研究中心的研究生们根据录音整理而成的，部分专家还在百忙中反馈了审阅意见。受编著者和参与学生领悟能力的局限，所整理的文字稿与专家本人所持的真实观点可能有一些出入，甚至会存在曲解人意的地方，敬请各位演讲专家海涵。

此书第二篇收录的18篇案例研究论文，是在专家意见和当时会议讨论基础上，由论文作者作出进一步的补充修改而成的。相比此前出版的《知行统一路：大学生创业案例与创新创业教育研究（2015~2016）》一书而言，本书有了三大变化：一是会议获奖论文规范程度有较大提升，经修改后已经公开发表的论文数量增多；二是获奖论文的作者分布院校增多，包括山东财经大学、淮南理工大学等兄弟院校也提交了高质量论文；三是案例论文后所附的案例点评，由本书编撰者统一完成。在此值得补充说明的是，尽管提交的所有案例论文都曾得到创业导师们的悉心指导，并且最初提交会议的多数论文也是由导师、研究生与创业实践的本科生共同完成的，但在收录过程中，我们对相应的论文只署主执笔的学生姓名。

本书第三篇收录的创业教育类代表性论文，是安徽财经大学创新创业与企业成长研究中心团队成员近些年来的研究成果。在一定程度上集中反映了我们在前一阶段对深化高校创新创业教育教学的思考，反映了我们对高校创业教育与促进经济转型和社会进步关系的认识。值得说明的是，我们在论文收录时，删掉了原文发表时的参考文献部分，倘若需要，读者可以向研究中心成员索取。《知与行　行与思——高校创新创业教育的关键性活动》一文，是我本人在第二届大学生创业案例暨创新创业教育研讨会上所作的总结性演讲，其中也阐述了对进一步推进高校创新创业教育改革切入点的不太成熟和不够系统的看法。

在此，我要特别感谢安徽省学生联合会的大力支持，他们将会议征文通知正式发文至全省高校,得到了省内一些高校团委、教务处等部门的积极响应。特别感谢中国企业管理研究会、安徽省学生联合会、安徽科技学院与我们联办此次会议,感谢安徽省教育厅对此项活动的关注,感谢安徽省教育厅高教处汤仲胜处长、梁祥君副处长的大力支持。感谢中国社会科学院工业经济研究所黄速建先生、西交利物浦大学执行校长席酉民先生、吉林大学葛宝山先生、安徽科技学院党委书记蒋德勤先生、南开大学杨俊先生、合肥工业大学李姚矿先生等国内知名专家,他们不但十分关心高校创业教育,而且还亲自参加会议并奉献给与会代表十分精彩的学术报告。

与此同时,还要特别感谢安徽财经大学的同事们,包括校团委书记夏光兰女士、党委宣传部李超先生、工商管理学院胡登峰先生、创新创业学科特区秘书长李宏贵先生、图书与信息中心谈伟先生以及工商管理学院宋思根先生、肖仁桥博士和杜晶晶博士,他们都为会议召开提供了许多合理化建议和创造性贡献。感谢创新创业与企业成长学科特区的全体研究人员,这是一个充满凝聚力和战斗力的学术团队,大家对案例研究论文的成果形成、修改和传播均付出了巨大的努力。感谢安徽财经大学2017级硕士研究生陈骁、吴珍同学,他们在通读全书基础上,对文字加以了校对和润色。最后,还要特别感谢人民网、《安徽青年报》、《安徽商报》、蚌埠电视台等新闻媒体对会议的报道和成果推广的重视,谢谢大家!

本书作为安徽省高等教育振兴计划重大教学改革研究项目"学术生态危机对工商管理学科研究生学术创新的影响研究:以省属本科院校为例"(项目编号:2014ZDJY052)的阶段性成果,能够如此高质量和快速地出版,还要真诚地感谢经济管理出版社,感谢出版社杨世伟社长,他对此书的进程和写作质量非常关注,提出了许多富有价值性的指导意见。

陈忠卫
2017 年 11 月 11 日